LES LUMIÈRES

徐贲 著

与时俱进的

THE ENLIGHTENMENT

启蒙

DIE AUFKLÄRUNG

上海三联书店

目　录

序　关于本书与启蒙

这是一部论述而不只是介绍启蒙的书，围绕着为何重申启蒙、重申什么和如何重申展开。从 20 世纪上半叶到这个世纪头 20 年，对 18 世纪启蒙运动的研究经历了从贬低到重申的重要变化。21 世纪初至今，国外已经出版了不少重申启蒙及其基本价值理念的著作，[①]这些著作提出了许多问题：18 世纪启蒙对今人还有怎样的意义？在今天的传承中，对启蒙运动的理解发生了怎样的变化？启蒙思想对

[①]　其中比较重要的包括 Gertrude Himmelfarb 的《现代性的不同道路》(*The Roads to Modernity*：*The British*，*French*，*and American Enlightenment*. New York：Vintage，2004)；Stephen Eric Bronner 的《重申启蒙》(*Reclaiming the Enlightenment*：*Toward a Politics of Radical Engagement*. New York：Routledge，2006)；Daniel Edelstein 的《启蒙：一部生成史》(*The Enlightenment*：*A Genealogy*. Chicago：University of Chicago Press，2010)；John Robertson 的《启蒙之辩》(*The Case for the Enlightenment*：*Scotland and Naples*. New York：Cambridge University Press，2013)；Anthony Pagden 的《为何启蒙今天依然重要》(*The Enlightenment*：*Why It Still Matters*. New York：Random House，2013)；Jonathan Israel 的启蒙三部曲：1. 《激进的启蒙》(*Radical Enlightenment*. Oxford University Press，2001)，2. 《争夺启蒙》(*Enlightenment Contested*. Oxford University Press，2006)，3. 《民主的启蒙》(*Democratic Enlightenment*. Oxford University Press，2012)，以及《思想的革命》(*A Revolution of the Mind*. Princeton University Press，2010)，Steven Pinker 的《当下的启蒙》(*Enlightenment Now*. New York：Viking，2018)。

人们关注的一些重要历史事件产生了怎样的影响？启蒙运动对今人代表着怎样的伦理和政治变化？

从上个世纪 80 年代末至今，中国经历的正好是与世界潮流相反的变化，由于外在的和学术研究本身的原因，中国启蒙经历了从热到冷的变化。一度澎湃的启蒙热情已经转化为对启蒙的怀疑、摒弃和唱衰，体现在一系列思想、政治、社会议题及其讨论方式和取向上，包括对理性的怀疑和否定，迷信"贵族精神"、反智的心灵鸡汤，等等。

与 1980 年代初的启蒙时代相比，今天要恢复人们对启蒙的兴趣和信心不是一件容易的事情。启蒙正在遭遇前所未有的阻碍，尤其值得关注的是人们对历史进步的普遍悲观失望、对善恶判断的犬儒主义，以及四处弥漫的价值虚无主义。这是一个不幸的现实，但我们没有理由放弃启蒙能让世界变得更好的希望。英国哲学家罗素说，在逆境中保持希望是一项非常艰苦的工作。他在自传的最后部分中写道："为了保护我们世界的希望，就需要我们有智慧和活力。在那些绝望的人群中间，缺乏的经常就是活力。"重申启蒙就是为了在死水微澜的生活世界里激发这样的思想和精神活力。

重申启蒙首先需要从当下的问题出发，重新厘清一些与今天启蒙有关的观念发展及其社会、政治、文化背景。本书的论述始于对 18 世纪英、法、美、德四种启蒙的区分，在这四种启蒙中分别抽取出四对中心观念议题——英国的自由与保守、法国的理性与革命、美国的制度与人性、德国的国家与普世。这四种启蒙能为今天启蒙提供的不只是在它们各自传统中形成的一些重要观念议题，而且更重要的是在它们之间所形成的多种价值观对比和对我们当下可能的影响。（参见本书第一至第五章）

这四种启蒙形成了两个两组的不同关系。第一个是自由和专制的两个组。自由的一组里有英国和美国；专制的一组里则是法国（尽管发生了革命，但未能改变专制）和德国（成功地维持了专制，没有发生革命）。

第二个是革命和改革的两个组。革命的一组包括改变了现代世界的两个革命：美国革命和法国革命。在改革的一组里有两个不同的君主制"改革"：一个是英国在1688年已经成功进行了的君主宪制改革，虽然称为光荣革命，但并不是美、法意义上的革命；另一个是德国腓特烈二世相当成功的开明专制改革。

如果我们把自由和专制的两个组当作一条坐标，把革命和改革的两个组当作另一条坐标，那么，让这两条坐标形成垂直交叉的横轴和纵轴，就能划分出四个区域，每一个区域是一个象限。

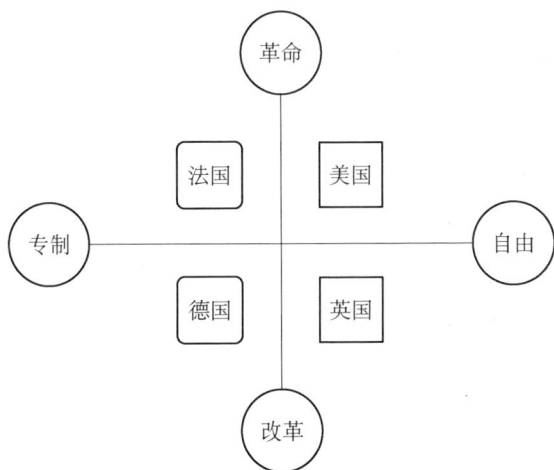

英国在自由-改革的象限里。英国1688年光荣革命并没有废除君主制，革命以自由为核心价值，成功地改造了君主制，将之转变为君主立宪制，这个君主立宪制是稳定的。

美国在自由-革命的象限里。美国的变革是以自由为主导价值的革命。美洲殖民地人民不只是要脱离与英国的关系，而且更是要摆脱他们眼里的那个由英王乔治三世代表的专制。革命让美国成功地建立了稳定的共和秩序。

法国在专制-革命的象限里。法国君主制的开明改革失败了，结果爆发了革命。君主专制被推翻了。但是，暴力革命并没有带来自由，也没有带来稳定，而是带来了英国历史学家埃里克·加尔顿（Eric Carlton）说的"革命专制"以及在这之后很长一段时期里的政治动荡和国家军事化。[①] 一直要到 1870 年，法国才第一次建立了相对稳定的共和制度，史称"第三共和"。

德国在专制-改革的象限里。腓特烈二世的开明专制改革成功地维护并加强了君主制，让德国避免了法国式的革命。有人庆幸地说，德国自上而下的改革以较小的代价做成了法国自下而上的革命所成就的事情。[②] 但是，德国的君主专制被保存下来，国家强大了，却是以自由为代价的。自由价值在国家改革中的缺位是德国君主专制得以长久存在的根本原因之一，1848 年欧洲革命失败之后，曾经是 18 世纪开明专制典范的普鲁士恢复了出版管制，缩小了地方自治权，贵族专制思潮卷土重来。1918 年德国革命，国王退位，帝制结束，经过了短暂的魏玛共和，纳粹崛起，德国陷入了更残酷的专制。一直要到 1945 年二战结束后，德国才建立了自由民主的稳定共和制度。

就 18 世纪之后的世界政治影响而言，法国革命超过了美国革

---

① Eric Carlton，*Faces of Despotism*. Aldershot，England：Scolar Press，1995，pp. 150ff.

② Georges Lefebvre，"Enlightened Despotism and the French Revolution：Rejected，yet Fulfilled"，in Roger Wines，ed.，*Enlightened Despotism：Reform or Reaction*？Boston：D. C. Heath and Company，1967，p. 70.

命，英国独特的自由政治经验也根本无法与法国革命的影响相比。这并不意味着法国革命比美国革命或英国经验有更多可供今人吸取的政治智慧，而是说，如果今天世界上什么地方发生反抗专制的革命，那么，不管喜欢不喜欢，重现法国式革命的可能会远超过美国式革命，而英国式自由革命则完全没有可能重现。20世纪末，基于法国革命的暴力恐怖和美国革命的难以仿效，人们开始寻求不同的革命模式，其中就有以和平和非暴力方式进行的政权变更运动。但是，即便如此，这种革命还是在很大程度上受到法国启蒙普世价值的影响。

斯坦福大学历史学教授丹·艾德斯坦（Dan Edelstein）在解释法国启蒙和法国革命的普遍价值话语作用时说，"启蒙运动让法国革命获得了一种普遍的使命。不少研究者都指出，（成功的）美国革命从来没有像（不成功的）法国革命那样开创了一个革命传统。这二者最显见的差别在于，美洲殖民地人们是用英国的宪制语言来争取他们的（解放）事业……而只是在攻占了巴士底狱之后，才有了世界范围的革命运动"。① 埃德蒙·柏克批评法国革命的《人权宣言》，认为它的自由、平等、人权是有害的抽象观念，是一种脱离传统与习俗的原则和理论。但是，应该看到，恰恰是因为这些观念具有抽象性，是原则和理论，它们才因此获得了某种普遍的意义，被一次又一次运用于世界其他地方的不同反抗和革命，并在这个过程中不断被重新定义和解释。柏克是从英国经验来攻击法国革命的，然而，即便在18世纪，人们也已经意识到，英国的自由政治和宪制是特殊

---

① Dan Edelstein，*Enlightenment：A Genealogy*. University of Chicago Press，2010，p. 103.

而不可模仿的。对此，艾德斯坦写道："由于其独特性和比较自由的政策，英国无疑成为欧洲作家们的灵感来源。然而，正是因为这种独一无二的地位，英国经常被视为一个需要理解的现象……而不是一个可供仿效的模式。"①

　　18 世纪的四种启蒙传统是四个国家里人们在不同的具体环境中思考和实践的结果，其中，美国启蒙对今天的新启蒙最有启发意义。英国启蒙的特色是其传统保守主义，它的核心是从基督教的仁爱而来的同情，以及从光荣革命传统而来的自由。这是很多国家的传统里没有的，无法直接借鉴。法国启蒙的特色是用理性摧毁自私、僵化的天主教会，以及同样自私、僵化的旧贵族。在今天，理性启蒙道路上的障碍不是天主教会和旧贵族，而是别的势力。更何况为法国启蒙断后的法国革命血腥而残暴，已成为对后世的一个警示教训。德国启蒙的特色是抽象哲思、精神向往和对现实专制问题的逃避，而且，它的国家主义取向使它始终没有能把以自由对抗专制确立为自己的目标。对今天的启蒙来说，它更多的是负面的经验教训。唯独美国启蒙不同，它才是真正的反专制的启蒙，成为后世所称赞的那种追求自由、共和和民主宪制的"美国精神"。美国建国，破天荒建立了第一个没有君主的国家，它所确立的宪制传统虽然有过波折，但一直稳固地延续到了今天。

　　以 18 世纪启蒙时代为起点的英、法、美、德四国，从专制到自由经历了非常不同的变化过程，有的顺利，有的不顺利，但毕竟殊途同归，最后都走上了民主自由和宪制法治之路。18 世纪是一个自由精神的时代，但同时也是一个君主专制的时代，自由与专制的对立

---

① Dan Edelstein，*Enlightenment*，p. 115.

成为这个时代最有标志性的特征。这个时代的启蒙巨人孟德斯鸠确立了专制是邪恶的观念。专制的邪恶不仅在于它的残暴，而且更在于它造就愚昧、狡诈、自私、人格猥琐、精神分裂、道德低下的国民，他们既没有思考能力又没有公民责任。专制更是败坏人性的制度，这个制度里永远只会充斥着助纣为虐的奸佞、流氓成性的官僚、奴颜婢膝的精英、猥琐卑下的中产阶级以及愚顽不化的贱民。

斯蒂芬·平克把专制的邪恶归结为它的暴力和恐惧，"专制就是社会的首领任意地，而且不受惩罚地杀害自己的臣民"。专制是一种可以肆意妄为、主宰一切的权力。这种没有约束的专制在 18 世纪欧洲开始发生变化，其主要标志就是暴力的下降，"政府的专制性逐渐减弱，思想家们在不断地探索新的原则和方式，以便将政府的暴力约束在最低的必要水平之下。前锋是观念的革命。政府不再被视为一个社会的天然的有机组成，或者是一个上帝用以统治其王国的地方分店，人们开始认为，政府就是一个小工具，一件人类的技术发明，目的是增加全体人民共同的福祉"。[1] 专制君王们本身也在发生变化，"在很多情况下，他们的成长和统治的宫廷本身都在很大程度上具有了世俗主义、诙谐和文化世界主义的氛围，这些都是 18 世纪沙龙和启蒙哲人的上流知识界特征"。[2]

让专制开明起来，而不是用别的什么政制来代替它，这成为开明专制的理念，也使得开明君主和启蒙哲人有了合作的基础。在那个时代，自由对抗专制的唯一可能就是让专制转变为开明专制。政

---

① 斯蒂芬·平克：《人性中的善良天使》，安雯译，中信出版集团，2015 年，第 191、192 页。

② John G. Gagliardo, *Enlightened Despotism*. Arlington Heights, IL：AHM Publishing Corporation，1967，p. 21.

治前景的有限性和政治争论的风险性严重限制了启蒙哲人的政治思考。许多启蒙哲人不是满怀希望，而是日益绝望，他们不得不放弃对根本变革的渴望，转而满足于身边的制度，并通过这些制度来实现一些具体的要求。正如彼得·盖伊在《启蒙时代》一书中所说，对于许多启蒙哲人而言，开明专制是唯一可能的改革选项，"它并非首选方案，而是面对不可抗拒的现实退而求其次的方案，与其说是自由的选择，不如说是迫不得已的选择。不论是在柏林还是米兰，在维也纳还是圣彼得堡，启蒙哲人都不得不受制于新闻检查官员的阻挠，怵惕无所不在的权力，并且为识字率低、普遍贫困以及咨议机构的完全缺失而苦恼"。在这种情况下，启蒙人士的政治改革选择是十分困难的，"他们要么倡导一种新体制（这是一种危险的，至少是乌托邦的冒险），要么退出劳而无功的政治舞台（这是一个极大的诱惑），要么在不疏远当权者的情况下致力于一些特定的改革（许多启蒙哲人认为这是一条最有希望的途径）"。[1] 这最后一种选择就是支持他们并不信任的统治者的"开明专制"。

启蒙哲人对开明专制既抱有希望，又有所忧虑。一方面，"他们认为开明君主专制是可能存在的，实际上这样的统治者已经出现并确实存在着"。另一方面，他们担忧，开明的专制统治者"肯定是非常少见的……即使他们现在做得很好，但也免不了可能造成伤害并留下后患"。[2] 狄德罗虽然对俄国的开明政治改革表示支持，但他认为开明专制最多也不过是只能收效于一时。他说："人们说最能带来

---

[1] 彼得·盖伊：《启蒙时代（下）：自由的科学》，王皖强译，上海人民出版社，2016年，第415—416页。

[2] 马克·戈尔迪、罗伯特·沃克勒：《剑桥十八世纪政治思想史》，刘北成等译，商务印书馆，2017年，第501页。

幸福的政府是那种公正、坚定而开明的专制君主统治的政府。简直是无稽之谈！难道这种绝对君主的意志不会与其臣民的意志相抵牾吗？虽然他公正而开明，但难道他就不会犯错，以臣民自身利益的名义来剥夺他们的权利吗？……第一个公正、坚定而开明的专制君主可能是一个大灾祸，第二个可能是更大的灾祸，第三个将会是一个国家所遭受的最为恐怖的灾难。"①

开明专制改革的直接目的是解决财政危机。随后，与财政危机相关的行政效率低下、法规缺乏统一和一贯、权力分配不合理、统治合法性不明等弊端也逐渐成为改革的内容。所有这些改革都是为了增强专制。

这是一种以保持和巩固统治权力为首要考量的国家主义改革，只限于政策和行政策略的修正。普鲁士腓特烈二世的这种开明专制曾经深深吸引了梁启超这位中国近代史上最重要的现代启蒙者，被他当作改变中国几千年专制传统的一条出路。新文化运动中，陈独秀青睐法国革命，反对封建专制，随后又转向社会主义和共产主义，幻想以此一举消除国内和国际的资产阶级专制。欧洲启蒙在梁启超和陈独秀身上展现了不同的影响，至今仍然值得我们认真思考。（以上参见本书第六至第十章）

18 世纪启蒙者在逼仄的专制环境里为人的自由寻求可能的变革，他们似乎只有两种不得已的选择：要么冒着不可预测的危险，倡导一种新体制；要么在不疏远当权者的前提下，诉诸统治者的自我利益，谋求某种有限的变革。无论是哪一种选择，改革都对启蒙者意

---

① Denis Diderot, *Political Writings*, trans. & ed. J. H. Mason and R. Wokler. Cambridge：CTHPT，1992，pp. 207 - 208.

义重大，因为他们都向往自由，希望能改变专制的现实，而改善政治制度大概要算最重要的改变方式了。他们要求至少营造一种让人能够自由思想、自由表达、自由出版的政治环境，希望这种言论自由能够产生实际的社会效果。这等于是要求一种新的，至少是彻底改造过的统治与被统治关系，而这样的关系已经不可能再是专制的了。由此可见言论自由对于启蒙的重大意义，以及知识传播方式如何构成 18 世纪和今天的启蒙的不同特征。（参见本书第十一章）

知识的传播需要思想自由、言论自由、出版和新闻自由。自由是启蒙的条件和目标，甚至是启蒙本身。启蒙不只是发明一种被称为"哲学"的真实而可靠的知识，而是让这样的知识能够在社会里无人为阻碍地自由传播。18 世纪启蒙学人可以说是最早具有现代传媒意识的人士。他们懂得，如何呈现知识比呈现什么知识更重要，至少是同样重要。传播知识就是让人知道、明白和懂得，只要是知道了，即使不同意、不赞成，那也是启蒙。启蒙是让人从不知道到知道，而不是从不同意到同意。启蒙不能简单地理解为有识之士的思想对普通人民发生"影响"。民众不是被动的，他们总是在根据自己的经验和需要来接受一些新思想，并同时也排斥了另一些别的新思想。

启蒙传播的是普通知识，不是深奥而专门的知识。当然，普通不等于通俗。18 世纪，只有很少人有机会上大学或阅读《百科全书》，启蒙哲人传播知识的策略和目的不是大多数人启蒙，更不是全民启蒙。他们提供的知识所能通达的只是 18 世纪精英阶层的少数人士，进而向低一些的知识层次逐渐渗透。任何知识影响必然都是经历从少数人到多数人这个过程的。直到今天，启蒙仍然只能在已经有了一些启蒙的社会里进行，在彻底愚昧的社会里是无法发生启蒙的。

启蒙是在真相、认知和观念这三个层次上进行的，在这三个层次上都有许多启蒙的工作要做。这样的启蒙观念对今天的民智开启有所期待，但并不盲目乐观。它重申 18 世纪的启蒙传统，但并不墨守成规，它是从当下问题意识出发的审时度势的启蒙。

　　18 世纪启蒙运动对我们今天的意义主要体现在与人的自由和自我觉醒有关的观念贡献上。正如美国历史学家安东尼·派格顿（Anthony Pagden）在《启蒙运动：为何至今仍然重要》一书中所说，广义的启蒙被理解为主张所有的个人都有规划自己目标的权利，而不是任由他人代办。同样，人类不需要依靠什么神圣法则，也不要指望什么放诸四海而皆准的"真理"。人类可以用自己的理性智慧找到最佳的生活方式。这是一种基于个人独立思考和可靠知识的自由选择，是人的权利，也是人的责任。[①]

　　启蒙运动因此成为一个现代自由观念和理性知识的源头，由此而来的是现代的平等、宽容、反教条以及对政治的世俗认知。启蒙还是一个全人类可以认同的价值观开端，由此生发了所有形式的普遍主义——从承认人类本质性的统一、反对奴役和种族主义的邪恶，到无国界医生（Médecins Sans Frontières）那种跨民族、跨国界的人道关怀。启蒙开创了这个世界至今还在缓慢进展的一些信念：所有人都享有某些基本权利，女性在思考和感受上与男性没有差别，非洲人与亚洲人也没有什么不同。作为一个思想运动，启蒙成为许多现代学科的滥觞——经济学、社会学、人类学、政治科学和某些道德哲学——这些学科为我们今天理性看待、尝试和安排自己的生

[①] Anthony Pagden, *The Enlightenment and Why It Still Matters*. New York: Random House，2013，p. x.

活提供知识向导。我们当然不能把蒸汽机和互联网这样的现代科学归功于启蒙，但是，"我们可以把这样一个世界归功于启蒙：一个普遍而言是世俗的和实验的、个人优先的、对进步有信心的思想世界。而现代科技正是在这样的思想世界里被发明出来的"。① 启蒙进步观是长远的，不只是科技的进步，而且更是自由和民主的进步。这样的进步观并不盲目相信历史每时每刻都在进步，而是清醒地看到，历史在特定时刻可能会出现科技协助专制、自由屈从专制、平等毁于特权、共和向专制蜕化的倒退。但是，倒退终究是一时的，不代表专制的千禧盛世，更不可能成就专制的永久胜利。（参见本书第十二章）

也许我们可以用三个"同样"来总结过去与今天启蒙的联系。第一，启蒙不是一项社会工程，不是全民教育，而是人群范围有限的知识传播和心智开启。启蒙是教人如何用自己睁开的眼睛去注视所有的黑暗，但却无法强迫所有人睁开眼睛。18世纪的启蒙思想家并不认为他们所有的同时代人都有启蒙的条件，但是，他们认为，对所有做好启蒙准备的人们，以理性为基础的认知是平等的，每个人都必须以理性来思考，没有例外。今天的启蒙也同样是如此。

第二，启蒙的思想并不是启蒙者创造出来的，启蒙主要是传播那些有现实价值的、已经存在的知识和观念。法国作家伯纳德·勒·博弈尔·德·丰特奈尔（Bernard Le Bovier de Fontenelle，1657–1757）1686年出版的《世界的多元性对话》对当时的启蒙哲人有很大的影响。他就曾说过，启蒙的意义与其说是因为启蒙（Lumières）是新的，还不如说是因为启蒙越来越得到传播

---

① Anthony Pagden. *The Enlightenment and Why It Still Matters*, p. x.

（répondues）。英国作家和报人约瑟夫·艾迪生（Joseph Addison，1672－1719）在他编辑的《旁观报》上写道，他希望"把哲学搬出书斋、学校和学院，到俱乐部和人群里去落户，走进茶馆和咖啡馆"。[1] 他是在 1711 年说这个话的，那时候该传播的新思想就已经有了，但还远远没有得到传播。今天的启蒙要做的同样也是传播那些并不一定是新的或最新的，但却是还没有被人广为知晓的知识和观念。

第三，启蒙的光明比喻今天仍然同样有效，每多一分光明，就减少一分黑暗。唯有告别蒙昧，扫除黑暗，人才能驱逐恐惧、懦弱和癫狂，拒绝奴役、洗脑和逃避，勇敢面对自我，做自己命运的主人。光明意味着越来越多的人会为了个人的尊严和民族的前途，去承担自己作为人的责任，捍卫自己作为人的权利，用自己的良知和勇气创造公平正义的国家秩序，用自己的觉醒和行动来创造未来。启蒙本身并没有力量实现这些，但启蒙可以一点一点地让越来越多的人明白什么是恐惧、软弱、癫狂、奴役、尊严、良心、民族、爱国。启蒙是我们在社会里一点一滴共同积累的智识成果，它不一定能改变现实，但能改变人们看待现实的方式和他们对现实的看法，在现实晦暗不明、是非不清的时候尤其如此。正如希腊作家尼可斯·卡赞扎基斯（Nikos Kazantzakis）所说："启蒙的真义在于用清楚的眼睛去看所有的黑暗。"[2] 要享受光明的快乐，需要我们自己先睁开眼睛，而不是装瞎或自己蒙住眼睛。这就是康德所说的启蒙意愿，"我们面对的是能够自由行动的人，确实可以预先规定他们应该

---

① Quoted in Dan Edelstein, *Enlightenment：A Genealogy*, p. 80.

② https：//www. brainyquote. com/quotes/nikos _ kazantzakis _ 176143.

怎么做，但是，他们愿意怎么做却是无法预见的"。^① 启蒙要让人变得更自由，启蒙要影响的是自由的人"愿意"怎么做，而不是规定他们"应该"怎么做。若不启蒙，便无以解放人的自由意志，若不在意解放人的自由意志，那么启蒙便什么都不是。不过，启蒙诉诸的不仅是人的自由意志，而且是他成熟的自由意志。这才是我们今天与时俱进、继往开来所需要的那种启蒙。

---

① Kant，*The Conflict of the Faculties*，*in Religion and Rational Theology*. Trans. and ed. Allen W. Wood and George di Giovanni. Cambridge：Cambridge University Press，1996，p. 300.

第一章

导论：重申启蒙的四个主题

18 世纪的启蒙运动铺垫了我们今天所知道的现代思想和政治文化的基础，无论是把启蒙运动所开创的现代性看成是世界现代性的开始还是西方现代性的开始，它所代表的都不只是一个历史时刻，而是一个历史时代的肇始。启蒙时代在许多方面都关联着我们的今天，其中最重要的两个方面是社会改良和政治进步。每当社会改良和政治进步遭遇巨大障碍，需要在思想、观念、行为上有所突破的时候，人们就会把这样一种排除障碍、准备突破的思想努力和解放称为"启蒙"或"新启蒙"。也正是因为这样的称呼，人们甚至在并不完全自觉的情况下，也会把 200 多年前的启蒙运动当作一个重要历史参照。人们每一次这么做的时候，其实都是在重申，人应该也能够用自己的理性力量，既反抗外部秩序和制度强加于人的桎梏，也克服人自己内心的迷信和愚昧。

今天，什么是启蒙，什么不是启蒙，重要的已经不只是 18 世纪启蒙哲人或思想家说过什么，而是我们自己怎么理解启蒙。任何新的启蒙都必须回到什么是启蒙的问题，不只是要在概念上作一个界定，更是要厘清它与 18 世纪启蒙的关系，传承什么，改变什么，扬弃什么。在这么做的时候，一定会涉及对 18 世纪启蒙的基本理解，涉及如何看待它给我们今天留下的遗产。

1. 重申启蒙：重申什么，如何重申

对启蒙的评价早在 18 世纪启蒙时代就已经是一个富有争议的问

题了。以赛亚·柏林把 18 世纪的思想阵营分为启蒙与反启蒙，反启蒙就是否定启蒙，他本人对反启蒙是持同情和支持态度的。[①] 柏林关于什么是反启蒙和哪些思想家属于反启蒙的阵营的论述是他的一家之言，其中许多看法都在 21 世纪初一些重申启蒙的著作里受到了质疑。[②] 从 20 世纪 70 年代开始，出现了不少为反启蒙立言或否定启蒙运动的积极道义与政治遗产的著作。以研究知识分子闻名的美国历史学家理查德·沃林（Richard Wolin）指出，这波诋毁启蒙的时尚与当时"法国理论"正引领学界潮流有关。1990 年代美国加州大学洛杉矶分校召开了一个以"否定启蒙"（Negating Enlightenment）为主题的会议。同一年出版了一部颇受欢迎的论文集《种族与启蒙》，原先拟用的书名是《种族主义的启蒙》。[③] 历史学家达林·麦克马翰（Darrin M. McMahon）这样评说这股唱衰启蒙之风："诋毁启蒙发展成为一种知识界的嗜血游戏（blood game），把左翼和右翼联合到了同一个事业上来。"[④] 潜心研究启蒙时期的历史学家乔纳森·伊斯雷尔（Jonathan Israel）也指出："自 1970 年代开始，否定启蒙理念的正当性成为一股越演越烈的浪潮，对启蒙奠定的现代性基础进行

① Isaiah Berlin, "The Counter-Enlightenment", in H. Hardy, ed., *Against the Current*: *Essays in the History of Ideas*. London: Hogarth Press, 1979 ［1973］.

② Zeev Sternhell, *The Anti-Enlightenment Tradition*. Trans. David Maisel, New Haven: Yale University Press, 2010. Tzvetan Todorov, *In Defense of Enlightenment*. Trans. Gila Walker, London: Atlantic Books, 2009. Graeme Garrard（2007）"Strange Reversals: Isaiah Berlin's Enlightenment and Counter-Enlightenment", in R. Wokler and G. Crowder, eds., *The One and the Many*: *Reading Isaiah Berlin*. Amherst, NY: Prometheus Books, 2007.

③ Richard Wolin, "Introduction to the Symposium on Jonathan Israel's Democratic Enlightenment." *Journal of the History of Ideas*, 2016 Oct; 77（4）: 615 – 677, p. 621.

④ Darrin M. McMahon, *Enemies of the Enlightenment*: *The French Counter-Enlightenment and the Making of Modernity*. New York: Oxford University Press, 2001, p. 12.

全面否定而不是肯定……造成了历史和哲学研究中不断加剧的'启蒙危机'。"① 哈佛大学教授斯蒂芬·平克引述社会学家罗伯特·尼斯贝特（Robert Nisbet）说的，"对西方启蒙进步的怀疑在 19 世纪只是在非常少数的知识分子圈子里，20 世纪最后四分之一这段时间里，这种怀疑不仅在许多知识分子中间增强和扩散，而且波及了西方数以百万计的其他人"。为此，平克认为有必要写一本书来为启蒙进步辩护。②

从 19 世纪开始的对启蒙的批判思考并不全然是出于对启蒙的敌意，有必要区分启蒙的敌人和启蒙的批评者，因为思考启蒙"可以批评启蒙的某些方面，但不与启蒙为敌"。③ 启蒙受到批评最多的方面包括科学主义、理性主义、西方文明的宏大叙事、启蒙与资本主义在世界范围内扩张的关系、启蒙与法西斯和殖民主义的关系、工具化和制度化的知识、人被物化为权力和知识关系中的非主体，等等。这样的批评是正常的，但是，其中也有些有意无意地转变为对启蒙本身的攻击、诋毁和否定。几十年以来，这样的趋势积累成一种对启蒙的怀疑主义、虚无主义和犬儒主义。直接诋毁和否定启蒙，就像直接攻击和否定民主一样，是一种极难获胜的逆向说理，但它并不需要驳倒启蒙或民主，它只要能制造和扩散对启蒙和民主的疑惑和不信任就可以了。

因此，今天重申启蒙并不是针对那些对启蒙的攻击、诋毁和否

---

① Jonathan Israel, *Democratic Enlightenment*, New York: Oxford University Press, 2011, p. 1.

② Steven Pinker, *Enlightenment Now: The Case for Reason, Science, Humanism, and Progress.* New York: Viking, 2018, p. 40.

③ Graeme Garrard, "The War against the Enlightenment", *European Journal of Political Theory*, 10 (2), 2011, pp. 277–286, p. 281.

定——进行驳斥（确实也有研究者试图这么做的），[①] 而是客观地回顾真实的启蒙运动，并根据今天社会批判的需要抽取最重要、最相关的议题，并在过去的启蒙与今天的新启蒙之间建立起一种异中有同的比较、联系和传承关系。

造成对启蒙的怀疑主义和虚无主义的往往不是启蒙的公开敌人，而是以"批判性"著称的左派或前卫理论，其中最值得一提的就是法国理论和法兰克福理论。法国理论以福柯和让-弗朗索瓦·利奥塔（Jean-Francois Lyotard）为代表，法兰克福理论则以阿多诺为代表。

法国理论要颠覆的是启蒙哲学对历史进步的信念，例如，福柯认为，康德在《世界公民观点之下的普遍历史观念》（*Universal History with a Cosmopolitan Intent*，1785）和《永久和平》（*Perpetual Peace*，1795）中表达的人类自我优化理念，其实是一种更为巧妙的思想宰制和社会控制，启蒙的现代性不过是启蒙哲人为自己制造的"神话"。利奥塔在《后现代状况》（*The Postmodern Condition*）里宣称"元叙事的死亡"，以此挑战"欧洲中心论"。所谓"元叙事"（metanarratives）指的是"现代化""历史进步"这样的信念，利奥塔认为，以西方为中心的历史进步其实是一个自编的"故事"，实质上是西方文化霸权和对"他异"和"边缘"文化故事的压迫和排斥。这类观点在"后学"（后现代、后殖民、后结构）中被不断加强和固化，成为教条，这也是后来"后学"终于走向衰微和败落的一个原因。

面对"后学"的指责，重申 18 世纪启蒙的研究者不是就"神话""元叙事""故事"等说法简单地说不，因为所有这些说法都是

---

① Zeev Sternhell，*The Anti-Enlightenment Tradition*.

不能证伪的。重申 18 世纪启蒙观念价值的基本策略是，承认启蒙是神话，但指出那是一个有用的神话；承认启蒙是一个元叙事，但坚持启蒙不是一个排他性的元叙事；承认启蒙是说故事，但表明那是一个有意义的故事。

例如，利奥塔说，18 世纪启蒙所说的从野蛮到文明，不过是一面之词的西方传统，是一个对非西方文化没有意义的"故事"，理由是"不同的传统互不透明。不同群体之间的接触立刻就会形成对立，一个群体的名称和叙事对另一个群体的名称和叙事是排斥的"。① 这是我们很熟悉的文化相对论论调，以此为根据的道德相对论形成了对普遍道德和普遍价值的主要障碍。美国加州大学洛杉矶分校历史教授安东尼·帕格登（Anthony Pagden）在《启蒙为何仍然重要》一书中对此提出反驳。他指出，不同的群体和不同的传统确实会说不同的故事，但仍然需要有共同的语言，也会形成可以交流和沟通的共同语言，因为当今世界任何一个群体事实上都"不可能锁闭在自己的小世界，只是用它自己的语言来规定它的习俗。不然，当我们碰到童婚、奴隶制、强行阉割这样的事情时，我们便只能站在一旁说：'我没有语言来说这些事情，更不要说是评价这些行为了。'"有正常道义感的人不可能像井底之蛙那样，对井外发生的事情无动于衷。无论我们是否有宗教信仰，对某些事情我们都会说"天理不容"，这个天理中有一种普遍人类的意识：是人就不可以这样。但是，文化相对论却逼迫我们必须对这样的事情保持冷漠和沉默。陀思妥耶夫斯基说过："好吧，倘若没有上帝，也没有不朽的灵魂。你

---

① Anthony Pagden, *The Enlightenment and Why It Still Matters*. New York: Random House，2013，p. 401.

告诉我，既然我在人世间死了也就完了，为什么我应该正直地生活和做好事？……既然如此，为什么我不能去割别人的脖子，不能去抢劫，不能去偷窃？"①而启蒙所倡导的普世价值恰恰就是，在一个没有神和永生的世界里，你我凭借由人类共同订立的道德准则，大家都做好人，不抢劫，不偷窃，也不去割谁的脖子。

丹·艾德斯坦在《启蒙：一部发生史》一书里也是用与帕格登相似的策略反驳福柯对启蒙不过是一个神话的藐视和指责。福柯说，启蒙并不具有真实的历史意义，只不过是一个"元叙事"和一个"神话"（myth）。艾德斯坦引用法国社会学家乔治·索雷尔（Georges Sorel）关于神话的论述，"神话是一种让我们对自己的行为有总体意义认知的意识"，我们构造神话不是为了伪造现实，而是为了理解现实和我们在其中的位置。艾德斯坦写道："启蒙叙事正是如此，例如，《百科全书》里有多篇关于医学的文章，虽然介绍的是科学革命之前的医学发现，但却有一个连贯的故事线索。这个关于'新科学'的故事要说的是一种进步，它在不断瓦解迷信和中世纪经院论的残余。这种进步对于启蒙哲人的自我认知是很关键的。他们是谁就是来自这种自我认知，他们以此确定自己在历史轨迹中的位置，当下是一个顶峰，这让他们对世界的干预有了更大的意义。"启蒙哲人要用科学的指导代替宗教的指导，"也就是康德所说的'有勇气不靠别人的指导'……变得启蒙，也就是用一套新的规范来思考和行动"，而新规范是需要由人去建立的。18 世纪启蒙哲人所说的"新科学"在我们今天也许已经非常陈旧，但对他们来说却有开创新的认知纪元

---

① Letter to N. L. Ozmidov, 1878, in *Selected Letters of Fyodor Dostoyevsky*. Trans. Andrew R. MacAndrew. New Brunswick, NJ: Rutgers University Press, 1987, p. 446.

的意义。①

　　18 世纪启蒙在 1970 年代被法国理论解构之前，已经在另外一些
欧洲历史学和社会学那里受到过质疑，主要原因是二次世界大战中
和之后的极权灾难让许多人怀疑人类历史和社会是不是真的在不断
进步。不断进步的普遍历史（universal history）是启蒙运动的基本
理念之一，对后世有着重大的影响，可是，20 世纪的人道灾难让这个
信念在许多人那里破碎了。他们认为，一百多年的启蒙成果一下子
化为乌有，历史倒退到更野蛮的状态。因此，不仅是"普遍历史"，
而且是启蒙本身成为他们批判的靶子。20 世纪的一些重要思想家，奥
斯瓦尔德·斯宾格勒（Oswald Spengler）、阿诺尔德·汤因比
（Arnold J. Toynbee）、卡尔·洛维特（Karl Lowith）、狄奥多·阿
多诺（Theodor Adorno）沿着尼采的足迹，一反黑格尔、马克思、
孔德的历史发展论，以不同的方式探索有别于启蒙普遍历史的人类
社会历史变化理论。其中，阿多诺对法兰克福学派和左翼知识分子
具有很大的影响。他的《否定辩证法》（*Negative Dialectic*，1944 年，
1960 年代再版并翻译成其他欧洲文字）要把黑格尔的历史观颠倒过
来，他坚持认为"不存在把人类从野蛮引向人道主义的'普遍历
史'，只有那个从投石器发展到原子弹的历史"。② 在这之前，他在与
德国哲学家麦克斯·霍克海默（Max Horkheime）合著的《启蒙辩
证法》（*Dialektik der Aufklärung*：*Philosophische Fragmente*，1944）
一书里就直接对启蒙运动发起了批判，把德国法西斯主义的思想源
头追踪到启蒙精神的自我摧毁，并把极权主义归因于理性和科学

---

① Dan Edelstein，*Enlightenment*：*A Genealogy*. University of Chicago Press，2010，
　　p. 117.
② Adorno，*Negative Dialectics*. Trans. E. B. Ashton，New York：Seabury，1973，p. 310.

逻辑。

历史学家斯蒂芬·布鲁勒（Stephen E. Bronner）在《重申启蒙》中对此提出了驳斥，其方法是揭示这种论证方法的逻辑谬误。法兰克福学派的哲学批判以深奥晦涩闻名，与启蒙写作的平易和明快风格形成了鲜明的对比，谁如果用它那一套沉重的术语去与它辩论，就已经先掉进了一个话语陷阱。斯蒂芬·布鲁勒指出，《启蒙辩证法》对启蒙和极权关联的批判纯粹是形而上哲学的，无视一个基本的事实，那就是，法西斯和极权的实质是政治，而政治的操作是不可能只在形而上层面上去揭露的。极权政治有它自己的运作逻辑，它的权谋是实用主义的，其政治权宜之计和统治手段不具备哲学的纯粹性，不能用哲学去解释。法兰克福的哲学批判完全无法提供启蒙与极权有关联的直接论证，而是代之以一种玄虚的滑坡逻辑推理："启蒙为魏玛共和做了准备，魏玛又为希特勒做了准备。其他的一切都不过是结合了天真的希望、意识形态和怀旧。社会就这样轻快地，不知不觉地走向了深渊。……（批评者）对可怕的结果感到恐惧，但却一点也不解释这结果到底是怎么发生的。"[①]

从哲学上说，法国理论或法兰克福理论对启蒙的批判也许不是全无价值，但对我们今天的启蒙来说则可以搁置一边。无论是18世纪启蒙还是今天的启蒙，任务都是现实的社会批评，而不是纯哲学讨论。不同的社会批判都具备两个基本共同点：道义性和当下性。这两个也是我们今天重申启蒙的要点。

道义就是价值判断，当下就是现在的问题意识和需要。例如，

---

① Stephen E. Bronner, *Reclaiming the Enlightenment*. New York: Columbia University of Press, 2004, p. 109.

重申自由和理性思考的启蒙，是因为认定自由和理性是好的，这是道义的价值判断。这样的好东西在今天社会里非常欠缺，这就是当下的问题意识。我们关注自由对抗专制的问题，同样也包含了道义和当下这两个因素。18世纪70年代以后，自由与专制的对抗意识已经在明确主导欧洲的激进启蒙思想，乔纳森·伊斯雷尔在《心灵的革命：激进启蒙和现代民主的思想来源》一书里写道："1770年代，激进的启蒙哲人们传播的已经是一种全新的革命意识，它不只是要运用于法国或者欧洲的某个特定国家，而且也要运用于整个世界。全世界的人都在暴政、压迫和悲惨生活的重轭下受难，对此起支撑作用的是（他们自己的）愚昧和轻信。为了解放自己，整个人类需要一场革命，先是思想的革命，然后是实际的革命。"① 今天，这样的想法已经成为世界范围内的部分现实，即使还没有发生实际的革命，思想的革命已经发生了。18世纪欧洲大多数国家可望而不可即的民主、共和等已经在世界范围内成为历史的潮流。正是因为今天的世界与18世界欧洲启蒙有这样的联系，我们可以说，当下的启蒙是在继续一个具有道义正当性的、自由对抗专制的历史传统。由于在这个历史传统中形成了今天普遍认可的自由价值，我们对20世纪特有的专制和压迫才不至于毫无抵抗能力，我们的抵抗也才有了丰沛而宝贵的思想和行动资源。我们可以从四个方面来看待与18世纪启蒙传统的观念联系：一、人的自主性和多面人性；二、可靠知识与认知更新；三、法治与民主政治；四、普世主义与爱国主义。下面便是对这四个方面的分别讨论。

---

① Jonathan Isreal，*A Revolution of the Mind*：*Radical Enlightenment and the Intellectual Origins of Modern Democracy*，Princeton University Press，2010，pp. 271 - 272.

2. 自主的人：理智与心智

人的"自主性"（autonomy）指的是人能够不依靠外力，而是凭借自己的理智能力，替自己思考，替自己做主，为自己订立正当行为的法则。这也就是康德所说的，人能够让自己成熟起来。康德称此为人的启蒙。人的自主性，主体是个人。启蒙哲人对作为主体的"个人"有不同的理解。哈耶克在《真假个人主义》一文中区分了两种与启蒙思想有关的不同传统的个人观：一种是英国的，另一种是法国的，二者都涉及社会理论和可实施的政治。

英国传统的思想家包括洛克、孟德维尔（Bernard Mandeville）、柏克、休谟、斯密和弗格森（Adam Ferguson）（后面三位经常被称为苏格兰道德哲学家），他们从个人来关注社会，是因为他们认为社会离不开个人之间的互动，个人行为的逻辑和互动过程是认识社会起源和发展的关键。

在英国思想传统中，人不只是一个善于计算"自我利益"并按此行事的个体。人的知识是有限的，不完善的，他的行为既受理性的引导，也受激情（情绪和欲望）的驱使。他不能独立存在于社会之外。社会秩序和制度化的传统、习俗和互动规则是自然而然缓慢地发展起来的，要经过许多代人才能形成，不是人为所能设计的。因此，社会和文明在很大程度上是人与人互动行为的结果，而不是在执行或落实某种人为的设计。

由于不相信人有能力仅仅依靠某种形式的理性（乌托邦、科学的规划或主义，等等）来事先设计一个社会，英国思想家们认为，掌握政权的人是有局限和弱点的，让他们拥有掌管和安排社会的集中权力是危险的。最好的办法是用私人竞争的市场力量去分散政府的决策权力，这样才能减少权力犯错误和滥用权力的可能。

法国传统与英国传统不同，其代表人物（如笛卡尔）认为，人可以通过理性清楚而明确地知道该如何设计或改造社会，所有不能用逻辑和理性思考来证明"有用"或"优秀"的制度或传统都应该受到批判、改造或摧毁，在这之后才有可能用合理的政治计划来建立新的秩序。拥有这种见识和能力的人便是"启蒙了的人"（开明之人）。许多研究18世纪启蒙运动的学者都认为，法国启蒙所倡导的理性不仅用来认识自然世界，而且也用来制定合理的社会秩序。

法国启蒙者的攻击目标首先是宗教。宗教被视为一种迷信和偏见，它阻碍人们获得对世界的真实认知。纯粹理性可以使人在对待非理性的信仰、传统和习俗时，快刀斩乱麻，扫清重建社会之路上的障碍。但是，这样的理性并不是人人都能拥有的，大部分的人都生活在愚昧之中，没有理性思考的能力。因此，社会优化的重任便落在了少数精英人士身上，他们理应是大众的领导者。有的启蒙研究者因此认为，这样的傲慢和自信后来导致了法国革命的恐怖和专制统治。

今天回顾18世纪启蒙所强调的个人自主性，要避免把两种不同的个人观对立起来。法国启蒙关注并倡导理性，而英国（还有美国）的启蒙则在不否定理性的前提下提出，还有比理性更重要，至少是同样重要的人性因素。英国哲学家们更关切如何在人的天性和品质里找到认识社会及其基础的钥匙，因为人不仅有理性，而且还有不能用理性来解释的情感和道德感。他们强调理性之外的因素（情操、感情、情绪、审美、传统和习俗等）对政治的重要影响，他们也怀

疑仅有理性是否足以构成政治和理解政治的基础。^①

18 世纪启蒙思想中有两种理性观念，一种是狭隘的科学理性，另一种是普遍的思考理性。作为 18 世纪启蒙的前史，17 世纪的科学观形成了一种狭隘的理性观，理性被当作科学方法的新工具，排斥了"人"的其他因素——感情、情绪、审美、道德，也贬低了价值观、传统和信仰的影响。但是，启蒙时期对理性的认识远不止于此。

启蒙时期还发展出另一种更为广义的理性观，它关注和重视被科学工具理性忽视的人的多样化因素。像休谟这样的启蒙思想者就认为，理性不能证明道德真理，也不能证明普遍道德是由自然法规定的。理性并不能为某些主张（如宗教）提供支持。理性甚至不能证明理性本身是理解世界的真实或准确的途径。这样质疑和探究理性的实质，本身就是一种理性思考，运用的是批判性的理性。今天，我们对这种批判性思考有了更多的认识，也予以更多的重视，大学里要求每个学生的"批判性思考"（critical thinking）就是一种广义的理性的、合乎逻辑的批判思考。

狭隘的理性起先只是科学的方法和原理，但一旦变成政治意识形态中的"科学指导"，便走向了反面，变成为一种由逻辑和推理构成的概念体系。它无所不包，没有什么不能解释，永远正确。由于无视现实环境的限制，所以放诸四海而皆准。它把一切与它不合的人性因素排除在外。这样的理性从某个意识形态的真理出发，推导出可能完全违背现实和人性的政策和方针，并以捍卫真理的名义残酷地镇压和消灭持不同意见者。

---

① F. A. Hayek, "Individualism: True and False", in *Individualism and Economic Order*, University of Chicago Press, 1948, pp. 1–32.

今天的启蒙要倡导的是普遍意义上的理性，它是一种以怀疑为起点的批判性思维，在这一点上，它与科学理性并不矛盾，但它秉持的怀疑和自我怀疑能在最大程度上防范陷入狭隘的科学理性。科学理性应该包含在普遍理性之中，而不是用来代替普遍理性。脱离甚至违背普遍理性的科学是危险的。为科学而科学、为私利而科学、为权力而科学，许多人正是以这些科学的权威来为拥护纳粹主义、种族隔离、种族清洗、阶级斗争、人种优生工程、破坏自然生态等等而辩护。这是今天的启蒙必须高度警惕的，2018年基因编辑婴儿事件就是一个例子。

启蒙时代的科学理性主义是一种时代的局限，当时许多人对科学有一种我们今天会觉得非常天真的信心和乐观。那时候，了解科学的只是少数的科学家、思想家和作家。在他们那里，科学代表清晰、理性的思想，基于切实的经验，同时又受制于可以验证的规则，正如他们把基督教视为代表迷信、武断和教条一样天真。他们相信，世界受自然法则的支配，人能认识自然法则就能增强自己的能力，减少灾难和不幸。如果说反僧侣和怀疑宗教是启蒙有所批判的一面，那么，崇尚科学就是启蒙有所建树的一面。如果说宗教迷信只是低标准的认知，使大多数人轻信易骗，成为被利用和被操纵的愚民，那么，科学方法则为人的认知设立了更高的标准，使人可以通过获得知识变得更聪明，更强大。推崇和倡导科学并不是要人人学习科学，而是要人人有科学的精神，因而能用正确、可靠的方式来思考和判断。在当时这被视为启蒙的科学精神，而中国新文化运动是把"赛先生"与"德先生"并列为启蒙导师，也是类似的情况。

今天的启蒙并不反对科学精神，而是对科学主义保持警觉和批判。这本身就是一种理性思考和判断的结果，是学校启蒙教育的一部分。学校启蒙教育当然不是只针对科学主义，而是针对一切被误认为是绝对正确、不可能出错的知识来源。正如平克所说，"信仰、启示、传统、教条、权威、主观确定性带来的陶醉——都会带来错误，不应该作为知识的来源"，知识的来源只能是经过理性检验的求知过程，"我们提出问题，评估可能的答案，并试图说服其他人承认这些答案的价值，这就是推理，而推理就是默认了理性的有效性"。①

平克所说的那种"说服的理性"其实就是今天学校启蒙应该特别重视的批判性思维，包括公共说理中要重视事实和逻辑论证，要察辨谬误、谎言和欺骗，也包括要了解我们自己的认知热点和心理缺陷，了解造成轻信和自欺的错觉和认知缺漏，等等。批判性思维可以在学校里进行，也可以通过阅读有关书籍来学习。它会坚定我们对普遍理性的信念，"理性的不可或缺，并不意味着个人永远是有理性的，或者永远不被激情和幻象所动摇。这仅仅是说，人有理性的能力，如果一群人愿意去完善理性的能力，公开而公平地运用这种能力，从长远看，他们就能够在合作中通过理性得到更坚实的结果。林肯曾经注意到，你可以在某些时间内愚弄所有的人，你也可以永远地愚弄某些人，但你不可能永远地愚弄所有人"。② 新启蒙则是基于这样的信念，虽然公众可能被愚弄，但只要他们学会理性思考，就一定不会永远被愚弄。

今天的启蒙需要把理智和心智结合到一起，不是单单看到理性的重要，还要看到它与人的心智有关系。如果说智识启蒙关乎人的

①　斯蒂芬·平克：《人性中的善良天使》，安雯译，中信出版集团，2015年，第217页。
②　我在《明亮的对话：公共说理十八讲》和《人为什么上当受骗》里对这些有专门的讨论。

逻辑思维、阅读的技能和目的、获取知识和检查知识的能力、与他人的交流和说理互动等等，那么心智启蒙则关乎人的欲望、激情、本能冲动、情感和情绪，也就是所谓的"七情六欲"。人的心智虽然经常不受理智的支配，但却不应该排除在理性认知之外。正因为如此，心理学尤其是社会心理学才能把心智的方方面面作为它们的理性认识对象，如人"天生"的自利、贪欲、嫉妒、恐惧、得陇望蜀、幸灾乐祸、歧视、排外、偏见、民族情绪和爱国情怀。从理性上来认识这些看似非理性的欲望、情绪、本能——通常被称为"人性弱点""幽暗意识""不完美"的方面和特征，并不是要从"人性"中消除它们，而是通过正确的认识来帮助我们自己学会必要的自我约束。学会约束自我，并知道为什么要约束和如何约束，这本身就是一种重要的启蒙。

托克维尔讨论的"开明自利原则"（enlightened selfishness）就是对非理性"自私"的理性思考，这是一种经过启蒙的对自私的认识。约翰·密尔对此非常认可。他指出："开明的自利原则不是一种崇高的原则，但它却明确而可靠。这个原则并不瞄准重大的目标，但它却可以帮助切实可行地瞄准一切目标。由于它在所有人力所能及的范围内，每个人都可以毫不费力地理解和拥有它。由于它适应人类的弱点，所有很容易获得巨大的影响。由于它用自利在矫正自利，用激发激情来引导激情，它的影响反而比较稳定。"理性地认识"自利"这样的"人性弱点"是有益于社会的，它不是像道德理性主义者想象的那样，把人变得"大公无私"，而是学会正确地理解自我利益，因此受到理性的自我约束。密尔赞同托克维尔的看法："如果'正确理解的利益'原则支配了整个道德领域，非凡的德行无疑会更少，但是，我认为，总体的堕落也会因此而更少。或许，这个原则会不利于把一些人高高提升到人类水平之上，但是，其他大批在这个水平之下的人们，却被这个原则所吸引、所支持。看一下少数人，他们被这个原则降低了，纵览整个人类，他们却被提高了。"①

　　有意识地破除理性和欲望（非理性）的二元对立，让我们看到，对人的心智（本能和自然欲望）是可以有所理性认知的。由于人所共有的心理特征和需求，包括所有的弱点和不完美，都是司空见惯、不证自明的，人们对它们反而较少思考和认识，所以特别应该成为今天启蒙的内容。由于心智现象包含着大量为人们已经熟悉的显见事实，所以只要人们接受了启蒙的引导，就不会不发现许多有用和有益的知识，并有助于个人和社会行为的良性改变。今天，我们已经不再是生活在一个相信本能为善的时代，我们需要了解善行后面的个人情绪和欲望动因，这就需要有相应的启蒙：心智和人性的启蒙。我们已经生活在一个自由、公共和平与社会秩序没有教育就不可能存在的时代。启蒙是多方面的，但都离不开人的心智和人性特征。如果我们今天能够帮助社会中尽量多的人们，让他们能够把理性思考集中于自己内心的那些软弱和不完美的方面，那么，这种启蒙，或者说自我启蒙，会比来自外部的道德说教或训诫更有效地成为人们自我约束的主要力量。

3. 可靠知识与认知更新

　　18世纪启蒙哲人称他们的新认知方式为一种与往昔尊崇神启或

---

① 约翰·密尔：《密尔论民主与社会主义》，胡勇译，吉林出版集团有限责任公司，2008年，第115—116页。

传统完全不同的"哲学精神"（l'esprit philosophique）。狄德罗于1749 年宣称："我们生活在一个哲学精神扫除了许多偏见的世纪。"三年后，伏尔泰说："今天……哲学精神已经有了很大进步。"卢梭同样为"这个世纪的哲学精神"感到骄傲。就连那些怀疑哲学精神已经普照欧洲的人们也对哲学精神的重要性和存在持肯定的态度。瑞士生理学家夏勒·波内（Charles Bonnet）提醒道，"今天似乎在扩散的哲学精神事实上要比人们以为的要稀少得多"，但是，从稀少到常见，这本身就是启蒙的发展特点。法国诗人和评论家安东尼·莱纳德·托马斯（Antoine Léonard Thomas）在《论赞美》（Essai sur les éloges）中说："在法国出现的哲学精神正在慢慢地变得普遍起来。"[①] 哲学精神的意义在于，它正在扫除人们习以为常的那种迷信和盲从。

理性思考和反迷信愚昧的哲学精神成为启蒙时代知识人士的名片。今天，我们称这样的哲学精神为批判性思考，其理性怀疑、求证、反偏见和讲宽容、独立判断便是我们今天可以与 18 世纪启蒙精神建立的联系。这让我们清楚地看到，学校教育要提供的不仅仅是知识，而且更是一种可以在最大程度上能够保证可靠性和真实性的知识。它要克服所有的迷信盲从，清除洗脑和非理性情绪所设置的认知障碍。这样的批判型知识如今已经不再是从无到有，而是正在慢慢地变得普遍起来。

今天，越来越多的人已经有了这样的觉悟：不能像以前那样糊里糊涂地被人牵着鼻子走，要你怎么想你就怎么想，理解的要执行，不理解的也要执行。就算他们还不知道自己究竟该如何思想，他们

---

① Dan Edlstein，*Enlightenment：A Genealogy*，p. 70.

也已经是属于"新时代"的人了。艾德斯坦指出,这就是一种"生活在启蒙里"的真实体验,"比什么都重要的是,启蒙可以说就是人们认为自己已经生活在一个启蒙的时代"。[①] 因为就算他们并不是真的在理性思考,他们也接受了理性思考的合理性和正当性,现在再要求他们把盲目服从当作一种合理而正当的认知原则和生活态度,已经几乎是不可能的了。

18 世纪启蒙知识的现代性不全在于它的知识内容,而在于知识者与知识的关系,以及知识者为知识设置的目标和宗旨。这种启蒙知识的现代性在于它的科学精神,在认知上变得更为可靠,更在于它的人文精神,知识是为优化人性,改良人的社会和政治服务的。知识者因此成为有见识、有学识的时代英雄,这与我们今天许多有知识无见识,有专长无关怀,因妄自菲薄而遭人白眼的"知识分子"是完全不同的。最有代表性的 18 世纪知识人是启蒙哲人,他们努力排除迷信和偏见的羁绊,打破陈规陋习的桎梏,让自己在思想上成熟起来,成为知识的自主者。

法国物理学家、数学家和天文学家,与狄德罗一起编纂《百科全书》的让·勒朗·达朗贝尔(Jean le Rond d'Alembert)赞美知识者道:"他以见证人的身份评估在这个星球上生活的人类,就如同评判员在观察演员表演。他像研究物质世界那样研究道德世界,不带偏见。他阅读过去作家的著作,小心翼翼犹如对待自然现象。他审察历史真实与历史可能之间,可能性与天方夜谭之间的微妙差别。他能够区分简朴、奉承、妨碍和仇恨语言之间的不同。……他们受这些规则的开启,虽然细微但很确实。他研究过去发生的事情,主

---

① Dan Edlstein, *Enlightenment: A Genealogy*, p. 73.

要是为了了解他现在生活于其中的人群。"对达朗贝尔的这番话，帕格登评论道："在达朗贝尔看来，他所说的'世界的宏大谜团'是一个无限广大的迷宫，我们生活于其中，要想突围而出，没有爱瑞雅妮的线球（Ariadne's thread）可以帮助我们。我们只有'一些断线'。人类的各种科学就是要把许多断线连接起来，连成达朗贝尔所说的……'真理之链'。这个知识之链会把人带到一个可以俯瞰人和自然整体世界的地方，在那里看到，如达朗贝尔所说的，'所有的真理都不过是人的不同解释'。"①

同样，我们今天对启蒙时代知识观的认识也是一种对历史的解释，是我们从当今视角来重构启蒙历史的一部分。我们今天认为重要的启蒙知识或争论，在当时可能并不是最重要的，而当时非常重要的启蒙作品对我们今天却已不那么重要。在新知识的寻求和贡献上，重要的不是启蒙哲人成就了什么，而是他们是怎么做的，为什么要那么做。

狄德罗在《百科全书》的"百科全书"一文中说，启蒙倡导的是一种新的"百科全书"式的知识秩序，在这之前是那种被认为完美无缺的神启知识秩序。百科全书式的知识秩序是实用性的，不是用来直接对抗神启知识秩序的。同样，今天的启蒙知识也是实用性的，并不是用来对抗或取代意识形态的"普遍真理"。神启知识无所不包、无所不知的完美秩序是可望而不可即的，因此，《百科全书》的作者们知道，若要获得知识，先要敢于拒绝无所不知。《百科全书》的知识是零碎、片段的，是达朗贝尔所说的有待连接起来的一些断线。零碎的知识必须由知识的运用者根据自己的需要和理解去

---

① Anthony Pagden，*The Enlightenment and Why It Still Matters*，pp. 149-150.

串联和整合。

在启蒙哲人看来，百科全书式的知识形成一种并不全能全知的、常人就能把握的知识秩序，跟人在与世界互动时头脑运作的方式相一致。《百科全书》里的单篇文章是按照"知识之树"分叉而出的主枝和旁枝样式相互联系的。《百科全书》的启蒙哲人们认为，人在头脑里有一个从感官知觉到形成知识的过程，也是通过这样的联系方式，形成了知识的分类。18世纪开始形成的现代学科类别区分（学科知识）与我们今天不同，但它那种由人的认知而不是神启确定的秩序足以让启蒙哲人可以骄傲地宣称：奠定知识基础的是人，不是上帝。

所谓"百科全书"的知识当然不是无所不包的，也不是普遍适用的。但是，这样的知识是对人适用的，是人的心智能够把握，能够理解，并在一段时间里有用的知识。在这个意义上能起到新知识改变普遍思考方式的作用。今天，狄德罗《百科全书》里的许多知识都已经过时了，但启蒙哲人们明白，也许就在他们还活着的时候，知识和技术的发展就可能让他们和他们所使用的语言跟不上更新的步伐。这与有些知识自诩为永恒真理是完全不同的。对我们今天的启蒙来说，重要的不是《百科全书》的知识内容，而是它与知识的关系，它创造了一种设想、产生、传播和运用知识的现代方式。这种知识的批判精神、专业学识精神和集体协作精神仍然是我们今天的启蒙需要传承的。

18世纪的启蒙是从人运用自己的理性，用自己的思考和判断力来取得可靠的知识开始的。正如历史学家丹尼尔·波鲁尔（Daniel Brewer）所说："当人们试图把知识放置在一个新的基础上时，这就重新界定了人的存在、价值和行为。因此，'启蒙'这个说法指的是一系列的观念、理念和文化实践，他们产生于特定现实中的知识和社会政治秩序，有时候从外部来对抗这个秩序，但经常是在秩序内重新整合。这项事业在 18 世纪渐得风气，蔚为大观。在随后的两个世纪里，这些观念、理念和实践逐渐在个人存在和集体行为的层次上都产生广泛影响，成为自由民主社会中现代政治和社会生活的基本方面。"① 自由和民主的制度是无法在一个人民普遍愚昧和无知的社会里建立起来的，知识的启蒙作用不在于把多少人变成有腿的百科全书，而在于开拓大众眼界，提高他们的认知能力和文化素质。

认知能力和文化素质所要求的不一定是全新的知识，但一定是没有被广泛传播或者是虽有用但被忽视的知识。在知识被限制的环境下，启蒙传播知识成为一种具有反抗和解放意义的社会行为。这不是一种学院象牙塔里的专门知识，而是一种能够被民众理解和运用的、与公共问题有关的知识。这是具有启蒙传统特色的知识形式，18 世纪的启蒙哲人就是以一种与经院哲学和神学完全不同的通俗语言来写作的，运用得最广泛的写作形式是一种被称为"随笔"的自由讨论文体，此外，文学也是一种发生广泛影响的言论方式。

在中国的近代启蒙史上，梁启超是一位非常有代表性的启蒙知识传播者。他运用的是一种因他而闻名的"报章体"。梁启超在《清代学术概论》（1920）中自述道："启超夙不喜桐城派古文，幼年为文，学晚汉魏晋，颇尚矜炼。至是自解放，务为平易畅达，时杂以俚语、韵语及外国语法，纵笔所至不检束。学者竞效之，号新文体，老辈则痛恨，诋为野狐。然其条理明晰，笔锋常带感情，对于读者，

---

① Daniel Brewer，"The Enlightenment Today?" in Daniel Brewer，ed.，*The Cambridge Companion to The French Enlightenment*，Cambridge University Press，p. 1.

别有一种魔力焉。"他的写作更是以唤醒众人的"觉世"而不是以立足学界的"传世"为宗旨。他说:"吾辈之为文岂其欲藏之名山,俟诸百世之后也。应于时势,发其胸中所欲言。"他广取新知,勤勉写作,他坚信,无论是求知还是为文,觉者之业的价值不在于"藏山传世",而在于启蒙。启蒙的目的既已达到,作为手段的报章文章能否有长期价值也就不重要了。今天,报刊和网络上许多短小精悍、犀利敏锐,又不乏学理见解的时论或评论文章继承的正是梁启超的启蒙传统。把相当数量可以建立联系并能相互阐发的单篇放在同一个启蒙主题的集子里,更是一种适合当今读者阅读习惯的启蒙传播方式。

在今天的互联网时代,媒体的运作方式已经与上世纪初的梁启超时代相比有了巨大的改观,知识传播有了许多新途径和新手段。互联网正在改变我们的知识观念、求知方式和知识评估标准。这个过程所涉及的认知问题大部分都不是新问题,但互联网使得这些问题变得更加突出、更加普遍、更加复杂,因此更值得我们重视。互联网对我们的认知过程、知识结构、思维方式产生重要的影响,但它并不能改变那些对人类来说最为基本、最体现人的自由意志和个体自主性的智能因素,这些因素才是我们在今天的启蒙和批判思维教育中最需要坚持和培养的。许多以前认为颠扑不破的真理,后来都可能证明是假的,这成为一种从18世纪启蒙运动以来一直指引人们独立而成熟地思考的信念,也是我们今天的启蒙要重申的。其中一些比较特殊的部分可以作为互联网的认知问题来单独讨论。①

---

① 参见徐贲:《人文的互联网》,北京大学出版社,2019年。

4. 现代自由民主政治

　　许多被今人视为不言而喻是正确的政治和社会价值——自由、平等、人权、思想和言论自由、基于理性的良序社会和公平政治、主权在民、社会契约、经被治理者同意而产生的法律、政府的权力来自人民的同意——在 18 世纪启蒙的"理性时代"都曾经是哲学思考者们所怀疑、论证、论辩过的。那是一个君主专制统治的时代，即便如此，思想者也在验证那些不容置疑的统治权威是否真的拥有经得起逻辑检验的合理性和正当性。他们运用的是理性标准，这种理性标准大约在公元 1500—1800 年这段时间里由许多政治思想家和科学家共同确立。他们都相信，宗教价值、古典和基督教作家的知识方法都已经不能为人类认识世界和支持真理提供可靠而准确的途径，因此必须为与人有关的知识奠立新的基础，其中最重要的就是政治知识。

　　新的政治知识把政治牢靠地安置在与理性一致的新知识基础之上，这样的政治知识彻底改变了人们对统治权力和权威正当性的看法，也以一种与帝王政治不同的方式重新界定了现代人的政治世界。为了阐述政治权威的正当性，霍布斯、洛克和卢梭用社会契约和人的自愿服从这样的新概念来解释公民社会的起源。他们假定，在遥远过去的某个时刻，处于自然状态的各个人同意结合在一起，形成公民社会，创立了政府，并自愿服从这个政府的法律，服从某些具体的条件限制。社会契约理论确认了一种特定政治社会构想的正当性。这种政治社会以自然权利和保护个人自由为前提，并以此作为政治的规定性特征。霍布斯、洛克、卢梭和其他哲学家的立场虽然不太一样，但他们之间有一些基本的政治观念共识，例如，政治社会是人为的，不是自然的；存在着对政治权威的限制和约束；个人有权利创建政治社会，也有权利因某种政治社会的失败而解散它，一切都以它是否能实现特定目标为依归，等等。

对英国、法国和美国这样的国家来说，这些新政治观念的意义并不仅仅是理论上的，而且与政治和社会的变革密切联系。对政治理性、社会契约和个人权利的诉求导致了三次革命：1688 年的英国革命、1776 年北美殖民地的美国革命、1789 年的法国革命。这些革命反对君主专制，以个人自由和权利的正当要求来限制或清除王权专制。专制从一种中性的政体概念变成了"不善"和"恶"的代名词，在这个观念的转变过程中，孟德斯鸠起到了关键的作用。其深远影响可以从互联网上流传的一则《孟德斯鸠〈论十恶〉》的小文略窥一斑，文章引用了孟德斯鸠的话"任何专制国家的教育都是在极力降低国民的心智"，随即列举了专制"毁灭人类的 10 种事"，分别是：没有人性的政治、没有思想的崇拜、没有人文的科学、没有道德的商业、没有良知的知识、没有真实的历史、没有独立的精神、没有自由的幸福、没有劳动的富裕、没有制约的权力。[①] 孟德斯鸠没有写过什么《论十恶》，这 10 种事情显然也不是他的原话。但是，这 10 句话都与他反对专制的思想相去不远，甚至可以说颇得其精髓。像这种普及版的思想传播，效果肯定要超过孟德斯鸠的《论法的精神》。

18 世纪欧洲启蒙的政治思想对 19 世纪末 20 世纪初的中国一般知识分子和少数民众的影响也主要是通过大众传媒发生的，也都是

---

① https：//mp. weixin. qq. com/s/setis8FOX7F6h8z3Rkh2Bg.

不同程度上的普及版。在早期图谋政治变革的精英知识分子中间，启蒙的政治思想发挥了决定性的作用。清末出现的不同政治改革方案——共和或君主立宪——的主要思想资源都可以追溯到启蒙思想的不同部分和对启蒙时期不同革命经验或教训的解释。启蒙政治的基本价值原则——自由、平等、公民权利在辛亥革命前就已经得到一些启蒙思想家的传播，梁启超就是其中的一位。他在写作于1901年底的《卢梭学案》里不仅介绍和评价了卢梭最著名的"社会契约"论和"公意"论，还具体分析了卢梭的自由和平等观念。

梁启超对卢梭"社会契约论"所包含的自由思想——社会契约的订立，不能以自己和后人的自由权为筹码——十分赞赏，他评论道："按卢氏此论，可谓铁案不移。夫使我与人立一约，而因此尽捐弃我之权利，是我并守约之权而亦丧之也。果尔，则此约旋成旋毁，当初一切所定条件，皆成泡幻，若是者谓之真约得乎？"梁氏对卢梭所言的为人父者不能代子捐弃自由权深有感慨，他针对中国"父母得鬻其子女为人婢仆，又父母杀子"的旧俗，得出这是"不明公理，不尊重人权所致"的结论。在此处，梁氏还批评了霍布斯的君主专制，认为其"悖理更无待言"。他强调，"盖以民约之为物，非以剥削个人之自由权为目的，实以增长坚立个人之自由权为目的者也"。①

梁启超对于卢梭的"主权在民"和"人民遵守自己参与订立之法律"的观念更是十分重视和推崇。他写道："卢梭又曰：'法律者，国民相聚而成立之规条也。'又曰：'法律者，全国民所必当遵守，以故全国民不可不议定之。'"人们的意愿不是当权者说能代表就能代表的，而是必须体现为人民真正能够参与制定的法律，"卢梭之

---

① 《梁启超哲学思想论文选》，北京大学出版社，1984年，第61—63页。

意，以为公意，体也；法律，用也；公意无形也，法律有形也。公意不可见，而国人公认以为公意之所存者，夫是之谓法律"。他指出，中国的法律一直是"一人或数人所决定"，然后强加于人民，这样的"法律"根本不配叫法律——"试一观我中国之法律，何一非一人或数人所决定者？何一非仅关系一人或数人之利害者？以此勘之，则谓吾中国千年来未尝有法律，非过言也"。法律不是人民的法律，主权也就不能是国民之主权，梁启超说，国民之主权不可混淆为政府之主权，国民不能掌握主权，"则背于立国之大本也"，因此，他完全同意卢梭的断言，"凡政体之合于真理者，惟民主之制为然耳"。①

梁启超用卢梭的观点来强调一个在中国具有现实意义的"法治"真意问题。法治指的不只是政府以武断制定的法律来治理社会，而首先是指政府的行为在法律约束之下。撇开所有的技术细节不论，法治的意义就是指政府在一切行动中均受到事前规定并宣布的规则的约束——这种规则使得一切个人有可能确定地预见到当权者在特定情况下会如何使用其强制权力，并据此知识来规划自己的个人事务。这样的法治之下才有真正的人民自由。这样的自由需要受到一般性规则的限制。自由意味着，我们的所作所为并不依赖于任何人或任何权威机构的批准，但必须也应该接受平等适应于所有人的抽象规则的限制。这样的规则必须用理性才能加以把握。梁启超所倡导的法治和民主政治理性，就算放到今天，也还是具有非常及时的启蒙意义。

如何看待启蒙时代的政治遗产从启蒙时代起一直有许多争论，

①《梁启超哲学思想论文选》，北京大学出版社，1984年，第65、67页。

其中的焦点之一就是启蒙与法国大革命的关系。今天，法国大革命给许多人的联想首先是暴力、暴民、狂热、恐怖、血腥时期（1793—1794）。其实，这并不是法国革命的全部，把这样的革命归咎于启蒙和启蒙哲人更是与史实不符。丹·艾德斯坦就此写道："公平地说，1789年让大多数能活着看到法国革命的哲人们感到措手不及，革命也是那些已经死去的哲人们，包括爱尔维修、伏尔泰、卢梭、狄德罗、霍尔巴赫所无法预料的。孔多塞也许拥护共和主义，他于1791年与激进思想家托马斯·潘恩联手。但是，1789年他是反对召开三级大会的。学者纪尧姆-托马斯·雷纳尔（Guillaume-Thomas Raynal）曾经被旧制度流放7年，他曾经公开支持美国革命，但他1791年在一封致国民议会的信里表示对法国革命的整个进程都不以为然。霍尔巴赫沙龙（汇集的是一群激进的法国启蒙思想家）的所有成员，除了雅克-安德烈（Jacques-André Naigeon），都对人民起义感到惊慌失措，因为起义把他们熟悉的世界搅了个天翻地覆。即使有人开始还小心地拥护革命，他们后来在恐怖还没有开始的时候，就已经几乎全都投向了保皇党的阵营。革命党对他们进行报复，大肆批判、迫害，甚至处以死刑，罗伯斯庇尔咒骂他们是'百科全书派的党羽'。"[1] 启蒙哲人并不是法国革命的始作俑者。

在思考法国革命暴力的灾难时，许多人会很自然地用时间先后来解释历史的复杂因果关系：法国启蒙发生在法国大革命之前，所以得为革命的暴力负责，而法国革命的暴力则又必须为后来一系列的革命暴力或暴政案例负责。左右两派的知识分子都用这样的逻辑来谴责启蒙运动。他们说，这就是你能得到的——你吃了智慧之树

---

[1] Dan Edelstein, *The Enlightenment：A Genealogy*, p. 100.

上的果子，你从神那里偷来了火种，你打开了潘多拉的盒子。对此，平克反驳道："启蒙运动的理论要对恐怖行为和拿破仑承担责任……这种指责是值得怀疑的。政治谋杀、屠杀和帝国扩张的战争，这些恶行和人类文明一样古老，对欧洲（包括法国）的君主而言早已经是家常便饭。许多为大革命提供了精神支持的法国哲学家在思想界无足轻重，与霍布斯、笛卡儿、斯宾诺莎、洛克、休谟和康德理性流派也没有传承关系。"[①]

历史事件的发生和发展有其自身复杂的逻辑和偶然性，不能用简单的前因后果来随意推断。法国革命并不是 18 世纪启蒙中唯一的一次革命，美国革命和建国更严格地遵守了启蒙运动的蓝本，像孟德斯鸠这样在法国被冷落的启蒙思想家反倒在美国对不同政治阵营（联邦主义者和反联邦主义者）都产生了显著的影响。非暴力、避免流血的美国建国不仅给世界带来了第一个自由民主政体，而且已经延续了两个多世纪，成为许多其他国家民主的重要参考。今天的新启蒙可以把美国革命的经验和法国革命的教训结合到一起，就像托克维尔在《论美国的民主》和《旧制度和大革命》里所做的那样。这两本书都是今天政治启蒙的可贵资源，也都受到读者的广泛重视。

新的政治启蒙可以分别讨论启蒙时期的三次革命（英国光荣革命、美国革命和法国革命），也可以把它们综合起来，一同视为人类历史上最重要的政治变革，专制从此注定要走向灭亡。这三场革命奠定了现代宪制共和和民主法治的基础，对许多政治观念提出了新的理解，作出了新的解释，颠覆了那种披着宗教或其他神秘面纱的旧体制和旧权威，为建立新的政治体制和权威铺设了道路，也设置

---

① 斯蒂芬·平克：《人性中的善良天使》，第 220—221 页。

了标准。乔纳森·伊斯雷尔指出,启蒙时代的政治建树和成就与我们今天的世界有着内在的关联,"谁能够怀疑,18世纪激进启蒙哲人把愚昧和轻信视为人的退化和压迫的主要原因,愚昧和轻信今天仍然是实现民主、平等和个人自由的头号敌人"。[①]

启蒙的政治成就在于,今天世界上的大多数人都已经认可它所开创的一些标准和理念(当然也会在这个基础上有所变革和创新)。这些理念包括:以被治理者同意的方式来建立治理他们的政府;以人民同意的法律来保障和维护对所有人有效的自由和平等;任何一个具有合法性的政治制度都必须尊重和实现个人拥有的一些基本自由权利;个人权利不是来自政府和它的法律,也不是由神或君王所赐予,而是一种每个人与生俱有并不可让渡的自然权利;宗教宽容是一种良好社会的美德,但宗教与政治必须分离;宪法是一种最高的有约束力的法律,它既授予政府权力,又限制政府的权力,既是政府的积极工具,使政府能管理被统治者,又是对政府的限制,使被统治者能够制约统治者。

这些构成了我们今天所知道的那种以宪法为核心的自由民主宪制。广义的"宪法"(国之大法)自古就有,但是,一直要到启蒙时代,才出现了具有启蒙特征的宪法,也就是"开明宪法"(enlightened constitution)的模式,它确立了我们今天认可的人民与政府的基本关系:宪制的政府应该是稳定的,因为它是产生于人民自由选择的政府。这是一个政情公开、代表人民的问责政府。一旦它失去了人民的信任,就应该把权力交还给人民,让人民根据确

---

① Jonathan Israel,*A Revolution of the Mind*:*Radical Enlightenment and the Intellectual Origins of Modern Democracy*,Princeton University Press,2010,p. xii.

定的宪制原则，选择他们所要的新政府。

5. 世界主义与爱国主义

　　世界主义和爱国主义在 18 世纪启蒙时代是特别与"理性"和"自由"观念联系在一起的观念。世界主义强调的是人类的普世共性——理性、同情心、自由、平等，爱国主义强调的是个人对自己"祖国"的归属感、义务、责任和忠诚。法国革命后，拿破仑的征伐令欧洲各国民众团结起来对付法国，从而产生了以后的民族国家，也进入了民族主义时代。但是，启蒙时期的多种爱国主义表述——公民爱国、爱国是爱祖国而非政府、爱国不是盲目爱国家、爱国是爱某一种而非某一个国家、爱国是自由人对法治的热爱、爱国可以批评自己的国家，与后来那些狭隘、排外、文化部落主义的民族主义有着本质的区别。在很大程度上，以人的理性和尊严为原则的爱国主义是以相同原则为基础的世界主义的特殊表述，这二者之间的关系就犹如（特殊的）国民性和（普遍的）人性，是范围而不是性质的区别。

　　世界主义的观念雏形可以追溯到古希腊和古罗马。苏格拉底说："我不是雅典人或希腊人，我是世界公民。"古希腊犬儒主义哲学家德谟克利特说，"全世界都是我的故乡"，据说是他创造了世界主义这个说法。但是，他鄙视城邦，因为他鄙视一切与归宿或约束有关的制度——婚姻、家庭、政治、城邦生活。他称自己为世界主义者，但并没有倡导一种与传统不同的群体意识，所以对启蒙时代影响不大。启蒙哲人，如狄德罗、休谟、孟德斯鸠、伏尔泰是要用一种新的群体观念来反对那种拘泥于个别传统的旧群体观。他们也反对各种各样的部落主义、排外或恐外主义、宗派主义。但是，他们还不具有我们今天的民主公民社会和宪法爱国主义观念。

世界主义在启蒙哲人那里主要是一种范围广大的人类情怀。所有的人，无论文化、文明、习惯、风俗有什么不同，都是人类群体的一部分，都是平等的，都值得关注和了解。这种普世性更直接地继承了罗马斯多葛派哲学的遗产。斯多葛派哲学家把世界主义转变为一种看待世界的观念：人类是一个整体，因此应该建立一个以人类的世界理性为基础的世界国家。世界乃是每一个人的祖国。世界主义不是否定民族传统，而是淡化民族主权。塞涅卡说："我来到这世界，并非是因为想占有一块狭小的土地（故国），而是因为全世界都是我的母国。"马可·奥勒留说："就我们是理性存在者而言，理性是共同的……这样，我们就是同类公民（fellow-citizens）了。因而，在某种意义上，这个世界就是一个国家。"每个人都是大同世界的一员，同一个普遍理性支配着每一个人。奥勒留还提出要"爱人类"，他说："就我是安敦尼来说，我的城邦与国土就是罗马；但就我是一个人来说，我的城邦与国土就是这个世界。"对这样的世界主义来说，人乃是普遍的、不分种族肤色的人。他又说："地上所有的国都是一个家。人人都是至高的宇宙国家的一个市民（公民）。"这个国乃世界、宇宙。他还说："人呀，你一直是这个大国家（世界）里的一个公民。"①

今天，世界主义的对手是绝对化了的相对主义的文化民族主义

---

① 安希孟：《从国家主义走向世界主义》，北大法律信息网。http：//article. china-lawinfo. com：81/article＿print. asp？articleid＝32789.

和维护专制政权的政治民族主义，前者否定不同文化之间在价值观上的可沟通性，而后者则利用文化民族主义反对任何基于普世价值的外来批评。这样的民族主义总是被打扮成"爱国主义"，也因为这样的打扮而极具欺骗性。

普林斯顿政治学教授莫里奇奥·维罗里（Maurizio Viroli）在《对国家的爱：论爱国主义与民族主义》（*For Love of the Country：An Essay on Patriotism and Nationalism*，1995）一书中从历史渊源区分了爱国主义和民族主义。他指出，"爱国主义的语言是建立在古人的遗产上的"，爱国主义自古就有，而民族主义则是 19 世纪欧洲民族国家体系形成后才有的观念。爱国主义"Patriotism"一词源自拉丁语中的"Terra Patria"，意为"父辈的土地"（Land of the Fathers）。爱国主义的核心是个人与城邦的休戚与共，个人的生命、财产和自由都依赖于城邦的存续和免遭外敌毁灭。到了古罗马共和国时代，这种个人与城邦间的高度一致被公民与共和国之间的认同关系所取代，Patria 也就有了 Republica（共同体）这层共和主义的含义。古罗马思想家西塞罗（Cicero）首先将爱国主义与捍卫自由、秉持法治的共和政体联系在了一起。爱国主义成了共和国"共同自由"（Common Liberty）的代名词，是反对寡头独裁政府的思想武器。这种共和式的爱国主义观在随后的奥古斯丁（Aurelius Augustinus）、托马斯·阿奎那（Thomas Aquinas）以及欧洲人文主义者那里一直得到延续。①

随着 17 世纪欧洲绝对君主制的确立，爱国主义开始逐渐丧失了

① Maurizio Viroli，*For Love of the Country：An Essay on Patriotism and Nationalism*，Cambridge University Press，1995，pp. 15 – 16.

共和主义的属性。绝对君主国家不是共和政体，而是君权专制，它用对国家君权的无条件忠诚去替代原先对共和制度和共同自由的热爱。17世纪时，拉丁语 patria 一词原来的崇敬和爱已经从共同体转移到了一个具体的人身上，一个拥有一国至上权力的人，那就是国王。一直到18世纪启蒙时代，这个观念才发生根本的改变。到了启蒙时代，法语的 patrie（祖国）与 nation（国家）有了区别，在启蒙思想家那里，它们包含两种非常不同的君主与臣民的关系，虽然都要求"爱"，但却是两种性质截然不同的爱。在 nation 的关系里，臣民爱君主，是不允许不爱，不爱是大逆不道，说是爱"国"，但那个"国"其实只是君主的投影。因此，爱国就是爱君。

　　18世纪启蒙哲人要纠正的正是这样的谬误，并为之提供替代的观念。这是他们启蒙的意义所在。孟德斯鸠指出，个人对 patrie 的爱之所以是一种"政治美德"，是因为他愿意遵守共同体的法制，并因为遵守法制而作自我约束。但是，这种爱只是一种情感，它并不要求有爱意的人对别人变得慷慨，变得更有勇气或更坚强。而且，爱国并不一定是知识的结果。一个人爱国并不需要对国家制度、政权运作真有什么知识上的理解，可以纯粹是情绪使然。但是，既然爱国是爱法治共同体，那就需要能对善法和恶法有分辨的能力。人们爱国，不应该是盲目的，更不应该是"不管是对是错，都是我的国家"，因为事实上没有人会爱暴君，也没有人会愿意为暴政而死。

　　18世纪启蒙思想的伟大意义之一正在于重新启用古典的爱国主义来对抗专制的君权主义，在这一对抗中，爱国主义和世界主义是站在同一条战线上的，它们的核心价值都是自由的人，它们的共同敌人都是压制自由的专制。启蒙时代的爱国主义论述——如孟德斯鸠的《论法的精神》、德诺古为《百科全书》所写的"爱国主义"词条、卢梭的《社会契约论》等——都包含了公民与国家合法性的关系，把爱国主义视作一种自由公民的政治美德，即捍卫我和我的同胞在自由人共同体中所享有的共同自由。这样的爱国主义论述，连同世界主义的观念，之所以对今天的启蒙具有特殊的意义，是因为在18世纪之后，人类走过了一段痛苦的民族主义弯路。

19世纪的民族主义主张的是一种文化和民族在国家层面上"排外性"的统一。个人服从国家，国家权力凌驾于个人自由之上。爱国主义的"爱"的实质也从热爱自由变成了仇恨他者，蜕变成排斥外族和异己的政治正确。今天，这种假借爱国之名的民族主义唤起的已经不是亚当·斯密所说的那种"道德情感"（moral sentiments）：同情、仁爱、怜悯、同理心、宽容，而是人类情绪和情感中最阴暗的怨恨、仇视、排外、妒忌、恐惧、猜疑、暴怒。当"爱"不得不用爱的反面情绪来激烈演示的时候，它变得阴暗、诡异和荒诞。这也是今天我们所熟悉的所谓"爱国情绪"。它的公开表现经常显得如此非理性，如此不可理喻，如此脆弱和善变。它不但不具有人类普世道德的自由内涵，而且更是一种对国家权力的迷信和盲从。而18世纪启蒙要扫除的正是任何形式的迷信和盲从。一直到了20世纪，在经历了两次世界大战的惨重伤亡和法西斯极权主义的灾难后，人们才重新清醒地意识到了民族主义的巨大危害。

这也是今天爱国主义和普世主义启蒙特别重要的一个根本理由。维罗里指出，今天我们应该重温古代的爱国主义，因为它是民族主义的唯一解毒剂。我们需要的是"没有民族主义的爱国主义"，爱国的"爱"不是单向和盲目的，而是个人与国家的相互情感，"现代公民可以爱他们的共和国，如果共和国爱他们的话"。共和国爱公民，就需要保护他们的自由，鼓励他们的政治参与，帮助他们应对人生的困境。无论他们出生在哪个民族或种族,无论他们持怎样的宗教或政治信仰,共和国都一视同仁地对待他们。①

这样的爱国主义思想在 18 世纪启蒙时代是以普世主义或世界主义来表达的,其中,康德对世界主义的阐发是最有影响的,至今仍然受到哲学界的重视。2016 年 11 月,德国图宾根大学教授、海德堡科学院院士、德国国家科学院院士奥特弗里德·赫费(Otfried Hoeffe)教授在南开大学举办了题为"康德:一个来自哥尼斯堡的世界公民"的讲座,从不同方面讨论了康德的世界主义观念,其中最重要的两个方面是"认知的世界共和国"和"道德的世界共和国"。这两个都是充满分歧和冲突的共和国,但是,它们之所以称为共和国,是因为人们在那里可以运用理性来探究和解决争端,而这必须以人的启蒙为条件。启蒙意味着人能运用自己的理智来进行质疑,听取和包容他人的意见,得出自己的结论。能这样做的个人必须也必然是自由的。因此,世界共和国的主张包含对个人自由的辩护,也是对民族国家政治体制的潜在挑战。自由的个体不会滥情爱国,也不会盲从权威,而是会坚持以理性作为真理和知识的最终裁决者。

世界主义的认知和道德共和国都只是一个理想,也许永远只能是一个乌托邦。但是,它的意涵不仅是理论上的,而且在许多情况下已经或正在对世界政治产生影响。正如帕格登所说,启蒙的世界主义"启发了国联和联合国的形成,是国际法院(International Court of Justice)和国际法背后的推动力量"。今天,它成为"国际正义""全球治理""全球公民社会""宪法爱国主义"等现代观念的

---

① Maurizio Viroli, *For Love of the Country*, pp. 183 – 184.

基础。①

这里特别值得我们重视的是宪法爱国主义的理念，它的基础是"热爱正义的法治和普遍的自由"。它虽然是在 1970 年代才形成的，但它的基本意涵早在 18 世纪初就已经相当明确了。1715 年 10 月 15 日，法国总理大臣亨利·弗朗索瓦·德·阿居瑟（Henri François d'Aguesseau，1668 - 1751）在巴黎正义宫发表了题为"热爱国家"的演讲。他说，爱国是爱共同的善，不是爱君主。国（patrie）是"充分平等和友爱的公民共同体"。这是一个体现共和主义的国，在共和国里"每个公民从小，可以说从一出生，就培养为国家服务的习惯。充分的平等和让所有公民亲如一家的友爱使他们对国运的兴衰牵挂于怀"。德·阿居瑟是国王的大臣，但他能用一种不同于"朕即国家"的语言来区别爱国和爱国王，表明当时的政治语言已经在发生变化。德若古在《百科全书》的"国家"（patrie）一文里更清楚地表明："在专制的缰轭下没有国家。我们对国家的爱把国家引向道德之善，而道德之善引导我们爱国。"他还说，在一个自由的国家，爱国主义"不是虚无缥缈的义务"，而是一种"真正的责任"。不自由的国家有臣民、奴民和群众，但没有自由公民。人民不是乌合之众，希腊城邦里有人民，但波斯薛西斯一世（Xerxes）的臣民只能是乌合之众。苏格兰启蒙哲学家沙夫茨伯里（Shaftesbury）说："绝对的权力消灭了公众，而在没有公众和选民的地方是不可能有祖国的。"②

启蒙的普世主义和爱国主义观念是同人类的普遍人性观念联系

---

① Anthony Pagden，*The Enlightenment and Why It Still Matters*，p. 8.

② Anthony Pagden，*The Enlightenment and Why It Still Matters*，pp. 306 - 307，309.

在一起的，体现的是人的现代知识理性和政治理性。普世和爱国并不矛盾，它们有共同的认识基础，这种认识是不言自明的常识道理：其他人和我们一样是人，人都是用同样的材料构成的，有着相同的喜怒哀乐、七情六欲。人都有明辨事理的能力，在有选择可能的时候，人都会更愿意生活在一个自由、平等、有尊严的社会秩序之中。

今天新启蒙的"新"不是要标新立异地提出过去启蒙从来未曾提出来的观念、目标或宗旨，而只不过是重新温习那些对我们今天仍能有益的一些思想成果，并把它们以新的方式重新汇集到一起。过去的思想成果并不能决定它会在今天的具体环境中如何演化，也不能决定它今天是否会有可见的社会成效。但是，我们有理由相信，当思想的力量积累到一定程度之后，如果它是合理的和正当的，并能一以贯之，那么，它所形成的观念共识必然朝一个确定方向引导民意的变化。自由、平等、人的尊严，这些启蒙观念的合理导向是朝向民主、宪制、法治，而不是专制、独裁、暴政。人们对启蒙越有好感，启蒙的导向作用就越明显。启蒙本身并不能直接改变现实，更不要说是引发革命了。但是，启蒙的正当性是会被普遍认可的，而且已经在被认可中。这也是为什么就连害怕和仇恨启蒙的人们也不敢公然反对启蒙。他们会给启蒙扣上一些帽子，但却不敢公然用赞美愚昧，或明目张胆地打着迷信和盲从的旗号来攻击启蒙。

启蒙的思想蕴含着道义的正当性，它本身就是一种不断再生的力量。一旦人们认可了启蒙的道义正当性，就算他们生活在一个实际上敌视启蒙的环境里，他们的思想方式也会朝着与启蒙一致的方向发生变化，变得更善于怀疑和批评、更明白事理、更能考虑和接纳不同意见、更少迷信或轻信权威、更坚持真实和诚实。即使特定社会背景下还没有公开表达怀疑和批评的自由，还不能说出真话或揭露谎言，也没有可能把启蒙理念转变为社会现实，即使在这样的逆境中，人们思想方式所发生的转变也是一种可贵的启蒙成就。

第二章

英国启蒙：自由与保守

讨论英国启蒙，第一个问题就是名称，因为"英国"与"不列颠"、"大不列颠"、"英格兰"等等之间有着错综复杂的关系。现在一般称为"不列颠启蒙"（British Enlightenment）的主要是指英格兰和苏格兰地区的启蒙。在把它们放在一起考虑时，我称其为"英国启蒙"，只是为了方便而已。在 1707 年英格兰和苏格兰合并之前，尚不存在一个"不列颠王国"；在 1800 年英国和爱尔兰合并之前，也没有一个"联合王国"（"大不列颠"）。如何看待 18 世纪英国启蒙与苏格兰启蒙的关系是一个尚有争论的问题。虽然我们有足够的理由重视苏格兰启蒙，但是应该看到，苏格兰启蒙并不是，也不能等同为英国启蒙的全部，今天我们所熟悉的"苏格兰启蒙"这个称谓是 1900 年才有的。

18 世纪苏格兰"启蒙哲人"更确切的称谓应该是"哲学教授"。亚当·斯密是苏格兰格拉斯哥大学的道德哲学教授，在他之前是弗朗西斯·哈奇森（Francis Hutcheson，1694－1746），在他之后是里托马斯·里德（Thomas Reid，1710－1796）。爱丁堡大学的道德哲学教授先是亚当·弗格森（Adam Ferguson，1723－1816），后来是杜格尔德·斯图尔特（Dugald Stewart，1753－1828）。休谟虽然没有获得教授的头衔或职位，但他在爱丁堡大学念过书（没有获得学位），一辈子大部分时间是在爱丁堡度过的，所以也是那里的学界中人。那个时候，这些苏格兰学界翘楚认同的是"北方英国人"（North Britons），而非土生土长的"苏格兰人"（Scots）。他们从来不以苏格兰的地方主义为荣。亚当·斯密在英格兰牛津大学的 8 年学习期间，成功地改掉了自己的苏格兰口音，和许多苏格兰学者一样，他的著作是在伦敦出版的，《国富论》的大部分也是在伦敦完成的。休谟把自己的苏格兰姓氏 Home 改成了英格兰化的 Hume，他虽然没能完全改变自己的苏格兰口音，但在著作中总是小心避免使用苏格兰的说法。既然斯密和休谟并不特别强调自己的苏格兰身份，而以他们为代表的苏格兰启蒙其实就是英国启蒙的一部分，因此，不妨把苏格兰启蒙放在英国启蒙的整体中来陈述，除非需要强调启蒙对于苏格兰的特别意义。

18 世纪，英格兰的政治制度推广到了整个英国，所以英格兰和英国的区别变得模糊不清。当人们强调英国政治思想对于启蒙核心价值（宽容、自由、理性）的重大影响，并把"传统英国自由"视为特色的英国和美国自由观念时，英格兰更是直接代表了英国。有鉴于此，我在这里用"英国启蒙"的说法，因为这个启蒙不仅来自伦敦，同时也来自爱丁堡。休谟和斯密确实是苏格兰人，但是，正如伊恩·布鲁玛（Ian Buruma）所说："若论他们在伦敦，同时也在巴黎和柏林的影响，还是称他们为英国人更加准确。"[1]

1. 宽容、自由和理性

英国启蒙虽不是 18 世纪启蒙中最耀眼最有戏剧性的，但却是现代启蒙价值最初的重要源头，其中最关键的是宗教宽容和自由观念——言论、财产、经济、市场的自由，以及由法律来确定和

---

[1] 伊恩·布鲁玛：《伏尔泰的椰子：欧洲的英国文化热》，刘雪岚、萧萍译，生活·读书·新知三联书店，2007 年，第 107 页。

保障的君主与议会（代表人民）间的权力平衡。英国启蒙包括发生在英格兰和苏格兰的启蒙，其共同特征是务实的社会优化目标，也就是从个人行为的理性和美德规范来形成良好的社会秩序。

早期的英国启蒙代表是英格兰的牛顿和洛克（也有人再朝前推溯到霍布斯）。牛顿是科学革命的代表，科学革命开启了早期启蒙思想的一个新信念：理性和实验的观察可以揭示关于宇宙的奥秘，也可以发现社会和人的真理。洛克是认识论和政治启蒙的代表。他在《论宗教宽容》（1689）中为宗教自由辩护，在《人类理解论》（1690）中提出人的头脑是"空白石板"（tabula rasa），每个人都可以通过有意识的努力让自己变得更加优秀。他在《政府论》（1690）中否定了国王通过神授权力进行统治的传统观念，反对霍布斯倡导的绝对主权论，并探讨了宪制主义、有限政府和革命权利等一系列对现代自由民主非常关键的问题。

洛克的政治启蒙不是要勾画一幅乌托邦的蓝图，而是要对经验和观察范围内的现实政治作出理性的分析和解释。这种经验性的启蒙反映了17世纪英国现实政治权力斗争对启蒙思想家产生的巨大影响。与其他国家的启蒙一样，英国启蒙是在现实环境中发生的，也是一种对现实状态的应对方式。1649年发生了史称"英国内战"的政治斗争，其结果是国王查理一世被处死，建立了以克伦威尔（Oliver Cromwell）为首的共同体。这是英国历史上第一次共和实验，只持续了10年，最终变成为专制。这之后国王查理二世复辟，恢复了君主制。在登上王位的时候，他与强势的议会妥协，谨慎地行使其有限王权，但最后还是重建了绝对君主制（专制王权）。他死后由其弟詹姆斯二世继位。詹姆斯二世信奉天主教，残酷迫害清教徒。1688年

6 月 20 日，詹姆斯得子，其信仰英国国教的女儿玛丽从此与王位绝缘。为避免信奉天主教的詹姆斯二世传位给刚出生的儿子，英国爆发了非暴力的"光荣革命"，詹姆斯二世被罢黜并流亡法国。

随后英国由玛丽和她丈夫威廉（William of Orange）共同统治。国会向威廉提出《权利宣言》，谴责詹姆斯二世破坏法律的行为，并提出限制君权的政治要求。其中包括，国王未经议会同意，无权停止任何现行法律的实施；国王不经议会同意，无权征收赋税。威廉接受宣言提出的要求。此宣言后经议会正式批准定为法律，即《权利法案》，有效地在英国终结了"君权神授"的观念，扩大了国会的权力，保护了公民的个人自由。洛克的政治启蒙便是基于英国光荣革命的政治实践，将其中的一些基本原理加以理论处理，并形成一种有系统的普遍政治哲学。

单凭科学家牛顿和哲学家洛克，他们是否就能形成具有自己特色的英格兰启蒙运动呢？意大利历史学家弗朗哥·文图里（Franco Venturi）对此表示怀疑，他认为，启蒙运动需要有一群知识分子一起来倡导和推行，尽管英格兰有牛顿这样的科学家和洛克这样的哲学家，但他们并不像法国的启蒙哲人那样把自己视为一个特别群体或阶层的成员，"他们没有组织或协调，因此，他们不能像一股新的、自主的力量那样发挥作用，这种力量会挑战和代替从过去承接而来的种种组织体制"。文图里赞赏英国历史学家爱德华·吉朋（Edward Gibbon），认为吉朋是"英格兰的启蒙巨人"，但他同时认为，"吉朋形只影单，在自己的国家里是孤独的"，因为在英格兰根本就没有启蒙运动。文图里认为，只有在苏格兰才能找到启蒙的一些基本要素，找到一种与传统统治阶级对立的，"对自己的作用和力量有所意识的新型知识分子"。①

文图里不是唯一认为英格兰没有启蒙运动的哲学家，历史学家阿尔弗雷德·柯班（Alfred Cobban）也这么认为，"启蒙一词在英国几乎从没本土化过"。耶鲁大学历史教授罗伯特·帕默（Robert R. Palmer）说："'英格兰启蒙'，就算有这个说法，听上去也挺扎耳，不协调。"著名历史学家亨利·斯蒂尔·康芒格（Henry S. Commagar）则认为，"英格兰有点游离在启蒙之外"。一直到 1980 年代，政治思想史家约翰·波考克（John Pocock）和罗伊·波特（Roy Porter）才把英格兰启蒙（不列颠启蒙）与苏格兰启蒙区分开来。格特鲁德·希梅尔法布对这些"英格兰没有启蒙"的说法提出了异议，她指出，18 世纪的伦敦是一个生机勃勃的知识中心，这个城市"虽然没有巴黎引以为傲的沙龙，虽然没有类似格拉斯哥或爱丁堡这样闻名欧洲的大学，但却有许许多多的咖啡馆和俱乐部，起着同样的社会作用，满足更多人的需要"。②

伦敦地区有艾迪生（Joseph Addison，1672－1719）和斯蒂尔（Richard Steele，1672－1729）编辑和主笔的随笔刊物《旁观者》（Spectator）和《闲谈者》（Tatler），这是一种具有启蒙作用的市民刊物。《旁观者》每一期要印三四千册，有时竟会超过一万五千册。这个印数的读者非常可观，因为每一册都会在读者中传来传去，据艾迪生自己估计，每卖出一册，阅读的人数都会超出 20 位。所以每一期的读者相当于当时伦敦人口的十分之一。《旁观者》在法国也很

---

① Franco Venturi, *Utopia and Reform in the Enlightenment*. University Press，1971，pp. 126－127，132－133.

② Quoted in Gertrude Himmelfarb, *The Roads to Modernity：The British，French，and American Enlightenment*. New York：Vintage，2004，pp. 14，10.

受欢迎，1714 年，《旁观者》被翻译成法文。卢梭在《忏悔录》里回忆年轻时的阅读感受，《旁观者》"让我特别喜欢和受益良多"。卢梭又在《爱弥儿》中称《旁观者》为青年女性理解其社会责任的最佳读品。《爱弥儿》之中两个人物交换书籍，其中就有《旁观者》。艾迪生在美国革命前后成为新大陆读者最喜爱的作家之一，对美国建国之父，如华盛顿和约翰·亚当斯都有重要影响。本杰明·富兰克林《自传》中的青年本杰明偶然得到一本《旁观者》，觉得醍醐灌顶，于是用来作为他自己写作的楷模，训练思路清楚、有理有据、表达准确的技能。

像这样的市民刊物不仅有逻辑清晰、条理分明的文字风格，而且更是在传播新的社会和文化观念。用艾迪生自己的话来说，就是，"人们说苏格拉底把哲学从天上搬到了人间；我希望人们会说我把哲学从国王议事厅和图书馆、学校和学院搬进俱乐部、公民议会、茶桌和咖啡馆"。他所说的"哲学"是指深入的思考和理性的表达，他要使这样的思考和表达成为一般人，而不只是少数人所能做到的事情。德国社会学家和哲学家尤尔根·哈贝马斯（Jürgen Habermas）称 18 世纪的咖啡馆是一种典型的新型公共空间，使得说理成为一种被普通人普遍认可的话语伦理。用普通人能懂的语言来与他人进行理性交往，这不只是一种说话的语言能力，而且更是对待他人的方式。说话者要做到这一点，需要具备与之相应的性格、秉性、习惯和气质。这也是一种新的社会理念：个人是自由、独立、理性的，他们可以通过好的日常行为，优化他们生活于其中的公共社会。①

---

① Brian Cowan, "Mr. Spectator and the Coffeehouse Public Sphere", *Eighteenth-Century Studies*. Vol. 37, No. 3, Critical Networks (Spring, 2004), pp. 345 - 366.

18 世纪初的英国社会已经有了一定程度的自由与理性的基础。相比起 18 世纪的法国，英国确实是一个更宽容更自由的地方。1726 年 5 月伏尔泰避难来到英国，在英国度过两三年（1726—1728）。1733 年他出版了《英国通信》（*Letters Concerning the English Nation*），1734 年用法文出版时改名为《哲学书简》（*Lettres philosophiques*）。在第六封信里，他写道："请走进伦敦的交易所去，这是比各种不同的小朝廷更值得尊敬的地方。在那里您可以看到各民族的代理人为着人类的利益而聚集起来。在那里，犹太人、伊斯兰教徒和基督教徒彼此相处好像是出于同一的宗教，他们只把异教徒的名号送给那些因为投机而破产的人们，在那里，长老会的信徒信任浸礼教信徒，而圣公会信徒也接受公谊会信徒的诺言。从这些和平的和自由的集会走出来时，有些人去犹太教的礼堂，另一些人就去喝酒；这一位在一个大盆里在圣父、圣子和圣灵的名下接受洗礼，那一位让人割去他儿子的包皮并让人用别人听不懂的希伯来文为他的儿子喃喃默祷，另外一些人到他们的教堂里静等着上帝的灵感，他们的帽子戴在头上：大家都是很愉快的。要是在英格兰只有一种宗教，怕的是可能要闹专制，要是在那里有两种宗教，它们自己相互之间可能要互相扼杀，但是那里有了三十多种宗教，而它们却都能和平与幸福地生活着。"这是一个由商贸形成的多元、包容、和谐的共同体。

伏尔泰在英国看到的宗教宽容在当时是一种最重要的，也是最难争取到的政治自由。1688 年后英国光荣革命建立了君主立宪制，而同时期的法国君主专制政体却在剥夺法国新教徒的宗教自由。1685 年路易十四取消给胡格诺派的政治权利之后，他们阅读洛克、沙夫茨伯里和牛顿的书，有八万多法国新教徒和持异见者移居伦敦，他们经常在咖啡馆聚会，讨论政治和宗教问题。他们在英国发现的新观念很快便传回法国，启发了伏尔泰和孟德斯鸠。

英国思想符合伏尔泰反教会、重自由的思想需要。伏尔泰赞扬培根是现代科学的先驱；他赞扬牛顿证明了宇宙的无限、有序和内在法则；他赞扬洛克所主张的人是理性动物和知识应该以人的幸福为目的。他特别欣赏洛克对笛卡尔唯心主义知识观的有力驳斥。伏尔泰认为，牛顿的科学加上洛克的哲学合成了一股遏制消极怀疑主义的力量，让怀疑脱离了只有怀疑没有主见的困境，把怀疑变成一种思考社会、宗教和伦理问题的积极进路。

洛克关于建立在取得共识基础上的有限政府的主张尤其合伏尔泰的口味。他热爱英国，因为英国提供了一种早已生根的自由模式。当然，英国的自由现实与伏尔泰赞美的自由理念之间存在着相当大的距离。但是，启蒙的特点之一就是根据实际需要，从经验中抽取理念，正如布鲁玛所说，"实际上，伏尔泰是反对他所赞赏的这类自由的结果的，无论是商业的还是社会的。就像当今许多崇拜美国的人一样，他更热爱那些关于自由和商业竞争的理念，而非它们那粗野的表现"。[①] 伏尔泰《英国通信》对法国的启蒙作用就是用他夸张了的英国经验向法国传递英国的宽容和自由理念。

法国著名学者古斯塔夫·兰森（Gustav Lanson）把伏尔泰的《英国书简》称为"投向旧制度的第一枚炸弹"。[②] 在《英国书简》里，英国成了伏尔泰用来打法国的棍子，也就是用赞扬英国来批评法国。今天，这仍然是一种常见的批评策略，例如，常有人会用赞

---

① 布鲁玛：《伏尔泰的椰子》，第 47 页。
② Roger Pearson，*Voltaire Almighty：A Life in Pursuit of Freedom*. London：Bloomsbury，2005，p. 103.

扬美国来批评另一个国家。即使在同一国的语境里，对不同时期的褒贬比较也常包含着某种不便明说的批评。

伏尔泰对英国的赞扬也需要这样来理解，正如罗杰·皮尔森（Roger Pearson）所指出的："伏尔泰赞扬英国新教的自由主义，是为了抨击法国天主教会，英国自由扮演的是反对法国君权压迫的角色。他谴责法国社会、政治经济和思想生活的整个制度，认为其反对自由、反对宽容，阻碍繁荣。'从人的角度来说'，法国是非人的。"[1] 无论是伏尔泰谴责的对象还是赞扬的对象，也许都经过了他的夸张渲染，并不完全符合历史的真实。就营造战斗舆论而言，这可能是一种有效的策略。但是，这不应该是今天启蒙仿效的批判方式，尤其是在借鉴他国的经验和长处的时候，因为无论为了什么目的，夸大其词和情绪渲染都违反了启蒙所主张的理性、真实、客观的原则。

2. 启蒙者眼里的英国自由

启蒙经常呈现一种复杂的形态，而不是像有些人想象的那样，仅由一方向另一方传递启蒙。一方面，英国制度给予伏尔泰关于宽容和自由的重要启示，这种启蒙很大程度上是通过伏尔泰自己的需要和理解而起作用的，其他人在其中看到的可能是伏尔泰对英国的理想化的过度赞扬。另一方面，伏尔泰的《哲学通信》不仅对法国，也对英国民族的自我认知产生了巨大的影响。有论者指出："《哲学

---

[1] Roger Pearson，*Voltaire Almighty*，p. 103.

通信》本身在广度或分析的深度上都不及《论法的精神》，但借助伏尔泰的其他作品——尤其是《路易十四时代》（1751）、《风俗论》（1756）、《哲学辞典》（1764）和《巴黎高等法院史》（1769）——来看，《哲学通信》可以说与孟德斯鸠对英法两国的见解相得益彰。在伏尔泰的笔下，英格兰是这么一块土地：……它不是笛卡儿（'他传播的错误比他消除的多得多'）、马勒伯朗士（'他的幻觉完全是崇高的'）、愤世嫉俗的拉罗什富科和怀疑论者蒙田的故乡，而是培根（'伟大的经验主义者'）、洛克（'最睿智的人'）、牛顿（'最伟大的人'）的出生地。"伏尔泰对英国的理想化描述虽不无偏见，但并没有减弱其论著的影响力。孟德斯鸠的也同样如此，"两个人都宣传了一种观点：现代英格兰体现了商业、科学、军事力量、宗教宽容、自由与一个稳定良好的政府之间的关联"。[1]

那么，什么是英国稳定良好的政府呢？18世纪，人们在礼赞英国宪法时，所依据的主要原则往往是这样一个通常的理念，那就是"只有阻止了滥用权力，政府机构才能保护政治自由。英国人享受独有的政治自由，依赖于宪法秩序对于独断与残暴的权力行为的有效遏止；反过来，这种政治体制的成就又依赖于多种完全不同的体制与行政程序的存在与协调"。[2]

在这些体制中，哪些是对维系政治自由起到关键作用的呢？理论家们在这个问题上一直争论不休。但多数都认为，复合政制能更好地为公共自由服务。英国政治体制不是由少数"建国之父"们精心设计的，而是由各种新旧法律及社团机制密集拼缀而成，这些机

---

① 《剑桥十八世纪政治思想史》，第25页。
② 《剑桥十八世纪政治思想史》，第305页。

制在当时的作用与其最初的作用常常大有不同，具有历史偶然性，是一种在多元传统中的自然而又偶然的生成。但是，这种政制一旦形成，便成为对自由的有效保障。

18 世纪英国人自己是如何看待这一宪制的呢？这可以从威廉·布莱克斯通的名著《英国法释义》（1765—1769）中找到权威的说明。他指出，英国宪法"把王国的立法委托给三支不同的权力"：国王（一人）、贵族院（贵族议会）与平民院（一种民主制度）。它们紧密合作，避免了任何一种绝对的君主制、贵族制或民主制造成的不便，又把每一种纯粹政体的益处"如此之好、如此惬意地"结合在一起。① 更重要的是，这种宪制的"真正绝妙"之处在于，每部门都提供了一种潜在的"制约"，能够阻止任何其他部门滥用权力，反过来，确保了政治秩序最利于维系公共自由。他写道："像机器中的三支动力，（国王、贵族与平民）联合起来驾驭政府机器，驶向一个总的方向，这个方向既与各自的方向不同，同时又分担着各自的方向。这就是社会的自由与幸福的真正路线。"②

1688 年光荣革命是这一英国政治秩序的开创时刻，也使革命后建立的混合政体明确地与欧洲大陆那种压迫臣民的绝对君主专制区分开来。绝对君主制一度也曾经剥夺了英国人的自由权利。也正因为如此，英国为欧洲其他国家反对专制提供了特别可贵的成功先例，英国人的自由权利成为 18 世纪欧洲其他国家寻求"开明专制"的有用经验和先例根据。

英国君主与议会的关系以及各自的权威问题是学术界的一个讨

---

① William Blackstone，*Commentaries on the Law of England*，4 Vols. Oxford University Press，1979，Vol. I，pp. 50 – 52.

② Blackstone，*Commentaries*，I，p. 151.

论热点。但在这里，对我们来说，更重要的是 18 世纪人们自己如何看待这个问题，他们对这个问题的理解与他们如何看待、评价自由与当时的专制有着直接的关系。18 世纪中叶的评论家们在处理这一问题时表现了热情的肯定，他们肯定的是 1688 年光荣革命之后的英国自由，这是自由的"革命遗产"。英国自由的一贯性和稳定性是当时启蒙哲人宣传反对专制所需要的。

"革命遗产"的政治意义在于它驳斥了斯图亚特王朝（詹姆斯二世）绝对君主专制的种种借口，颠覆专制关于王权神圣、公民无权反抗王权之类的御用教义。威廉·布莱克斯通是启蒙时代最重要的英国法学家，他解释说，"国王的主要职责是依法统治他的人民"，①而光荣革命时议会借助法律去规定和限制的正是让君权专制成为可能的国王特权。例如，国王有"停止"与"废止"议会所订立之法的特权，而詹姆斯二世就曾经运用这样的特权，通过"未经议会同意"的统治，侵犯王国的"法律与自由"，威胁到"新教信仰"，并且破坏了宪制秩序。詹姆斯二世在加冕时宣誓要维护"王国的古老习俗"，而威廉与玛丽则更具体地宣誓将遵循"议会批准的法令、王国的法律与习俗"来进行统治。②

休谟在《英国史》最后一章解释说，斯图亚特王朝前四位君王时期围绕"王室与人民"、"公民权利与王室特权"展开的"持续斗争"，已经"按照对自由有利"的方式尘埃落定。"王室特权被界定得更加狭窄、规定得更加严格"，"废除一位旧国王、拥立一个新王

① Blackstone，*Commentaries*，I，p. 226.
② Blackstone，*Commentaries*，I，pp. 433 - 434.

族，这个伟大先例使英国宪制的性质变得不容争辩"。① 混合宪制理论表明了英国君主权力的有限性，但是无法确定议会自身在体制中的能力范围。但这在 18 世纪反专制人士那里并不是一个紧迫的问题，因为限制君主权力要比完善议会功能重要得多。

正因为英国的宪制限制了但又没有废除君主专制，在主张开明专制的伏尔泰眼里，英国是一个政治开明的，也就是"启蒙"了的国家，因为它牢固地建基于一种理念之上，这理念的核心就是宽容、自由和理性。在他看来，理性是一种普世的价值，英国便提供了这样一个具有普世性的例证。这使他成为坚定的英国赞美者，伏尔泰是真心希望世界其他地方都能更像英国。其他一些人，像孟德斯鸠，很快跟他想的一样。伏尔泰虽然承认英国保障自由的法律未必在其他地方也能奏效，但他还是建议不妨试一试，这就好比虽不能确定在印度能够成熟的椰子是否在罗马也会成熟，但不妨"试种一下"。这就是著名的"伏尔泰的椰子"的来由。

伏尔泰倡导英国式自由，把它当作一种普世的善，一株可以在其他国家栽种、至少是试种的树。许多人不同意他的看法，认为这种自由为一国所独有，是历史条件的偶然作品，不是可以复制的样品。这种看法今天看来是正确的，提醒我们不要过度评价英国自由和英国政制对其他国家改革的借鉴意义。

事实上，就是在 18 世纪，英国式的自由模式意义也已经有被夸大之嫌。作为普世性例证的英国自由后来被法国式自由所代替，不是没有原因的。1789 年法国革命后，支持法国革命的言论在英国受到

---

① David Hume，*The History of England from the Invasion of Julius Caesar to the Revolution of* 1688，6 vols. Indianapolis：LF，1983 - 1985，VI，pp. 530 - 531.

限制，像潘恩这样的人物选择离开英国，前往美国。① 作为一种普世性例证，法国式自由代替了英国式自由，后来法国式自由又被美国式自由代替。我们没法预测自由模式在未来的历史中还会发生什么变化，但有一点是确定的，自由已经被确定为一种人类珍视的理念。既然如此，与自由为敌的专制、独裁、法西斯、极权也就事实上已经是被绝大多数人抛弃的理念。今天的启蒙传承的正是这样一种理念的自由，而不是基于历史中某个特定模式的自由。因此，今天没有必要像有的论者那样特别强调英国自由对我们的例证价值。

18世纪的英国是自由之岛，面对着一个黑暗、专制的欧洲大陆。以今天的眼光来看，那个时候伏尔泰心中的英国也许只是一种理想的漫画。但是，18世纪的英国的确是一个比法国更自由、更宽容的国家，即便英国贵族们竞相模仿法国宫廷的语言、衣着和礼仪，他们也仍然为英国更加自由而自豪。对自由的感觉是对比的结果：光荣革命建立了君权受限的宪制，而法国的君权仍然是绝对主义的专制。伏尔泰的目的是向法国人介绍英国启蒙、自由、理性的理念，不是提供直接可以模仿的现实。他运用的对比至今仍然是启蒙的基本手段之一，正如今天有识之士介绍美国的共和、宪制和自由民主理念，并不是要模仿美国现实的方方面面，更不是无视美国现实中的许多阴暗方面。而反对这些理念的人士正是用混淆理念与现实的差异，用现实的不足来否定理念的意义和价值。伏尔泰来自君主绝对主义的法国，对他来说，相对自由的英国是法国摆脱不掉的他者，就像美国是今天一些别国摆脱不掉的他者一样。这是理念的他者，不是

---

① The free speech battle that forced Britain's 18th-century radicals to flee，http：//theconversation. com/the-free-speech-battle-that-forced-britains-18th-century-radicals-to-flee-50502.

日常经验的他者。别国有小偷，有妓女，有罪犯，有诈骗，有杀人，这些美国也有。但是，美国人还有一些别国人没有但希望有的东西，那就是他们的民主宪制建国理念。对伏尔泰来说，理解英国可以更好地理解法国。如今，理解美国可以更好地理解别的一些国家。所不同的是，今天人们对这种理解的真实性和全面性，有了比18世纪更高的要求。

启蒙是一种有改革目的、有理念导向的知识传播，对日常经验事实有孰轻孰重的判断，选择性传播是启蒙的一个重要策略。在伏尔泰那里，启蒙并不能保证目的的实现，充其量不过是建议拿别国的椰子来试种一下而已。他笔下的英国自由虽然光鲜诱人，但未必就是他在英国看到的全部实情。当时的英国由辉格党党魁罗伯特·华尔浦尔（Robert Walpole）主政，他是个善用权术的政客，与王室豪门形成财阀统治，政治腐败，在伏尔泰抵英的那年，斯威夫特的《格列佛游记》（1726）出版，小说里的"小人国"讽刺的正是斯威夫特眼里的英国人和华尔浦尔的腐败。小人国的人民特别猥琐、贪婪、徇私、见利忘义；国中政治腐败，为一点点小事就勾心斗角，不同政党之间的斗争非常激烈，你死我活地要搞垮对方。敌对阵营争论的无非是鞋跟该高还是低，鸡蛋该从大头还是小头来打破这类琐事。国王任用大臣，凭的不是能力，而是能否讨国王的欢心。那些会玩把戏的，会在绳子上跳舞，会在棍子上蹦来蹦去的，便能做大官。这就像在桥牌或麻将桌上能升官一样。人们很容易用斯威夫特漫画中的英国景象来否定伏尔泰对英国宽容和自由理念的赞美。就像今天用美国社会中的政治乱象、枪击事件、毒品泛滥、无家可归者众多来否定美国在当今世界中所代表的自由、宪制、民主、法治理念一样。

在理念与现实之间永远存在令人不快和费解的距离和矛盾，怎么看待这种距离和矛盾，至今仍然是对启蒙的一个考验。是因为这样的距离和矛盾而放弃理念，还是在承认现实不足的同时坚持理念并作出必要的修正呢？18世纪的英国自由已经给伏尔泰、孟德斯鸠他们带来了这样的问题。当时，来英国的外国访客惊奇地发现，英国工人可以随便地公开讨论政治和皇室话题。英国的言论是自由的，但是，若论起粗鲁和低俗，英国小报在全欧洲都是无可匹敌的。对这样的矛盾，伏尔泰找到了与他宽容和自由理念一致的回答，他对英国人说："你们的国家有如此多的丑闻和低俗泛滥，确实是令人惋惜的。但是，应该把它看作那棵叫做自由的很好的树所结的一些坏果子。"① 伏尔泰所爱护的是那棵树，而不是那棵树上的每一枚果子，他也不会因为树上结出过坏果子而反对让那棵树在土壤里扎根，并茁壮成长。

18世纪英国在欧洲的那种相对的言论自由之所以令当时许多欧洲人感到兴奋，是因为在英国之外的其他地方——法国、普鲁士、俄国——享受不到这样的自由。18世纪启蒙最伟大的成就之一就是把言论自由与人的理性和权利紧紧联系在了一起。人的理性必须由他的自由言论来体现，剥夺了一个人的言论自由，就是扼杀了和阉割了他的理性能力，也是剥夺了他的基本权利。18世纪，随着个人权利、自由和尊严的理念被广为接受，公共言论的有关问题也都成为敏感的政治问题，压制个人权利、自由和尊严成为一种被确定的专制之恶。1766年，瑞典成为英国之后第一个取消言论审查、保障新闻自由的国家，1770年丹麦-挪威也紧随其后，1787年美国宪法修正案

① 布鲁玛：《伏尔泰的椰子》，第48页。

规定言论和新闻自由受宪法保护，这些与 1789 年法国国民议会（The National Assembly of France）的宣告一起，被视为西方国家保护言论自由的历史依据。[①] 法国国民议会庄严宣告："思想和意见的交流是人最宝贵的权利；因此，每个公民都可以自由地说话、写作和出版。"

包括言论自由在内的自由理念是英国启蒙对 18 世纪欧洲启蒙的重要贡献，在自由得到相对保障的国家里，怎样才能使得社会生活变得更道德、更人性、更优化呢？这是良序社会的问题，它不是一项可以拍脑袋决定的社会工程，而是一种从认识人性本身开始的建设性的哲学思考。

为什么这样的思考会如此集中地发生在与苏格兰有关联的启蒙人士那里呢？苏格兰在英国的特殊性是原因之一。由于近年来国内对苏格兰启蒙的兴趣很高，了解这一特殊性也就更加必要了。

3. 从乡土社群到市民社会的苏格兰启蒙

苏格兰和英格兰在历史上长期是两个互相独立的王国。1603 年，苏格兰国王詹姆斯六世（James VI）继承了英格兰王位，这两个王国有了紧密关系。詹姆斯六世是苏格兰女王玛丽的儿子，父亲是英格兰王国和爱尔兰大公亨利七世的后代。詹姆斯六世继承英格兰王位后，成为詹姆斯一世。这时候，苏格兰和英格兰在理论上说仍然

---

① "The Long History of Censorship"，http：//www. beaconforfreedom. org/liste. html? tid＝415&art＿id＝475

是两个不同的王国，只不过坐在王位上的国王头上恰巧戴了两顶王冠而已。《1707年合并法案》（Acts of Union 1707）由英格兰国会和苏格兰国会分别通过，两个王国谈判后订立了《联合条约》（Treaty of Union），法案把条约里的条款以法律形式确定了下来，使两个王国（那时已经由同一个君主管治，但立法机构还是分开）共主邦联式的结合成为大不列颠王国。由此，英国的全盛时代逐渐开始。

1707年之前，苏格兰和英格兰之间很少往来，相互的好感更少。所有的苏格兰人都是长老教会信徒（Presbyterians）或詹姆斯党人（Jacobites，多为天主教徒），这一点就足以使五分之四的英格兰人——他们是英格兰国教会（Church of England，或称圣公会）信徒——讨厌了。英格兰和苏格兰分处南北，到南方英格兰去的苏格兰人很少，到北方苏格兰去的英国人更少。苏格兰的传统盟友是法国，而法国恰恰是英格兰的世敌。苏格兰的学者和教士求学，向往的是欧洲大陆而不是英格兰的大学。

苏格兰的内部制度也与英格兰不同。爱丁堡的议会非常腐败，被贵族帮霸占，根本不能代表民意。真正起作用的地方政府是苏格兰长老教会（Presbyterian Kirk）的长老议会。苏格兰的农业奉行传统的半封建模式，相对落后，但地主与佃农的关系比英格兰的要人性化，也和谐得多。18世纪苏格兰启蒙的道德哲学家倡导"同情"和"仁慈"就是以这一传统社会价值为基础的。与此同时，1688年光荣革命后，英格兰的议会政治已经相当成熟，资产阶级与贵族在政治上的力量已经旗鼓相当，甚至更为强大。英格兰在经济和政治上都远胜于苏格兰，英格兰的启蒙也主要体现在实验科学和政治哲学上。

1707年之前，两个王国之间几乎没有任何经济往来。英格兰奉行"重商主义"（Mercantilism），重商主义是民族主义在经济上的一种形式，认为一国积累的金银越多，就越富强。它主张由政府管制农业、商业和制造业；发展对外贸易垄断；通过高关税率及其它贸易限制来保护国内市场；并利用殖民地为母国的制造业提供原料和市场。英格兰不允许苏格兰与英属海外殖民地进行贸易，并对苏格兰设置多种贸易障碍。苏格兰的贸易城市（如格拉斯哥）只不过是货物集散的港口而已。苏格兰人亚当·斯密在《国富论》（1776）一书中抨击了重商主义，提倡自由贸易和开明的经济政策。

1707年合并法案并没有让苏格兰和英格兰的关系一夜之间发生戏剧性的变化。两国的关系经历了将近一个世纪的磨合才渐渐正常起来。18世纪的苏格兰非常落后，就连文化中心爱丁堡，也是个又脏又穷的地方，居民们夜里把垃圾倒在街上，他们的燃料是泥煤，弄得整个城市乌烟瘴气。到处都可以看到酗酒的醉汉，就连小孩子都爱喝酒，在这个不到五万人口的城市，酒馆却有六百多家。约翰逊博士的传记作家詹姆斯·鲍斯维尔（James Boswell）是苏格兰人，也是爱丁堡的一位著名酒鬼。长老教会对信徒进行严格的思想管制，在安息崇拜的日子禁止他们在街头、公园、田野里游荡，禁止闲言八卦或无聊的交谈。教会专门派出"抓捕员"（Seizers）到处抓捕违禁的信徒，然后把他们送进教堂去闭门思过。

18世纪苏格兰有识之士担心的是，贫穷落后、停滞不前的苏格兰一旦进入大市场，必然面对世界级经济强国英格兰，到时候苏格兰该怎么办。改革成为当务之急，这才有了今天美名远扬的苏格兰启蒙。所有的启蒙都不是思想观念本身的突然飞跃，而是因为现实危机需要应对之策而产生了思考。英格兰解除了对苏格兰的贸易障碍，苏格兰也可以与英属殖民地进行交易，但是，苏格兰的商人在经验、资本和政治关系上都比不上他们的英格兰同行。英国发生的农业和工业革命让英格兰在经济上遥遥领先，苏格兰人意识到，要是不改变自己，苏格兰沦为英格兰的"玉米和牛肉工厂"，只是早晚的事情。苏格兰要么强盛起来，要么像爱尔兰一样沦为英格兰的乞丐附属。

苏格兰应该何去何从？新的资本主义市场伦理会对苏格兰人的传统道德和价值观造成怎样的冲击？又该如何应对这样的冲击？这些都成为苏格兰启蒙要回答的问题，苏格兰启蒙的特点也正是在回答这些问题的过程中形成和体现出来的。苏格兰出了许多杰出的思想家，不是偶然的。

苏格兰的教育是英伦三岛最好的。长老教会关心信徒的灵魂得救，无意中成为提升苏格兰人文化的一股积极力量。16 世纪，苏格兰宗教改革领导者，也是长老教会开创者的约翰·诺克斯（John Knox）就主张推行全民读写教育，为的是人人能够阅读《圣经》，直接与神沟通。苏格兰每个教区都有自己的学校和图书馆。到 17 世纪，苏格兰有五所大学，而英格兰才只有两所。在苏格兰，受过良好教育的人，接受的是良好教育中最好的教育。苏格兰大学与欧洲大学的联系和学术往来是牛津和剑桥比不上的。

18 世纪，在思考苏格兰问题的时候，苏格兰思想家们还是把目光投向了法国。法国正在经历启蒙，与苏格兰的启蒙要求非常一致。虽然苏格兰思想家接受了法国理性主义精神，但他们有自己特别强调的怀疑主义和实用主义（utilitarianism）。与法国启蒙哲人不同的是，苏格兰哲学家们特别关心经济发展，也特别关心国际化贸易、都市化发展、商业文化等会给苏格兰社会的道德秩序带来何种后果，这样的问题意识形成了苏格兰启蒙自己的特征。

苏格兰启蒙从 1740 年到 1790 年，经过了半个世纪，是 18 世纪启蒙运动中后期的重要发展，其主要推动者大多是大学教授，如弗朗西斯·哈奇森（Francis Hutcheson）和亚当·斯密（Adam Smith）。哲学家休谟虽非教授，但与教授们有密切的联系。苏格兰启蒙两个最重要的领域是道德哲学和政治经济学，都关联着苏格兰面临的社会转型危机，在这之前英格兰就已经开始面临类似的转型危机，苏格兰启蒙也可以视为对英格兰危机的追溯性思考，因此也是一种英国的启蒙。

18 世纪，随着工业化和商业化的发展，出现了许多新事物：资本、劳工、土地商业化、市场经济、殖民地，等等。这些发展动摇了传统的社会秩序和权威根基。在苏格兰，这是一个从乡土社群的传统社会向城市化新型市民社会的转型时期，历史学家亚当·赛林格（Adam B. Seligman）指出，苏格兰启蒙对新型市民社会的思考是现代公民社会理论发展史上的一个里程碑。在这个转变的过程中，洛克的个人权利理论起到了过渡的作用。

在洛克那里，市民社会乃是政治领域的一部分，还没有与"国家"分离开来，政治或市民的社会是一个能让人在自然状态中的"不便"和"不足"可以通过相互立约和同意得到纠正的领域。而到了启蒙时代，对市民社会已经有了不同的认识。人在国家里的存在，不只是关乎个人权利，还有种种需要协调的关系，如个人与群体、私与公、利己和利他、由理性引导的或受激情支配的行为，等等。人不只是在经济上拥有个体权利的原子存在，更是社会秩序中的有机部分。个人与社会整体之间多方面、多层次的互动和联系是苏格兰启蒙关心的主要问题，其中道德情感（moral sentiments）的作用尤为突出。道德情感是人自然天性里都有的，让不同的人能够通过普遍拥有并起作用的欲望、本能、激情、情感维系在一起，生活在一个良序的社会里。在这样的社会里，他们的行为虽然受私利和贪欲驱使，但也受到友谊、同情、同理心、恻隐之情和仁爱慈善的影响。这种信念成为苏格兰启蒙的主要特色。①

从社会自身的内部因素去认识良序社会及其运作，这与 17 世纪的传统社会观念有根本的不同。17 世纪人们相信，好的社会秩序是由外在力量规范和支配的：上帝、英明的国王、优秀的传统习惯和行为准则。而在苏格兰市民社会的理念里，自然法已经代替天启的信仰。自然法包括道德理论与法学理论。根据自然法的道德学说，支配人类行为的道德规范起源于人类的自然本性或和谐的宇宙真理；而依照自然法的法学理论，法律准则的权威也同样起源于人类本身，在相当程度上，来自对行为准则具有道德优势的考量。无论是道德还是法律，其最终来源和权威都不是上帝，而是人类本身。

对自然法的认识使得人们开始把道德及其各种制度形式——家庭、经济、法律、政府、国家——视为自然人的创造和表达。自然法对苏格兰启蒙的影响在苏格兰道德哲学家对人和人性的高度关注中清楚地表现出来。苏格兰启蒙认识到，人与社会的关系是多重的、复杂的、矛盾的，而这在霍布斯和洛克的政治和社会契约论里是没有的。苏格兰启蒙关注的那种人性的多面性——自私和利他、贪婪和同情、理智和冲动、欲望和自制——也是在霍布斯和洛克那里所没有的。这些矛盾的因素和方面构成了我们所熟悉的现代社会和普遍人性，直到今天仍然是我们认识自己社会存在的基本而又关键的

---

① Adam B. Seligman, *The Idea of Civil Society*. New York：The Free Press，1992，pp. 22,25 - 27.

问题。

苏格兰启蒙试图用道德情操、自然同情心、仁慈、同理心等概念来对这些矛盾的方面取得一种综合的认识和理解。更重要的是，它不只是把协调这种矛盾当作某种哲学理论，也当作一种可以实现的好社会构建目标。这对我们今天的启蒙仍然具有重要的启发意义，近年来，一些知识分子对苏格兰启蒙的推崇反映了这方面的需要和想法。

但是，应该看到，今天的启蒙有自己的时代特征和任务，不能指望依靠苏格兰启蒙的历史经验来实现。首先，苏格兰启蒙关注市民社会问题的方式与政治相当遥远。苏格兰与英格兰联盟后，苏格兰成为一个"没有政治身份的地方"。苏格兰不再有自己选举的政府或自己的君主。联盟后的政府设在伦敦。爱丁堡有哲学家、科学家和出色的市政结构（图书馆、大学、博物馆、福利社团），但没有议会，"没有一个地方像苏格兰高地那样，经历了如此激烈的政治、文化传统的变革。……即使有些东西没有在战争和被镇压的起义中毁坏，也被新工业破坏殆尽"。[1] 今天的情况与此完全不同，在一个人民有政治身份的国家里，同情、仁爱、道德的市民社会问题与自由、公民权利、人权的政治社会问题是不能分离的，但前一种问题不能代替后一种问题。我们在世界多国经验中看到，公民社会的问题本来就缘起于对自由民主和宪制法治的要求。

其次，苏格兰从乡土社群向市民社会转型时，苏格兰人以忠厚、淳朴、民情敦厚著称，当今有的国家民情与此截然相反，许多人道德低下，充斥着冷漠、自私、狡黠、虚伪、犬儒。对两种人心品格

---

① 布鲁玛：《伏尔泰的椰子》，第120页。

不同的人们讲同情心、仁慈、同理心和道德情操，条件和效果根本不可同日而语。一个是人心尚善，另一个是人心坏了。一个身体健康的人，医生对他说，你要好好保健，多运动锻炼，就能保持健康不得病。但如果一个人已经得了重病，插着氧气和输液管，医生还能这么建议吗？他得先给病人治病。常言道，不要等到失去健康才去珍惜，要在健康的时候就加以爱惜。民族道德文化的健康也是一样，苏格兰启蒙是按照这个道理去做的，它能提醒我们道德健康多么珍贵，但却不能告诉我们得了重病该怎么治。这就需要今天的启蒙与时俱进。

在 18 世纪许多人的眼里，苏格兰是一个"野性未脱"、"接近自然"的地方，苏格兰人有着那些远离城镇的山地国家居民所特有的诚实和同情。直到 19 世纪，维多利亚女王和她丈夫都觉得，苏格兰最吸引人的地方"就是它没有都市政治——其实也就是都市文明——所具有的那种拐弯抹角的势利与世故"。正是因为苏格兰人特别淳朴，他们看不惯英格兰那种"吹毛求疵的新闻媒体、傲慢自大的英国贵族和政客们的阴谋诡计"，他们把在伦敦生活"当作一种痛苦"。[①] 当年的伦敦就相当于我们今天的北、上、广，苏格兰是一个完全不同的地方，那才是苏格兰启蒙人士的精神港湾。苏格兰的自然文明与英国工业化和商业化的人造文明形成了强烈的对比。若不是因为苏格兰启蒙的这种文化记忆，它对道德和人性的自然法论证便不能有它那种人类哲学的特别说服力。相比之下，中国还有这样的精神港湾和世外桃源吗？就算能够从遥远的古代召唤一些依稀仿佛的前现代文化记忆，就算这种记忆还能对当今社会道德建设起到

---

① 布鲁玛：《伏尔泰的椰子》，第 122 页。

一点微乎其微的作用，又怎么能过度指望呢？

反倒是在人的自私和贪婪上，今天的中国社会与 18 世纪英格兰有着相当明显的相似性。早在 18 世纪上半叶，出生在荷兰，后来定居英国的曼德维尔（Bernard Mandeville）就在《蜜蜂的寓言》（*The Fable of Bees*）里讽刺了英国人的贪婪和腐败。那时候的英格兰是一个靠做生意首先富裕起来的国家。它的财富不是来自农耕的土地，而是来自唯利是图的出口贸易、海外拓展和对殖民地的掠夺。这种富起来的方式对社会道德有着一种难以避免的影响深远的腐败侵蚀作用，生活在这样一种致富的氛围中，人变得越加自私、贪婪、奸诈、虚荣、急功近利。德国诗人歌德不喜欢英国人，他说，没有一个社会像英国社会那样自私。① 自私和贪婪是苏格兰启蒙的主要议题，因此它要以"同情""仁慈""同理心"来遏制的人性晦暗部分。不过，尽管苏格兰启蒙的著作在英国广有读者，但几十年以后，也并不见得对英国人的禀性真的有多大的改变作用。

1826 年，德国贵族皮克勒-慕斯考（Hermann Ludwig Heinrich von Pückler-Muskau）也像当年伏尔泰那样访问了伦敦交易所，他看到"私利和贪婪在每只眼睛中闪光"，那里的人们就像"一群焦灼不安、无可慰藉的受诅咒的家伙"。他对英国人的求富心感到哀伤，"在那些毫无生机的废墟和那些为庸常生活忙碌的人群之间的巨大反差，那些人在冒着蒸汽、烟雾，拥挤不堪、川流不息的工厂城市伯明翰，只为赚钱获利而奔波忙碌"。1835 年，托克维尔访问伯明翰，他观察到，"这些人从不停歇。他们拼命工作，好像到晚上就一定要发财，到第二天就要归西了"。德国诗人和小说家特奥多尔·冯塔纳

---

① 布鲁玛：《伏尔泰的椰子》，第 127 页。

（Theodor Fontane）曾在 1850 年代住在伦敦。他发现投机买卖和冒进赚钱是英国人的主要行当。富人被顶礼膜拜："对金牛犊的膜拜是英国人最大的病。"[①] 这些外国人感到震惊的是英格兰社会里被称为"市场经济"的那一部分，在市场活动中，人的贪婪和自私比在任何其他领域都表现得不加掩饰，也理直气壮。苏格兰启蒙人士对此感到反感，他们并不是要反对市场经济，而是要用启蒙的力量使市场经济变得更人性化，也更有道德的情操，这才有了我们今天所知道的苏格兰启蒙。

4. 苏格兰启蒙的情操与市场

在 18 世纪的人性和社会现实中，怎么看待苏格兰启蒙的意义呢？苏格兰启蒙没有能改变英国人的自私、贪婪和对金钱的迷恋，这并没有什么，因为这本来就不是它的目的。它的价值不在于改变人性，而在于论证和倡导，即使在自私、贪婪和迷恋金钱的时代和社会里，某种程度的道德生活仍然是可能的。苏格兰启蒙这一观念的重要性可以从斯密和休谟对曼德维尔的道德评判中看出来。

曼德维尔在《蜜蜂的寓言》里提出，自利（自我中心、虚荣）是人的唯一行为动机，这种被世俗道德视为"恶"的自利其实对群体繁荣大有好处。他的名言——"私人之恶可以成为公共利益"，被认为是精炼地道出了经济学的一个基本原理，比亚当·斯密的"看不见的手"更早触及了自由市场经济的实质。300 年之后，曼德维尔

---

① 布鲁玛：《伏尔泰的椰子》，第 145、143 页。

的这个名言还在一些我们耳熟能详的说法里余音缭绕。不管什么手段，只有是否有效的区别，没有是否道德的分辨。曼德维尔还坚持认为，天底下没有善恶、正邪的区别，所谓的"道德"不过是政客发明出来愚弄和操纵民众的。

曼德维尔有两个不同的目的，第一个是在看上去有德性的行为背后揭示隐蔽的恶的动机（"私利"）；第二个是证明明显的恶——他称为"不便说穿的东西"（inconveniences）——对于造成一个"伟大、繁荣的国家"是必须的。第一个是关于人的心理的道德-哲学命题，而第二个则是关于人的行为的非意向结果的经验判断命题。虽然第二个目的只讲功利和结果，不分善恶与是非，但第一个目的却不能不以善恶分际为基础。对此，休谟认为，这两个目的其实是矛盾的，他质问道："一个作者怎么能在前一页上说，道德区别是政治家为了共同利益而发明的，而在后一页上又坚持说恶对公众有益？"他特别反对曼德维尔所说的，恶意和美德的概念是由工于心计、善于策划的政治家强加给我们的，为的是好更容易管理我们。休谟认为，人天生就有道德意识，虽然人们对什么是道德或不道德会有分歧，但不会没有是非、对错的知觉。[1]

休谟与曼德维尔的分歧集中在"自我主义"（egoism）——"私利""自爱""骄傲""虚荣心"是"自我主义"的一些常见替换说法，其核心是利己。休谟检视了包括曼德维尔在内的多种"自我主义"，区分了两种不同的自我主义理论。第一种是与一切美德和善的情操根本对立的"只能存在于最卑鄙中的性情"。它基于这样的信

---

[1] Daniel Luban, "Bernard Mandeville as Moralist and Materialist", *History of European Ideas*, Vol. 41, No. 7（2015）: 831 - 857, p. 839.

念："所有的仁慈都不过是伪善，友谊不过是欺骗，公共精神不过是闹剧，忠诚不过是诱导信任和信心的陷阱。说到底，我们所有人都只是追求私利。我们戴着漂亮的面具，是为了解除他人的戒备，让他们更容易被我们设计利用和操控。"①

休谟认为，能够坦然秉持这种想法的人都是因为自己内心阴暗，越是歹毒的人，越是会赞同这样的想法，把所有的人都设想得这么卑鄙，自己才能显得不那么卑鄙。以我们今天的看法，能把人性看得如此黑暗的，不一定自己就是歹毒之人，他们很可能吃过歹毒之人的许多苦头，或生活在道德堕落的社会里。当今就有许多这样的人，他们是道德虚无论的犬儒主义者。

然而，即使在一个道德堕落的社会里，只要还实际存在人与人之间的关爱、同情、恻隐之心、公共精神，那就不能说人类和人性已经坏到了这样的程度。即使在人与人之间充满了仇恨、残害、恐惧和不信任的时代，仍然有暗中帮助落难者（往往冒着自己变成"阶级敌人"的危险）的事情。因此，如休谟所说，极端阴暗的人性揣测是虚妄不实的，而且，单就对人类行为的描述而言，也是不及格的。他认为，其实还有第二种不同的"自我主义"，看上去与第一种相似，但其实完全不同。

第二种自我主义是，"无论我们对他人有什么情感，或想象自己对他人有什么情感，我们的激情都不是，也不可能不涉及利益，不可能纯粹利他，也不可能纯粹无私。最真心实意的友谊，无论如何诚挚，也是自爱的某种改变。就算我们自己并不意识到，我们在看

① David Hume, *An Enquiry Concerning the Principle of Morals*, section 247, in Hume, *Enquiries Concerning Human Understanding and Concerning the Principles of Morals*, third edition, edited by L. A. Selby-Biggs and P. H. Nidditch. Oxford, 1975, p. 295.

似深深投入人类的自由和幸福事业时，也是在追求自己的满足"。①
如果我们自己不喜欢自由与幸福，就会对追求自由与幸福不感兴趣，
甚至充满厌恶，我们又怎么会去关心别人的自由与幸福呢？这么看
待追求自由与幸福中所包含的"自爱"，不是否定世界上确实有无私
的行为，而是，用休谟的话来说，"用哲学的化学变化来解释，任何
一种激情都是自爱的转变"。②

　　这两种自我主义理论中，第一种是强势的，第二种是弱势的。
休谟反对第一种，对第二种也不完全赞成。他的理由之一是，即便
是弱势的自我主义理论，它对人们的道德判断实践也没有什么实际
的作用，只是一种空虚的理论而已。就算我们同意，人的每一个行
为都是出于自爱，那也只能说明，那些受自爱引导而有仁慈行为的
人们会被视为有道德的人。相反，那些受自爱引导而有损人行为的
人，会被视为无道德的恶人。因此，运作"自爱"来解释人的行为，
只能形成一种同义反复：做好事的是好人，做坏事的是坏人。这种
理论对我们认识道德和行为并无实质的意义。

　　如果说休谟对曼德维尔的批判是哲学上的，那么亚当·斯密的
批判则是政治经济学的。斯密虽然受到曼德维尔的影响，但他在
《道德情操论》中只是承认曼德维尔"在某些方面接近真实"（VII，
ii，4）。③ 斯密对曼德维尔的善恶不分不以为然，他认为善和恶是有
区别的，也是可以分辨的，而曼德维尔的善恶不分是其理论的危害

---

① David Hume，*An Enquiry Concerning the Principle of Morals*，section 248，p. 296.
② David Hume，*An Enquiry Concerning the Principle of Morals*，section 249，p. 297.
③ Adam Smith，*The Theory of Moral Sentiments*，edited by D. D. Raphael and A. L.
Mcfie（Oxford，1976）. 以下出自此书的引文直接在括号中注明"卷"（Part）"篇"
（section）"章"（chapter）。

所在。

斯密在《道德情操论》中特别批判了曼德维尔的善恶不分和善恶虚无论。他指出，绝大多数的道德理论，"不管邪恶与美德究竟是什么，它们之间有一真实的与根本的差别。例如，在任何情感的合宜与不合宜之间、在慈善与其他任何动机之间、在真正审慎与短视愚蠢或轻率鲁莽之间，有一真实的与根本的不同。另外，所有那些理论也都倾向鼓励值得赞美的，以及抑制应受谴责的性情"。（Ⅶ，ii，4）他还指出，曼德维尔的善恶无别论具有很大的欺骗性，"虽然这位作者的想法几乎在每一方面都是错的，然而，人性中的某些现象，若是从某个角度观察，乍看之下，似乎支持他的那些想法。这些现象，经过曼德维尔博士以他那虽然粗鄙、不过倒也活泼幽默的文笔描述与夸大后，给他的理论抹上了一层像真理或可能真实的迷彩，很容易哄骗脑筋糊涂的人"。（Ⅶ，ii，4）

斯密指出，在曼德维尔那里，"人天生在意他自己的幸福远胜于在意他人的幸福，绝不可能真的在内心里认为他人的成功比自己的成功更重要"。人只有一种激情，那就是爱自己，"任何人性的美德，在他看来，只不过是对世人的一种蒙骗；被这么大大地夸耀吹嘘，导致人们如此热烈竞相仿效的所谓人性的美德，在他看来，只不过是谄媚赞美和虚荣自傲苟合生出来的孩子"。（Ⅶ，ii，4）斯密不同意曼德维尔单一动机论的看法，他认为，虽然利己（虚荣自傲）是主导市场经济的根本驱动力，但是，生活在社会中的个人，除了利己，还有其他的激情；其中最重要的是对他人的同情（同理心）以及希望得到他人的认可和尊敬（骄傲）。真正自由的市场不只是依靠人的自利心运作，而且还是一个培育"信任""尊重""公正""正义"的场所，这些是任何一个好社会所必不可少的价值，也是个人良好情操和道德的依据。

今天，人们提起斯密，往往首先或者只是想到他的《国富论》。其实，在他那个时代，无论是在英国还是在其他西方国家，他都是以《道德情操论》的作者而闻名的。这部书出版于 1759 年，在《国富论》于 1776 年出版之前，就已经出过四版，后来又出过一版。他把这部书看得比《国富论》更重要，去世前年修改和扩充的就是这部书。最重要的就是在第一卷第三篇里增加了第三章，题目是"论由钦佩富人和大人物，轻视或怠慢穷人和小人物的这种倾向所引起的道德情操的败坏"。（I. i. 3）

以斯密为代表的苏格兰启蒙把社会责任放在政治思考和设想的首位，这是它对 18 世纪启蒙的贡献，也是我们应该继承的一项启蒙遗产。但是，对后世的启蒙来说，社会责任虽然重要，但不应该成为回避政治改革问题的方式，因为个人在社会中能够担当什么样的责任，在什么程度上担当社会责任，取决于个人在政治社会里拥有多少公民权利和自由。甚至可以说，苏格兰启蒙把注意力放在社会责任而不是政治制度上，是一种奢侈，正是因为苏格兰社会政治环境是宽松而自由的，社会伦理和经济伦理才被推到启蒙问题的前台。

斯密思考的首要问题是社会伦理和经济伦理，而不是政治问题，不是因为政治问题不重要，也不是因为有压力而必须搁置，而是因为他不再需要太操心政治问题。正因为如此，他才能在《道德情操论》开篇处直接进入要讨论的伦理主题，"无论人们会认为某人怎样自私，这个人的天赋中总是明显地存在着这样一些本性，这些本性使他关心别人的命运，把别人的幸福看成是自己的事情，虽然他除了看到别人幸福而感到高兴以外，一无所得。这种本性就是怜悯或同情，就是当我们看到或逼真地想象到他人的不幸遭遇时所产生的感情。我们常为他人的悲哀而感伤，这是显而易见的事实，不需要用什么实例来证明。这种情感同人性中所有其他的原始感情一样，绝不只是品行高尚的人才具备，虽然他们在这方面的感受可能最敏锐。最大的恶棍，极其严重地违犯社会法律的人，也不会全然丧失同情心"。（I. i. 1）

"怜悯"和"同情"这样的人性基本要素构成了斯密所说的"道德情操"（moral sentiments），也形成了"和蔼可亲和令人尊敬的美德"。（I. i. 5）人在这些道德情操中得到满足，人有美德是为了实现自己的人性，也是出于"自爱"（self-love），"我们渴望有好的名声和受人尊敬，害怕名声不好和遭人轻视"。我们有两种争取受人尊敬的途径，"一条是学习知识和培养美德；另一条是取得财富和地位。我们的好胜心会表现为两种不同的品质。一种是目空一切的野心和毫无掩饰的贪婪；一种是谦逊有礼和公正正直"。只有后一种是真正的美德。（I. iii. 3）

斯密所说的"同情"不能用今天我们所熟悉的"伦理利己主义"或"心理利己主义"来理解。这两种利己主义认为，一个人能够同情穷人，是因为能够通过想象，把自己放在贫困的境地里，所以同情别人实际上还是利己。但是，斯密让我们看到，一个男人同情一个经受分娩痛苦的产妇，是因为他的人性中有同情，不是因为他能想象"他这个人或角色"能有这样的痛苦。（Vii. iii. 1）虽然伦理利己主义或心理利己主义可以为同情或利他提供某种理性解释，但理性不能充分解释同情这种美德的最初发生。斯密认为，虽然理性可以为道德提供普遍的准则，但是，"认为有关正确和错误的最初感觉可能来自理性……则是十分可笑和费解的"。（VII. iii. 2）.

斯密还指出，"美德存在于同理性一致之中，在某些方面是正确的"，"凭借理性我们发现了应该据以约束自己行为的有关正义的那些一般准则；凭借理性，我们也形成了有关什么是谨慎，什么是公平，什么是慷慨或崇高的较为含糊和不确定的观念"，但这些准则是从经验中归纳出来的。他指出，我们"绝大部分的道德判断"必须有理性规则的约束，因为，"我们的那些判断，如果完全依靠直接的感觉，肯定会极端地摇摆不定，直接的感觉变化无常，不同的健康状况或心情可使判断发生根本的变化"。（VII. iii. 2）道德服从理性，但却是独立于理性的。

如果说《道德情操论》的斯密是一位道德哲学家，那么《国富论》的斯密则是一位政治经济学家。长期以来，研究和讨论亚当·斯密著作和思想的论者差不多都把斯密看作是伦理学上的利他主义者、经济学上的利己主义者——前者的出发点是同情心，而后者的出发点则是利己主义。这便是著名的"两个斯密"的论点。不同意这一观点的论者主要从两个不同的途径来统一这两个看似不同的斯密。

第一个途径是强调"经济人"。斯密在《道德情操论》中论证"经济人"的出发点，和《国富论》是相同的一致的，都是从人的利己本性出发的。例如，他在《道德情操论》中写道："毫无疑问，每个人生来首先和主要关心自己。"他把改善自身生活条件看作"人生的伟大目标"。这种论述在《国富论》中发展成为表述自利行为动机的名言："我们每天所需要的食品和饮料，不是出自屠户、酿酒家或烙面师的恩惠，而是出于他们自利的打算。"可见，《道德情操论》和《国富论》这两部著作，在论述的语气、论及范围的宽狭、细目的制定和着重点上虽有不同（如对利己主义行为的控制上，《道德情操论》寄重托于同情心和正义感，而在《国富论》中则寄希望于竞争机制），但对自利行为动机的论述却在本质上是一致的。

在斯密生活的那个时代，"道德情操"这个说法是用来说明人（被设想为在本能上是自私的动物）的一种难以解释的现象，那就是，自私的人又为什么具有判断和克制私利的能力？斯密要证明的是：具有利己本性的个人（主要是指追逐利润的资本家）是如何在资本主义生产关系和社会关系中控制自己的感情和行为，尤其是自私的情感和行为，并按规则办事。他在《国富论》中要建立的经济理论体系就是以他在《道德情操论》的这些论述为前提的。

统一两个斯密的第二个途径是强调"自然自由的制度"（the system of natural liberty）。自然自由是在解除了一切君主（或政府）限制后自然形成的简单制度，"一切特惠或限制的制度，一经完全废除，最明白最单纯的自然自由制度就会树立起来。每一个人，在他不违反正义的法律时，都应听其完全自由，让他采用自己的方法，追求自己的利益，以其劳动及资本和任何其他人或其他阶级相竞争"。自然秩序即为正当秩序，它本身就是一种值得追求的价值。斯密的这个观点在 18 世纪启蒙思想里是很普遍的，这样的想法并不等于是自然放任（libertarianism），因为君主和政府有他们该做的事情，"按照自然自由的制度，君主只有三个应尽的义务——这三个义务虽很重要，但都是一般人所能理解的。第一，保护社会，使其不受其他独立社会的侵犯。第二，尽可能保护社会中的各个人，使其不受社会上任何其他人的侵害或压迫，这就是说，要设立严正的司法机关。第三，建设并维持某些公共事业及某些公共设施（其建设与维持绝不是为着任何个人或任何少数人的利益），这种事业与设施，在由大社会经营时，其利润常能补偿所费而有余，但若由个人或少数人经营，就决不能补偿所费"。①

斯密所说的"无形之手"是在这样一种"自然自由的制度"中起作用的，经典的自由市场也是这种制度中的自由市场。失去了这样的制度条件，"无形之手"的比喻也就旋即失效，自由市场也就不再是经典意义上的自由市场。斯密的自由市场核心是自由，不是市场。芝加哥大学政治哲学教授约瑟夫·克罗普西（Joseph Cropsey）指出，在斯密政治经济学的核心是自由，这个自由不只是经济自由，而且是各方面的自由，"商业产生了自由和文明，同时，对于保护商业来说，自由制度是必不可少的"。许多人捍卫商业文明，不是出于爱自由，而是出于爱钱。但在斯密那里，爱自由是首位的，他"为爱自由而捍卫资本主义"，不只是商业自由，而且也有宗教自由和公民自由。②

斯密称赞休谟提醒人们关注商贸仁慈（beneficent）的一面，"商贸和制造业逐渐为这个国家的人民带来了秩序和好政府，以及个人自由和安全。他们以前几乎总是生活在与邻人不断的战争中，总是得依赖比自己身份优越者才能生存"。商贸对文明、现代化与和平的积极贡献，特别重要但却总是被忽视，休谟是看到商贸这个贡献的唯一人。（*Wealth of Nations*，p. 385.）

因此，斯密在运用"看不见的手"这个比喻时，不是在将市场去道德化，而恰恰是在强调市场和社会的自由道德价值，他是以道德哲学来写《国富论》的，美国历史学家格特鲁德·希梅尔法布

① Adam Smith，*An Inquiry into the Nature of the Wealth of Nations*，ed. Edwim Cannan. New York，1937，p. 651. 以下出自此书的引文直接在括号中注明 *The Wealth of Nations* 加页号。

② Joseph Cropsey，*Polity and Economy：An Interpretation of the Principles of Adam Smith*. The Hague，1957，p. 95.

（Gertrude Himmelfarb）称斯密的经济学为"政治兼道德的经济学"
（political-cum-moral economy）。① 多有论者批评《国富论》是对
《道德情操论》道德关怀的背离，是在提倡一种去道德的，没有道德
内容的政治经济学。但是，提倡经济学去道德的著名经济学家熊彼
得（Joseph Schumpeter）却认为，斯密的《国富论》恰恰犯下了不
能把经济与道德分开的错误。②

　　在斯密的经济学里，市场不是一个因为道德真空而让商人可以
自由自在、为牟利而不择手段的在商言商之地。斯密在提到商人和
制造商时经常使用带有道德评判的字词，商人为了提高利润，盘剥
"贫困和贫乏的人"，他们身上有许多毛病：哗众取宠和花言巧语
（clamour and sophistry）、傲慢的妒嫉（impertinent jealousy）、卑鄙的
巧取豪夺（mean rapacity）、卑鄙恶毒的不择手段（mean and
malignant expedients）、狡猾的伎俩（sneaking arts）、自利的鬼祟
（interested sophistry）、自利的虚假（interested falsehood）。
（*Wealth of Nations*，pp. 128,460 - 461,463,577,609.）

　　斯密强调，"无形之手"的市场应该促进整个社会的福祉，而
不是让少数人在那里大发横财，商人阶级的利益经常是与公共利
益不合的，他们为了提高利润，压低工人的工资、见利忘义、投
机取巧、唯利是图，"商人和制造者，对于高工资提高物价、从而
减少国内外销路的恶果，大发牢骚；但对于高利润的恶果，他们
却只字不谈。关于由自己得利而产生的恶果，他们保持沉默。他

---

① Gertrude Himmelfarb，*The Roads to Modernity*：*The British*，*French*，*and American Enlightenment*. New York：Vintage，2004，p. 55.
② Joseph Schumpeter，*History of Economic Analysis*，ed. Elizabeth Boody Schumpeter. New York：1974，pp. 141,182,185.

们只对由他人得利而产生的恶果，大喊大叫"。（*Wealth of Nations*，p. 98.）

斯密是第一个看到提高工人工资有助于全社会福祉的经济学家，这也是基于他对人类善良的乐观想法：工人配得上高工资，也会为此回报他们的合理报酬。他写道："充足的劳动报酬，鼓励普通人民增殖，因而鼓励他们勤勉。劳动工资，是勤勉的奖励。勤勉像人类其他品质一样，越受奖励越发勤奋。丰富的生活资料，使劳动者体力增进，而生活改善和晚景优裕的愉快希望，使他们益加努力。所以，高工资地方的劳动者，总是比低工资地方的劳动者活泼、勤勉和敏捷。例如，英格兰劳动者比苏格兰劳动者强。大都会附近的劳动者比僻远农村的劳动者强。"（*Wealth of Nations*，p. 81.）

斯密同情的穷人，不只是贫穷的劳工，也包括一般的生活匮乏者（indigent）。英国是世界上最早有全国性、非宗教的公共福利（穷人救济）制度的国家，在很长一段时期内，也是世界上唯一有这种制度的国家。斯密赞同这样的制度，但也批评其中的某些规定。例如，它有限制穷人迁移的户口规定。斯密认为，这事实上限制了穷人寻找改善生活机会的自由，剥夺了他们与其他英国人平等的自由权利。（*Wealth of Nations*，p. 141.）也正是因为对穷人的同情，他支持比例税制（Proportional Tax）和对奢侈品而不是生活必需品征税，这样"富人的懒惰和虚荣也能很容易为救济穷人做出贡献"。（*Wealth of Nations*，p. 683.）充足的劳动报酬，既是财富增加的结果，又是人口增加的原因。谁反对为劳动者提供充足的劳动报酬，谁就是对最大公共繁荣的必然结果与原因完全无知或抱有敌意。斯密倡导的不只是自由经济，而且是共同繁荣的进步自由经济，在这个经济制度中，穷苦工人提高工资是国富的结果和标志。不能做到这一点的国家财富称不上是真正的国富，因为它无助于最大的公共繁荣。

5. 英国启蒙的德性社会学

格特鲁德·希梅尔法布把英国启蒙称为"德性社会学"（the sociology of virtue），以区别于法国启蒙的"理性意识形态"（the ideology of reason）和美国启蒙的"自由政治"（the politics of liberty）。她写道，"不列颠道德哲学家们是社会学家，不是哲学家；他们关心的是人与社会的关系；关注的是一个健康的人道的社会应该以怎样的社会德行来做基础"，她所说的不列颠道德学家主要是指苏格兰启蒙思想家沙夫茨伯里（the Third Earl of Shaftesbury, 1671—1713)、哈奇森、斯密、休谟等。①

这是一种以社会良序和人性优化为目的的道德启蒙关怀，与为强国固本的国家主义启蒙是不同的。德性社会学的基本信念是，社会是一种自然发展的秩序，启蒙是为了对社会秩序的人性条件、经济制度和政治因素——同情、宽容、公民社会、自由市场、文明政体——有更好的理性认识，只有在这个基础上才能使政策和行动更有效地达成社会良序和优化的目标。苏格兰圣安德鲁斯大学（University of St Andrews）历史学教授布鲁斯·伦曼（Bruce Lenmann）认为，苏格兰启蒙者的"核心贡献在于他们辨认和解释

---

① Gertrude Himmelfarb，*The Roads to Modernity*，p. 19.

种种社会模式（social patterns）的新能力"。① 这些社会模式包括个人与社会的关系、私域与公域的关系、经济与社会的关系。在所有这些关系中，对人性的认识都是一个重要的因素。

在德性社会学里，个人是群体的一部分。虽然个人是追求自己利益的自我完足的行为者，但他是在与他人一起的公共生活和社会里实现个人利益的。人必须顾及他人的看法，得到他人的认可，才能实现他自己的个人利益。你把发财当作自己的最高利益，但是，你不在乎他人对你的看法是发不了财的。如果他人认为你是一个没有诚信，不值得信任的人，你便做不成生意。每一个人的行为都必须顾及他人的看法，这就是德性社会学所强调的社会中人的"相互性"（mutuality）。

你私底下是怎样一个人与你在公共生活中必须有怎样的行为是有区别的。你私底下可以十分贪婪和刻薄，但是，你在与他人打交道的时候必须遵守公平和互相尊重的规则，否则别人会鄙视你，排斥你，拒绝与你打交道。个人是通过他人获得认可和承认的。人们互相往来的那个公共空间并不是空白的，而是一个伦理的地方，它对个人有道德塑造的作用。在一个正派的社会里，个人在与他人的往来中学习正派的规则。但是，在一个不正派的社会里，那里通行的是欺骗、强梁、狡诈和蛮不讲理，个人的道德也会低下和堕落；这样的社会已经不是德性社会学所说的文明社会——"文明社会"（civilized society）与"市民社会"（civil society）的意思是相同的——而成了事实上的丛林世界。

---

① R. A. Houston and W. W. J. Knox, *The New Penguin History of Scotland*. London：Penguin，2001，p. 342.

丛林社会中的人为了利益可以不择手段，无所不为。而且，他们的利益观非常狭隘，无非就是金钱和权力（权力最后也经常是为了金钱），金钱成为他们生活的全部内容和目的。在他们那里，经济活动与社会生活是没有区别的。德性社会学不是这样看待经济活动和社会生活的关系的。它认为，经济活动只是社会生活的一部分，而不是全部，但是，社会生活又都涉及经济活动的核心要素——利益。不过，利益不只是金钱和财富，还有其他各种各样的利益，比如信仰、良心、家庭幸福、名誉、荣誉、骄傲、艺术创造，等等。不同的人可以对什么是优先的利益有自己的理解和取舍。在一切向钱看的社会里，利益观是狭隘而单一的，这是社会生活品质恶化和腐败的征兆。

德性社会学承认私利是人的行为的一个强大动机。人以自我为中心，这是自然的，无所谓好与不好。虽然我们承认，人都是以自我为中心的，人有骄傲之心，渴望得到别人的钦佩，但是，我们无法从"渴望受钦佩"的动机来预测它可能或有怎样的行为结果。这是因为，渴望受钦佩这种欲望和激情与对食物或性的渴望是不同的。

我们可以从人渴望食物或性来预测他的行为后果，但我们无法从人渴望受钦佩来预测相关的行为后果。一个人渴望受钦佩，他会因此有怎样的行为后果，完全是不可预测的。他的行为后果会取决于他是谁，身处于怎样的群体、地方或环境，渴望得到谁的钦佩和赞赏，做怎样的好事，等等。在 20 世纪 60—70 年代，红卫兵和造反派犯下种种恶行，甚至残害无辜的他人。他们这么做，是为了表现阶级斗争觉悟和革命战斗精神（所谓的"好事"），希望以此博得"领导"或"同志们"的赞赏。这样的行为与正常社会里助人为乐，获得公众或家人的赞赏是完全不同的；对"好事"的两种理解更是不可同日而语。

一个医生渴望受钦佩，会在医术上精益求精，对社会是一件好事。比起不渴望受钦佩，在业务上混日子的庸医，前一种医生的贡献要大许多。但是，如果一个犯罪集团的成员渴望获得他那个黑社会群体的钦佩，他会变本加厉地干出危害社会的事情来。如果一个野心勃勃的独裁暴君"渴望受钦佩"，那么他会不择手段地加强手中的权力，强迫所有人对他顶礼膜拜，如神一般崇拜，其结果便是，人民成为暴君的奴隶。所以，德性社会学在讨论"人皆自私""人皆是自我中心""人皆渴望受人尊敬"这样的命题时，实际上也就是讨论个人的主体性、不同行为之间的善恶区别、社会的价值观和是非观、政治制度对社会核心价值的影响，等等。

苏格兰启蒙是德性社会学的主要贡献者，苏格兰启蒙与英格兰思想的关系是暧昧的，既不完全认同，也不全然疏离，因此既可以说是英国启蒙的一部分，却又是一种具有自己特色的启蒙。例如，洛克是一位在18世纪启蒙中极具影响力的思想家，但苏格兰启蒙人士崇敬的是洛克的政治观，而不是他的形而上哲学。这是因为，他们自己的哲学见解是排斥洛克哲学认识论的。沙夫茨伯里和哈奇森认为，人天生就有"道德感"；斯密和休谟认为，人不能摆脱感官经验的束缚。他们这样看待自然人性，无异于是在倡导某种天赋观念。而洛克的哲学认识论无论是在道德论或形而上方面，都是完全排除任何天赋观念的。

洛克认为，人的头脑只是空白的，人的感觉和经验装进头脑，由此产生想法和观念。他的《论人的理解》（1690）第一章就是"不存在天赋思辨原则"，第二章是"不存在天赋实践原则"。他表述的观点非常清楚："就算是最不可动摇的道德规则和一切社会德行的基础"，对没有听说过这规则或对这规则有疑问的人也是没有意义的，"这清楚地说明这规则不是天生的"。如果德性被普遍认可，那不是因为"天生"，而是因为"有利"（profitable），有益于人的私利和幸福，对人趋乐避苦有好处。因此，只能用快乐与痛苦来评判善与恶，而苦乐则是人的感觉产物。[①]

连洛克的苏格兰学生也不认同他的认知哲学。沙夫茨伯里的爷爷老沙夫茨伯里伯爵是洛克的崇拜者，所以聘请洛克负责沙夫茨伯里的教育，洛克的《论教育》就是根据这段经历而写的。然而，就是洛克的这位学生于 1699 年发表了一篇驳斥他老师的文章，《论美德，或优秀》（An Inquiry Concerning Virtue, or Merit），并提出德性（也就是"对和错的感觉"）是人与生俱来的，是人的天性的一部分。这与他老师"人天生一块白板"和对错只是苦乐感觉的观点完全不同。

沙夫茨伯里认为德性是人天性的一部分，德性是天生的，而不是如人们所说的那样来自宗教、自我利益、经验感觉或理性等。所有这些是德性的支持，而不是来源。是人就不可能没有对错的意识，人们对具体的事情会做出不同的对错判断，是因为他们先已经有了这个能力。这就像人必须先有语言的能力（天性的一部分），才会说汉语、英语、法语一样。即使做坏事的人，也不是因为先天没有对错意识，而是因为后来发生了对错意识的扭曲。

苏格兰启蒙人士强调人天性中就有的"同情""恻隐""善意""仁慈""同伴之情"，亚当·斯密称之为"情感"（sentiments）。情

[①] John Locke, *An Essay Concerning Understanding*. Chicago University Press，1952, pp. 95,103,105,176.

感可以理解为与"德性"类似的天赋秉性。18 世纪还远没有发展出我们今天的心理学。今天，这样的"情感"也被心理学家称为"情绪"（emotions）。心理学家发现，人天生就有各种情绪，情绪在人类演化的过程中形成，并植根于人类基因之中。如果说人有天生的人性，那么情绪就是人性的元素。人性是对人的行为具有强大驱动作用的力量，了解一个人的行为后面的情绪，不仅有助于了解他的行动倾向，也有助于了解他对周围环境的认知。

"情绪"是对一系列主观认知经验的通称，是由感觉、思想和行为综合产生的心理和生理状态。任何一种基本情绪都不仅仅是感觉、心态或情感，而是驱动行为的能量，将一种情绪与另一种情绪加以区别的唯一方法就是观察它在什么情境下导致人的什么行为。情绪可以分为与生俱来的"基本情绪"（常见的有喜悦、愤怒、悲伤、恐惧、厌恶、惊奇）和后天学习到的"复杂情绪"——又称"社会性情绪"（social emotions）或"较高等的认知情绪"（the higher cognitive emotions）——如同情、仁爱、同理心、嫉妒、惭愧、羞耻、报复心、挫折感等。一般认为，基本情绪和原始人类生存息息相关，复杂情绪必须经由人与人之间的交流和生活经验而学习得到。但也有心理学家认为，人的复杂情绪也是在人类演化过程中形成的，只不过是演化期（约 6000 万年）比基本情绪的（5 亿）要短得多。社会性情绪是演进而成的，所以，就算不学习，人类也是带有社会情绪的基因，由道德因素产生的情绪都是社会性情绪。[1]

现代心理学用它的科学研究成果支持了苏格兰启蒙人士关于人

---

[1] Dylan Evans，*Emotion：Science of Sentiments*. Oxford University Press，2001，p. 48.

天生就有道德情感的观点。在今天这个私欲泛滥、道德崩溃的社会里，许多人因为痛感"人心变坏"而悲观无望，以为人性天生就只是自私、贪婪、虚伪、暴戾的，人没有任何可以对抗和约束这些不良情感的内心力量。在这种情况下，苏格兰启蒙的良善人性观便具有了特别相关的意义，而现代心理学的研究也更有助于我们用苏格兰启蒙的社会伦理观来帮助现在特别需要的人性优化和人心向善的启蒙。

苏格兰启蒙坚持认为人的天性本来就包含同情、仁爱、恻隐这样的良善情感，并不等于说人人都是好人、善人，而是说人人都不是天生就注定要成为恶人或歹徒。好的环境可以最大程度地让人成为有同情心和善意的好人，而坏的环境则有相反的作用。然而，即便如此，恶劣的道德环境也不可能彻底改变人的"天性"（或道德基因），使人只能成为冷酷无情的恶徒。人的同情、恻隐、善意、仁慈、同伴之情，可以有不同的对象，对人的行为起到不同程度的作用（或者不起作用）。但是，只要是人，就不会完全不曾有过良善的情感，这也就是我们所熟悉的"人非草木，孰能无情"。铁石心肠、阴毒狡诈、以害人为乐，这些都是后天养成的邪恶情绪和乖戾行为。即便对大奸大恶之徒，也相信他们的人性中有或曾经有过良善的因素，相信没有人天生就是坏人，这是我们需要的对人类的信心。人的情感，无论是好是坏，之所以被当作"天性"（天赋秉性）是因为对所有的人都普遍适用。但是，如果一个人完全丧失了人性中的良善情感，他就会被别人看作"禽兽""畜生""魔鬼"或者其他"不是人"的怪物。

苏格兰启蒙的道德哲学家关注"同情"，不是为了倡导任何情况下或无缘无故的同情。他们只是强调，虽然没有无缘无故的同情，但"同情"是人的一种基本情感和能力。他们对道德的本质和作用有不同的看法，但是，他们都同意，道德感是人类自然的、必须的，也是普遍的属性。他们都认为，道德感虽然可以从理性和利益导出，但却是先于并独立于理性和利益的。

即便是对人性持冷峻态度的休谟，也承认存在着普遍人性的情感、道德感和道德意识。正因为看到人的情感作用，他才认为，古今哲学家把理性当作人行为的主要动机或唯一原则，是错误的。他在《人性论》（*A Treatise of Human Nature*）中认为，单凭理性不能压制住意志和激情，也不能推动德性。理性不能证明道德真理，也没有办法证明存在着对某种普遍道德予以规定的自然法。理性并不为某些道德主张提供支持。在道德问题上，理性的作用是有限的。休谟怀疑理性，但不反对理性。他怀疑的是那种狭隘的、单一的、只是基于科学方法和原理的理性，这种理性将一些它视线范围之外的人性因素——情感、情绪、审美、习俗——统统排除出去。（bk III，part I，sections 1&2）休谟批判的那种理性是冷酷无情的，它以绝对正确的意识形态或政治教义的面目主宰人们的所有意识活动，把人当作理性的机器或者机器部件。休谟关注并重视理性之外的人性因素，让我们对"人"有了更真实、全面的认识，对以人为本的社会改良和政治改革有着重要的意义。

休谟是一位怀疑主义者，他不像一些苏格兰道德哲学家（如沙夫茨伯里和哈奇森）那样肯定人性中天然就有同情、怜悯和仁慈这样的情操。但他认为，即使并非是天然的人性，这些情感也是一种与天生情操效果差不多的可能"趋势"（tendency）。他在《论道德原则》一书里写道："不管多么微弱，我们的心里总还是会有一些仁慈，对人类同伴的友谊火花；在狼和蛇的因素之外，也还有一点点鸽的因素。"①

休谟所认识的人性不同于卢梭的那种理想化人性：人在被社会腐蚀之前是完美或纯洁的。它也不同于"天下好人总比坏人多"这类的心灵鸡汤。休谟对人性的幽暗有充分的认识：人不是天使，人会有"无赖"（knave）的行为。但是，人虽不是天使，却并不被天性或命运注定只能是堕落的坏蛋。即使不能成为理性之人，也并不意味着只能变成非理性的禽兽。美国建国之父之一的麦迪逊深受休谟的影响，他在《联邦党人文集》第51篇里说，人不是天使，正因为如此才需要用"野心对抗野心"来控制政府的弊病，"人的利益必然是与当地的法定权利相联系。用这种方法来控制政府的弊病，可能是对人性的一种耻辱。但是政府本身若不是对人性的最大耻辱，又是什么呢？如果人都是天使，就不需要任何政府了。如果是天使统治人，就不需要对政府有任何外来的或内在的控制了"。②

休谟说："政治作者们定下一条原则，那就是，在设计任何一种政府和加固宪制的若干平衡和控制机制时，应该设想每一个人都是无赖，设想他的所有行为除了私利之外没有任何别的动机。"但是，他接着补充道："必须设想每个人都是无赖，这是一条公正的政治原则。这看上去有些奇怪，尽管这个原则在政治上是正确的，但在事实上却是错误的。"③ 休谟否定每个人在"事实上"都是无赖。他认为，一概而言地认定，每个人在任何情况下都是无赖或只能是无赖，

① David Hume, *An Enquiry Concerning the Principles of Morals*. LaSalle，Ⅲ.，1938，pp. 138 – 143.
② 汉密尔顿、杰伊、麦迪逊：《联邦党人文集》，程逢如等译，商务印书馆，1980年，第51篇。
③ David Hume, *Essays：Moral，Politics and Literary*. Oxford，1963，p. 42.

那是不真实的。但是，在政治中却应该把每个人都设想为无赖，这样才能建立起分散和制衡的权力制度，而不让专制独裁得逞。这也是为什么要法治而不是人治的根本理由。美国的宪法架构正是以此为理论基础的。

休谟在《论人的尊严或卑鄙》（Of the Dignity or Meanness of Human Nature）一文中说明为什么必须设想每个人在政治中都是无赖。这是因为，"在私人事务中人们一般比在公共事务中诚实，人在照顾自己的私利时也不像在为一个团伙（党派）服务时那么走极端"。人都有荣誉心（人性的又一个特征），都希望别人看得起自己，自己看得起自己。荣誉心让人在做坏事时有所顾忌，有所收敛。但是，一个身在团伙之人做事经常是为了团伙的利益，为了受到团伙同伴的赞扬，得到上司的提拔。这时候，他的个人荣誉感就会不起作用或完全丧失。①

一个本来并不是无赖的人，他在团伙利益和权力左右了他的道德感的情况下，也会变成无赖的。休谟与麦迪逊都从来没有说过荣誉的动机对人不起作用（这样的话，人就会成为事实上的无赖）。他们都只是认为，个人的荣誉动机约束在政治中不起作用，因此必须用法治的约束来防止人在政治中真的变成无赖。但是，再好的法治也必须由人来执行和操作。单凭这一点，就不能把所有的人，在任何情况下全都设想为无赖；而是必须看到，人虽然有卑鄙的一面，但在是否或者在什么程度上成为无赖上，还是有相当区别的，而这又并不全然取决于法律制度。

---

① David Hume，*Essays：Moral，Politics and Literary*，pp. 42 - 43.

6. 从英国式自由到英国式保守

18 世纪上半叶，英国式有限君主制和英国人的自由是欧陆启蒙人士所羡慕和希望仿效的，伏尔泰和孟德斯鸠对英国的赞扬都是他们将英国自由与法国绝对君主制下的不自由有所比较的结果。英国自由是上流人士的自由。但是，到了 18 世纪最后十年，法国革命所代表的民众自由的魅力影响已经超过了英国式的自由，英国国内的辉格党和许多知识人士也都是法国革命的支持者。1790 年柏克发表了《法国革命沉思录》（*Reflections on the Revolution in France*），标志着英国式的保守主义登上了现代历史的舞台，也把英国放到了法国革命的对立面。这个时候，引领世界自由潮流的已经不是英国，而是法国了。

从伏尔泰 1733 年发表《英国通讯》到柏克 1790 年发表《法国革命沉思录》，不过半个多世纪，英国在欧洲已经从英国式的自由转变成了英国式的保守主义。历史就是这样，以前认为是激进的东西，过几十年却被认为是保守的了。英国式的保守主义看上去是反对法国革命，但更重要的是它背后的理念：温和而不冒进（对立面是激进），倚重经验和常识（对立面是唯理性主义、抽象理念）、传统和习俗（对立面是标新立异，彻底推倒重来）、折衷和妥协（对立面是偏激）、改良和演进（对立面是彻底变革或革命）。这些理念都是针对法国革命的现实，而不是抽象的政治理论。

20 世纪 90 年代以来，尤其是进入 21 世纪后，中国知识界似乎出现了一种越来越明显的倡导英国式保守主义的趋势，从介绍政治保守主义理论，到高度赞扬苏格兰启蒙和推崇休谟，以及对埃德蒙·柏克的浓厚兴趣，似乎都将英国经验视为当前所需要的那种启蒙。相比之下，对法国启蒙的兴趣则明显消退，讨论法国革命无非也就是作为反面角色与美国革命做些对比，而美国革命则被理解为盎格鲁-萨克逊政治保守主义的胜利标志。美国保守主义主要代表人物之一拉塞尔·柯克（Russell Kirk）的《美国秩序的根基》（*Roots Of American Order*，1974）中文版于 2018 年出版后，立刻受到推崇，似乎更证实了英国保守主义对美国革命的历史影响。柯克在这本书里只讨论了四位影响美国建国历程的 18 世纪思想家：孟德斯鸠、布莱克斯通、休谟和柏克。一位法国人，三位英国人，用柯克自己的话来说，选择这四位，是因为孟德斯鸠吸取历史知识的惨痛教训，休谟"鄙视对理性的膜拜"，布莱克斯通的法学思想重在先例和惯例，而柏克则是"诉诸中世纪、基督教和古典时代的伟大信仰传统"。[①] 他们共同的特征是，强调经验、常识、传统、习俗，反对理性崇拜、抽象观念、冒进创新和乌托邦式的改天换地。

这是英美保守主义的基本理念，也是他们所构筑并引为权威的传统。这个传统是以个人自由为核心的，是由特殊的历史因素形成的，别的国家，包括专制传统顽固的中国，没有成功复制的条件。1999 年《中青报》有一篇李忠志《岂容"奸民治善民"》的文章，一针见血地指出，中国腐败官僚传承的乃是商鞅所代表的以奸御良的专制统治传统。这是一个愚民的传统，商鞅说：百姓不爱学习，就笨了。笨了，就不会跑来跑去，受到危险思想的蛊惑。不四处串联，就只会努力工作，不再偷懒。小民整天忙着在田里劳动，国家就没有危险。荒地就一定能开垦了。（民不贵学则愚，愚则无外交，

---

① 拉塞尔·柯克：《美国秩序的根基》，张大军译，江苏凤凰文艺出版社，2018，第 356 页。

无外交则勉农而不偷。民不贱农，则国安不殆。国安不殆，勉农而不偷，则草必垦矣。）商鞅又说：国家任用善良的人来统治刁民，国家就会乱，就会被削弱；如果用刁民来统治良民，国家就会治理好，强大起来。（国以善民治奸民者，必乱至削；国以奸民治善民者，必治至强。）这个传统充满了这类把老百姓当猪狗一样对待、当盗贼一样防着的论调，一切以绝对君权为最高目的。所谓"礼义廉耻"不过是专制帝王的门面招牌，从来就是说一套做一套。像这样的传统哪里有什么资本或条件跟英国个人自由的传统相提并论地谈什么"保守"？

伏尔泰在英国看到的那种自由令他心仪不已。他是一个普世主义者，认为确实存在超越时空的、普泛的理性社会模式，所以建议别的国家试试看能不能种活"英国式自由"这棵椰子树。但是，即使在他那个时候，也已经有一种广为流传的观点，那就是，英国的自由是古老的，可以说是天然地流淌在英国的血脉和土地中。伏尔泰对英国大宪章不以为然，与他淡化英国式自由的特殊性有关。但是，孟德斯鸠就不同了，尽管他也信奉普世的价值，但他相信英国的法律、政治体制是特殊的地理和气候条件下的产物。

孟德斯鸠的看法更有代表性。18世纪德国思想家约翰·戈特夫里德·赫尔德（Johann Gotfried Herder，1744－1803）认为民族性格犹如不可移植的花草树木，产生于一国的政治文化，难以移植到另一个国家。法国历史学家泰纳很欣赏英国的稳定和文明，他在写给母亲的信中说，英国人服从大多数人的决定，无须策划政变，而且少数派有言论和出版自由。他认为，法国也许有更高明的文化气氛，当然也有更可口的饭菜和酒饮，但英国的政治体系是最好的。英国人既自由自在，又循规蹈矩；不像法国人，深受压迫，然而又随时可能爆发出充满暴力的无政府状态。英国自由，但不是十分民主，这正合泰纳心意。他认为一个国家可以只建立在理性基础上的想法是荒谬的。他相信，英国之所以能在自由和秩序之间保持平衡，是源于它独特的气候，它的种族构成，以及它的历史。泰纳笃信民族性格一说。一般持这种观念的人，都爱用有关自然的术语。泰纳不仅不赞同伏尔泰的椰子观，反而认为在别国效仿英国体制的结果是"怪异的"，除了在荷兰和斯堪的纳维亚国家。他说，不可能有别的结果，因为一个国家的国体是个有机现象，犹如一个生命体。你可以模仿其外表，但你绝不可能同化其本质。法律、宪章和习俗取决于古老的习惯，这些"就像盘根错节、扎得很深、隐不可见的根系"。英国政府的稳定是"牢固地植根在整个国家的土壤里的，无数活纤维的末梢开出来的娇美花朵"。①

　　我们当然不需要用赫尔德或泰纳的自然术语或比喻来阐明英国式自由和英国式政治保守主义的"英国特色"，但有一点是肯定的，无论是英国式自由还是英国式政治保守主义，都不适用于今天的中国。希望借助"英国经验"挽回启蒙在中国的颓势，无论愿望多么美好，都不过是镜中之花，水中之月。

　　在当今中国，青睐英国经验和倡导保守主义以对柏克的介绍和推崇最具代表性。原因之一便是，在二十世纪，柏克反对激进革命的思想极大地影响了人们对意识形态革命的思考，他们将柏克的论点重新定义为对法西斯、纳粹和其他极权主义纲领的批判。不少中国学者赞赏柏克对激进革命的反对，也连带赞赏他对"抽象观念""全盘革新""彻底重建""全能理性"的反对。值得注意的是，保守

---

① 布鲁玛：《伏尔泰的椰子》，第 55—56、233、235 页。

主义的这些对立面都是有限定附加词的："激进""抽象""全盘"
"彻底""全能"，因此不过是在"革命""观念""革新""重建""理
性"等问题上的程度调整，所以并没有真正告诉我们"保守"要反
对的到底是什么。程度上的调整涉及的不过是"激烈"与"温和"
的区别，而不是目的的不同。

但是，保守是一种有目的的坚持，不只是手段和方法的调整，
保守（conserve）指的是保留和守卫某种东西，有一种目的，而温
和（moderate）只涉及方法和手段。把手段上的温和当成目的上的
"保守"，显然是混淆了保守与温和的区别。如果在推崇柏克保守主义
的时候，推崇的只是他反对的"激进""抽象""全盘""彻底""全
能"，那么，"温和"是一个比"保守"更确切的表称。如此看来，国
内人士赞扬柏克的保守主义时，其实是把他当作一个"温和"派了，
而事实上，柏克保守自由的立场和方式都是非常激烈，一点也不温和
的。他的《法国革命沉思录》就曾因为过于激烈，而遭到许多批评。

英国社会批评家雷蒙·威廉斯（Raymond Williams）在《文化
与社会》（*Culture and Society*）一书里指出，要理解柏克更为全面的
思想要点，关键在于把握他所眷恋执着的事物本身（那就是自由），而
非只看到他所谴责的事物（法国革命、法国国民议会、法国人权宣言
等）。在柏克的保守主义那里，重要的不是他反对过哪些东西，而是他
要保守什么。柏克谴责法国革命，并不是因为他眷恋波旁王朝，而是
因为他害怕，推翻波旁王朝的那场革命如果扩散到英国，就会毁掉
自由。他是为了保守英国式的自由才反对法国革命的。[①]

柏克反对法国革命，是因为他认为确实存在着法国式革命扩散

[①] Raymond Williams，*Culture and Society*. Columbia University Press，1983，pp. 3 – 19.

到英国的威胁。当时有许多英国人同情和赞赏法国革命。他在《法国革命沉思录》里屡屡谴责当时伦敦的雅各宾和革命协会俱乐部，这些俱乐部成员都反对君主制、反对权力继承、反对教会涉政。他们代表当时的政治激进力量。柏克否定的正是他们所要捍卫的核心政治理论，那就是法国的《人权宣言》。柏克成为他们的对手，也成为他们的众矢之的。他们当中包括了托马斯·潘恩和玛丽·沃斯通克拉夫特（Mary Wollstonecraft，1759 – 1797），都是那个时代新思想的旗手。

7. 保守什么，为何保守

今天，我们要从与柏克不同的历史角度来看待法国革命的意义，以及在这一革命的自由阶段出现的《人权宣言》（即《人权和公民权宣言》，1789 年 8 月 26 日颁布）。直到今天，人们仍然把这个宣言当作法国革命留给争取自由、反对专制的人民的重要精神和政治遗产。当然，对于它的原创性是存在一些学术上的争议，但这并不影响它所宣告的价值本身。例如，德国学者耶利内克（Georg Jellinek）认为人权宣言以美国各州宪法的权利法案为蓝本，甚至"基本上是抄袭北美各州权利法案而来的"，但是，法国学者布特米（Emile Boutmy）则认为人权宣言是法国的文本，是法国原创的，与北美的权利法案都源于欧陆的"18 世纪精神"。争论归争论，有一点是可以肯定的，那就是宣言确实采用了 18 世纪启蒙学说的自然权利论和一些新政治观念，其中最重要的是宣布自由、财产、安全和反抗专制压迫是天赋的不可剥夺的人权，肯定了言论、信仰、著作和出版自由，阐明了权力分立、法律面前人人平等、私有财产神圣不可侵犯等原则。

柏克曾猛烈攻击这些观念是"抽象"的理论，而不是从实实在在的政治传统和经验中自然发展和成熟起来的。这与他对法国革命的彻底否定是一致的，也是他用来支持其立场的一个重要论证。但是，今天我们知道，《人权宣言》所倡导的那些政治观念，甚至"人权""公民权利"这样的观念，并不是在所有国家传统中都有可能自然发展和成熟起来的，如果不是先将某种程度上是抽象的新观念引入一个对它们陌生的政治话语环境，它们就根本无法产生，更不要说发展和成熟了。社会变革引入新的观念，不管开始时多么抽象，也不管与现实有怎样的距离，甚至看上去遥不可及，都有可能产生深远的后果，因此也都有可能是必要的。马克思主义刚刚引入俄国、中国或其他国家时，不是也这样吗？

柏克显然低估了法国《人权宣言》的世界意义，也无法了解它对后世的影响。他不可能像我们今天这样拉开与《人权宣言》的历史距离。柏克是 1797 年去世的，这个时候法国革命的恐怖时期已经过去，离拿破仑于 1799 年接管权力还有 2 年。他事实上没有可能与法国革命本身拉开充分的距离，来作出客观冷静的评价。我们今天单凭柏克对法国革命的偏见来评价法国革命的整个历史过程，并不是明智之举。

美国政治学家巴林顿·摩尔（Barrington Moore Jr.）在《专制与民主的社会起源》（*Social Origins of Dictatorship and Democracy*）一书里对法国、美国、中国和其他一些亚洲国家里的不同革命进行了综合的比较研究，他对"法国大革命的起源、进程和结果"的基本认识是，"对法国漫长的民主之路来说，用暴力摧毁旧政权是关键的一步。在这里有必要强调的是，这一步骤对于法国而言是关键的，因为法国民主所遇到的障碍与英国不同。法国社会并没有也不太可能以英国的方式产生一个具有资产阶级特征的地主所组成的议会。法国过去的历史发展将上层阶级变成了自由民主的敌人，而非民主阵营的一部分。因此，如果民主要在法国取得胜利，那么就需要某些制度作出让步。在这里，我们断言说民主和旧制度之间存在这一关联，并不意味着我们认同如下的一种观点：法国历史注定可以发展成自由民主。有充分的依据表明法国历史的整个进程可能走向一条完全不同的道路。而且，正是因为这一原因，法国大革命才是更加具有决定性的因素"。[①] 摩尔的意思非常清楚：要让法国自动、平稳地产生英国式的自由和民主，好是好，但没有这个可能。英国有制衡君主专制的上层精英力量（贵族和资产阶级），而法国的中央集权却是非常有效地把这样的力量消灭掉了。当民众革命发生之时，那就不是限制君权，而是消灭君权的问题了。也正是在这个意义上，如托克维尔所说，法国的君主专制成了它自己的掘墓人。

摩尔指出，法国革命不是教条马克思主义者所说的"资产阶级革命"，而是群众起义，起义并没有彻底改变专制，而是把国王的专制变成了革命的专制。这个看法也与托克维尔的看法一致。托克维尔在《旧制度与大革命》里指出，推动法国革命的观念力量是平等，不是自由。正是因为自由的缺少，"旧制度给大革命提供它的许多形式，大革命只不过又加进了它的独特的残忍而已"。[②] 他沉痛地写道："（革命的）成功世所未闻……旧的统治者垮台了，但是它的事业中

---

① 巴林顿·摩尔：《专制与民主的社会起源》，王茚、顾洁译，上海译文出版社，2012年，第108页。
② 托克维尔：《旧制度与大革命》，冯棠译，商务印书馆，1992年，第225页。

最本质的东西仍然未倒；它的政府死亡了，它的行政机构却继续活着，从那以后人们多少次想打倒专制政府，但都仅仅限于将自由的头颅安放在一个受奴役的躯体上。从大革命开始直至今日，人们多次看到对自由的酷爱时隐时现，再隐再现；这样它将反复多次，永远缺乏经验，处理不当，轻易便会沮丧，被吓倒，被打败，肤浅而易逝。"①中央集权的行政是旧制度留给法国人的最大政治遗产，潜在地影响了大革命从自由要求向暴力专政的转变，也是造成后来法国政府不断更迭垮台的重要原因。

法国革命也许不是从专制向民主转变的最好方式，但是，历史的转变从来不按人的设计来发展。如果没有法国革命，又是否可能或者会怎样发生这场巨大的历史转变呢？虽然这只是一种假设，但却引发了摩尔的历史思考。他说："如果没有法国大革命，贵族和资产阶级之间的融合可能会继续引领法国走向一条自上而下的保守的现代化道路，这条道路呈现出与德国和日本所发生的情况相似的轮廓。"但是，历史是没有"如果"的，虽然法国也有资产阶级，但"法国革命并不是一场真正的资产阶级革命。……君主专制主义统治的既往历史阻碍了这一群体的发展，使之无法依靠自身的力量来成就这样的历史使命。相反，倒是资产阶级中的另一部分依靠……城市平民的激进运动而夺取了权力"。②法国发生了一场与英国光荣革命完全不同的革命，其中那些由托克维尔和摩尔所揭示的关键因素是在柏克那里找不到的。

今天，赞赏柏克和保守主义的人士欣赏他反暴力的立场：用暴

---

① 托克维尔：《旧制度与大革命》，第 240 页。
② 巴林顿·摩尔：《专制与民主的社会起源》，第 109 页。

力制造凝聚力必然造成暴力的滥用，典型的例子就是他们所理解的那个暴力的法国大革命。他们同时也欣赏柏克的传统主义立场：传统对秩序与自由至关重要，而大革命毁掉了旧制度与旧秩序，那么社会凝聚职能只好由军队和暴力来执行，而用暴力来动员革命，革命的暴力就会在吞噬敌人之际也吞噬自己的儿女。分开来看，这两种说法都很在理，也是在历史中反复被印证的。但是，在剧烈的社会变革发生的时候，这两种情况会互相对立，形成两个悖论。第一个是，如果暴力统治已经变成一个传统和秩序，那么是否要保守这样的传统和秩序呢？第二个是，如果保守主义的反暴力所维护的正是这样的一个暴力的传统与现状，那么反暴力还有什么意义呢？这些正是乔治·奥威尔在甘地的和平主义里看到的那种悖论。

奥威尔在《关于甘地的思考》（1949）中指出，"英国人对待甘地向来很温和，部分原因是，英国人觉得甘地对他们有用处"，对付英国人，甘地这样借力打力也许是政治智慧。但是，1942年甘地也用非暴力反抗去对付日本侵略者，那就看错了对象，这时候，他成了一个十足的政治傻瓜。这不等于说甘地的和平主义完全没有意义，奥威尔说："甘地的和平主义，在动机上是宗教性质的，但他也主张，和平主义是一种定性技术、一种手段，它能够产生出所希望的政治后果。"也就是说，和平主义可以是一个理想的原则，但不能拿它当一个解决所有政治问题的技术性手段。奥威尔并不反对理想的和平主义，但他认为："每一个和平主义者都有义务回答的一个问题是：'犹太人怎么办？你想看着他们被消灭吗？如果你不想，那么怎样才能不通过战争手段来解救他们呢？'我必须得说，我没有从西方哪个和平主义者口里，听到过对这个问题的诚实回答。他们只会敷衍，顾左右而言他。1938年，有人也问过甘地这个问题，他的回答，刘易斯·费舍尔先生所著《甘地与斯大林》一书中有记载。甘地认为，德国犹太人应当集体自杀，这样就能'唤醒世界和德国人民注意到希特勒的暴行'。战后，甘地是这样为自己辩解的：犹太人怎么着都会被杀死，那何不死得壮烈一些呢？费舍尔先生是甘地最热烈的崇拜者，但他听了甘地这番话，好像也惊得目瞪口呆。不过，无论如何，甘地是诚实的。如果你不准备自杀，那就得预备着以其它方式丧命。1942 年，甘地呼吁对日本侵略者实行非暴力抵抗时，他已经做好了牺牲数百万条生命的准备。"[1]

柏克反对暴力革命的主张与甘地的和平主义一样，也只是一个理想性的原则，不能把它当作一个能解决所有政治问题的技术性手段，更不能把它变成一个能通行天下的"保守主义"。柏克对法国革命及其暴力的政治伦理批判不应导向刻意回避或否定自由反抗专制中可能发生的非和平行为，而应当着眼于在暴力还没有发生之前，如何在政治生活中降低对暴力统治手段的依赖，以平等和尊重的方式去对待公民们以和平方式提出的正当政治要求。这才是反暴力政治伦理应当着力的关键。

8. 自由和宪制的柏克

柏克攻击法国革命，其紧迫的实用目的要远远比保守理论的建树来得重要。他不惜违背他以前的政治立场，不惧怕别人攻击他反

---

① 乔治·奥威尔：《政治与文学》，李存捧译，译林出版社，2011 年，第 448、452、453 页。

复无常，甚至怀疑他丧失了判断能力，是因为他害怕英国也会发生法国那样的革命。他在法国革命中看到的是个人付出的鲜血和自由代价，所以他要尽力防止这样的革命在英国发生。对他来说，这是非常非常紧迫的事情。只是在后来，人们才在他反对法国革命的立场背后看到他的自由意识，看到他不同于倡导专制的梅斯特（Joseph-Marie，Comte de Maistre，1753－1821）。梅斯特也反对法国革命，也被称为保守主义者，但他的保守主义与柏克的是完全不同的。

今天，我们需要进一步看到，自由的对立面可以是各种形式的专制和压迫，对自由的压迫可以来自在历史中不断变化、轮番上场、身段各异的教会、国王、议会、大多数人、政党独裁，在特定的历史和社会环境中，柏克式保守主义反对的对象必然有所变化，惟一不变的则是对自由的捍卫。自由才是柏克式保守主义对我们今天启蒙仍有持久意义的那个根本价值，即便如此，柏克致力于保守的那种英国式自由在今天世界上的绝大多数国家也是没法复制的。

柏克的保守主义有两个要点，第一是保持和守护对自由有益的传统、秩序、权威和制度，第二是坚持改革必须采用渐进、节制和有限度的方式。这两个要点都是为了阻止在英国发生法国式革命的现实目的而提出的。在不具备英国式自由和政治制度条件的其他国家，柏克保守主义是不适用，至少是难以适用的。

柏克在《法国革命沉思录》中提出的其实不是要不要革命、而是要怎样的革命的问题。这个"革命问题"形成了因他而闻名的"破屋比喻"（就像自由市场形成了因斯密而闻名的"无形之手"比喻）。倘若一个老房子屋漏墙裂，已经不宜住人，那么，是推倒重盖呢，还是设法修复呢？推倒重盖，这当然不是按原来的结构或用原来的材料来复制破旧的老屋，而是完全另起炉灶，彻底推倒重来。从结构设计到建筑材料，全部都要新的，坚决不能与旧的一样。在高科技的今天，这也许能行得通。但在 18 世纪，这简直就是异想天开、想入非非。没有经过验证的结构设计和建筑材料，谁又能保证一定会比旧的更好呢？"破屋"因此成为一个 18 世纪关于社会更新和构建方式的比喻。这也令人想起了清末重臣李鸿章"大清裱糊匠"的自嘲。大清这所烂宅子最后还是拆掉了，今天还有多少人认为那是该裱糊而不该拆的呢？当然，今天确实还有人在设想，要是没有发生革命，而是让清廷顺顺利利地改革，结果也许会更好一些。

柏克攻击法国革命，针对的是一种被称为"革命"的、旨在彻底推倒重来的社会变革方式。柏克并不反对所有的变革，他赞扬英国 1688 年的光荣革命，因为它维护了英国古老的、无可争议的自由与法律，光荣革命是成功地防止了而非发动了"革命"。光荣革命没有推翻君主制，而是从海外请来了客籍国王，用他的武力赶走了旧国王。客籍国王不是在革命中生长出来的，他在英国没有势力根基，趁他权势未稳，国会马上用限制王位法、人身保护法等一系列立法将他变成虚君。然后又用代议制、内阁制等一套制度来代替他执政，议会成为限制君权的制衡力量。柏克认为，这样的制度保证了英国人的自由，是英国值得骄傲和必须保守的制度，这个英国制度不应该让一场外来的法国式革命毁于一旦。

从捍卫英国式自由的一贯立场出发，柏克在北美殖民地和英国之间发生冲突（它最终导致美国革命）的时候，在议会发言中表明，殖民地正在捍卫英国宪法的古老权利。柏克是一个保守主义者，他要保留和维护的"古老权利"和"古老宪法"就是老屋上有用的材料，宪制制度则是老屋的值得保留的基本结构。在原来的地基上，用这些旧材料和旧结构未必能造就最新最美的大厦，但是它至少可以避免凭空设计，画虎不成反类犬，造出一个乌托邦式的空中楼阁来。所以，柏克虽然同情美洲殖民地人民为捍卫作为英国人的传统自由而进行的抗争，但他并不同意他们脱离英国。

柏克对美洲殖民地持同情的态度，于美国革命前夕所作的《论与美洲和解的演讲》（Speech on Conciliation with the Colonies，1775 年 3 月 22 日）后来成为美国学童背诵的名篇。早在 1769 年他就提醒本国人，美洲殖民地与英国的矛盾已经严重到了可能发生革命的边缘。1765 年的印花税法案虽已撤销，但国会又对美洲殖民地开征新税。柏克不同意这种做法，他说，美洲殖民地人民是"英国人的后裔，骄傲而富有自由精神"，不会容忍滥施的权力。对这样的人民，政府的政策"不能只凭理性，而是要根据人性来调整，理性只是人性的一部分，而且绝不是最大的那一部分"。① 柏克的努力在于劝说乔治三世和英国议会与美洲殖民地达成妥协，以避免一场革命。在美国革命爆发之前，他事实上无法预见那将是一场怎样的革命，美国革命之所以与后来的法国革命不同，是许多偶然因素的偶然结果，并不是因为有什么保守主义的理论设计。

在柏克那里，无论是他反对什么，倡导什么，他都有一个明确一贯的道德理由，那就是自由。和他的老师斯密一样，他主张自由贸易和自由市场经济，这可能与他的爱尔兰背景有关，因为这样的自由符合爱尔兰的利益。但是，他所珍视的自由并不只是对爱尔兰人有益的自由。1780 年，也就是在斯密的《国富论》出版四年之后，

---

① Edmund Burke, "Observations on a Late Publication Entitled 'The Present State of the Nation'" (1769), in *The Works of Edmund Burke* (London, 1909), Vol. I, pp. 277, 280.

柏克在议会发表关于经济改革的演说，他主张国会压缩给王室的拨款，以限制王室在政治上的影响力，因为王室可以用赞助、年薪或其他恩赏方式来扩大自己的政治影响。这与现代民主政治需要限制党产是同一个道理。他还要求降低公共开支，减少公共债务，因为过高的公共开支和债务损害公众的利益。这与要限制政府规模也是一样的。柏克和斯密一样认为，倘若政府不干预，商贸和市场会更自律，更繁荣，"政府的所有管制，从本质上说，都是对自由的限制"。①

柏克在"威尔克斯事件"中的立场也是出于对自由的珍爱。1764年，英国激进的记者和政治家约翰·威尔克斯（John Wilkes，1725－1797）因被指控"污蔑国王"和写"下流"诗而被国会开除。这之后，他选区的选民们又三次推举他为议员，但国会拒绝给予他席位。柏克为他做了强烈的辩护，否认对他的指责并批评国会无视选民的意愿。他提出，威尔克斯遭到排斥和迫害是因为他反对"宫廷小集团"（court cabal）。他赞扬威尔克斯"对压迫的坚决抗争和不懈抵抗"，是一种光荣而不是耻辱。柏克还认为，威尔克斯事件不是孤立的，而是凸显了国会的腐败，国会看起来是人民的代表，其实是国王的橡皮图章，只是讨好国王，而不是为人民或国家的利益服务。国会变成了一个利益小集团（cabal），他说："我并不认为人民从来就不犯错误。他们会犯错误，在这个国家和别的国家，人民经常犯严重的错误，但是，我要说，在人民与统治者所有的争执中，至少推定总是人民有理，当民众普遍不满的时候，可以肯定或可以认为

---

① Edmund Burke, "Speech ... on the Economical Reformation of the Civil and Other Establishment" (1780), in *Works*, Vol. II, pp. 109－110.

一定是制度或政府行为中出了什么毛病。"① 柏克为维护社会稳定而维护权威，但他不会为此付出自由的代价。在权威与民众之间有矛盾和冲突的时候，他不会自动站在政府一边，而是更愿意听一听民众要说什么。

在英国与印度殖民地的关系问题上，柏克也同样秉承他的自由立场。就在他批评法国大革命的同时，他也在谴责英国尤其是总督华伦·海斯丁斯（Warren Hastings）对印度的统治方式。他反对给予东印度公司在印度的垄断专营权，指责这个英国公司在印度"违反了人权，也违背人类的基本权利"。② 他说，英国人在印度已经经营了 20 年，但印度人的生活状况却比以前更糟。在印度服务的英国青年就像还在英国一样，与当地的人民毫无往来。英国在印度没有建教堂、没有建医院、没有建学校。英国在印度没有建桥梁、没有建公路、没有开航道，没有建水库"。英国给印度带来的只有"压迫、任意、反复无常、摇摆不定、贪婪腐败的专制"。③ 他在国会就海斯丁斯的腐败对他发动弹劾，历经 7 年之久，虽然海斯丁斯后来被开脱，但柏克仍将发动弹劾海斯丁斯视为自己一生最值得自豪的一件事情。④

对今天的启蒙来说，柏克的思想价值在于对自由的执着，而不在于他对法国革命的全盘否定，也不全在于他让 20 世纪的人们用法国革命来联想极权主义的革命（这根本不可能是他的原意）——这两

---

① Edmund Burke, "Thoughts of the Present Discontents", In *Works*, Vol. I, p. 310.
② Edumund Burke, "Speech on Mr. Fox's East India Bill" (1783), In *Works*, Vol. II, p. 176.
③ Ibid., pp. 195,226.
④ John Morley, *Burke*. London, 1904, p. 134.

种革命虽然看上去有些相似，但其实有着本质的差别。柏克的思想价值在于他对自由的捍卫，但是，他所捍卫的那种英国式自由是有时代局限的，那是一种贵族式的自由，并不是我们今天所说的民主自由。温斯顿·邱吉尔在《政治的一致性》(Consistency in Politics，1932) 里写道："柏克一方面是个倡导自由的先驱，另一方面是个替权威发声的辩护者。……他的权威是对于专制的反抗，无论那是对抗一个跋扈的君主或是一个腐败的法庭和议会体制，或是任何证明了没有自由存在的政体，对他而言都是一个必须加以对抗的残忍暴政和邪恶集团。"柏克要维护和保守的"权威"是那种能对自由（当然是英国式自由）提供保障的权威——英国的宪制、惯例和习俗。所以，邱吉尔说："没有人在阅读自由的柏克和权威的柏克时，不会体会到，他始终是出于同一个目标，追求同样的社会和政府的理想，并且捍卫它们免受任何袭击，无论是来自这个极端、或是那个极端。"①

虽然柏克被视为现代保守主义的开创者，但他自己并没有建立保守主义的理论，相反，他在《法国革命沉思录》里一再批判他称为"抽象观念"的那种普遍性理论。柏克根据 18 世纪英国和欧洲相对稳定的状态立论，驳斥那些破坏这种稳定的混乱骚动。如果把柏克的保守主义视为一种具有普遍意义的理论，如果把他当年的那种对骚动的忧虑简单地转化为对稳定状态的维护和保守，那又会是一种什么性质的"保守"呢？别的国家有柏克所说的那种"自由"可以保守吗？若不然，难道是要保守其历史传统中的那种专制和人治，

---

① https://archive.org/stream/W. S. ChurchillConsistencyInPolitics1932/
W. S. Churchill% 20—% 20% 27% 27Consistency% 20in% 20Politics% 27% 27% 20%
5B1932%5D _ djvu. txt.

以及由此形成的奴性、忍让、迁就和逆来顺受？1925 年，鲁迅在《忽然想到·七》里写道："可惜中国人但对于羊显凶兽相，而对于凶兽则显羊相，所以即使显凶兽相，也还是卑怯的国民。这样下去，一定要完结的。"又说："我想，要中国得救，也不必添甚么东西进去，只要青年们将这两种性质的古传用法，反过来一用就够了；对手如凶兽时就如凶兽，对手如羊时就如羊！"鲁迅看到中国人的"卑怯"，他所说的"古传用法"就是中国传统留给青年人的东西，年青人不但不能保守这个，更要颠覆和破除这个，这样中国才能"得救"。

在鲁迅看来，中国传统中确实没有多少值得保守的好东西，他在《无声的中国》（1927）中写道："中国人的性情是总喜欢调和折中的，譬如你说，这屋子太暗，须在这里开一个窗，大家一定不允许的。但如果你主张拆掉屋顶他们就来调和，愿意开窗了。"在《今天的两种感想》里写道："许多历史的教训，都是用极大的牺牲换来的。譬如吃东西吧，某种是毒物不能吃，我们好像全惯了，很平常了。不过，还一定是以前有多少人吃死了，才知的。所以我想，第一次吃螃蟹的人是很可佩服的，不是勇士谁敢去吃它呢？螃蟹有人吃，蜘蛛一定也有人吃过，不过不好吃，所以后人不吃了，像这种人我们当极端感谢的。"在《病后杂谈之余》（1934）中又写道："自有历史以来，中国人是一向被同族屠戮、奴隶、敲掠、刑辱、压迫下来的，非人类所能忍受的楚痛，也都身受过，每一考查，真教人觉得不像活在人间。"鲁迅是一位对中国人发挥过巨大启蒙作用的思想家和作家，他对当今中国启蒙的意义仍然要远远超过英国的柏克。

与鲁迅对中国国民性的鄙视相比，柏克对英国人的国民性及其自由传统充满了骄傲。柏克要保守的自由是一个有英国制度依托的理念，不是一个他虽向往，但在政治和社会生活中几乎遥不可及的梦想。如果没有英国人至少从 1688 年光荣革命开始一直保持着的生活方式，也就没有我们今天知道的柏克。柯克在《保守主义思想》一书里赞扬柏克之余，提出的问题是："柏克是一以贯之的保守主义者，但他保守的是什么呢？"对此，他回答道："柏克所坚定保守的是英国的宪制，这个宪制的传统就是分权。柏克认为，那是洛克和孟德斯鸠所论述的分权制度，是全欧洲对自由和秩序最友好的一种制度。"柯克解释道："英国宪制是为保护各行各业的英国人而存在的。柏克说，英国宪制保障英国人的自由，保障他们在正义面前人人平等，保障他们有正派生活的机会。"什么是英国宪制的起源呢？柯克写道："那就是 1688 年（光荣革命）后确立的英国人权利的传承、国王所承认的法规、君主和议会之间的权力安排。人们通过代表参与国家政府运作——不是臣民们推举的委托人（delegates），而是人民选举的代表（representatives）。"①

那么，谁又是人民呢？柯克进一步解释道："柏克认为，英国人民是由 40 万自由民构成的，他们有时间和财产让他们能参与公共事务。"这些人当然只是英国人中间的一部分，柏克认为，谁该拥有选举和投票的权利，不是一种自然权利，而是一种审慎的政治决定，根据的是年龄、财产、精神健康等具体因素。② 以我们今天的政治认识来看，柏克在意的是自由，而不是民主，这是英国式自由的一个重要特点。

---

① Russell Kirk，The *Conservative Mind from Burke to Eliot*. Seventh Revised Edition. Washington D. C. Regnery Pulishing, Inc，1986，p. 18.

② Russell Kirk，The *Conservative Mind*，pp. 18 - 19.

9. 宪制传统和良序社会

柏克的时代被称为贵族的时代，孟德斯鸠的权力分散和制衡理论就是贵族式的。但是，贵族政治并不是柏克时代英国政治的全部事实。在英国，议会所代表的公众远不只是贵族和绅士。柏克当选为议员，靠的就是中产阶级的选民。柏克说："我不是贵族的朋友……比起（小圈子精英）严格又傲慢的统治来，任何不同的政府都要更好。"① 托克维尔在《旧制度与大革命》里对 18 世纪的英国宪制是这么评价的："初瞥英格兰的人或许会以为，欧洲的旧法规依旧在那里实行，事实并非如此。只要忽略那些旧名称和古旧的形式，你就会发现，封建制度实质上早在 17 世纪就已经被废除了。不同阶层互相通婚，贵族阶层消失了，贵族政治变得开放，财富决定其权力。此外，法律面前人人平等，纳税义务也平等了，人们有自由出版和公开辩论的权利。这些新原则在中世纪都不存在。正是由于逐渐巧妙地引入了这些革新，这个古老的国家才能够在恢复生机的同时免于瓦解，既维持古老的形式又焕发新的活力。英格兰已经在 17 世纪完全成为现代国家，其内部仅仅有少量中世纪的遗迹，可以说只是经过防腐处理的供品而已。"②

英国的宪制传统是稳定的，但这并不意味着没有变革或变革的可能。稳定的宪制其作用在于，它让变革能在传统和习俗的限度内

---

① Quoted in Russell Kirk，The *Conservative mind*，p. 20.
② 托克维尔：《旧制度与大革命》，第 19 页。

进行，而不是去随意破坏或摧毁它们。宪制不只是某种由官方规定的政治制度，而且是以各种社会体制为基础的现实秩序，这些社会体制包括教会、法律、家庭、教育、慈善机构、科学或艺术团体、各种社团，等等。柏克称社会为一个精神整体，一种永恒的伙伴关系，一个对善和恶、正和邪有明确奖惩区别的共同体。这是柏克要保守的那种社会。一方面，没有良好的社会秩序，宪制的理论构建再完美，也不可能真正保护个人的自由。另一方面，没有保护个人自由的宪制，也就不可能存在和维持良好的社会秩序。

柏克所要保守的是以自由为目的的宪制传统（旨在保障自由的权力分立和制衡）和以自由为保障的良序社会（和平、非暴力、渐进改良），这二者是一种以自由为价值核心的整体结合。这不仅对英国很重要，对世界上的其他国家也很重要，虽然只是在英国才得以实现，但代表着人类从野蛮向文明发展的成果。因此，柯克指出，柏克所要保而守之的是那些他认为应该为人类子孙后代守望和传承的宝贵文明成果，为的是不让文明的成果被改天换地的革命为图一时的利益而随意糟蹋掉。如果柏克保守的只是英国人的自由，而不是全人类的文明，那么，对后人来说，他的保守主义的价值顶多只有一半，或者说，"一半已经成了古董"。①

柏克警告世人，文明传统的形成缓慢又艰难，而且非常脆弱，很容易在旦夕间被毁灭，一旦毁灭就难以恢复，甚至会永远失去。中国经验证明他所言不虚。他说："无知之人不会愚蠢到有事没事去拆卸自鸣钟，但他们却会信心十足，以为自己可以随心所欲地先是拆散，然而又重新组装一部社会道德的机器。比起时钟，社会机器

---

① Russell Kirk，The *Conservative Mind*，p. 18.

要重要和复杂得多，有更多的齿轮和发条，需要更精细的调节、平衡和协同合作。……他们的动机再善良，也不能成为他们自以为是的行为的借口。"① 柏克的警告对我们来说是多么触目惊心，我们曾经也有过流传几千年的社会传统，虽然没有给我们多少自由的遗产，但至少让我们以一种文明的方式活着，不至于用阶级斗争那样的方式，人人相害、子女揭发父母、学生出卖老师；也不至于大面积地社会腐败，利欲熏心、急功近利、不择手段、易粪相食；不至于是非不分、善恶不辨，随时都能厚颜奉承和无耻说谎；至少绝大多数读书人还能讲究一个气节，不至于指鹿为马，认贼作父，以当奴才为荣。这样的文明被毁弃之后，无论有人如何提出恢复国学或是孝道礼仪，全都已经不可能再续失去的文明传承，只不过是做做样子，自我欺骗而已。

　　今天要保守这样的文明已经晚了，保守主义已经不能唤回事实上已经被破坏殆尽的东西，求助于柏克的保守主义已经不是出路，因为柏克和我们面临的是不同的问题，柏克的问题是"会怎样"，我们今天的问题是"怎么办"。18 世纪，柏克担心的是，彻底摧毁传统的法国革命要是发生了，会给自由造成怎样的后果。今天，一场比法国革命破坏力强十倍百倍的革命已经发生了，灾难的后果也超过十倍百倍，我们该怎么办？这才是我们的问题。这是一个类似 19 世纪生活在专制统治下的俄国作家尼古拉·车尔尼雪夫斯基在小说《怎么办？》中提出的那种"怎么办"的问题。车尔尼雪夫斯基在被沙皇囚禁的时候，在单人牢房里发出了他痛苦的声音："怎么办？"他是在赫尔岑提出"谁之罪"之后再提出了这个重要时代问题。

---

① Russell Kirk，The *Conservative Mind*，pp. 29.

柏克为"会怎样"问题开出的药方对我们今天的"怎么办"问题是没有多大用处的。在柏克药方里最关键的两味药是传统为人们提供的"成见"（prejudice，又可译为"先入之见"）和"惯例"（prescription），也是他保守主义的两个要素。这两味药在今天都不是救命之药，而是致人于死命的毒药。

柏克保守主义的认知出发点是道德和政治权威的基础。人必须以怎样的认知标准来判断一个行为是否"谨慎"（prudence）和是否"正义"（justice）呢？在柏克的时代，在平常生活的具体事情上碰到这样的问题，靠神的启示来回答已经是不够的了。柏克认为，人类有回答这些问题的能力，就此而言，他是具有启蒙人文精神的思想者，不是有的历史学家所描绘的"反启蒙"者。柏克认为，上帝当然不可能亲自来替人回答有关道德和政治权威的具体的认知问题。但是，上帝已经通过人类数千年的经验和思考，给了人类一种可作为判断依据的集体智慧，那就是传统。传统是在人类无数权宜之计过程中淬炼而成的集体知识宝库。人在需要做出判断或决定的时候，应该充分利用这个资源，尊重那些包含对人类有用知识的习俗和原则。在利用传统这个资源的同时，人还需要根据实际的情况有所变通，但那必须是出于务实的需要，而不是听命于抽象理论。柏克以反对"抽象理论"而著称，他反对法国大革命和法国人权宣言的主要理由就是，无论是革命本身，还是人权宣言所倡导的公民权利或自由、平等、博爱都是抽象理论，因此不宜采纳。

柏克虽然反对抽象理论，但他并不拒绝传统和习俗里的那些一般化的原则或箴言。具有讽刺意味的是，柏克自己的保守主义也在一些崇拜者那里变成了抽象理论。其实，柏克在强调保守传统和习俗的同时，也还是承认有变通（expedience）必要的。柏克所说的变通不同于马基雅维里所说的"变通"（那是一种全凭利益需要的机会主义），也不同于孟德斯鸠或泰勒（他是柏克的学生）所相信的地理或历史决定论。柏克所说的是一种有原则的变通，这个原则就是维护自由。

柏克强调传统的重要，是因为他相信，人类是有智慧的，个人是愚蠢的。个人通过成见和惯例汲取人类的集体智慧。成见和惯例是人的智慧工具，人在很大程度上运用成见和惯例来思考和行动，人有这个本能，这是一种能让人免受自己激情和欲望之害的自我保护。柯克认为："有时候，柏克很接近一种人类集体智力（collective intellect）的理论，它一部分是本能，一部分是理性知识。每个人都天生就有这样的知识，这是他的一种自我保护能力。"柏克不同意洛克的"白板"说认识论。洛克认为，人的智能天生是一块白板，全凭后天的经验在上面涂写。柏克认为，人天生具有本能和想象，形成了人不同于动物的认知特征。人类能够一代又一代地积累经验知识，这种知识很少丢失，但只有很小一部分是被记录下来的，绝大部分被保存在人的本能中，成为成见与惯例，也就是所谓的"常识"。忽视或无视这部分人类智慧，有时是因为无知和愚蠢，但更严重的是因为狂妄自大，以为自己特别高明，定能战天斗地，改变乾坤。柏克将之归咎为"全能理性"。

柏克所说的不是我们今天所理解的偏执、顽固、迷信、盲信，这些都是负面词义的说法。成见（prejudice）的原意是"事先做出的判断"或"先于判断"（pre-judgment），是一个中性的描述词。现代释义学对此有重要的论述，我们认识一个新事物，需要从已有的认识出发，对于新事物来说，这个已有的认识顾名思义便是"成见"（又称"偏见"），我们是在对新事物不断加深的认识过程中修正成见的。成见是先于理性判断的见解，在我们没有充分的时间或知识作出理性判断之前，成见是我们唯一可以借助的知识。尊重传统就是把传统当作这种知识的可靠性保证。20世纪的"推测心理学"（speculative psychology）对人的"直觉"的认识作用也有类似的解释，研究者发现，人类的直觉无时无刻不在影响着我们。譬如，男女在择偶这件事上，避免纯理性的选择也许是最佳的选择。人类对未来的选择借助传统的经验，同样有许多先入之见的直觉认识成分。这种认识未必完美，因此需要不断修正，但是，比起乌托邦的纯理性设计要来得更为实际可行。

柏克所说的"惯例"与医生开的"处方"是同一个单词，prescription，在词义上也非常相近。医生诊疗一位病人，判断他得了某一种病，经常并不具有针对病人个体的精确性。医生看到的只是一种病中的一例。他以前曾经为这种病开什么药，有过疗效，所以给这个病人也开这个药，这就是他按惯例的处方。事实上，所有的处方药也都是按惯例使用的药品。惯例并不都是可靠的，所以需要用"试错"来辅助。例如，偏头痛是一种疑难杂症，很难或者根本无从诊疗。美国有多种治疗偏头痛的新、旧方式，医生采取的基本都是"试治"的方式：按照多少有效的先例，让病人用某种方式先试一个疗程（这是医生的"成见"），若无效，再换一种方式试治一个疗程。方法换了一个又一个，还是无效，那也是常有的事。对偏头痛的病人，医生除了惯例没有其他方法。医学道德不允许他忽作奇想，自作主张地想怎么治疗就怎么治疗，当然更不会允许他把病人的头颅剖开来看个究竟。柏克说的"惯例"跟这个差不多，英国保护公民自由的宪制有效运作了百多年，有的情况下不一定有效，但如果伤筋动骨地对它进行"革命"，那就会送掉它的性命，到时候，首先被牺牲掉的就是人民的自由。

柏克提出关于成见和惯例的认识论，无非是为了证明，对有效的传统应该尽量保守，不要随便另起炉灶，彻底破坏，不能单凭某个人或某些人的全能理性想入非非，以为破旧立新，就能造成乌托邦式人间天堂。这些是我们今天不难接受的。但是，我们不要忘记，并非所有的传统都与柏克想要保而守之的自由有关，有的甚至根本就是与之背道而驰的。

柏克的政治保守主义固然可以帮助我们理解暴力革命的行动逻辑和实际危害，但无论是他所倚重的传统和习俗，还是他坚持的先入之见和惯例都不能为我们提供一个可以直接运用于当前改革需要的现成模式。我们不能因为吃够了暴力革命的苦，便做起保守主义的美梦。有的国家没有英国的光荣革命，也没有一个可以保障公民自由的政治传统、社会秩序和权威模式，却有的是专制的政治传统、官贵民贱的社会文化、不受制约的权威体制，这种环境下的保守主义能保持和守护的又是什么呢？不止一代的激进人士曾试图用摧毁一切的暴力革命来解决他们眼里的所有问题，但却完全失败了。激进不成，难道保守就成？

今天一些学界人士中的"柏克热"并不是一个孤立的现象，而是贬低革命、抬高改良的思潮的一部分，这可以追溯到 20 世纪 90年代的"告别革命"，好像现实中真的存在什么革命与改良的选择似的。进入 21 世纪以后，保守主义代替了告别革命，成为一种新的改良主义话语，柏克的保守主义也随之像伏尔泰所说的椰子树那样被移植到一个完全不同的政治和社会生态环境之中。这个世界上确实有许多值得我们保守也需要我们保守的东西：文化传统、家庭观念、美德、卓越、崇高，等等。但是，我们首先要保守的乃是自己的自由，而这又取决于我们是否认真思考过，我们自己的传统与历史中是否有自由，有多少这样的自由？

没有这种思考的保守主义是一个陷阱，因为它可能恰恰是在维护某种否定人的自由的东西，因而也否定人因为自由才理当享有的权利与尊严。今天，如果说有什么保守主义值得重视的话，那就不是要简单遵循什么"保守传统"的保守主义，而是要坚守自由的那种政治理念，不管是不是自称为保守主义。只有对自由的守护才能使一切值得守护的东西真正得到保守：尊严、平等、正义、公正、和平、法治、宪制。在英国起到这一守护作用的不是保守主义，而是 1688 年光荣革命开启的政制传统。正如加州大学伯克利分校法学和历史学教授大卫·利伯曼（David Lieberman）所说，这一传统开始的时候可能只是"一种宣传性的夸张之词"，因为革命时代的主要法令——1689 年《权利法案》与《宽容法案》、1694 年的《三年法案》以及 1701 年的《王位继承法》"都属于政治上的妥协甚至是蓄意暧昧的文件，它们很容易让人们对这些文件的宪法意义、新颖之处及保守之处做出截然不同的理解"。[①] 如果说保守主义今天被视为英国式政治的一个特征的话，那么从这个传统开始的时候起，它就只是英国自由宪制传统的一部分，而不是全部。

---

① 马克·戈尔迪、罗伯特·沃克勒编：《剑桥十八世纪政治思想史》，第 307 页。

第三章

法国启蒙：理性与革命

18 世纪经常被称为"理性的时代"（Age of Reason），这个说法尤其适用于法国。"18 世纪"并不确指那个世纪的 100 年，而是一个时期或时代的概念，所以有"长 18 世纪"的说法（long 18th century，1685－1815），也称为启蒙时代。称这个时期为"理性"或"启蒙"是因为当时的哲学趋势强调理性优于迷信和偏见，而启蒙是扫除盲信和蒙昧。这种启蒙的理性，它的作用首先是破坏和颠覆，因此理性的目的是怀疑而非确信。它不是思辨性的，而是实践性的，它争取的是用人的理性代替神的启示，把理性作为人的社会和政治生活规范、合理性依据和行动指导。

法国启蒙哲人倡导"理性"是有所特指的，目的也是很明确的——"理性"首先要扫清的就是神启宗教以及源起于此的所有迷信对改良人类社会和政治生活所造成的障碍。彼得·盖伊（Peter Gay）的《启蒙运动》上册以"现代异教精神的兴起"为副题，虽然未必能全面概括 18 世纪启蒙运动的不同取向，但就启蒙理性在法国是一种反抗和批判的"异教精神"而言，却是切中要害的。

今天，对启蒙运动，尤其是法国启蒙运动的许多反思和批评都集中在对启蒙"理性"的重新评价上，指出理性在正面功能之外的种种局限和危险，如唯理主义、工具理性、权力和暴力的理性、乌托邦和极权主义理性，等等，这些都是有必要的，但是，这种反思和批评经常走向另一个极端，那就是抹黑和否定启蒙理性本身，最典型的便是把启蒙理性认定为现代暴力革命和 20 世纪极权主义的一个思想之源。

这种反思和批评基本上都是在哲学的抽象层面上进行的，脱离了启蒙理性最本质的特征，那就是，它是一个形成于自由和反抗的实践中的观念，而不是超验思辨的观念。讨论启蒙理性，一刻也不能脱离它在 18 世纪的特定反抗和批判内涵。无论启蒙如何发展变化，与时俱进，启蒙的三个基本方面——事实真相、可靠认知和正义观念——都离不开人的理性。任何有社会实践意义的启蒙都必须是理性的启蒙，理性不仅是启蒙要在人身上培养或自我培养的能力，而且也是启蒙的基本价值和必经之途。没有理性便不会有知情的反抗，也不会有讲理的批判，更不会有基于知情反抗和讲理批判的社会改良和政治进步。这是我们今天倡导启蒙必须明确的一个根本问题。

1. 理性与迷信

法国启蒙倡导"理性"，这个核心议题是许多启蒙哲人在现实的反抗和批判的需要中形成的。他们特别强调理性，这是与他们对法国 18 世纪现实形势的基本判断联系在一起的。他们认为，法国的天主教会代表了僵化、压迫、强制的制度性力量，它造成的民众愚昧和迷信已经成为社会改良和政治进步的主要障碍。宗教的正当性来自神启的权威，法国启蒙哲人要用人的理性来对抗宗教的神启权威，这是一个认知的战略选择。它的目标不仅仅是颠覆对宗教的迷信和盲从，而且是反对一切迷信和盲从。只有破除了迷信和盲从，人才能用自己的思考来判断世间事物的真假和对错，作出正确的决断，选择正确的目标，这就是启蒙哲人心目中的进步。

在英美，人们对宗教的看法与在法国不同，他们并不把宗教视为进步的障碍，而是把宗教当作一种有助于社会改良和政治进步的力量。由于无需用一种新的真理权威来代替传统的宗教权威，英国和美国的启蒙没有把反抗宗教的"理性"当作自己的核心观念，而是对理性提供了适合英国和美国自己国情的解释。

希梅尔法布在《现代性的不同道路：英国、法国和美国启蒙》一书里分别用"德性的社会学"、"理性的意识形态"和"自由的政治"来概述英国、法国和美国这三种启蒙运动，"理性"是法国对 18 世纪启蒙的重要贡献。希梅尔法布对此写道："英国启蒙的驱动力不是理性，而是'社会德性'（social virtue）或'社会情感'（social affection）。在美国则是政治自由，政治自由是革命的动力，也是共和的根基。在英国的道德哲学家和美国的建国之父那里，理性是实现更大社会目标的工具，不是它自身的目标。对英、美两国的启蒙来说，宗教不是敌人，而是同盟者。因此，一部论述英国或美国启蒙的著作是不能用彼得·盖伊论启蒙的第一册那个'现代异教精神的兴起'为题目的。"①

启蒙把开启人的理性作为它的目的，但理性本身并不是目的，而是一种思想和观念的工具，有了这个利器，便能更有效地树立一种与神启宗教不同的科学世界观。理性的目标是排除迷信和偏见，用比宗教神启更可靠的方式来认识和判断世间的事物。当然，运用理性也更有利于推动和实现具体的社会和政治改革的目标。

在法国启蒙那里，理性——用希梅尔法布的话来说——是被"高置"（exalted）的目标："英国道德哲学家既是哲学家又是社会学

———————————

① Gertrude Himmelfarb, *The Roads to Modernity*：*The British*，*French*，*and American Enlightenment*. New York：Vintage，2004，p. 19.

家，他们关心的是社会中人的问题，把社会道德视为健康、人道社会的基础。法国人有一种更高置的使命，他们把理性树立为社会和人的思想的主导原则，或者可以说，（用理性）让世界'变得合理'。美国人则谦和一些，他们要创立的是一种'政治科学'，好让新的共和建立在自由的稳固磐石上。"① 高置的理性可以树立一种新的世界观，这确实要比用理性来推动具体的社会改良或政治进步更为基本，法国启蒙把理性提高到世界观的高度，这是它比英国或美国的启蒙影响更为深远的一个原因。

法国启蒙的实践高潮是法国大革命，法国大革命被普遍视为世界现代史的肇始。但是，法国大革命中的暴力和血腥部分是一种反启蒙，而不是启蒙的发展。这种令人瞠目结舌的反转使得法国启蒙在现实中的实现方式——法国大革命及其后续发展——成为人类现代历史中最具戏剧性的事件（至少在法国革命的当代人和后来许多人看来是如此）。连黑格尔都认为，"法国革命是从哲学开始的"，而这个哲学的核心就是一种对理性的近于迷信的坚持。以理性为驱动力的哲学是人类用自己的头脑，而不是任何外来的启示，认识与人类相关的世界，这是一个人类用自己的思考创造的现实世界，正如黑格尔所说，"自从太阳立于苍穹，行星绕太阳运行，从来没有人觉得，人的存在是以人类的头脑，也就是思想，为中心的。由于思想，人类才创造了现实的世界"。② 以前从来没有人觉得人是宇宙的中心，在人的理性被确立为认识世界的唯一途径之前，人不可能有这样的想法。

---

① Himmelfarb, *The Roads to Modernity*，p. 19.

② Georg W. Hegel, *The Philosophy of History*. Trans. J. Sibree. New York，1944，pp. 436 – 437.

今天，对于法国启蒙这个"世界观"般的理性，我们或许可以这样来理解：理性对于人是不可或缺的，理性虽不能让人充分把握世界的真实，却比其他任何途径都更有可能接近这个真实。理性的价值不在于它的完美，而在于它的不可缺少，或者说，理性不是万能的，但没有理性却是万万不能的。

18 世纪是一个理性自觉的时代。理性并不起源于启蒙时代，但启蒙把理性确立为迷信和盲从之敌，这在历史上是头一回。在古希腊语里，理性的表述是 λόγος，意指"逻各斯"（logos），这是"逻辑"的词根，还有"言语""解释""算账"（处理金钱）的意思。Logos 的拉丁翻译是 ratio，法语的理性（raison）就来自这个拉丁语，英语 reason 一词也来源于此。最早用英语出版的主要哲学家，如弗朗西斯·培根、托马斯·霍布斯和约翰·洛克，也经常用拉丁文和法文写作，并将他们的术语与希腊文进行比较。在他们那里"*logos*"，"*ratio*"，"*raison*"和"reason"经常是混用的。Reason 既指"人的理性"（human reason），也指"合理化"（rationality）。例如，人人互相诚实，这是理性行为，而找一个理由，为自己欺骗别人辩护，那就是将不诚实的行为合理化。

古希腊时代，就有哲学家认为，理性使得人在自然界获得了特殊的地位，哲学就是一种以理性为特征的生活方式。苏格拉底说，"未经思考的人生是不值得过的"，这个思考就是理性思考，因此，理性又有"思考""反思""自我纠正"的意思。但是，古代的人是用目的论的方式去看待宇宙自然的，也就是说，每一件事物在自然秩序中都有它自己的目的，而从毕达哥拉斯或赫拉克利特开始，哲学家们就相信，安排这一秩序的就是理性，它让世间万事万物的存在意义得到解释，变得明白。这样的理性高于人类，而不属于人类。人的理性被当作多种人性特征中的一种，但高于人性其他的特征（如人的激情、精神向往和社会性）。柏拉图把理性视为人心灵或灵魂中应该统帅其他人性因素的自然君王。亚里士多德称人为理性的动物，把理性视为人性的标志，把人最高的幸福或福祉界定为与理性一致或按照理性的生活①。

17 世纪是人类历史上科学得到决定性发展的时代，笛卡尔成为这个时代理性主义的代表，他拒绝了亚里士多德"人是政治动物"的说法，提出，人不过是"会思想的事物"，人与这世界上其他事物是平等的。人所能确切知道的就是他自己在思想，除此之外的一切知识都是可以怀疑的。约翰·洛克和大卫·休谟朝不同方向发展了笛卡尔的思路，尤其是休谟，他提出的"理性是激情的奴隶"看上去简直就是他那个理性时代的叛逆。但是，休谟的怀疑主义却又是一种理性时代的标志性思考，因为它要排除对理性的迷信和盲从，这本身就是 18 世纪理性的真义。

18 世纪启蒙之所以被称为一个理性时代，是因为它首次明确了理性与迷信之间有你无我的关系：理性就不能迷信，迷信就是不理性。早在托马斯·潘恩宣称"理性时代"到来之前，狄德罗就已经把《百科全书》当作"论理时代"（a reasoning age）的工具，"论理"也就是用理性来思考、说服和传播可靠的知识。② 理性时代是一个哲学的时代，这个哲学运用的不是学院里少数专门学者那种抽象

---

① Raven Schofield Kirk, *The Presocratic Philosophers* (*second ed.*), Cambridge University Press. 1983, pp. 204, 235.

② Diderot, "Encyclospédie", in *Rameau's Nephew and Other Works*. Trans. and ed., Jacques Barzun and Ralph H. Bowen, New York, 1956, pp. 312－313.

奥涩的语言，而是启蒙公共人士的那种明白易懂的语言。哲学被用作社会改良和政治进步的指导原则和知识准备，以这种哲学为志业的被称为"哲人"，也就是今天通常所说的启蒙哲人。

历史学家范达姆（Stéphane Van Damme）在《启蒙哲人与哲学家》一文中指出，在 18 世纪，启蒙哲人和哲学家是两种不同的知识人士。"他们经常与两种不同的行为领域有关。一方面，启蒙哲人是公共人士（publicist）和文人（man of letters）。另一方面，哲学家是科学家、学者和自然哲学家。"启蒙哲人必须是真理的使徒，而不是学说体系的发明者。启蒙哲人有现实的匡世使命，不同于那些在专门学科里"做学问"的人。18 世纪的哲学与今天人们一般所说的那种学院哲学不同，正如范达姆所说，"启蒙的哲学并不局限于著作和概念，因为它同时是知识、社会实践和文化目标，远远超出了学校和大学里的教学"。他指出，18 世纪古典时期"哲学领域的极大扩展"与当时知识学科的特殊划分（与今天不同）有关，要对启蒙"哲学"有正确理解，就"必须彻底抛弃（我们今天）对哲学的学科理解"。[①]

狄德罗把理性当作启蒙哲学的思考工具，他说，"理性之于哲学家，就如同神恩（grace）之于基督徒。神恩使基督徒有所行动，理性使哲学家有所行动"。[②] 世俗的理性不仅仅是宗教的对立面，而且是可以对抗甚至代替宗教神恩的知识权威和判断依据。

然而，要与宗教对抗，作为世俗认知和道德原则的理性必须具有一些与宗教相似的特征，也正是因为世俗理性确实具有一些与宗

---

① Stéphane Van Damme，"Philosophe/philosopher"，in Daniel Brewer，ed.，*The Cambridge Compainion to the French Enlightenment*. Cambridge University Press，2014，p. 153.

② Diderot，"Philosophe"，in *Encyclospédie，ou dictionnaire raisonné des sciences，des arts et des métiers*. Paris，1751 - 1752，XII，p. 510.

教相似的权威特征，它才能在对等的地位上成为对宗教的挑战。理性与基督教类似的特征包括，它给普遍性以优先的地位，它提供的是人类可以共同接受和受益的认识和判断途径。正因如此，人们可以通过理性交谈、讨论，取得共识。理性不是某个人或某个人群的理性，而是人类可以普遍认可的。理性的东西之所以有力量，有说服力，是因为它具有普遍认可的可靠性。这种普遍性不是因人而异的，也不受时间或地域差别的限制，而且它本身就能对事物提供充足、可靠的解释或认识。与宗教不同的是，理性的基础不是神启，而是经得起检验的经验、知识和科学。

理性的观念是今天我们能从启蒙运动继承的重要遗产，在 21 世纪的今天，我们对理性，包括理性的可能局限和偏差有了更多的认识。但这无损于理性的根本价值。这是因为，启蒙的理性从一开始就是一个批判和反抗迷信和压制的武器，而今天，在任何仍然存在着迷信和压制的地方，理性仍然还是在起到相似的批判和反抗作用。

在 18 世纪的法国，天主教会是一个最顽固的迷信和专制的堡垒，启蒙哲人批判宗教主要是出于对天主教会的愤恨。天主教会代表的不是一种普通的宗教信仰，而是体制化、组织化的宗教，因此而成为一种权力结构。它不仅本身是一种威权和压迫的势力，而且充当了法国威权专制国家的帮凶角色。启蒙哲人所倡导的理性，首先是用来反抗天主教会的，但理性要颠覆的不仅是天主教，而且是所有像天主教那样的权力组织化宗教。这样的宗教是一种诉诸迷信的统治力量，其迷信和武断教义都是违背理性的。20 世纪以降，出现了更为现代的极权统治，同样是建立在迷信和武断教义之上，对这样的权力统治，理性仍然能发挥它在 18 世纪的那种批判和反抗作用。理性反抗宗教的或政治的专制压迫体制，首先是因为这种体制本身就是建立在摧残理性的基础上的，而不仅仅因为它的腐败。就算专制体制不腐败，能有效统治，它也是违背理性原则的。与 18 世纪王权时代的启蒙运动不同的是，经历了 20 世纪的极权统治，今天的启蒙理性应该有更明确的自由民主目标。

2. 理性与自由

理性与自由密不可分，人要运用理性，首先必须是一个自主的主体，若无自由，人不可能成为自主的主体。"自主"（autonomy）的希腊词源αὐτονομία（autonomia），指的是"自我立法"，在道德、政治的意义上，指的是一个理性个体做出知情的非强制的决定的能力。自由是启蒙哲人所倡导的理性的核心价值。正如希梅尔法布所说："如果说理性是法国启蒙主义的第一特征，那么紧随其后的便是自由。理性也许是在暗中推动宗教宽容——理性拒绝宗教限制的束缚——但在明处支持宗教宽容的原则则是自由：那种服从自己的良心，追求自己的利益和遵从自己的利益的自由。"①

法国启蒙哲人远没有像倡导理性那样突出自由，不是因为自由不重要，而是因为在专制制度下，倡导自由太敏感。希梅尔法布指出，对自由这个议题，就像对宗教一样，启蒙哲人出于谨慎的考量，一直比较低调，"若对自由有更具体更广泛的分析，很可能招来审查、迫害和监禁"。② 多谈理性，少谈自由，在启蒙哲人那里，可能

---

① Himmelfarb，*The Roads to Modernity*，p. 156.

② Himmelfarb，*The Roads to Modernity*，p. 159.

是一种为了生存的策略性选择。这种闪避和暧昧在启蒙哲人对待宗教的方式中也相当清楚地表现出来。话语的策略性考量，这本身就是启蒙传统的一项遗产，也是启蒙理性的一种实践性运用。对于今天任何不自由社会环境中的启蒙，18世纪的启蒙实践理性仍然具有现实的意义。

《百科全书》派启蒙哲人对待宗教问题采取的是避免正面交锋的策略。狄德罗为《百科全书》约稿或自己撰写的有关条目"良心""狂热""非宗教""宽容""不宽容"都不是直接攻击宗教本身，而是批评宗教的不宽容，主张人有天主教之外的信仰自由，或不信宗教的自由。狄德罗在"理性"（Reason）条目中提出，不信宗教的自由不会对社会安定造成危害，因为社会道德是可以独立于宗教的。他对理性与宗教的对抗也刻意保持含糊和暧昧，他提出，神启得到人的心灵认可，并不反对或破坏理性。只是对于"清楚和明确的观念"，理性才是唯一"真实和称职的裁判"。神启可以基于理性的判断而得到证明，但不能推翻这种判断，因为"我们首先是人，然后才是基督徒"。他批判有的宗教过度教条化，依赖于繁缛的仪式，又说宗教乃"人类的光荣，是人性高于兽性的特征，但也经常是人类表现得最为非理性的地方"。[①] 这是相当有反抗策略的温和批判方式。

从其他启蒙哲人的言论来看，他们对宗教的批判和反抗实际上要强烈的多。霍尔巴赫（Baron d'Holbach）、爱尔维修（Claude Helvetius）、朱利安·德·拉美特里（Julien de Lamettrie）都是公开的无神论者和唯物主义者。还有的虽是基督徒，但反对法国的天主教会。伏尔泰是著名的自然神论者，主张宗教宽容。他不遗余力

---

① Diderot, "Raison", in *Encyclospédie*, XIII, pp. 773 – 774.

地抨击基督教，他给朋友的几乎所有信件都以"Ecrasons l'Infâme"（我们必须摧毁可耻的东西）作为结束语，有时候索性只用缩写"Ecr. l'inf."。伏尔泰心目中的"可耻的东西"头一件便是迷信，迷信是一种偏执，它给人类带来了许多不必要的不幸。他不止一次地说，"每一个合情合理、有荣誉心的人都必然会深恶痛绝基督教这个邪教"。彼得·盖伊说，伏尔泰厌恶基督教"几乎到了走火入魔的地步"，以至于认为"一切有理智的人，一切正派的人都应该对基督教深恶痛绝"。①

与宗教和理性问题相比，启蒙哲人在自由问题上要软弱和含糊得多。除了因为专制政府对言论的严厉审查——这本身是一个自由而不是理性的问题——而表现得特别谨慎之外，还与他们在两个问题上的普遍立场有关：第一个是对普通民众（群氓）的鄙视，第二个是对开明君主的期待。由于这两个立场，启蒙哲人的自由只是少数精英的个人心灵和自主性自由，是一种不涉及保护个人权利之政治和社会制度的泛泛而谈。狄德罗在《百科全书》的"政治权威"长词条的开篇处写道："自然不授予任何人命令他人的权利。自由是来自上天的礼物，每一个人类个体都拥有自由，就像他能享用理性一样。"他接下来讨论的不是落实这种自由的政治和社会制度条件，而只是把自由当作一种抽象的与自由意志有关的问题。在另外几篇关于自由的词条——"自然自由"（自然状态下的自由）、"公民自由"（法治下的自由）和"政治自由"（立法和行政结构的自由）——都非常短。还有一篇"思想自由"讨论的则主要是宗教自由。②

① 彼得·盖伊：《启蒙时代（上）：现代异教精神的兴起》，刘北成译，上海人民出版社，2016年，第365页。

② Himmelfarb，*The Roads to Modernity*，p. 159.

这些对自由的讨论都还远没有能把自由与权利明确地界定为每个公民的政治身份标志，这与美国启蒙强调一种由法律保障的、所有公民平等拥有的个人政治自由是完全不同的。法国启蒙运动中，在政治自由和公民权利问题上独树一帜的是孟德斯鸠，他是美国启蒙的精神导师，而他在自己的祖国却遭到启蒙哲人们的冷落。希梅尔法布对此写道："孟德斯鸠在法国的遭遇也许最能说明自由在启蒙哲人那里的暧昧作用。卢梭经常被有道理地视为他们当中的异类，但孟德斯鸠在许多重要的方面却更是如此。尽管《百科全书》提到了他的《论法的精神》，但这部著作却没有对启蒙哲人发挥过像对《联邦党人文集》作者们那样的影响，《联邦党人文集》一再引用这部著作，对它极为欣赏。孟德斯鸠虽然被邀请为《百科全书》写稿，但却一直没有这么做。他最后同意写一篇关于'趣味'的词条，但未完稿就去世了（达朗贝尔为《百科全书》写了孟德斯鸠的悼词）。除了真正欣赏孟德斯鸠的德若古，启蒙哲人中批评他的比赞同他的人要多。他去世的时候，只有狄德罗参加了他的葬礼，这也只是作为他的朋友，而非同道。"①

　　孟德斯鸠倡导理性的角度也与其他启蒙哲人不同，理性不仅关乎自主的思考和可靠的认知，而且更是政治和社会的基本原则。孟德斯鸠从社会学来看待理性，就像他从社会学来看待自由一样，着重于一个国家的传统、历史条件、地理环境等因素形成的政治形式和制度。这正是后来托克维尔论述美国民主时运用的社会学方法。孟德斯鸠写道："人类受多种因素影响，气候、宗教、法律、政府信条、先例、道德、风俗习惯，形成了一种民族精神。"（《论法的精

---

① Himmelfarb，*The Roads to Modernity*，p. 160 - 161.

神》，XIX，section 4）他并没有特别提到理性，也许是因为，在一个民族国家里，理性本身是一种由不同因素形成的公共文化素质，而不是一个一旦倡导就能落地生根的原则或观念。

理性不会自行运作，理性离不开运用理性的人。在启蒙哲人那里，理性的运用者是很有限的，除了启蒙哲人和那些能够阅读《百科全书》或启蒙读物的读者（中产阶级）之外，启蒙理性最希望影响的是手握权力的君王。被称为"群氓"的愚昧大众是无法或很难拥有理性的。这是一种非常精英的启蒙理性观念，并不同于我们今天与时俱进的启蒙。但是，必须看到，与历史中的民主政治一样，历史中的理性也是先在有限范围内形成的，然后打破这个限制的范围，向越来越大、越来越普遍的范围扩散。与时俱进的民主或理性都不会因为它们的历史局限性而失去其基本的价值。今天，启蒙的基本方式仍然是让一部分人先启蒙起来。

启蒙哲人的理性首先是针对宗教的迷信和偏见的，而受宗教迷信和偏见影响最大、最根深蒂固的是那些被称为"愚众"和"群氓"的社会下等阶层民众。在启蒙哲人们看来，要把群氓争取到理性这边来，是一件徒劳无益的事情。狄德罗清楚表明，下层民众无法进入"哲学时代"，"他们的素质太低，对人类精神的前进步伐既不能有助益，也不能理解"。他对这些民众不仅失望，而且鄙视，"不能相信大众在推理或哲学事情上的判断。他们发出的声音总是那么邪乎、愚蠢、非人性、无理性、偏执顽固……大众是愚昧和麻木的，不可能有坚强和仁爱的行为……英雄行为在他们眼里简直就是犯傻"。[1] 他是在评估作为个体的民众，与19世纪末社会学家——如加布里埃尔·塔尔

---

① "Multitude"，in *Encyclospédie*，X，p. 860.

德和古斯塔夫·勒庞——的群众分析有所不同，后者把群众的低能、愚蠢、冲动、非理性看成是个人在群众中的一种退化，而不是每个下层人的个体特征。

今天的启蒙必须关注群众及其教育和启蒙问题，掌握群众社会学和社会心理学的许多研究成果，如人的普遍认知心理和认知偏见、社会环境影响、服从权威、社会角色与规范、情境力量、洗脑宣传和教育、意识形态化的迷信与崇拜、代替宗教愚昧的制度性愚民和奴化，包括对欺骗与自我欺骗、宣传和谎言、反智和愚民、犬儒主义等等的专门研究。① 群众社会学和社会心理学研究能提供的不仅是专门知识，而且更是改变社会和政治现状的实践性提示。这是一种新的启蒙，它是包纳性的，不排除任何特定社会阶层的人群，但同时对启蒙理性可能遭受的挫折和逆转有清醒的认识，这与1980年代启蒙的那种因未经考验而过度的乐观是不同的。

启蒙哲人悲观地估计了下层民众那种根深蒂固的理性匮乏或非理性，并不是没有根据的，一直到21世纪的今天，我们仍然不能说那是一种完全错误的估计。但是，另一方面，如果像启蒙哲人那样看待群众，认定他们只能是愚昧、偏执、迷信的，永远是朽木不可雕也，那又等于是对启蒙本身的否定。我们应该看到，大众陷于群氓和愚众的迷信状态，是因为他们尚不能摆脱宗教、政治、传统或其他的束缚，仍然生活在习惯性的麻木和奴役状态下。启蒙所期许的那种进步，不正是需要把芸芸众生从愚昧和麻木中解放出来吗？启蒙致力于促进的世界进步，不是首先应该从自己国家里的普通民

---

① 参阅徐贲：《在傻子和英雄之间：群众社会的两张面孔》、《颓废与沉默：透视犬儒文化》、《人为什么上当受骗》。

众开始吗？

然而，在启蒙大众的问题上，启蒙哲人考虑得更多的似乎不是应不应该，而是有无可能。伏尔泰指责"人民"优柔寡断、感情不可靠、残忍、不公正、守旧、狂热。在历史著作里，他又秉持一种毫无保留的立场，不分青红皂白地表示，"各地民众几乎全都是一个德行"。他看不出民众有任何改进的可能。他在给达朗贝尔的信上说："我根本不关心他们，平民就是平民，不值一提。"伏尔泰倾向于认为启蒙应该局限于那些能够从中受益的阶层。至于靠体力劳动为生的人，可能永远"没有时间和能力教育自己；他们会在变成哲学家之前就饿死"。伏尔泰告诉达朗贝尔："我们从未说过要教化鞋匠和仆人，那是使徒的工作。"他认为，教育与平民无关，"你不让散工读书"。①

狄德罗说，在宗教方面，群众是低能的，"太愚昧，野蛮，太可怜，太忙于生计"，根本无法启蒙他们。群氓永远无法改变，因为"他们的素质历来如此"。伏尔泰完全同意狄德罗的看法，他认为，"必须在体面人那里摧毁宗教，但还得把宗教留给那些老老少少的愚众，宗教就是为他们创造的"。他甚至半开玩笑地说："我希望我的律师、裁缝、仆人，甚至我妻子相信上帝，因为这样我至少可以少被他们欺骗、讹诈和戴绿帽子……倘若上帝不存在，也得造出一个上帝来。"② 在伏尔泰眼里，宗教是维持社会安定，让普通人安分守己的教诲力量，虽然虚妄不实，但却有用。因此，反倒不宜将"上

---

① 彼得·盖伊：《启蒙时代（下）：自由的科学》，王皖强译，上海人民出版社，2016 年，第479 页。

② Maurice Cranston，*Philosophers and Pamphleteers：Political Theorists of the Enlightenment*. Oxford University Press，1986，p. 44.

帝本不存在"这个秘密告诉大众。在《哲学辞典》里,伏尔泰问道,一个"完全由无神论者们组成的国家"真的能存在吗?他自问自答道:"在我看来,我们必须在一个国家和这个国家之上的哲人社会之间作一个区分。每个国家都是需要尽可能约束其民众,事实就是如此。"他认为,君王们需要约束,但民众更需要约束,民众尤其需要"一个最高的主宰、创世主、统治者、犒赏者、惩罚者"。[1] 他认为,没有宗教,下层民众简直就是一帮窃贼般的匪徒,他们"在小酒馆里烂醉如泥,和堕落的女人厮混",日复一日,像牲口般混日子。[2]

历史学家罗纳德·博斯(Ronald I. Boss)指出,启蒙哲人把宗教视为一种非理性但有用的谎言,是一种"自相矛盾"和"社会思想的欠缺"的东西。这是因为他们没有认识到,社会是一个有机的整体,并不能简单以上智下愚去看待。[3] 一种只是着眼于提升少数人的理性,而对大多数人放弃希望和努力的启蒙是不可能持续的,而且也是一种必然导致政治社会特权和特权阶层的精英启蒙。贫困、愚昧和迷信造成的社会鸿沟不是不可跨越或弥合的,而真正的启蒙正是为了缩小和消除这样的鸿沟。18世纪的英国也存在贫困和阶级鸿沟,但是,"英国哲学家用道德意识和常识来跨越社会鸿沟,他们认为,道德意识和常识是所有人与生俱来的,社会上层和下层都是如此。但法国哲人却认为,普通人不具有近似于理性的道德意识和常识,普通人只是处于(未开化的)自然状态……只能用宗教的条规

---

① Voltaire, "Atheism", in *Philosophical Dictionary*. New York, 1943, pp. 34, 43.

② Quoted in Ronald I. Boss, "The Development of Social Religion: A Contradiction of French Free Thoughts", *Journal of the History of Ideas* (October-December 1973), p. 583.

③ Ronald I. Boss, "The Development of Social Religion", p. 577.

和束缚来加以控制和驯化"。①

　　法国启蒙哲人那里的民众形象和社会智愚两分在 20 世纪的反乌托邦小说里反复出现，如威尔士《莫罗医生之岛》（*The Island of Dr. Moreau*）、赫胥黎《美丽新世界》、奥威尔《1984》。今天，与时俱进的启蒙需要有一种不同于此的民众或群众观念。② 我们回顾 18 世纪的启蒙运动，可以同时关切法国启蒙的理性和英国启蒙的道德情操和常识。

　　理性对于我们仍然有着与普通学校教育特别有关的意义。今天，无论是公民理性还是道德情操的教育，都离不开一种对所有人都平等对待的民主教育观念。这样一种观念在 18 世纪是欠缺的。卢梭在《爱弥尔》一书里说的"普通教育"并不是指"普通人的教育"，而是少数人的全面教育。爱弥尔本人"出生高贵"，他接受的是私人教师的教育。卢梭说："穷人不需要受教育。他的地位对他进行强制教育，他不可能有别的教育。"③ 他在《新爱洛伊斯》中写道："那些注定要过简单乡间生活的人要想幸福，无需发展他们的智能……根本不需要去教育村子里的孩子，因为他们不适合于教育。也不需要教育城市居民的孩子，因为你并不知道哪种是适合他们的教育。"④ 卢梭对教育的态度可能还有另一层意思，那就是他认为普通人有自然人的美德，来自社会的教育只会败坏他们。

　　今天，大众启蒙的最重要的一个场所就是学校，学校教育的普

---

① Himmelfarb，*The Roads to Modernity*，p. 156

② 参阅徐贲：《群众理论和英国反乌托邦小说》，见《在傻子和英雄之间：群众社会的两张面孔》，花城出版社 2010 年，第 406—430 页。

③ Rousseau，*Emile*. Ttrans. Allan Bloom. New York，1979，pp. 40，52.

④ Rousseau，*Julie，ou la nouvelle Héloïse，in Oeuvres Complètes de Jean-Jacques Rousseau*. Pléiade ed.，Paris，1959，II，p. 567.

及程度也是历史上最高的，网络时代的信息传播更是提供了知识和信息教育的更大可能。各种课程化或可以课程化的理性教育——公共说理、批判性思维、知情公民教育、情绪智力（emotional intelligence）教育、反洗脑和反邪教教育、法治教育、社会道德教育、人文和通识教育、职业道德教育等——构成了大众启蒙的重要部分。这些教育都是普通教育，不是精英教育。所有这些各有侧重的教育都有一些共同的理性要求，那就是说真话、讲逻辑、摆事实，不轻信、不迷信、不偏执，有意识地保持思考的一致性、前后连贯、主次有序、意理连贯和不自相矛盾，运用可靠的知识，通过合理的论证程序，作出有原则的判断，得出经得起推敲的结论。这种教育的前提必须排除任何精英的偏见，坚持的原则是人人都是可以教育和启蒙的。虽然在现实中会因为种种限制而无法充分实现，但认知平等的理念是必须坚持的。

3. 从理性到公共理性

对今天变化中的启蒙来说，"理性"是 18 世纪启蒙运动，尤其是法国启蒙最重要遗产之一，但这也是一个最有争议的观念焦点。对法国启蒙哲人倡导的理性有所批评和质疑，这在启蒙时代就已经成为对理性不同认识的一个重要部分，它们往往只是涉及了理性的某个方面，其中有真知灼见，也有片面的误解。

18 世纪思想家在对理性进行质疑和批评时很少有对"理性"这个概念做清楚定义和界定的。他们所涉及的只是理性的不同方面，例如，卢梭反感的是束缚思想和情感的那种僵化理性；休谟否定的是理性对现存道德和社会关系的解释能力；柏克抨击的则是理性那种背弃常识的标新立异。他们运用的理性有相当大的随意性，这并不奇怪，因为他们从事的是一种公众写作，而非今天的专业哲学论述。

卢梭认为，理性的作用无非是避免矛盾，而矛盾是存在于实际事物中的，卢梭表明他在思考政治问题时所运用的方法："我希望寻常的读者将会原谅我的矛盾；如果你要独立思考，你就无法避免矛盾，而且，无论你们将怎么说，我都宁愿陷入矛盾而不是偏见。"对此有论者指出，卢梭"否弃像洛克、伽利略、狄德罗和牛顿等现代思想家和科学家所运用的唯物主义方法。这些人用理性主义的方法来攻击虚假的信仰，并否定了支持暴虐政治制度的逻辑，以便个人自由能够实现。卢梭认为，他们关于理性带来进步和自由的乐观主义观念是不恰当的。人类境况随时代而发生的改变并不等于进步或改良。相反，卢梭认为，理性带给人的是奴役。我们必须用情感取代理性，以便真正理解人类事务，并找出克服其缺陷的解决方案"。[①]在这里，卢梭所理解和拒绝的理性又只是等于盲目的进步主义。他这个对理性的理解虽然可以找到一些根据，但却是片面的。

休谟质疑理性有能力证明道德真理、自然法和自然权利，以及社会内在道德秩序的存在。他的观点意味着，理性不能证明道德真理，也没有办法证明存在着对某种普遍道德予以规定的自然法。理性并不为某些主张提供支持，相反则是要质疑它们。理性探究甚至不能证明"理性本身是理解世界的真实或准确途径"这种信念。他

---

① 唐纳德·坦嫩鲍姆、戴维·舒尔茨：《观念的发明者》，叶颖译，北京大学出版社，2008年，第247页。

认为，理性无法证明像洛克这样的"社会契约"，也无法证明服从法律这一义务来自一项承诺。① 他写道："认为所有政府在人类事务中的必然性所容许的范围内首先是以大众同意为基础，或者应该首先以大众同意为基础，这是徒劳无效的。这完全证实我的主张。我认为，这种同意在人类事务中从来没有存在的余地，即便是这种同意的表象也很少出现；相反，世界上曾经建立起来过的几乎所有新政府都起源于征服或篡夺，说白了也就是强力，推翻旧政府。"② 他认为，社会契约，以及有关作出承诺并保持承诺的观念是习俗的，而不是自然的。这就非常类似柏克关于尊重传统和习俗的主张。

柏克认为传统和习俗能够提供"先入之见""遵照惯例"的知识，这样的知识是不能用理性（reason）来解释的。这样的知识价值在于有效，而不在于可以用理性来证明是正确的。这与休谟对社会道德的看法如出一辙。柏克认为先入之见是一种半直觉的知识，人们凭此应付生活中的普通问题，无须拘泥于这种知识是否合乎逻辑，这与卢梭不在乎自己的思考可能有矛盾非常相似。重视惯例就是认同先例、常识和常规的有效性。柏克认为，人们只需要运用这些无需多少理性的思维方式，就能共同生活在一种不错的稳定状态之下。英国的宪制就代表这样一种稳定的秩序，它的唯一权威就是它已经存在了很长时间，并且一直都是有效的。这个秩序里有国王、贵族、议会、大大小小的陪审团，这些都是惯例性的，既没有谁用理性来精心设计，也不是自然法的杰作。在这个秩序中，起作用的是人们的先入之见和遵照惯例，要是这些被破坏了，那么，维持秩

---

① David Hume, *A Treatise of Human Nature*. Oxford: Oxford University Press, 1980, p. 469.
② Ibid., p. 547.

序就只好依靠先进理论作后盾的暴力维稳和铁腕独裁了。18 世纪以后的经验也是如此，越是没有传统道理力量约束，便越是需要有一套又一套看似理性的峻法酷刑来维持总是难以维持的稳定。但是，这并不构成理性无用的理由。

18 世纪对理性的质疑和批评本身就是经验和常识性的，因此不难得到今天人们的认可，也能符合他们的理解水平和需要，不会使他们觉得有多大的时代隔阂。反倒是今天学院派哲学对理性的专业分析会让普通人觉得理性是一个太复杂太专业的问题，与他们隔得太远，是与他们日常思考不相干的问题。这是今天启蒙者在倡导理性时应该避免的。这里不妨举一个对 reason 和 rationality 区分的例子。

哲学家童世骏有一篇《理性、合理与讲理》的万言长文，梳理了一些中西哲学家对理性的认识和辨析。其中"理性"是 Reason，"合理"是 Rationality，"讲理"是 Reasonableness。童世骏认为，"理性（reason）有客观性以及与之伴随的总体性和规范性"，"理性作为一种力量不仅存在于个体心灵之中，而且存在于客观世界当中，存在于人与人之间、社会阶级当中、自然及其种种表现当中"。而诸如正义、平等、幸福、民主、财产等观念，都被认为是符合理性的，是从理性中引出的。相反，"合理性"（rationality）则依赖于我们身处特定语境针对特定对象所进行的评价和确证。这个合理性类似于人们常说的"合理化"，它可以把坏事说成好事，把不合理的事情说成是合理的。[1] 例如，德国纳粹就用"犹太人是劣等民族"这一理由来使屠杀犹太人合理化。

———————

[1] https://www.douban.com/group/topic/49082023.

挪威哲学家乔恩·埃尔斯特在《心灵的炼金术：理性与情感》（Alchemies of the Mind：Rationality and the Emotions）一书里对reason 和 rationality 的辨别正好与童世骏相反（中文译本把 reason 翻译成"理智"，而把 rationality 翻译成"理性"），为了避免中文术语的混淆，我这里姑且还是用英文。埃尔斯特说，"reason 必须与我们通常想象的 rationality 严格区分开来"，"Rationality……指的则是各种公正的动机或是对公共善的关注"。① 正义、平等、幸福、民主是公共善，因此，埃尔斯特所说的 rationality 正好是童世骏所说的 reason。埃尔斯特说，"人在追求个人私利时可能 rational，但未必 reasonable"，也就是说，人追求私利，会把自己的利益作合理化（rationalize）的辩解，但他人未必会觉得这种辩解真的合理（reasonable），所以是不理智的。曹操的做人原则是"宁可我负天下人，不可让天下人负我"，于他的自我利益来说是理性的，但不符合"What if everyone did that?"（要是人人都这么做，会是什么结果?）的理智原则，孔子说，"己所不欲，莫施于人"，这是理智的。按埃尔斯特的说法就是："如果我们选择最佳的手段最有效地实现公共的善，那将既是理性，也是理智。"②

像这样的哲学区分——当然还有别的——有学术研究的价值，但运用于启蒙，则应该适可而止。过分繁琐的概念辨析（尤其是因为不同的中文翻译）可能会成为一种"钻牛角尖"（hair splitter）的抽象议论，因此会使普通读者心生厌烦，以至于对理性之于今天启蒙的重要性丧失兴趣和信念。

---

① 乔恩·埃尔斯特：《心灵的炼金术：理性与情感》，郭忠华、潘华凌译，中国人民大学出版社，2009 年，第 109 页。
② 同上。

对今天的启蒙来说，除了哲学认识论的理解之外，更重要的是从个人理性与公共理性的区别来认识"理性"的复杂性，前面提到的两位哲学家其实也是把是否与"公共善"（经常是以普遍价值为依据的）有关当作区分标准的。因此，在中文表述中，除非有特殊需要，我们可以把 reason 和 rationality 都称为"理性"，而把个人的或公共的理性问题分解为与"理性"有关的各种具体问题：认知的、政治的、道德和价值观的、不同利益的、情绪或欲望的、善良或幽暗人性的，等等。从这许多不同的方面来认识理性，可以更清楚地看到，理性的复杂性不是通过哲学词义的辨析就能揭示的，而是要落实在许多具体的智识和认知开启的问题上。这里举三个例子来说明。

第一，虽然每个人都有运用理性的潜能，但理性并不是天生的，而是一种有待开启的思维方式和认知能力。18 世纪启蒙所倡导的理性是一个在不同求知领域中展开的思维方式。17 世纪，笛卡尔在其去世后才发表的《以自然之光亮寻找真实》的对话中，提出了一种新的寻找真实的方法，它不同于宗教、经院哲学、信仰和传统，笛卡尔称这种新方法为"自然之光"。它存在于人类头脑中的思维能力之中，它要寻找的是关于这个世界的更可靠、更科学的知识。到了 18 世纪，这个自然之光便被表述为"理性"——"一种人类普遍共有的思想能力，把理性的思考者从愚昧、轻信的迷信和教条中解放出来。18 世纪，随着理性从一个抽象的原则变化为多种知识方式，单数的光变成了复数的光，启蒙哲学精神要批判地检验的不只是实验性的经验真实，而且还有种种被人们已经接受的真理"。[1]

---

[1] Daniel Brewer，ed.，*The Cambridge Companion to the French Enlightenment*，p. 3.

今天对真相、认知和观念的启蒙都关乎人的认识思维。如何辨别真相，什么是真相，尤其是在互联网时代如何区别"事实"与"真相"，诸多的真相问题又都涉及种种认知问题，如何防备欺骗、谎言、宣传和洗脑，如何让自己避免因为思想懒惰而轻信而上当受骗，如何辨析宣传欺骗常用的手法和伎俩，如何认识我们自己的认知弱点，这些都需要有理性的思考，都是今天启蒙很迫切和很实在的工作。真相和批判性思考包含着重要的自由观念，这既是认知的，也是政治的。人应该是自主的主体，自由信仰、思考、言论是人的基本权利。不经思考的生活是不值得去过的。今天启蒙的观念比 18 世纪的更加丰富和多样，不仅包括自由、平等、人的尊严和公民的权利，而且还包括关爱、宽容、诚实、谦逊、公正、荣誉、信仰。这些都应该成为理性思考的内容，也都是启蒙的内容。

第二，开启理性是营造良好公共生活的基本要素。比起 18 世纪启蒙来，今天的启蒙需要更多关注公共说理的规则和可靠性验证。这就需要避免自说自话，而代之以一种在社会和政治生活中可以共同确认、遵守、运用的说理理性。说理的公共理性和那种与个体选择、决定、知识行为、幸福观等有关的个人理性是不同的。尽管这种个人理性也很重要，但不能用来代替公共理性。开启说理的理性不一定需要长篇大论，一篇小小的文章也能起到作用。例如，有一篇《用逻辑纠正"中国式吵架"》的文章，不过 1000 字，但例举了五种常见的说理谬误：1. 错误归因：将不相干的事物强行关联；2. 诉诸权威：将权威视为真理；3. 稻草人谬误：歪曲他人观点；4. 诉诸感情：以个人感受代替说理；5. 人身攻击：只论立场，不论是非。这样的文章就有启蒙的价值。

资中筠把公共说理中的理性称为"思考"，她在《不要和不思考的人争论！》一文中指出，"中国式争论，其实都不是真正的争论，多数都是因为话语的对立，陷入抬杠的尴尬境地"。她举了一个例子："有一次几个朋友争论 R 权和 Z 权的问题。一位朋友说：'国家的权力，是人们为了自己的自由和权利更有保障，才把自己的一部分权利让渡出来……'他的话还没有说完，就有一位老兄大声嚷嚷道：'没有祖国，哪有你？子不嫌母丑，狗不嫌家贫……居然埋汰国家，居心何在？'"其实，说这话的人也会觉得自己说的是经过了思考的道理——没有国家便没有个人。我们没有办法验证一个人是否"思考"（况且，思考过也可能会有谬误的结果），但我们可以验证他的思考逻辑，而逻辑是理性的重要标志。那个人在说理中犯了"不当类比"（"母亲"和"狗"）的错误，因此结论是不可靠的。不当类比是一种非形式逻辑谬误，理性的说理应该避免这样的谬误。虽然类比不是证明，而只是解释或说明，但公共说理并不笼统地排斥类比，而是要求逻辑、理性地辨别恰当和不恰当的类比，例如，有米才有饭，有砖才有墙就是比"母亲"和"狗"更恰当的类比。公共说理中有大量关于理性的问题——定义、论证、逻辑谬误——可以成为今天学校对学生启蒙教育的内容。

第三，开启理性的启蒙可以让人们看到，理性与情感不是对立的。20 世纪心理学揭示了情绪和情感的认知价值和作用，因此，对人的情感、欲望、本能等等的启蒙便有了双重的启蒙意义。一方面，人的情感、欲望、本能是人性的组成因素，对这些人性因素的理性认识能大大帮助我们对人际关系、社会道德、政治制度建立更为现实而不是空想的期待（务实的人性认识是美国启蒙的一个重要特色）。另一方面，对情感、欲望和本能的认知作用，也有助于我们认识理性本身的局限性，如执理废事（只认私利，不能圆通，不能具体情况具体对待）、理与情对立（否定情感、本能、常识中的理性因素，忽视情感智力 emotional intelligence 的认知作用）、教条理性（脱离实际或现实的理论、主义或意识形态教义）、与善恶价值脱离的工具理性（只要能达到目的便可以不择手段）。而且，对理性的认识还有另外一个重要的方面，那就是要对貌似理性的利益或激情"合理化"有所认识，这里的"激情"包括人的基本情绪或本能欲望（害怕、快乐、悲伤、厌恶、惊讶、愤怒等），就公共理性而言，更重要的是社会性情绪（羞愧、悔恨、罪感、爱恋、信任、妒嫉、报复心等）。因此，理性的启蒙与关于情绪和情感的人性启蒙其实是密不可分的。

例如，你听到一个无法识别的警告声音"站住不动!"，你会本能地站住，因为你"害怕"了，你的行为受到这一基本情绪的影响，你不会先思考该不该站住，然后再采取"合理"行动。又例如，你吃到不熟悉的苦味食物，会因为"厌恶"的本能把它吐出来，而不是先花时间去考虑清楚那究竟是什么食物。本能反应（反应为情绪）有助于我们在许多情况下做出最优决策。由于理性的作用是有限的，我们总是通过经验法则进行快速决策。由于需要迅速行动，本能可以起到更好的作用。情感的作用在于弥补了理智的不足，在变动而有限的时间里，情感经常是我们对生活中事件作出的第一反应，我们看到发生不公的事情，会觉得愤怒，虽然没有时间仔细思考，但情绪中包含着善恶认知和是非判断。我们在这里所看到的不是情感做了理性所不能做到的事情，而是情感做了理性也做得到的事情，只不过存在差异而已。

公共理性涉及的不只是人的基本情绪，而且更是社会性情绪，也就是关乎人际或社会关系的那种情绪和情感。在社会性行为中，许多人都希望能够根据"正当理由"做出所有的决定，但这种"充分理性"事实上是不可能的，也没有好处。这实际上使他们变得非理性而不是理性。一个理性的人知道，在特定条件下，最好遵循简单而习惯性的决定规则，而不是应用带有更高机会成本且更加复杂的决定程序。作为人际关系粘合剂的"信任"就是一个例子。你去看医生，按照他的处方服药，因为你对医生有基本的信任，相信他的能力，也相信他不会拿你的性命开玩笑。你对他的信任只要有正当理由就可以了，不需要有充分理由。你不会去追查他在医学院里的成绩，也不会去亲自研究他处方药品的药理成分（虽然你会想了解一下可能的副作用）。对你治病的目的来说，只要他是一个有医德的医生就可以了。这本身就是一个理性的想法，说到底，你得用理性来判断什么是理性。

公共理性与社会情绪的关系是复杂多样的，也不断随着人际关系的变化而变化，在处理这些关系时，我们应该随时调整我们对理性的理解和运用，也就是说要同时看到理性的作用和局限。然而，不管理性有怎样的局限，人认识和避免这些局限所必须借助的仍然是理性而不是别的。正如平克说的："即使有这样那样的局限性，人性中还有一个具有递归、开放性和组合能力的系统进行推理，因此人能认识到自身的局限性。启蒙人道主义的引擎——理性主义，永远也不会被特定时代下人们推理中出现的缺陷和错误所击败。理性总是能够退后一步，记录缺陷，修正规则，避免下一次再犯错误。"①理性的价值不在于它什么都行，而在于少了它不行。

---

① 平克：《人性中的善良天使》，第 223 页。

4. 启蒙导致极权吗

18 世纪启蒙倡导人的理性、自由、宽容和自我完足，同时抨击宗教迷信、陈旧传统和大众偏见，要求限制武断专横的权力，主张经济正义和良序社会、推动社会改良和政治改革。这样的启蒙被普遍认可为现代世界多种进步政治的目标和价值观基石。但是，德国法兰克福学派哲学家马克斯·霍克海默和狄奥多·阿多诺的《启蒙辩证法》是对这一认可的重要挑战和颠覆。在这部片段性的哲学论集里，两位作者把对德国法西斯主义的批判追溯到启蒙精神的自我摧毁。他们认为，启蒙所倡导的理性不仅没有推动世界进步，反而助长了反对进步的凶恶势力，那就是极权主义。

《启蒙辩证法》1944 年初版，1947 年出了修订本，此时的法西斯右翼极权主义已经失败，而"左翼"极权主义却如日中天，空前巩固，并在世界范围内迅速扩大影响，因此也就成为此书实际上的现实目标。这部著作要颠覆的不仅是"启蒙"，而且也是受启蒙影响的社会和政治进步观念。两位作者在 1969 年写的新序里仍然强调，"启蒙转变成了实证论，转变成了事实的神话，转变成了知性与敌对精神的一致"。这是在重申他们在 1944/1947 年关于"启蒙的自我毁灭"的论断，他们写道："我们并不怀疑，社会中的自由与启蒙思想是密不可分的。但是，我们认为，我们同样也清楚地认识到，启蒙思想的概念本身已经包含着今天随处可见的倒退的萌芽。在这方面，启蒙思想与相关的历史形态和社会制度比较起来并不逊色。如果启蒙没有对这一倒退的环节进行反思，它也就无法改变自身的命运了。由于对进步的毁灭力量的思考一直都掌握在它的敌人手里，因此，实用化的思想失去了其扬弃的特征，进而也失去了与真理之间的联系。技术造就起来的大众时刻准备着投身到任意一种暴政当中；他们天生就是亲近种族的偏执狂，尽管这样做十分危险，也毫无意义。"正是在这种情况下，他们自己的哲学思考"阐明了，启蒙倒退成神话"。①

两位作者认为，启蒙运动所倡导的那种科学理性抨击宗教对人的束缚，开始是为了将人从外在力量的奴役中解放出来。但是，科学理性对宗教"神"的批判扩大到一切形而上的理念，包括良心和自由，因此摧毁了批判本身的价值标准。科学方法一旦脱离了人的解放目标，科学的目标也就从认识自然转变为征服自然，科学理性也蜕变为夺取和加强权力的工具理性。工具理性向统治理性转化，极大地强化了官僚统治的效能，从根本上压缩了任何政治抵抗的可能。对权力有用的就是好的，人们一旦接受了这种统治理性，也就丧失了抵抗的意志和手段。

原本要起解放作用的"理性"转化为它自身的反面，成为压迫和压制的工具，这种"自我否定"是两位理论家的"辩证法"在抽象理论层面上推导出来的（所谓"启蒙从倡导真理到惧怕真理"的辩证过程），也就是，启蒙赞同科学，科学发展技术，技术造就大众，大众追随极权，极权是现代之恶，所以极权之恶必须追溯到启蒙。不管有没有希特勒、纳粹党、秘密警察、暴力和恐怖、集中营和死亡工厂，只要有了启蒙这个源头，极权的种子就早已播下。启蒙的初衷再好，也是坏的，这就是"启蒙的自我摧毁"。在辩证法被当作"科学方法"的年代，这种从白到黑，又从黑到白的辩证思维

---

① 马克斯·霍克海默、西奥多·阿道尔诺：《启蒙辩证法：哲学断片》，渠敬东、曹卫东译，上海人民出版社，2006年，第1—3页。

方式对 20 世纪哲学、社会学、文化和政治理论，特别是 20 世纪 60 年代至 70 年代新左派运动，都产生过重大的影响。那个时候的辩证法就像 1980 年代后的后结构主义和"解构"一样，开始是一种新的思维方式，后来渐渐成为一种教条的论辩方法。

今天，人们对这样的辩证法已经有了更多的认识。国内的有识之士也已经在提醒，辩证法对人可能有思维僵化的不良影响。一篇题为《辩证法是如何降低智商的》的评论指出："实际上，辩证法是没问题的，它更类同于苏格拉底的无限穷诘法，通过无限穷索，直到确定出最精准唯一性的概念表达。有问题的是：任何观念或思想，都有其适用领域，一旦错位，就成为彻头彻尾的谬误……不可以偏离初始的名实范畴。"但是，教条化的辩证法是无所不能的，曾有初中教科书就是这么向少年学生介绍的："唯物辩证法是关于自然、社会和思维的最一般规律的科学。它科学地反映了关于宇宙自然、人类社会和人类思维的最一般、最普遍、最深刻、最基础的规律与本质。它是全人类认识世界与改造世界的最普遍的、最有效的科学武器之一。因此它是世界全人类的思想财富。"这种辩证法，就像两位德国人的《启蒙辩证法》一样，虽然显得高屋建瓴，却会用很逻辑的方法得出很荒诞的结论。1968 年 3 月，中科院主持批判爱因斯坦，相对论被批判为"地地道道的主观主义和诡辩论，也就是唯心主义的相对主义"。爱因斯坦本人被骂得狗血喷头："帝国主义需要相对论这样的'科学'，需要爱因斯坦这样的'科学家'，他一生三易国籍，四换主子，有奶便是娘，见钱就下跪。有一点却始终不渝，那就是自觉地充当资产阶级恶毒攻击马克思主义的'科学喉舌'。"[1]

---

[1] https：//mp. weixin. qq. com/s/TCyBNyAWNiNgboei2RwfDA.

《启蒙辩证法》的语言当然要比这个文明得多，但对启蒙"反动性质"的结论却差得不多。

辩证法的基本特征是，只要是在它的逻辑框架里进行推演，它永远无法被证伪，因此永远正确。这就像形式逻辑的三段论证，从大小前提到结论，只要不出这个逻辑推演的框架，即便大前提是谬误的，结论也是正确的。《启蒙辩证法》的论证力量也正在于此，它是一个宏大理论，要证明的是，启蒙运动的基本理念导致的不是文明和进步，而是野蛮和倒退，只要你不在"理性转变"这个框架之外去思考 200 年来启蒙运动所影响的那些政治制度变化和社会运动，你就只能接受这个结论的正确性。美国社会理论学家厄文·高夫曼（Erving Goffman）在《框架分析》（Frame Analysis）一书里提出了"设框"（frame）这个概念。人总是用特定的理解框架来看待某个情境和与之相关的行为。框架能让人形成一个集中关注的问题，但也限制了关于这个问题的视野。

今天，我们不仅更多地了解"设框"对于理论构建的作用，也对宏大理论有了比《启蒙辩证法》早期读者更多的怀疑。那些我们曾经深信不疑的宏大理论也已经在历史的现实发展面前一一倒下，包括辩证法对资本主义一定灭亡的"科学预言"。在抽象层面上推导的严丝密缝的理论其实是很脆弱的，经不起历史事实的考验。《启蒙辩证法》的理论推导也是一样。

然而，那些看似严丝密缝的宏大理论有着它们自己的魅力和用途，缺少了它们，永远正确的意识形态就没法建立。而且，它还可以让人在不动脑筋说话时，也显得深刻和高明。这样的理论一旦被接受或确立，就可能成为一种偏见、教条或僵化模式。这就会如同固化的混凝土，一旦定型，即便无用，也已成为坚固的堡垒，非强力无以摧毁，虽摧毁亦难以清除。这样的偏见和教条形成了对新思想的强大阻碍力量。伏尔泰说，"傻子论理用的是偏见"，他把打破偏见当作启蒙的首要任务。我们今天重申启蒙，已经不是像18世纪那样只是倡导启蒙，而且还多了另一项艰巨的任务，那就是打破积累至今的那些对启蒙的主要偏见。对于今天的读者来说，对启蒙的偏见主要来自各种所谓左派理论的歪曲、抹黑和攻击：启蒙导致法西斯纳粹极权、启蒙的普世理念和价值观是西方文化侵略的特洛伊木马，等等。

今天，我们重申启蒙的进步理念和价值观，是因为我们的社会改革需要这些理念和价值观。我们是在与18世纪完全不同的新历史环境中回顾和重新认知启蒙的，我们思考的许多问题是当年启蒙哲人根本不可能设想的，其中就包括启蒙与20世纪极权主义的关系问题。启蒙的理念和价值观应该可以成为我们辨别和抵抗极权主义的思想武器，但《启蒙辩证法》这样的著作却恰恰是在把抵抗极权的武器当作帮助极权的工具加以丢弃。

启蒙运动的两大历史产物是自由政治和社会民主，而这二者恰恰是任何极权主义都竭力反对的。

法西斯运动在欧洲各国公然与自由派和社会民主派为敌。德国是一个最恶劣的例子。德国法西斯谴责一战后签订的凡尔赛条约，仇视在这之后建立的魏玛共和国，咒骂民主派人士是丧权辱国，是在战时对国家"背后捅刀子"的"叛徒"。魏玛共和国曾经拥有欧洲战后最开明、自由的民主制度。纳粹上台后，废止了大多数的公民自由权、钳制言论、全面控制媒体、在学校实行党化教育、对国民进行全面的秘密警察监视、镇压异见人士。霍克海默和阿多诺将纳粹的崛起归咎于魏玛共和的软弱。无论是在政党的组织能力还是对群众的蛊惑宣传上，魏玛共和确实不是纳粹的对手。但是，纳粹是魏玛的杀手而非传人，纳粹终结了魏玛的启蒙传统而非继承了这一传统。纳粹并非只是背叛了启蒙传统，在德国发生的是一个政治而非哲学的事件，是权力阴谋的胜利而不是所谓的科学理性向工具理性的蜕变。

5. 自由政治与暴力专政

法国革命进入高潮的时候并没有主张或实行一党专制，雅各宾俱乐部从来没有成为一个高度集中、纪律严明、意识形态统一的权力组织。雅各宾不是一个先锋队政党，它最初叫"宪法之友协会"（Société des amis de la Constitution），1792 年后改称"雅各宾，自由和平等之友协会"（Société des Jacobins, amis de la liberté et de l'égalité），被称为"雅各宾俱乐部"（Club des Jacobins）。雅各宾俱乐部是由持不同政治主张的多个团体组合建构的，包括 18 世纪 90 年代早期的两个突出的议会派系——激进的山岳派和更温和的吉伦特派。

雅各宾恐怖统治的暴力不是一党专政的暴力。1793 年 9 月至 1794 年 7 月是法国大革命充满暴力的时期，对立的政治派系之间发生了剧烈冲突。1793 年 3 月，山岳派在罗伯斯庇尔的领导下，依靠群众的街头暴力控制了政府，开始施行暴力，1793 年 9 月 21 名吉伦特派领袖被送上了断头台，在全国范围内一共处决了数万人。1794 年，罗伯斯庇尔倒台，吉伦特派当政，雅各宾俱乐部被禁，一些领导者，包括罗伯斯庇尔，被处死。

雅各宾派统治法国时期，面对内战及第一次反法同盟的入侵压力，为了国家的"救亡图存"，才以革命手段大规模处决"革命的敌人"。法国历史学家亚伯特·马迪厄（Albert Mathiez）指出，公安委员会的职权是基于战争的需要，作为执政者，公安委员会意识到暴力偏离了人民的意志，但为了应付紧急形势，不得不采取非常的手段。马迪厄还认为，他们力图把暴力作为权宜之计，以免干扰早期革命的成果。[1] 历史学家理查德·科布（Richard Cobb）也指出，在革命和反革命对抗之时，异常激烈的革命手段是一种对人民和法兰西的再教育。反革命叛乱发生在里昂、布列塔尼、旺代、南特、马赛，保皇党人对国王的忠诚和王权的正当性仍然是革命最大的威胁。科布写道："革命者自己，生活仿佛在战斗……很容易被说服，只有恐怖统治和武力镇压才能从他们敌人的打击中拯救他们"。[2] 科布和马迪厄都认为，恐怖暴行仅是对环境的反应，是必要之恶，自然的防御，而不是暴力的气质或过度激情的体现。事实上，1793年的法国革命暴力也只维持了一个不长的时间，1794年就已经减缓和消除，不是阶级斗争天天讲月月讲的那种暴力。

雅各宾党认同宪制主义，强烈主张人的权利，特别是宪法原则中所说的"自由、财产、安全和抵抗压迫的自然权利"（1793年宪法第二款）。1793年宪法要维护的不仅是社会进步，而且是公民自由。法国革命促成了"公民"的观念。卢梭在《社会契约论》中说，公民是个人与普遍意志之间崇高的互惠关系，这是他"公意"观念的基

① Albert Mathiez, "A Realistic Necessity", in *The French Revolution: Conflicting Interpretations*. Selected and Edited by Frank Kafker, James M. Lauz, and Darline Gay Levy. Malabar, Florida: Krieger Publishing Company, 2002. p. 192.

② Richard Cobb, "A Mentality Shaped by Circumstance", in Frank Kafker et al. eds., *The French Revolution: Conflicting Interpretations*, p. 200.

础。这样的公民和普遍意志观念包含在《人和公民权利宣言》和1793 年法国宪法中。由于法国革命遭到内部和外部的严重威胁，这个宪法很快就中止实行了。但是，雅各宾党从来没有把政治专政作为自己的目标，雅各宾党并不需要实现政治上的专制，因为他们在众议院中占大多数。终止宪法只是一个在"例外状态"或"紧急状态"下应急的权宜之计。

极权主义在它们的革命或运动初期有与雅各宾党相似的"例外状态"。在遭遇到危险和威胁时运用非常的暴力和恐怖手段，这可以解释为紧急状态下的"以恶制恶"或"必要的恶"。在夺取和维护政权的战争时期，从"造反"到"革命"，没有不暴力不恐怖的，也没有不牺牲普通老百姓的生命、财产和其他权利的。我们今天所说的极权暴力和恐怖之恶指的主要不是这种例外状态下的恶（尽管这样的恶不容忽视），而主要是指在取得政权后，并在政权非常稳固时运用的暴力和恐惧，一种持续不断的常态暴力和恐惧。意大利思想家古奥乔·阿甘本（Giorgio Agamben）指出，纳粹极权的一个主要政治作为就是悬置法律，把集中营这样的"例外状态"永恒化、制度常态化。将例外状态常态化，将紧急状态长期化，将日常生活政治运动化，永远绷紧仇恨之弦，这是所有极权统治的惯用手段，也是它的一个本质性特征。因此，即使在敌对阶级被消灭之后的和平时代，极权统治仍然会把残酷的种族迫害或阶级压迫作为一项国策，并建立起与此一致的集中营或劳改营制度。这种长期化的，号称是"专政"的暴力统治与历史上雅各宾党那个短暂的紧急状态是完全不同的。

"专政"在古罗马时代是一种战时状态，一旦局势比较稳定，就重新让位给民主制度，这是一个过渡性的紧急措施。但是，在极权国家，专政不仅延续到和平时期，而且还进一步要永久延续，这是极权政治体制的标志性特征。

启蒙哲人并不希望发生后来的那种血腥、暴力的法国革命。他们把社会改良和政治改革的希望寄托在开明君主而不是愚蒙未开化的群氓身上。他们中有的预见了革命，但不会期待那种会杀自己头的革命。不应该由他们来担负后来革命暴力的罪责，就像不应该由马克思来为"文革"负责一样。伏尔泰于1764年给友人的一封信中写道："我眼见发生的每一件事都在为革命播种，革命不可避免会发生。我是见不到那一天了。法国人经常迟到，但他们总会到场的。启蒙一天天扩散，一有机会革命就会爆发，必然引起震荡。年轻一代是幸运的，他们将看到伟大事件的发生。"[1] 在著名的启蒙哲人中，只有孔多塞"幸运"地看到启蒙导致的革命，而爱尔维修死于1771年，伏尔泰和卢梭死于1778年，达朗贝尔和狄德罗分别死于1783和1784年，霍尔巴赫死于1789年但在革命爆发之前。惟有孔多塞看到了革命的发生，他对革命寄予很高的期望，但革命的恐怖迫使他不得不逃离巴黎，两天后被捕，又过了两天，被发现死在关押他的牢房里。

在启蒙哲人中，卢梭是最激进也是后来对法国革命影响最大的。他对罗伯斯庇尔也有直接的影响。罗伯斯庇尔说："人是善良的，因为他是由自然之手创造……如果人腐败，责任在于罪恶的社会制度。"这是在重述卢梭在《爱弥尔》开篇中说的："在离开万物作者之手的时候，万物就善，在人的手里，万物都退化。"罗伯斯庇尔说："人民善良、忍耐、大度……人民的利益和愿望就是自然、人性

---

[1] Geoffrey Bruun, *The Enlightened Despots*. Henry Holt & Co. , 1929, p. 102.

和普遍福祉的利益和愿望……人民永远比个人更有价值……人民是至高无上的，个人是脆弱的。"① 罗伯斯庇尔所说的"人民"就是卢梭所说的"公意"（"普遍意志"）。卢梭要求建立"德性共和国"（the Republic of Virtue）和"德性统治"（the reign of virtue），这种德性要求"个别的意愿"与"普遍意愿"一致，这是一种"公民宗教"。虽然每个人都可以选择信仰或不信仰它，但选择不信仰的必须被驱逐出国家，说自己信仰但其实并不真的信仰的则必须处死。这是一种激进的改造方案，不仅要改造社会，更要改造社会中所有人的人性。这样就成为意大利乌托邦社会主义者菲利普·邦纳罗蒂（Philippe Buonarroti）后来所构想的"教育专制"（educational dictatorship）。② 如果说这种公民宗教或教育是强制的，那也是为了更有力地支持共和，而不是后来极权主义的那种专制独裁。

美国汉学家史华慈不止一次讨论到卢梭的"德性统治"与"文革"再造中国人人性（灵魂深处闹革命）在理念上的某些相似。③ 然而，如果我们在反思那场长达十年的"文革"时，把卢梭当作它的思想源头或者罪魁祸首，那一定是一个荒唐的笑话。同样，我们可以察觉到卢梭的"公民宗教"与希特勒等的党化教育的某些类似，但那也不过是存在于我们自己头脑里的联想而已，并不能由此得出希特勒等的极权主义党化教育是继承了启蒙运动传统的结论。这个道理其实是很明白的，就好比驴子有四条腿，马也有四条腿，但驴

① Roberspierre, *Lettres à ses commetans*. Paris，1792，II，p. 55.
② Philippe Buonarroti, *Conspiration pour l'Egalité dite de Babeuf*, *suivie du procès auquel elle donna lieu*（1828）.
③ 见萧延中对史华慈《德性统治："文革"中的领袖与党》（1968）和《卢梭在当代世界的回响》（1978）的讨论。萧延中：《"文革"的政治思想根源：史华慈论卢梭、孟子与毛泽东》，https：//www. boxun. com/news/gb/pubvp/2009/11/200911091256. shtml.

子并不是马，马更不是驴生出来的。

6. 法国的政治观念启蒙

　　法国启蒙与革命研究的一种富有争议的问题是，启蒙思想，尤其是启蒙的政治观念，是否造成了旧制度的崩溃？法国启蒙哲人——伏尔泰、狄德罗、达朗贝尔、霍尔巴赫，是他们播下了法国革命的火种吗？后世之人怎么回答这样的问题在很大程度上决定了他们对启蒙哲人的毁誉和对启蒙运动的历史评价。启蒙运动与法国大革命相继发生，人们很容易因时间的先后而在这二者之间构建一种因果关系，开始只是逻辑推测，然后便成为历史事实。到启蒙中或者只是到法国启蒙中去寻找法国革命恶果的原因，这样的做法从埃德蒙·柏克抨击法国大革命就已经开始了，他诟病启蒙哲人将自由抽象化为孤立的形而上学的理性观念，消弭了个人价值抉择和传统所蕴含的经验智慧。柏克的保守主义近年来引起不少中国学人的兴趣，也成为他们因推崇英国政治经验而几乎完全否定法国革命的依据，这种对法国革命的否定又本质化为对革命本身的否定，成为1990年代初"告别革命"的后续。

　　法国启蒙应该为法国革命背负恶名，这在许多人看来是顺理成章的事情。1794年，当法国革命的恐怖刚刚平息，康德的学生约翰·海因里希·海涅（Johann Heinrich Hirsch）就断言："异端、自由思想、雅各宾主义、拒绝不管多么受尊敬的权威，这些统统被称为启蒙。今天，启蒙就是背叛。"文学批评家泰勒（Hippolyte Taine）甚至将法国启蒙比喻为"毒药"，"如果我们看见人，除了体格有点弱之外，看上去还很健康，又没有什么坏习惯。他喝了一剂显然是新发明的药，突然倒在地上，口吐白沫、四肢抽搐"，不用多说就知道是中了毒。那个还算健康的体弱之人便是 18 世纪的法国，而那毒药就是启蒙哲学。[①]

然而，越来越多的 18 世纪法国史和思想史研究揭示，法国启蒙哲人并不是旧制度的敌人，他们与政府的关系是暧昧而非敌对的。正如历史学家丹·艾德斯坦（Dan Edelstein）所说："我们所说的法国启蒙，这场思想、社会和文化的运动，如果没有'启蒙'作家与大臣、贵族、甚至国王情妇……之间的紧密同盟，是不可能的。"当然，国王的政府官员并不都青睐启蒙作家的著作，启蒙哲人也并不总是能逃避书籍违禁带来的麻烦甚至牢狱之灾，"但他们仍然受到来自法国国家最高层的保护"。[②] 要了解 18 世纪法国哲人那里的政治观念，就一定不能忽视他们与政府权力阶层之间的那种至少是互不敌对的关系。

18 世纪启蒙时代的法国政治思想被视为 17 世纪英国政治思想的法国式延续，17 世纪的英国政治理论（尤其是霍布斯和洛克）是对启蒙的"长 18 世纪"的最重要的贡献。所谓"法国式"也就是，在延续的过程中，法国政治理论发展出与 17 世纪英国自由政治思想有所区别的特点。[③] 论激进的程度，英国的政治理论要超过法国，洛克要比伏尔泰危险得多，他的政治颠覆性也超过了法国哲人中最激进的

[①] Quoted in Pagden, *The Enlightenment and Why It Still Matters*, p. 376.

[②] Dan Edelstein, "Political Thought", in Daniel Brewer, ed., *The Cambridge Companion to the French Enlightenment*. Cambridge University Press, 2014, p. 78.

[③] Keith Michael Baker, *Inventing the French Revolution*: *Essays on French Political Culture in the Eighteenth Century*. Cambridge University Press, p. 182. Dan Edelstein, *The Enlightenment a Genealogy*. University of Chicago Press, 2010.

卢梭（后面还要述及）。既然没有人要启蒙的英国的政治理论为法国革命负责，又有什么理由独独要受英国影响的法国启蒙政治理论为法国革命负责呢？

18 世纪法国启蒙者求助和借用 17 世纪的英国政治思想，舍此之外没有别的选择。这是因为，在这之前法国人生逢路易王朝"盛世"，法国的思想前辈几乎没有人对君主专制的现状有什么挑战，而英国则已经有了这方面的成果。就像所有跨国界的思想和理论借鉴一样，政治理论在从英国输入法国的过程中悄悄发生变化。有的部分被剔除了，有的部分虽被保留，但却被重新解释和挪用，因此变得与原来的理论貌合神离。艾德斯坦指出，如果要细加分析英国和法国政治理论的联系，不妨从"自然权利"和"共和主义"这两个方面来理解。这两个方面的理论都是从英国输入的。英国理论在法国的变异反映了法国启蒙哲人在反专制政治上的暧昧和矛盾。"他们猛烈批评政府，但从不质疑政府的合法性。他们指责法国司法体系，但掣肘国王、令国王耿耿于怀的正是法国的法庭。法国革命者把启蒙哲人视为思想之父，但启蒙哲人自己却远不是什么革命者。他们顶多不过是'有破坏性的保守人士'……一面反对剧烈的突然变化，一面却也敦促和提倡政治权威和制度的改良，一面鼓吹他们心目中的进步，一面却总是在充当主流派的角色。"①

把自然权利和共和主义连为一体的是"社会契约"的观念，自然权利中的自由人自愿结成一种平等的防止权力宰制的关系，这样的理念也就是共和主义。正如威斯康辛大学政治学教授帕特里克·

① Dan Edelstein, "Political Thought", in Daniel Brewer, ed., *The Cambridge Companion to the French Enlightenment*. Cambridge University Press, 2014, pp. 78 - 79.

赖利（Patrick Riley）所总结的："社会契约论的核心是这样一种观念：政治合法性、政治权威以及政治义务都来源于被统治者的认可，都是自由与平等的道德主体自愿同意的人为产物。根据这一观点，合法性和责任取决于一连串自愿的个人行为，而不是取决于'天然的'政治权威、家长制、神权政治、神授权利、必要性、习俗、便利或者某种心理冲动。"[1] 迈克尔·奥克肖特（Michael Oakeshott）非常正确地将契约论称为一种关于"意志与技巧"的教义。[2] 也就是说，契约是人与人按照共同的意愿，运用协议的技巧所设计而成的一种政治原则。它的权威来自自愿的自由人本身，而不是任何超人的来源。

自然权利经常是用对人的"自然状态"的想象来表述的，在霍布斯、洛克那里是这样，在卢梭那里也是这样。这种对自然人和自然状态的描述是一种哲学性质的"推测历史"（conjectural history），是对历史的哲学重构。尽管它不是过去真实发生过的事情，但可以推理它必定发生过。这样的历史对我们有一种特殊的重要意义，因为它具有一种非常清晰扼要的、不为现实细节干扰的思辨逻辑。"推测历史"是 1790 年代由苏格兰启蒙哲学家杜格尔德·斯图尔特（Dugald Stewart）提出的一个说法，它不同于我们熟悉的"叙事历史"。"推测历史"是通过假设来寻找某个历史过程的自然原因，以便对历史进程作出推测或理性的解释。所以不能拿它当叙事历史来阅读。在对历史的哲学重构上，卢梭显然受到了英国哲学家的影响。但是，与霍布斯的人性本恶论和洛克的人性白板论不同，卢梭提出

---

① 帕特里克·赖利：《社会契约论及其批评者》，《剑桥十八世纪政治思想史》，第 332 页。
② Michael Oakeshott, *Hobbes on Civil Association*. Berkeley, University of California Press，1975，p. 7.

的是人性本善论。这也可以说是英国理论向法国转移过程中的一个变化和创新。

在洛克那里，英国自由政治的核心是对抗和限制君主绝对权力以及强调主权在民，法国启蒙哲人在现实政治中、在政治理论上都难以摆脱在对抗专制问题上的矛盾和暧昧。英国的政治理论是英国人在 17 世纪与君主专制权力的严酷斗争中形成的，而法国 18 世纪的政治理论则是在法国君主专制没有受到实质性挑战的情况下引入的一种新政治知识话语。1642 年至 1689 年的英国处在政治剧烈动荡中，君权受到猛烈冲击，从 1603 年詹姆斯一世登位到 1715 年内战结束，英国有过 9 位国家元首，经历了 5 次朝代更替。在剧烈的政治动荡中，英国人提出了"主权在谁"即"谁来统治"的问题。英国内战（1642—1651）使这个问题在政治理论上和实践上都变得异常尖锐。查理一世虽然失败，但不肯放弃他对国家的绝对权力，反对者处死了这位国王，以最激烈的手段重建一种不同的政府制度。

相比之下，同时期的法国政局却要平稳得多。路易十四成功地加强了法国的绝对君主统治，成为全欧洲君主专制的典范。路易十四去世后，从 1715 年至 1723 年的八年里，由于国王路易十五是未成年人，法国的国家大权掌握在路易十四的侄子、摄政王菲利普亲王手里。法国政治和道德虽然极为腐败，但社会仍然是一派繁荣景象，丝毫没有败落或灭亡的迹象。孟德斯鸠见证的就是这样一个时代，他的《波斯人信札》（1721）对这个时代作了令人印象深刻的描绘。

专制是一个依靠强人统治的制度，统治者越强悍有力，专制制度就越稳固，路易十四统治时就是一个专制统治者特别强悍、专制制度特别稳固的时代。强悍的专制者都是因为消灭了其他强悍对手才得以成为专制独裁君王的。这样的君王一死，由于其他强悍者已经被除掉，所以难以找到与他一样强悍的继承者来维护他那稳固的专制制度。于是，以前难以想象的政治、经济、道德危机纷纷显现，种种不确定和困扰也就接踵而至。与危机和不确定伴生的经常是腐败和对腐败的迁就和妥协，金玉其外败絮其中的太平盛世的景象也正是靠着腐败才得以维持的。

1723 年，摄政王菲利普亲王去世，"路易十五登基，受到极大欢迎，得到人民的热情拥戴，被称为'受爱戴的路易'。然而，没有一个国王像他那样受到后代的贬弃。君主制度每况愈下，外患加财政危机，这一切都归咎于他"。他登基时 33 岁，"在战争中骁勇善战，在和平时温和又克制。……自亨利四世以来，还没有一位君主像他那样深得人心。当宣布他患病时，人们蜂拥到教堂，为他的康复祷告"。① 路易十五的统治结束于法国大革命前 15 年、美国革命的前夜，他在位期间（1723—1774）正是法国启蒙运动的高潮时期，《百科全书》是在 1751 至 1772 年间出版的，伏尔泰和卢梭都是 1778 年去世的，比路易十五不过晚了 4 年。

在这个盛世假象仍然被有效地维持，而民众还没有从满足和麻木中惊醒的历史时刻，启蒙思想，尤其是政治思想，是否已经渗透到法国人的精神之中了呢？对这个问题，法国历史学家雅克·索雷（Jacques Solé）和许多其他的历史研究者一样，给出的是否定的答案。他认为，启蒙哲人在 18 世纪时影响相当有限。一般人根本不会关心政治理论，"即使在有能力浸淫其间的少数人那里，职业、宗教

① 皮埃尔·米盖尔：《法国史》，桂裕芳等译，中国社会科学出版社，2010 年，第 156，161—162 页。

和历史主题仍然是文化上的首要关注。无论在巴黎还是外省，祈祷书的流通量都要超过哲学书籍。在思想口味上，人们还是偏好超自然的、神迹的和虚幻的。人群中唯一有能力理解并支持启蒙哲学的是开明贵族。他们并未让人失望，18 世纪伟大作家们的成功主要归功于这些人"。今天看来，启蒙思想，尤其是政治思想没有能渗透到法国人的精神之中，并不奇怪，因为正如索雷指出的那样，这样的思想不仅普通民众（无论是资产阶级还是平民）都嫌太陌生了，而且"启蒙哲学的大部分主题都与实际问题缺乏联系"。[①]

现在已经有大量的研究显示，直到 1789 年春，启蒙运动在保守思想根深蒂固的法国资产阶级中间仍然根基浅薄。它的社会影响局限在贵族中的开明人士身上。因此，法国启蒙思想和启蒙哲人在法国社会中并不是处于主导地位的，除了一些精英聚集的地方（如沙龙、学院或其他思想机构，并且是在巴黎而不是外省），主流社会对启蒙仍是陌生的，甚至是反对的。政治理论或哲学都是小众读物，18 世纪是如此，今天还是一样，即便是思想史上的名著也未必在社会史上会留下什么痕迹。因此，我们在回顾 18 世纪法国政治理论的重要著作时，重视的是其思想价值而非直接社会影响。

7. 政治哲学与政治方略

在法国相对稳定的君主专制统治下，法国启蒙哲人的政治哲学是相对温和的。在他们那里，提出怎样的政治哲学或理论，以什么

[①] 雅克·索雷：《拷问法国大革命》，王晨译，商务印书馆，2015 年，第 11—12 页。

样的话语来表述，与他们传播的知识和运用的传播方式一样，都是政治方略的一部分，因此需要放在实际的政治环境里去理解。这种政治方略都把启蒙者的自我保全放在第一位，然后才谈得上反对什么或要求什么。一直到今天，这仍然是所有启蒙者的基本政治方略。阅读他们的著作不能只看文本说了什么，而且还要看文本没有说什么，为什么说，为什么没有说，如何说能说的，说到什么程度，等等。

至少是作为政治方略，伏尔泰、狄德罗和他们的许多同道都把改革的主要希望寄托在开明专制上，不要说革命的火药味，就连反叛的情绪也都很勉强。卢梭是他们中间最激进的，但是，即便是政治激进的卢梭，在与 17 世纪的洛克相比时，他的政治理论在对待专制的问题上也要间接和软弱得多。这是他们两位对美国建国和立宪的影响一强一弱对比鲜明的一个主要原因。他们在对待专制问题上的差别可以从最能体现各自"契约论"的传世名著中看出来，一部是洛克的《政府论·下篇》，另一部是卢梭的《社会契约论》。

第一，在洛克以自然权利为基础的政治学说里，主权在谁是订立社会契约的关键，更重要的是，订立法律是一种政治权利。洛克认为，人脱离自然状态，聚集在一起决定选择怎样的政府，这是一个政治意志选择的结果。他们有订立契约的政治权利，他们订立的是众人必须服从也自愿服从的法律。在洛克那里，是同意造就了政治权力。他说："政治社会全都源于一种自愿的结合，源于可以自由选择他们的统治者和政府形式的人们之间的相互协议。"（《政府论·下篇》102 节）他还说："统治者必须把人民置于出于他们自己的意志、选择与同意的那样一种政府形式之下。"（《政府论·下篇》

192 节）他坚持把正当的政治权力与父权制及专制权力区分开来。自然给予父母以第一种权力，即父权，以便在儿女未成年时照顾他们的利益，以补救他们在管理他们的财产方面的无能与无知。人民自愿的协议给予统治者们以第二种权力，即政治权力，要求他们照顾人民的利益，保护人民占有和使用自己的财产。（《政府论·下篇》第 6 章，"论父权"）

但是，在卢梭的社会契约论里，从自然状态到社会只是一个自然演化的过程，并不涉及政治权力。卢梭认为，自然状态是从家庭开始的，自然状态中的人们已经生活在尊崇自然法则的融洽关系中了。这样的关系是从家族部落自然发展而来的，根本没有订立社会契约的必要。在卢梭那里，人群的集合是一个"文明"，而不是像洛克所说的政治过程。在某个（并不明确的）时候，原始生存开始逐渐转型，变成了卢梭所说的文明。这种转变的最早标志是非社会性（asocial）的存在者们开始聚集在一起。出于许多与生存需要相关的原因，孤立的原始人离开了他们孤独、流浪的状态，形成核心家庭，定居在简陋的小屋中，从而建立起土著社会。

这样的社会仍然被视为是自然的。只是忧虑自然状态会被劳动分工、语言、不平等的等级、私有财产等破坏，文明逐渐腐朽，在这样的情况下，人们才必须要对一项新的社会契约表示同意，并进入那个缔约的新共同体。这也是为什么卢梭会这样说的理由："既然任何人对于自己的同类都没有任何天然的权威，既然强力并不能产生任何权利，于是便只剩下约定才可以成为人间一切合法权威的基础。"卢梭并不认为任何暴力革命会带来一个道德的共同体，人们必须自由地建立和加入某种新的契约共同体。有了这样的契约，他们的共同体才能使他们真正获得自由和解放，使他们摆脱腐朽的文明。

共同体的权威就是政府，创建政府完全是为了执行拥有主权的人们的意志，这是政府正当性的唯一基础。（*The Social Contract*，bk. 1，ch. 4）

第二，在洛克那里，人民订立他们自己服从的法律，谁有权利订立法律是一个关键，不是国王或其他统治者，而是人民自己。法国启蒙回避这个问题，它关注的不是谁制定法律，而是，什么是好的法律。回答是，符合自然法则的就是好法律，不符合的就是不好的法律。于是，法律的起源问题被回避掉了，法律变成了一种浪漫和神话的东西。丹·艾德斯坦对此写道："通过对统治者立法问题的巧妙回避，启蒙哲人可以把注意力转向国家改革。正如法国政治经济学家、重农学派经济思想的先驱人物米拉波侯爵（Victor de Riqueti，Mirabeau）在他很有影响力的《人民之友》（L'Ami des hommes，1756）中所说，'必须从国家里除去一切与自然权利对立的东西'。在这个过程中，统治者是动力而不是阻碍。"这也是所谓"立法专制"（legal despot）——由统治者，而不是人民掌握立法权——的理论。正是专制统治者所喜欢的。①

在卢梭那里，立法"需要有一种能够洞察人类的全部感情而又不受任何感情支配的最高智慧；它与我们的人性没有任何关系，但又能认识人性的深处"。（*The Social Contract*，bk. 2，ch. 7）立法者也不是人民，而是一名受到神启般的人，具有发现和判断公共利益的智慧。卢梭给出一些历史和神话人物作为立法者的榜样，《旧约》里的摩西、《古兰经》里的穆罕默德、古代斯巴达的莱库古、古罗马

---

① Dan Edelstein, "Political Thought", in Daniel Brewer, ed., *The Cambridge Companion to the French Enlightenment*, p. 83.

的罗慕鲁斯。作为领路人和导师，这样的立法者没有任何个人私利，完全致力于共善，他们以人民代理人的身份行动，带领人民建立道德的共同体。他们是人民的太阳、父亲、恩人。[①]

人民善良但无知，必须接受立法者的法律教育。人民有追求幸福的目标，但他们不知道如何实现它，在无人协助的情况下，甚至可能认识不到这个目标。恩人立法者将每个人转变为集体的一部分，从而使他们在什么是他们真正利益这一点上得到启发。立法者是契约的提供者，擅长订立基本法和所有必要的观念和制度，使公意能得以进行统治。人民通过接受契约而表明他们的同意。

卢梭认为，即使是像立法者这样诚实、智慧、无私的人，也不能相信他会永不腐败。所以在创建了共同体之后，立法者退出政治舞台，因为政府里没有他的位置，"否则，他的法律受到他的感情的支配，便只能令他自己的不义永久化，而且也不能避免他个人的意见损害他自己事业的神圣性"。（*The Social Contract*，bk. 2，ch. 7）但我们知道，这样诚实、无私的立法者是根本不存在的，所以才有必要用笼子关住他的权力。现实政治中的立法者，从来没有立法后退出政治舞台的，卢梭的政治观真的是太天真浪漫了。

第三，洛克的政治学保留和坚持人们反抗的权利，人民有权更换政府，这是洛克政治理论最具革命性的部分，也是他对美国革命最根本的影响。洛克在《政府论》第 19 章里专门讨论了"政府解体"的问题。当人民与政府中的立法和行政发生了严重的冲突，以致社会信任被瓦解的时候，由谁来裁决政府该不该解体呢？洛克的

---

① 唐纳德·坦嫩鲍姆、戴维·舒尔茨：《观念的发明者》，叶颖译，北京大学出版社，2008年，第 263 页。

回答是，由人民来作裁决。这也就是人民进行革命的权利。美国革命时的《独立宣言》所宣告的就是美洲人民的这种权利，他们正是用这种权利为依据，诉求以武力更换政府，建立新的社会契约。

这对法国启蒙哲人来说显然在政治上太敏感也太危险了，他们即便在引用洛克时也回避这点。《百科全书》有大段引用洛克《政府论》的文章，狄德罗的《政治权威》（Autorité politique）可以说是《百科全书》里最著名的政治论文，在这篇文章里，他拒绝了洛克所说的人民反抗权利。他在《布甘维尔航海补遗》（Supplement au voyage de Bougainville）中解释为什么不考虑反抗，"任何一个凭一己之力违背坏法律的人，都给每个人违反好法律提供了依据"。① 伏尔泰认为，"任何一个鼓动人们造反的人，任何一个参与危害国王的人，任何一个在社会上捣乱的人"都不配称为启蒙哲人。② 不愿意赞同对暴政的人民反抗，在启蒙哲人那里是很典型的。他们一面批评政治权力，一面小心翼翼，唯恐一不小心触犯了现实政治的禁忌。

卢梭是启蒙哲人中最有民主思想的，他同样对人民反抗和革命特别小心，他警告说，如果让受压制的人民"试图去掉自己身上的缰轭，他们就会离自由更加遥远……他们经常被革命赶到蛊惑者那边，而蛊惑者只会增加他们身上的锁链"。③ 在《社会契约论》中，他即便在论及"政府滥权"和"政治制度死亡"的时候，也没有提

① Denis Diderot, *Political Writings*. Trans. and ed., John Hope Mason and Robert Wokler. Cambridge University Press, 1992, p. 74.

② "Voltaire, Questions sur l'Encyclopédie, see 'Superstition'", in *Complete Works of Voltaire*, vol. XLIIL, ed., Nicholas Cronk and Christiane Mervaud. Oxford: Voltaire Foundation, 2003, p. 319.

③ Jean-Jacques Rousseau, "Discourse on Inequality", in *The Discourses and Other Early Political Writings*, ed Victor Gourevitch. Cambridge University Press, 1997, p. 115.

到人民对这种政府的正当反抗。（*The Social Contract*，book 3，chaps. 10－11）

在 18 世纪，共和主义是一种不同于自然权利的政治话语，反专制是共和主义的题中之义，但却可被排除在自然权利之外，在霍布斯那里就是这样。卢梭几乎是唯一公开使用共和主义话语的启蒙思想家，这也让他在启蒙哲人中显得相当另类。但是，他也不谈公民对政府的抵抗权或是更换不义政府的权利和责任。他从共和的自然兴衰方式来看待政府的更迭和政权的变换。卢梭强调的是，国家政权的衰落和崩溃是从内部开始的，缘于腐败和政府的退化，与普通民众是否有权利反抗政府或更换政府没有直接的关系。与洛克的自然权利理论相比，卢梭的政权兴衰论显现出更加古老的古典共和色彩。

卢梭的共和主义与他的经历有关，他曾经是日内瓦共和国的公民。但是这种经验对他后来生活在法国这样一个完全不同的大国并没有太大的实际用处。因此，他在法国启蒙背景下发表的共和理论仍然只是理论上的，并不是为法国政体变革提供什么见解。卢梭在《忏悔录》里提到自己年青时阅读李维（Titus Livius）和普鲁塔克对古代共和人物的描述，"觉得自己变成了阅读到的人物"。[①] 卢梭一直到后来才"皈依"共和主义，从此以后，他便抛弃了城市化、商业化的现代生活，决心过罗马人那种德性和简朴的生活去了。[②]

卢梭的同时代人也熟悉罗马历史学家李维和普鲁塔克，了解文

---

① Jean-Jacques Rousseau，"The Confessions"，trans. Christopher Kelly，in *The Collected Writings of Rousseau*，ed.，Christopher Kelly，Roger D. Masters and Peter G. Stillman，I2 vols. Hanover，NH: University Press of New England 1995，vol. V，p. 38.

② Rousseau，*Collected Writings*，vol. V，p. 295.

艺复兴时期马基雅维里笔下的罗马共和，他们也会提出一些听上去像是共和主义的观点。但是，有两个在他们看来是现实的原因，让他们不认为共和政体真的可以替代法国的君主专制。第一个原因是法国的国家规模。狄德罗所说的"只能有小的共和"得到普遍认同，共和的公民荣誉、德行、参与等等只适用于道德文化同质性很高的小国，不适合于大国。[①] 第二个原因是古老社会已经不可恢复。共和要求公民坚守美德，相互在经济上平等，简朴坚韧。然而，城市化和商业化的现代社会已经不可能再维持这样的美德，按照孟德斯鸠的说法，君主政府（他是指英国的君主政府）正是因为适合于现代社会的发展才形成的。（《论法的精神》，Book 5，chapter 19）

对 18 世纪的法国启蒙来说，共和主义虽然不再是一种可行的政治方略，但却仍然是一种有用的批判话语。正如历史学家基思·贝克（Keith Baker）所说，共和主义只是一种政治分析话语，不是一种理想的政府统治形式。发挥这种作用的共和主义成为一种批判话语，"对象是日益加强的行政国家，这种行政国家既助长了现代商业社会的个人主义，也借助于这样的个人主义"。[②] 对现代国家弊病加以批判的是古代共和，它与美国革命后在一个大的国家里建立的现代共和是不同的。

古典共和对现代商业国家的批判是以"德行"和"腐败"这两个对立的分析性范畴为基础的。孟德斯鸠把美德视为共和的首要决定因素，丧失共和美德（责任和义务、清廉、简朴、奉公守法、爱

---

① Denis Diderot, "Réfutation suivie de l'ouvage d' Helvétius intitulé 'L'Homme'", in *Oeuvres complètes*, 20 vols., ed., Jules Assézat. Paris: Garnier, 1875, vol I, p. 390.

② Keith Michael Baker, "Transformations of Classical Republicanism", *Journal of Modern History*, 73（2001）: 32 - 53, p. 35.

第三章 法国启蒙：理性与革命 | 183

国，等等），腐败必然进逼，共和必然蜕变。然而，批评一个德性丧失、腐败丛生的政权或国家，并不一定需要从共和的立场出发。非共和的，甚至维护专制的立场，也同样可以提倡美德，同样可以要求防腐反腐，同样可以倡导守法和爱国。因此，古代共和的美德诉求并没有实质性的现代民主改革价值。

就针对专制主义的政治改革价值而言，古典共和的法治和权力分散原则才是更具有现实意义的。这一理论可以追溯到亚里士多德和普鲁斯特称赞的混合政府理念，马基雅维里在讨论罗马共和时也特别提出，罗马共和的强大在于其君主（执政官，consuls）、贵族（参议院）和民众（护民官，the tribune）的融合。在英国的共同体（Commonwealth）政治中，混合政体的理念发展为一种新形式的主权分离，一种君权和议会两院互相制衡的权力架构。孟德斯鸠在讨论英国宪制的时候，介绍了这种分权方式，还加上了司法权，作为防备专制的方式。（《论法的精神》book II，chap. 6）。孟德斯鸠并不反对立法和行政权像当时法国那样集中在一个人或一个机构那里，但他认为司法必须独立。他以奥斯曼帝国的法庭为例来说明司法不独立的恶果。伏尔泰认为孟德斯鸠所说的"东方专制"其实是在影射法国国王。[1]

今天，司法独立已经在全世界范围内被视为对行政权力和立法权力的一种权力平衡，司法独立不仅对遏制行政权力的腐败和立法权力的滥用有重要的遏制作用，而且是公民个人自由的重要保障。因此，共和的权力分散和制衡，以及以此为基础的宪制法治，也是

---

[1] Dan Edelstein, "Political Thought", in Daniel Brewer, ed., *The Cambridge Companion to the French Enlightenment*, p. 86.

18 世纪启蒙留给我们今天最重要的一份政治遗产。它强调的是，不管在什么政治制度的国家里，即使在君主制国家里，每个人也都应该受到法律的保护，并在这个意义上是自由的。在 18 世纪的法国，这个"法律"指的是"现有的法律"，或者是"符合自然法则的善法"。孟德斯鸠甚至认为，这样的自由在君主体制下比在共和体制中更有可能。（《论法的精神》Book，11，chap. 6）。

生活在只能由专制权力制定的法律秩序中，不管法律多么符合自然法则，从洛克《政府论》中的观念来看，都是不够的。卢梭在这个问题上比其他启蒙哲人更为接近于洛克，他不只是把自由看成是按法律生活，而且是按自己参与制定的法律生活。这是卢梭比其他启蒙哲人走在前头的地方。受卢梭影响极大的法国革命理论家和领袖人物伊曼纽埃尔·西耶斯神甫明确地提出了平民参与制宪的问题（谁来制宪，为何制宪，如何制宪），他在 1789 年 1 月的著名小册子《什么是第三等级》中写道："什么是第三等级？（回答是）所有的一切。在政治秩序中它曾经是什么？（回答是）什么都不是。它想要成为什么？（回答是）重要的力量。"就在这个法国第三等级走到革命政治前台的时候，法国已经不再是启蒙时期，而是革命的前夕了。[①]

8. 法国启蒙与法国革命

说起"革命"，人们头脑里第一个想到的也许就是法国革命。革

---

① 参见乐启良：《西耶斯的制宪权理论研究》。http://www.aisixiang.com/data/99142.html.

命并不是开始于近现代的法国，用历史学家埃里克·加尔顿的话来说，革命与人类一样古老，判断是否发生了革命，取决于我们如何界定革命。他建议把革命限定为"以重构社会为目标的大规模群众运动"，按此定义，"18世纪晚期的法国革命无疑是革命的首例"。[①]

关于法国革命，托克维尔有一个著名的说法："革命的发生并非总因为人们的处境越来越坏。最经常的情况是，一向毫无怨言仿佛若无其事地忍受着最难以忍受的法律的人民，一旦法律的压力减轻，他们就将它猛力抛弃。被革命摧毁的政权几乎总是比它前面的那个政权更好，而且经验告诉我们，对于一个坏政府来说，最危险的时刻通常就是它开始改革的时刻。"托克维尔对民众不满和反抗心理的分析是非常精准的。生活在习惯了的专制压迫下，"人们耐心忍受着苦难，以为这是不可避免的，但一旦有人出主意想消除苦难时，它就变得无法忍受了。当时被消除的所有流弊似乎更容易使人觉察到尚有其他流弊存在，于是人们的情绪便更激烈：痛苦的确已经减轻，但是感觉却更加敏锐。封建制度在盛期并不比行将灭亡时更激起法国人心中的仇恨。路易十六最轻微的专横举动似乎都比路易十四的整个专制制度更难以忍受"。[②]

法国革命并不是发生在民众被压迫得无路可退的时候，而是发生在统治者发善心要让民众有路可退的时候。所以，革命是在民众对苛政感受最轻的地方爆发的。就在普鲁士和奥地利忙着瓜分波兰，俄国在巴尔干和西伯利亚肆意扩张的时候，法国正在经受着因改革带来的阵痛。法国的情况要比基于奴隶制度的普鲁士或俄国好得多，

---

① Eric Calton，*Faces of Despotism*. Aldershot，England：Scolar Press，1995，p. 150.
② 托克维尔：《旧制度与大革命》，第215—216页。

但爆发革命的恰恰是法国。

在 1789 年革命爆发之前发生过一连串重大的事件（后面还要述及），几乎每一件都有可能以不同的方式发生，从而可能向不同的方向影响革命的进程。因此，历史学家可以相当准确地描述这些事件，但却不能以此解释革命为何以它特定的方式在发生。革命的发生是一回事，而革命的发展则是另一回事。

可以说，法国革命的发生是因为法国社会里积蓄了太多的不满，以不同的原因在所有的社会阶层扩散。在他们中间，地位最高的是贵族，他们只占法国人口的 5%，虽然最有影响力，但却未必是最富有的。最富有的是商人，尤其是那些做进出口和奢侈品生意的商人。贵族阶层中的有识之士一直对教会的财富和王室的奢靡及低效多有批评，但整个贵族阶层却是靠国王恩典过日子的。他们中许多人在宫廷行走，排场体面是少不了的，因此在花度上总是捉襟见肘。有庄园的大贵族有可观的收入，但普通小贵族只不过是徒有名号而已。他们的不满是"穷"出来的。法国的教会也是一样，位高权重的僧侣非常富有，而低微的教士则穷得要命，他们的不满也是穷出来的。更不要说那些在社会底层艰难度日的市民和农夫了。穷则思变，思变不需要对君主专制有本质的反感。

这样来看，法国启蒙哲人对社会和政治改革持温和态度也就比较容易理解了。他们之间存在着不同的观点，有的否定君权神授，至少在理论上主张把国家权威从国王转移到人民的意志（卢梭所说的"公意"），有的则主张"开明专制"（伏尔泰），还有的则主张像英国那样改变权力制度设置（孟德斯鸠），更激烈的则是希望社会有结构性的彻底变化（《百科全书》派的一些成员）。

国王及其政府了解这种普遍的不满和求变的民情，觉得需要作出妥协性的改革。他们委派大臣安·罗伯特·雅克·杜尔哥（Anne Robert Jacques Turgot，1721～1781）来推动一些温和的改革。杜尔哥自己就是一个启蒙哲人，他的改革意愿超过了他们的预期。杜尔哥要推动的改革触犯了权贵们的利益，因此失去了国王路易十六和王后的支持。巴黎法院（掌握在贵族手里）开始拒绝注册（registre）国王的命令（因此无法成为有效法令），① 由于这样的严重对抗，改革失去了最后的希望，杜尔哥于 1776 年被罢免，十三年后便爆发了革命。

1789 年 5 月，形势恶化，急转直下，国王不得不决定召开三级会议。6 月 20 日，共计 576 名的第三等级代表和少数第一等级代表签署一项誓言，称网球厅宣誓（Serment du Jeu de paume），成为法国大革命的序幕。在这之前，法王路易十六反对将三级会议改为国民议会，不允许第三等级的代表进入三级会议的会场，因此后者决定在附近的王家室内网球馆开会（当时天已经下雨）。在那里，第三等级的代表们发誓将继续开会，不制定法国宪法决不解散。除一名代表拒绝签字外，其余 576 名代表都在誓言上签字。这是一次革命性的行动，它向世人表明，国家权力应该属于人民及其代表而非君主。

但是，政治理论并不是法国革命的原因，政治理论本身对 1787—1789 年间的国家危机并没有发生什么作用。革命的根源是经济的而非政治的危机。当这个经济危机被政治化的时候，重要的启蒙哲人早已不在人间，而那些还活着的则成为被吓坏了的惊弓之鸟。

---

① 参见王建学：《政治性宪法审查批判——以巴黎高等法院的注册和谏诤为中心》，《中外法学》2017 年第 2 期。

法国启蒙哲人的政治思想与后来的法国王权崩溃之间有着怎样的联系呢？启蒙与革命之间究竟又有着怎样的联系呢？研究者们对美国革命也提出过类似的问题。美国的问题相对比较简单。一般认为，美国革命受到启蒙思想的影响，它本身就是启蒙的产物。美国的开国文献中有许多这样的证据。启蒙运动是美国革命的思想来源：言论自由、新闻自由、平等、公民权利和宗教宽容。美国革命发生在殖民地人民决心从英国独立的时刻，在"独立宣言"中，托马斯·杰斐逊写下了美国人拥有"生命、自由和追求幸福"的自然权利，自然权利的观点便来自启蒙运动。美国立宪时期，三权分立和法治的观念来自孟德斯鸠，主权在民的思想则来自卢梭。美国政治学家拉塞尔·柯克（Russell Kirk）在《美国秩序的根基》一书里更是把孟德斯鸠、休谟、威廉·布莱克斯通（William Blackstone）和埃德蒙·柏克同列为对美国建国最有影响的四位启蒙人物。

　　比起启蒙对美国革命的影响来说，法国革命与启蒙思想之间的关系及其性质一直存在争议。托克维尔提出，法国大革命是 18 世纪君主制与启蒙哲人之间激烈对立的必然结果。这些启蒙哲人（文人）构成了一种"另类贵族，他们没有实在的权力，但却力量巨大"。这种无形的权力因"舆论"变得越来越重要而不断增强，正是因为中央集权将贵族和中产阶级排除出政治领域，这才助长了"舆论"的兴起。由此产生的"文学政治"促进了平等话语，与君主政权是根本敌对的。法国历史学家罗歇·夏蒂耶（Roger Chartier）认为，"托克维尔明确地指出……在变革中文化效应的力量"。[①] 托克维尔所说的

---

① Roger Chartier, *The Cultural Origins of the French Revolution*. Trans. Lydia G. Cochrane. Duke University Press，1991，pp. 8，13. See also Alexis de Tocqueville, *L'Ancien Régime et la Révolution*，1850，Book Three，Chapter One.

文化也就是思想，而文化效应也就是思想和观念的影响。

托克维尔认为启蒙哲人在思想和观念的变革上影响了群众性的法国革命，这个思想史的观点长期被历史学家们接受。但是，1990 年代在美国兴起的社会文化史研究对这一观点提出了质疑，其中的代表人物就是美国历史学家罗伯特·达恩顿（Robert Darnton）。他们认为，法国哲人的启蒙思想对法国革命并没有什么影响，真正发挥影响作用的是地下流传的那些以蛊惑和抹黑国王为能事的小册子。达恩顿本人的研究力图在社会的下层文化结构中追寻反叛思想的传播。他认为，思想史研究者所忽视的下层文人和地下出版物正是革命意识形态在社会中渗透的重要载体。

达恩顿仔细考察了格拉布街下层文人的悲惨境遇与激进思想，勾勒出革命前的法国文化和社会环境。他描绘的是一种自下而上的民众思想变化。然而，他对于启蒙哲人及其经典文本的排斥却并不被许多其他历史学家所认同。例如，启蒙运动研究专家伊斯雷尔在《心灵的革命》一书中就提出，"认为书籍和观点不是法国革命的原因，这一流行观点开始也许有广泛影响，但是，考察其证据的细节，则是完全无法论证的。事实上，不考虑激进启蒙的思想影响，对法国革命的理解几乎没有意义，甚至不具备最起码的解释价值"。[①] 社会文化史与思想史的分歧至今仍然可以在对法国大革命的研究中看到。

应该看到，法国革命与启蒙的关系是暧昧的，一个主要原因是法国革命的过程相当复杂，经历了好几个剧烈变化的不同阶段，而

---

① Jonathan Israel, *A Revolution of the Mind：Radical Enlightenment and the Intellectual Origins of Modern Democracy*. Princeton University Press，2010，p. 224.

启蒙思想在各个阶段的影响也完全不同。美国历史学家杰里米·波普金（Jeremy D. Popkin）将法国革命时期区分为五个阶段。① 第一个是危机阶段，从 1787 年 1 月 1 日到 1789 年 5 月 5 日。第二个是自由革命阶段，持续时间从 1789 年 5 月 5 日到 1792 年 8 月 10 日。革命至此并没有明显的暴力，路易十六想要改革金融体系，但他无法获得足够的公众支持，所以不得不召开三级会议。第三等级的代表（代表所有非神职人员和非贵族的法国人）不满意对他们在三级会议中的安排，宣布另行建立国民议会，有权为法国制定宪法。第三个是激进革命的暴力阶段，始于 1792 年 8 月 10 日，国王被迫在立法议会寻求庇护，后来被"停职"和监禁，最后被处决。革命的暴力席卷了法国，仓促成立的刑事法庭审判"阴谋分子"，在"恐怖九月"中有 1200 人在巴黎被处决，血流成河。这个暴力血腥的阶段一直持续到 1794 年 7 月 27 日（热月 9 日）国民公会投票逮捕罗伯斯庇尔。第四阶段可以称为"热月"和督政府时期（directory period），一直持续到 1799 年 11 月 9 日督政府被拿破仑推翻。第五个阶段是拿破仑时期，结束于 1815 年 6 月 18 日的滑铁卢之败。

革命只是革命时期中的一部分，革命本身又至少有七个关键时刻。一、民众首次大规模政治参与发生在 1789 年 7 月 14 日，巴黎的民众冲进了巴士底狱。二、1789 年 8 月 26 日，国民议会发布了"人权和公民权利宣言"，借用了"美国独立宣言"中的语言，为后来的革命行动奠定了基础。三、1791 年 9 月，革命时期的第一部宪法得到了国王的批准，但在 1792 年 8 月，国王被逮捕并监禁。四、

---

① Jeremy D. Popkin, *A Short History of the French Revolution*. Boston: Prentice Hall, 2010, pp. 152 - 156, 46 - 48.

1792 年 9 月，国民大会掌权并投票取消君主制。五、路易十六于
1793 年初被处决。六、1793 年 6 月有了第二部宪法，随后是 1793
年 9 月至 1794 年 7 月的恐怖统治。七、最后，1795 年，法国有了第
三部宪法。一种看法认为，激进革命结束于 1795 年，接下来的几年
是收尾而已，但另一种看法是，革命持续到拿破仑 1799 年接管权
力，甚至直到他于 1815 年失败才结束。

那么，18 世纪启蒙思想对法国革命又究竟有着怎样的影响呢？英
国著名历史学家、启蒙运动研究专家伊斯雷尔指出，启蒙运动和革
命应该放在一起来看，是"18 世纪末开始的一个过程，是一个基于
自由、平等和'普遍之善'的民主启蒙，遭到国王、贵族和罗伯斯
庇尔的反启蒙阻挠并开了倒车……然后勉强得到恢复"。① 这是一个
出现多次反复的过程，在不同的阶段中，启蒙观念的影响表现不同，
但一直如影相随。

革命前的危机阶段（1787 年 1 月—1789 年 5 月），君主统治严
重丧失权威和控制。这时候启蒙思想的影响表现在新闻自由得到承
认，国王最终同意召开三级会议，对表达民意的新闻媒体压力作出
让步。这是一个从绝对君主制向开明专制转变的阶段。

接下来便是自由革命的阶段（1789 年 5 月—1792 年 8 月）。这
一阶段最重要的成就便是"人权和公民权利宣言"。从某种意义上
说，这是"独立宣言"的法文版本。宣言于 1789 年 8 月由国民议会
通过，后来成为新宪法的序言。

宣言的一些语言明显受到启蒙思想的影响，宣言强调，"无知、
忽视或蔑视人权是造成公众不幸和政府腐败的唯一原因"。只有凭借

---

① Israel，*Democratic Enlightenment*，p. 951.

理性和知识，才能保护人权和公民权利，社会也才能更好地运作。宣言还强调，"人生而自由，平等地拥有权利，而且一直如此"。人人平等拥有的权利包括"自由、财产、安全和抵抗压迫"。自由的观念是理性的，"自由指的是，只要不伤害他人，就可以做任何事情；因此，每个人行使自然权利都要保证社会其他成员享有相同的权利，除此之外，没有其他限制"。宣言还明确规定保护新闻和出版自由，"思想和意见的自由交流是人类最宝贵的权利之一。因此，每个公民都可以自由地说话、写作和出版"。这是人类历史上第一次将"每个人的思想和表达自由确立为一个启蒙的和道德合理的社会的基本原则和权利"。[1] 宣言还强调，"任何不能保证公民权利，或不能确定权力分立的社会，都无宪法可言"。[2]

人权和公民权利宣言是一份了不起的文件，因为它所宣告的原则不仅适用于法国，而且适用于所有国家，是属于全人类的普遍原则。这样的宣告当然不能改变世界，但却史无前例地把启蒙的观念变成一些至今仍被广泛认可的价值和原则，法国革命之所以仍然被许多人视为一个人道理想的象征，正是因为它的自由革命阶段特别强调的普世理想。

在缺乏自由传统的法国，自由革命阶段的民众解放开创了一个自由的传统，对此，索雷写道："直到 1830 年，法国的自由主义者一直是革命派。此后，他们仍然只能继续表示对大革命的认同，至少是部分的认同……他们无法像柏克在 1790 年所做的那样以某种自由传统为依据来反对革命，因为这一传统在法国不存在。从这点上

---

① Israel，*Democratic Enlightenment*，p. 908.

② "Declaration of the Rights of Man and Citizen". 网站：Liberty，Equality，Fraternity：Exploring the French Revolution，http：//chnm. gmu. edu/revolution/d/295/.

来看，旧制度留给法国人的只有绝对主义及其死胡同。复辟时期的保罗-路易·库里耶（Paul-Louis Courier）和司汤达（Stendhal）是旧制度的死敌和大革命的忠实赞美者，不过那是自由的大革命，与雅各宾派和拿破仑的大革命无关。"①索雷在这里清楚地区分了两个"大革命"，一个是自由的大革命，另一个是暴力恐怖的大革命。

自由革命阶段之后，法国大革命进入了一个暴力恐怖的阶段，这个激进阶段（1792 年 8 月—1794 年 7 月）是法国革命被许多人害怕和厌恶的主要原因，也是他们反对法国革命的主要理由。区分自由和恐怖这两个革命阶段是非常重要的。英国历史学家伊斯雷尔在《民主启蒙》一书里指出，恐怖暴力的阶段是法国启蒙的倒退，是反启蒙的。②虽然 1793 年的法国宪法仍然在条文上保证"所有法国人的平等、自由、安全、财产、公共债务、礼拜自由、公立学校教育、公共救济、新闻自由的无限制、集体集会的权利、以及所有人的享受人类的权利"。但是，实际上已经名存实亡。革命领导人不仅恢复了报刊审查制度，并且比国王时期更加严酷。③革命以"自由"的名义开始，蜕变为对自由的血腥镇压，史称"雅各宾专政"，主角是律师出身的罗伯斯庇尔。这样的剧目后来更换了主角，在世界其他地方的暴力革命大剧中反复上演。法国大革命的这一阶段实际上是一个反革命和反启蒙的运动，之所以发生，"是因为启蒙哲学家的传人未能保持对革命的控制……他们被罗伯斯庇尔领导的派系驱逐了"，这导致了"革命的基本价值被重构，人的权利被推翻，新闻和言论

---

① 雅克·索雷：《拷问法国大革命》，王晨译，商务印书馆，2015 年，第 330 页。

② Israel，*Democratic Enlightenment*，p. 931.

③ Elizabeth Powers，"Introduction：Freedom of Speech：Contemporary Issues and a History"，in Elizabeth Powers，ed.，*Freedom of Speech：The History of an Idea*，Bucknell University Press，2011，p. xx.

自由结束，恐怖开始了"。①

雅各宾专政在 1794 年热月 9 日终结，然而，正如索雷所指出的，"这场政变完全没有质疑权力对社会的极端控制，也没有考虑过放松恐怖统治，而是首先由统治阶级内部矛盾引起的"。他还指出，"对恐怖统治的研究再也无法回避领袖们试图攫取永久权力的现实"，他们追随的是一种"血腥乌托邦式的梦想"。罗伯斯庇尔"被自己的偏执捆住了手脚，自己和别人的死亡越来越多地占据了他的头脑。他的消失对所有人来说都是解脱。这些政治家就连主要由自己创造出来的局面都无法掌控，荒唐的文艺作品却把他们变成了超人"。暴力革命制造英雄神话，这种神话可以比失败了的暴力革命活得更久。这是一种"对不可能之物的美学追求"，它诱惑人们"把出于革命目的而散布恐惧看成是合理行为。但这样做意味着他们的行动将受制于一种谵妄的逻辑，即恐怖统治只有在最后一个敌人被消灭后才会终结，因此它不但注定将一直持续下去，而且规模会越来越大"。②

雅各宾专政结束后，1795 年又有了另一部宪法，称为"共和三年宪法"，是国民公会于共和三年果月五日（1795 年 8 月 22 日）通过的。该法创立了督政府，其序言是 1795 年的《公民的权利与责任宣言》。该宪法直到 1799 年导致拿破仑上台的雾月政变前还依然有效。它比 1793 年宪法温和一些，重申了公民的言论自由和新闻自由，禁止在书籍出版前的审查，不得擅闯公民住宅，禁止奴隶制，等等。但是，宪法也规定，中央政府持有巨大权力，包括紧急禁止新闻自由和结社自由的权力。这部宪法最终被 1799 年 12 月 24 日颁布的

---

① Israel，*Democratic Enlightenment*，p. 931.
② 雅克·索雷：《拷问法国大革命》，第 205、207—208 页。

"共和八年宪法"取代，后者建立了执政府。此前的雾月政变已经有效地将权力全部移交给了拿破仑·波拿巴。在不少人眼里，政变已经结束了法国大革命。

即使在风云变幻的剧烈动荡时期，启蒙思想也还是在1793年和1795年的两部"革命宪法"中留下了痕迹。这两部宪法至少都在条文中保留了自由、平等、言论自由、出版自由、信仰自由这样的启蒙理念。宪法的存在与具体实施不相符合，这并不会影响或削弱这些启蒙理念本身的价值，但是，启蒙理念毕竟没能真的引导革命的进程。

启蒙观念的影响是潜在的，深远的，甚至也改变了那些敌视启蒙观念的人和势力。今天，任何专制统治即使是在压迫人民，剥夺他们基本公民自由的时候，也不得不至少在"宪法"里口惠式地承认公民的自由权利。这个可以追溯到18世纪启蒙观念的自由价值就像有倒钩的钉子一样钉进了现代政治的肌体，再也不能将之拔出。启蒙观念为现代政治提供了一种不同于专制的合法性标准，这是连专制者自己也是不得不承认的。这种观念的影响虽然无法改变专制的行为，但却能使专制行为的邪恶实质更明显地暴露在世人的面前。现代专制只能用自由、平等、公民权利和人权这类话语来打造它的合法性，除此之外别无选择。然而，也正是这些被写进宪法的启蒙价值观使得专制永远没有办法成为真正拥有合法性的统治形式。这是一切专制不可治愈的致命伤。

法国革命激进化和暴力化的责任是不能由启蒙思想来承担的。历史学家尤金·韦伯（Eugen Weber）在《拷问法国大革命》一书的序里认为，大革命领导人的年轻和缺乏政治经验是大革命失控的重要原因。他写道，革命"事与愿违的原因之一可能是参与者过于年轻：18 世纪 90 年代最著名的人物都不超过 40 岁，而拿破仑等人更是只有 20 多岁。卡米耶·德穆兰死时 34 岁，丹东 35 岁，罗伯斯庇尔 36 岁，圣鞠斯特 27 岁。比年龄更重要的是经验的欠缺。成功领导了 17 和 18 世纪革命的英国和美国的绅士们都是公共事务的老手。法国人则不是，他们中很少有人来得及积累起足够的经验"。……革命的雪崩之势和革命者的无力控制局势引发了混乱，由此催生了比君主制时期更为严重的专制"。[①] 革命者需要打造革命的"理论圣人"，卢梭扮演的就是这样的角色。罗伯斯庇尔引用卢梭，把卢梭尊奉为革命圣人，这在历史上并不是空前绝后的。在只是用"造反有理"四个字来"总结"马克思主义时，马克思也是被这样对待的。如果可以要求启蒙来为大革命的恐怖和暴力负责的话，那么又何尝不能同样要求基督教来为洪秀全的拜上帝会和太平天国承担责任呢？

9. 革命的思想起源不等于革命性思想的起源

在思考启蒙与革命的关系时，有必要区分革命的思想起源和革命性思想的起源，思考其他革命时也一样。革命的思想起源是可能直接发生作用的思想影响，如中国土地革命时期"打土豪、分田地"的均贫富思想。革命性思想的起源是可能找到的间接甚至相当遥远的思想联系，如影响新文化运动的自由、平等、反封建思想，社会主义的平均主义和反剥削思想，马克思主义的阶级斗争，等等。

[①] 雅克·索雷：《拷问法国大革命》，第 vi 页。

即使在法国革命的"自由革命阶段",启蒙哲人的政治学说与革命政治之间也不存在直接的联系,那些看上去重要的联系其实都是表面的。第三等级转变为国民议会的理由是基于"一切主权本质上属于国家的原则",也就是主权在国家,而不是国王。国民议会的设立是为了"解释和呈现国家的公意"。① "公意"马上令人想到卢梭,但是,卢梭在《社会契约论》里所说的公意与国民大会开始所说的公意有根本的不同。首先,卢梭所说的公意是由所有的公民,而不只是他们的代表(第三等级的代表)共同投票表决或多数决定的。卢梭并不赞成代议制民主。(*The Social Contract*,book 3,ch. 15)更重要的是,卢梭提出公意,不是为了向高高在上的国王反映普通民众的意见,而是为了订立国家法律。国民大会看上去使用了卢梭的语言,但其实表述的是一种老式的统治者与被统治者的关系:国王体察下情,了解民意,就是好国王。老百姓的民意只是反映给国王作为参考的,国王可采纳也可不采纳。制定法律是国王的专权,没老百姓什么事。在国民大会之前,三级会议所起的就是这样一种向国王"反映情况"的作用。在会议期间,三个等级各自讨论议案,只有在拟定对国王回答时才举行联席会议。三个等级,不分代表多少,各有一票表决权。各等级各自递交陈情书(Cahiers de Doléances),表达意愿,如此而已。这种"陈情"与现代民主宪制的议会立法也是完全不同的。

在法国,向国王反映的意见原本是不公开的,这是政治规矩,因为公开会造成不良影响。只有国王一个人有权知道下面反映的情

---

① Quoted by Dan Edelstein,"Political Thought",in Daniel Brewer,*The Cambridge Companion to The French Enlightenment*,p. 87.

况。但是，到了 18 世纪，尤其是 1750 年代之后，这种保密越来越难以维持。巴黎法院因为公开了对国王的谏诤（remonstrance），破了这个规矩。这虽不是启蒙哲人策划的，但却给了他们一个在"舆论"问题上做文章的机会，法国学者纪尧姆·托马·雷纳尔（Guillaume Thomas Raynal）在《印度群岛的历史》中把舆论看成是"政府的标杆"，政府应该以此来制定政策。[1] 伏尔泰说："政治舆论是威力强大的武器。"他还说："意见统治世界，但从长远来看，是哲学家形成意见。"[2] 他们所谓的舆论是否真的存在，或者究竟是什么性质的民众看法，似乎并不重要。重要的是，政府和批评政府的人都把舆论拉到自己这一边来，以壮大自己的力量。

随着革命一天天逼近，推行改革的大臣们试图用舆论来说服权贵（主要是贵族和僧侣）接受其行政和税收改革方案。国王自己也说要倾听和尊重民意，舆论似乎更加有了正当性。为了将舆论和民意制度化，政府在没有三级议会的外省设立了国民议会，其作用是协助政府调整新的土地税。为了提供税赋，国王本人不知不觉地把财政危机引向政治危机。他的大臣们为了解决经济问题，找到的是一个政治的方式，那就是把经济问题放到三级会议里来解决。在政府方面，这是一个没有办法的办法，因为把持在贵族手里的巴黎法院为了保护贵族的利益，拒绝政府的增税要求，所以政府想把税赋机制从法院转移到国民大会。

---

[1] Guillaume Thomas Frangois Raynal，*Histoire philosophique et politique des établissements et du commerce des Européens dans les deux Indes*，6 vols. La Haye，I774，vol VI，book 18，pp. 393 - 394.

[2] Voltaire，*Don Pèdre*，*in Oeures completes de Voltaire*. Eds.，Marie-Emmanuelle Plagnol-Diéval，et al. Oxford：Voltaire Foundation OII，vol. LII. https：// fr. wikisource. org/wiki/Page：Voltaire _ - _ % C5% 92uvres _ compl% C3% A8tes _ Garnier _ tome7. djvu/272.

这个方案非常类似于改革派大臣杜尔哥早先提出的建议。他于1775年建议设立外省国民议会，由政府集中统制，以便更加公平地分担税赋。他的建议是出于"启蒙和公平"的考虑，他认为，"不按理性办事，就没有建立长久性制度的基础"。[①] 杜尔哥是一位身兼政府要职的启蒙哲人，1757年，他在为《百科全书》匿名写作的"基础"（Foundations）一文中就已经提出关于外省国民议会的想法，启蒙的改革精神本有机会在他那里落实到具体的国家政策构想中去。

但是，杜尔哥设想的国民议会只是咨询机构，不是立法机构。他从来没有想到把立法权交给国民议会，因为他坚信，国家主权在君，不在民，国王是国家唯一的、绝对的立法者。像他那样的政治改革方案有两个特征，第一，它虽然受到启蒙思想的影响，但却是为了让国王的权力更有效也更强大，所以根本谈不上激进。第二，它虽然不激进，但却因为让民众政治有了某种前所未有的体制内机会，最后反而比激进诉求更有可能在1789年颠覆国王的专制立法权。政府总是在说，国王如何如何爱人民，如何如何尊重和倾听民意，但就是牢牢把握住极为关键的立法权。人民从只能反映自己的要求，必须让国王来立法为自己做主，到人民既然有要求，就理应自己立法来为自己做主，这看上去是一步之遥，但却是极难实现的一步。如果让国王来决定一切，这一步恐怕永远都难以跨出去。是革命的形势强迫国王让步，人民这才有机会跨出这关键的一步。

从大革命前的经济危机及其政治化演变来看革命的原因，当然不是要否定启蒙思想可能产生过的作用，而是要看到，这种作用绝

---

① Jean Meslier, *Mémoire des pensées et sentiments de Jean Meslier*, in *Oeuvres complètes*, ed. Roland Desné, 3 vols. Paris: Anthropos, I970, vol. Ⅲ, p. 142.

不是像有些人设想的那么简单和直接。那么，启蒙思想是如何影响革命的呢？这个问题对后世的启蒙同样具有重要意义，因为后世的启蒙也需要知道它可能如何影响民众的抵抗意愿和行动。革命是民众抵抗和反抗最激烈的形式，在出现革命之前，抵抗的意愿已经存在了，甚至已经有了程度和规模不等的行动，在法国或其他国家都是这样。

对理解启蒙思想对法国革命的影响方式和性质，达尼埃尔·莫尔内（Daniel Mornet）在《法国革命的思想起源》一书里提出了一些值得我们参考的重要看法。莫尔内指出，"革命的思想起源不等于革命性思想的起源"。这二者是有区别的。法国启蒙中的革命性思想，如自由、平等、博爱、理性、社会契约，等等，都不是启蒙时代才有的，如果要追溯这些思想的起源，那就得在历史文献中一步一步往前探求。法国革命的思想起源指的不是这样的革命性思想起源，而是一种在革命前已经广为传播，但又难以确切解释的，对各种权威构成威胁的批判倾向、问题意识和思维方式：如对宗教和政府权威的鄙视、对国王的不信任、对权贵的仇视、激烈的求变心态，等等。莫尔内将这些藏在人们心里的想法称为"人们的不满情绪"。[1]这种"情绪"泛指普遍存在的看法、想法、情绪、要求，并不一定与特定的政治思想（如自由民主理论）有所关联。

莫尔内所说的"不满情绪"提醒我们注意认知与情感的关系，以及这种关系如何影响民众对专制的反抗行为。反抗（它最激烈的表现是革命）是民怨沸腾时刻的行动。行动时刻，激情是第一

---

[1] 达尼埃尔·莫尔内：《法国革命的思想起源》，黄艳红译，上海三联书店，2011年，第1—2、410页。

位的，认知退居其次。单纯的认知是冰冷的，不会产生行动，只有当认知转换为激情时，才会有行动。仅仅知道自由、平等、民主，并不会让一个人在面对不公不义的时候挺身而出，有抵抗的行动。人一定是要等到被逼急了，忍无可忍，才会情绪激烈地有所行动。

民众反抗的时候群情沸腾，这里就有一个"沸点"（"激愤点"）的问题。对同一种不公不义，有的人（或时候）激情沸腾，有的人（或时候）却冷漠处之，予以容忍。18世纪晚期法国民众对苛捐杂税的桎梏已经到了忍无可忍的地步，他们的愤怒达到了沸点，反抗爆发。相比之下，俄国农奴制下的农民背负着更加沉重的枷锁，他们在土地、人身、司法上依附于地主，处于社会最底层，实际上是农奴，他们能忍，也忍了，也许永远不会达到沸点。托克维尔说："封建制度在盛期并不比行将灭亡时更激起法国人心中的仇恨。路易十六最轻微的专横举动似乎都比路易十四的整个专制制度更难以忍受。"[1] 他说的就是民情的沸点在法国革命前的改变。

启蒙思想对社会的作用不是充当燃料去煮沸那一锅水，而只是降低那一锅水的沸点，沸点降低了，水也就容易煮沸了。这就像生火一样，在柴火上倒一点煤油，柴火的燃点低了，就更容易着火。启蒙思想不是点火的火柴，而是涂在柴火上的煤油（或其他东西）。启蒙思想是通过观念来起作用的，法国的天主教会宣扬"君权神授"，启蒙破除对宗教的迷信，虽未直接攻击君权，但如果人们不再相信教会，那么他们也就会对君权的神圣产生怀疑，他们反对国王的沸点也就会因此降低。路易十六远不是欧洲最专制、暴虐的君主，

---

① 托克维尔：《旧制度与大革命》，第216页。

但法国人却是对这样的专制君主也忍无可忍了。对于革命或反抗的民众激情烈火来说，启蒙不是引火物，也不是燃料，而是有可能改变燃点或沸点的那种东西。

一些观念（如自由、平等、权利）比另一些观念（如法治、宪制、限制权力）更能唤起民众的激情，因此总是在民情沸腾之时用作鼓动或革命的口号。例如，法国浪漫主义画家欧仁·德拉克洛瓦的画作"自由引导人民"、音乐剧《悲惨世界》里的主题曲"你可听到人民的怒吼"，运用的都是"自由"观念的元素，让人热血沸腾。如果改用"宪制"或"法治"这样偏理性的观念元素，能有同样的鼓动效果吗？但是，启蒙不是宣传鼓动，启蒙的多种观念是同样重要的，也是互相联系的，不能单独抽取某种观念用作群众运动的革命口号。

莫尔内还提出了另一个重要的区别，那就是革命的"思想原因"不等于革命的"纯粹政治原因"。纯粹政治原因指的是"那些令人无法容忍的情况和事件，因为不能容忍所以要改变，要抵抗。人们感到痛苦，要寻找直接原因和改变之道，但在这之外并没有多少其他的思考"。寻找直接原因和改变之道是纯粹政治的，"它只是限于揭露情况与事件，指出弊病和治疗。它并不试图由此进行一般性的研究，也不寻找原则性或学术性的基础"。例如，农民贫困、没饭吃、活不下去，这成为农民造反的纯粹政治原因，其政治手段就是打土豪、杀地主、分田地、分浮财。而"思想原因"与"纯粹政治原因"不同，它"研究原则与学说，而不是考虑，或者并不显得是在考虑当下时刻的政治现实"。例如，马克思主义的阶级分析就是一种思想原因的研究，它不是针对某一个国家或某一个地区的，而是一种普遍的理论。①

纯粹政治原因是直接引发民众反抗的原因。莫尔内指出，在民众反抗发生的时候，"思想的介入是非常罕见的现象……当人民饥肠辘辘或受寒冷折磨的时候，他们不需要哲人诅咒这个把他们逼入最悲惨境地的社会"。民众参加革命并不需要明白革命的道理，但却一定不能缺少他们因为被压迫而怀有的愤怒。莫尔内说："可以肯定的是，发动革命的不是最穷苦的阶层，他们也不可能发动大革命。但同样可以肯定的是，他们以喜悦的心情接受大革命，他们支持大革命，并在几乎所有地方为大革命提供了决定性力量。他们没有宣战，没有产生战争领袖，但他们组成了军队，没有这样的军队，大革命将是不可能的，或不是这样的面目。"革命中民众的激愤不只是一种情绪，而且是一种对不公不义有着认知的情绪。莫尔内提出："人民激动的原因首先是他们的苦难。"②

"苦难"是一种认知的结果，同一种处境，有的人视为苦难，有的人则不然，甚至还会当成是幸福。孟德斯鸠《波斯人信札》中的后宫女子们对她们的处境就有不同的认知和理解，有的终身在后宫甘之如饴，有的最后醒悟那是悲惨人生，不惜以死抗争。所以，当人们觉得再也不能忍受苦难的时候，他们对苦难的性质和原因其实是有认知的，即便还不是莫尔内所说的"思想原因"，也已经是相当程度的"明白"。正因为有了这种明白，他们才能在心里对欺骗他们说应该感到幸福的统治者说不，这时候，他们已经有了二心。

统治者会把心里明白的臣民视为不可靠分子和潜在危险，对这

---

① 莫尔内：《法国革命的思想起源》，第 402 页。
② 莫尔内：《法国革命的思想起源》，第 410 页。

些人予以防范或惩罚，因而他们热衷于对人民进行全面监控。明白的个人再有想法，再愤怒，也不敢贸然有反抗的行为。他要等到能确认许许多多人也跟他有同样的想法，也同样愤怒时，才会试着与他们一起行动。这种不满和反抗与一个人是否接触过启蒙思想或是否阅读过什么书籍并没有直接关系。莫尔内称之为"类似于初等教育的问题"。他指出："普通百姓多少能识点字，这并不重要，因为他们实际上没什么可看的，而且也不可能有任何读书的兴趣。他们（文化）程度不一……也并不重要，只有那些试图确定他们是否有理由反叛的人才关心这个……我们需要解释的是他们为何要反叛。需要知道的是他们是否感觉苦难更深重了，不管这种感觉对错与否，这种更为深重的苦难感是否使他们产生了更为强烈的抗议愿望。他们要想抗议几乎只有两种手段：秘密的辱骂，再就是聚众骚动叛乱。"[1] 因此，民众因为不满而私底下"暗中使坏"，或者公然"聚众叛乱"，都一样是反抗。

18 世纪群众骚乱的革命政治是一个广阔的课题，莫尔内承认这是他在《法国革命的思想起源》不能详尽论述的。尽管如此，他还是指出，"实际上，18 世纪的全部启蒙思想都与政治相关"，"启蒙哲学和政治，思辨和行动纵向互相作用的，即便有时候我们看不到它们的公开结合"。[2] 启蒙思想为那些关心政治、关心社会变革的人们提供了谈论政治、评论时事、表达不满和求变情绪的方便。在 18 世纪法国旧制度的任何一个时期，即使在出版审查最严厉、最有效的时候，各种扩散民众不满的小册子也还是在顽强地传播。一方面，

---

① 莫尔内：《法国革命的思想起源》，第 413 页。
② 莫尔内：《法国革命的思想起源》，第 402、403 页。

不满能产生共鸣，有吸引力，难以有效禁绝，另一方面，阴暗丑恶的公共事件不断发生，不断引发各种议论，强有力地支持了民众的不满。

莫尔内说，如果政府要禁止对所有敏感问题的议论，那么，唯一有效的方法就是"禁止一切形式的文字"。但政府不会这么做，因为它需要有些文字来支持它的权威，也确实有些文字是支持政府权威的。政府需要这样的文字来为它粉饰和宣传。然而，即便这样的文字也是有副作用的，"因为辩论就会引发辩论的兴致，陈述或倡议改革，哪怕是政府希望的改革，这就是承认政府有义务在改革实施前公布改革措施，而这会鼓励批判精神"。所以，不管怎么谈，谈国事本身就可能是对专制政府有潜在危险的行为，最好的办法是让国事从大众传媒上消失，让民众对国事闭嘴，谨守莫谈国事之道。法国大革命前夕，存在"数百种没有任何启蒙意图的短文和最无挑衅意味的论著"，但是，它们的无聊、浅薄、风花雪月、流言八卦"却把专制政治问题暴露在公众面前，并引起人们思考政治的兴趣"。于是，民众的不满和造反情绪也就在最不起眼、最意想不到的夹缝里发生了。① 民众对启蒙的兴趣也是一样，他们未必一开始就对思想和观念本身有兴趣，但是，只要他们对发生在身边的事情有所关注，察觉到其中的荒诞和非理性，并想对这些事情形成自己的看法，那么，他们也就会因为接触到启蒙的思想和观念而受到启发和鼓舞。

---

① 莫尔内：《法国革命的思想起源》，第 403 页。

第四章

美国启蒙：制度与人性

18 世纪的美国启蒙，与欧洲大陆的英国和法国启蒙相比，看起来似乎是后发启蒙，但其实未必如此。美国启蒙以一种跟欧陆启蒙不同的方式在发展，有它自己的特点，在这一发展过程中起着重要推动作用的不是哲学家或理论家的伟大思想著作，而是美国早期的建国经历。英国启蒙可以追溯到 17 世纪的牛顿、洛克时代；法国启蒙开始于 1715 年路易十四去世；美国启蒙开始于 18 世纪中叶，从 1765 至 1815 年，大约延续了半个世纪。[①] 这样看起来，美国启蒙确实是要比英、法两国的要迟一些。就受旧大陆启蒙的观念影响而言，美洲新大陆的启蒙可以说是后发。但是，在建国经历中闪现其光彩的美国启蒙却开创了一种理论与行动同步发展、知行合一的新经验，它反过来影响了旧大陆的一些启蒙在 18 世纪最后 20 年里朝革命方向的发展，法国革命就是一个例子。

　　18 世纪启蒙政治思想最重要的成就是确定了政治代议制，也就是人民选出在议会里为他们发声的政治代表。当时，只有两个国家将此付诸实施，一个是美国，另一个是法国，但在法国革命期间，这很快便成为一个被专制强人操纵的形式。法国启蒙哲人对民主意义上的政治代议兴趣不大，因为他们本来就对民主缺乏热忱和信心。他们当中号称最民主的卢梭反倒是政治代议制最严厉的批评者，因为他主张的是公民直接参与的那种共和制。身兼国家大臣的启蒙哲

---

① Adrienne Koch 持这种看法，见 Adrienne Koch，*The America Enlightenment：The Shaping of the American Experiment and a Free Society*，New York：George Braziller，1965。但也有持不同看法的，例如 Robert A Ferguson 认为，美国启蒙的时代跨度是从 1750 至 1820 年，比 Kock 认为的要长 20 年。Robert A Ferguson，*The American Enlightenment，1750 - 1820*，Harvard University Press，1997.

人杜尔哥（Turgot）曾倡议设立民选的代表议会，但他要的议会是没有立法权的。它的全部职能就是向牢牢把握立法权的国王反映民意，让国王能听到人民的陈述。只是在美国革命发生之后，由于美国的成功先例，法国的一些政治学者才开始把政治代议当作一种可实施的政府形式。[1] 尽管美国革命没有像法国革命那样成为一种可供他国仿效的革命，但美国的政治代议制和它的自由民主宪制框架却成为比法国革命更具普遍和深远意义的现代政治模式。

1. 独步世界的新大陆启蒙

美国独立革命是美国启蒙历程中的一个里程碑。在革命发生的时候，英国、法国和其他一些欧洲国家的许多自由派人士（他们也都是积极参与启蒙的人士）不仅予以赞美，而且从中看到了新大陆将会对旧大陆带来的思想和观念冲击。经济学家，也是意大利启蒙运动主要人物之一的加里亚里神父（Abbe Galiani，1728－1787）就是一个例子。尼采称他为"最挑剔和最精致的智识人士"，是"（18 世纪）最深刻、最敏锐、也许也是最狡猾的人"[2]。他写信给一位在巴黎的朋友说："这将成为一个欧洲全面沦落、向美国转移的时代。这里一切腐朽的东西：宗教、法律、艺术、科学，都将在美国快速地更新。这不是开玩笑，也不是英国人互相争吵的一种看法。是我说的……

---

[1] François Robert, *Le républicanisme adapté à la France* (1790)，vol. 2 of *Aux origines de la République*，*1789 －1792*，Paris：EDHIS，1991.

[2] Christopher Middleton，ed. *Selected letters of Friedrich Nietzsche*，Trans. Middleton. Hackett Publishing，1996，p. 274.

这二十年来我预言的事情都发生了。因此，你不要在巴黎 Chaussée d'Antin 买房子了，到费城去置房产吧。"德裔美国历史学家赫伯特·施奈德（Herbert Schneider）在《美国哲学史》里称赞美国的那种知行合一的启蒙，"哲学思想和社会行动从来没有像在美国启蒙中那样紧密联系。自古典希腊时代以来，哲学很少有机会能像在美国纽约那样担负起公共责任"；因此，"阅读……美国启蒙让人心潮澎湃，因为这种启蒙包含了给人民的遗产，包含着我们与其他人类最深层的联系"。①

今天，我们从美国革命和早期建国实践成果来认识美国启蒙的意义和影响，就是要看到它不同于只是理论和哲学的欧洲启蒙。美国启蒙的哲学和政治理念融化在这个国家的早期文献《独立宣言》《宪法》和《联邦党人文集》中，但这些文献只是美国启蒙的一部分。美国启蒙同时也是一种实践的启蒙。理论和行动高度一致，这才成功地创造了美国宪制法治和自由民主的制度，保证了它的实际运作。这才是美国以宪法为蓝图的宪制的真正意义所在。关于这个宪法的意义，美国作家和政治理论家 W. 克里昂·斯考森（W. Cleon Skousen，1913-2006）曾经这样说过："如果有人说美国的宪法因为社会和经济条件的变化而已经过时，那是没有理解这部真正天才的宪法。这部宪法是被设计用于制约一种没有改变也将永远不会改变的东西，即人性。"他又用约翰·亚当斯的话说，"我们的宪法是只为有道德和宗教心的人们制定的，用于治理任何别样的人民，是完全不合适的"。② 用制度制约人性，而不仅仅是分配和制衡权力，好

---

① Quoted in Adrienne Koch, *The America Enlightenment*, pp. 20,22.
② W. Cleon Skousen, *The Five Thousand Year Leap*, National Center for Constitutional Studies, 1981, p. 56.

的制度必须由与之一致的人性来维护。这样的认识为人类理解制度和人性的关系开启一个新时代，这是 18 世纪美国启蒙给世界的馈赠，其价值至今未有丝毫减损。

从 1765 至 1815 年，美国启蒙可以分为三个阶段，每一个阶段都创造了人类历史上的一个"前所未有"。这是美国启蒙的创新价值所在。

第一个是争取独立的阶段，其高潮是《独立宣言》的通过（1776）。美国在人类历史上第一次以全新的革命摆脱一个帝国权力的统治，这是其他任何一个殖民地都没有发生过的。它不是传统意义上的"起义"或"造反"，它的革命理由是人必须保卫自己最根本的自然权利（生命、自由、追求幸福）。它把这些权利放在人类的道德法庭上，对专制和暴政提出控诉。这是美国人摆脱专制的理由，后来也成为其他民族要求摆脱专制的理由。

第二个是创建宪制的阶段，制定了《邦联条款》（Articles of Confederation）和多个州的宪法，最后制定了《合众国宪法》（1787）。美国独立革命不只是为了与英国分割，而且是为了实现一种新的政治秩序。自由不只是需要赢得独立，而且还需要创造出能够保护自由的共和制度和民主秩序。正如杰弗逊所说的，"如果为我们的未来设置一个坏政府，那就跟一开始就接受大西洋那边来的坏政府没有两样"，甚至还不如，因为不反抗地接受英国的坏政府"还没有危险，也无需付出抗争的代价"。[1] 美国的制宪也开创了一种新的程序，州和联邦的宪法都是先由受过启蒙的人士共同协商制定，然后交由人民表决批准。这是一项具有深远意义的伟大创举。

---

① Adrienne Koch，*The America Enlightenment*，p. 27.

第三是联邦共和的阶段，包括前两个阶段的成果，把公民表决认可的纸上宪法落实为在全国范围内有效的代议制政府。倘若只有独立而没有独立后的有效宪制，那么美国革命便没有意义。同样，只有纸上的宪法而没有落实的宪制，那么宪法不过是一张废纸。美国的联邦共和政治把美国奠定成第一个现代意义的国家，它的议会两院制、三权分立、最高法院、两党制等都是在这个阶段发展和稳固起来的。这些是理性政治智慧的伟大成果，对全世界都有启蒙的价值。

美国《独立宣言》开宗明义，"我们认为下述真理是不言而喻的：人人受造平等，造物主赋予他们若干不可让与的权利，其中包括生存权、自由权和追求幸福的权利"。幸福是启蒙时代美洲殖民地人民的一项主要追求。18世纪人们对"幸福"的理解有着与今天不同的含义。今天，美国人所说的"幸福"指的是自我实现和富足生活带来的满足。但是，"18世纪的人们一定会对这种狭隘的幸福观感到困惑。对他们来说，幸福具有的首先是一种宽广的公共意义。那时候的人常说的幸福是人民的幸福和社会的幸福。当人们享有安全、稳定与和平，国家得以昌盛的时候，社会便是幸福的。政府存在的目的就是创造公共的和社会的幸福，不让国家受到外敌入侵或来自国内的威胁。公共幸福的对立面不是个人的不幸，而是无政府状态的混乱或者专制独裁"。18世纪对启蒙理性的理解和期待与公共意义上的幸福相一致。

人类以前是从过去的传统汲取智慧和信念，但是，"现在一个新的理念出现了，人可以比过去有过的、比上帝安排的、比国王和教会号令的做得更好。人类理性那闪闪发光的利刃，有着经验磨砺的锋芒，朝着被习俗和特权尘封的传统挥砍……18世纪人们前瞻未来，他们把运用理性改善人类社会看成自己的义务"。^① 当然，并非每一个 18 世纪的人都具有这样的启蒙观念，但就算只有少数人拥有这样的新观念，它的价值也是史无前例的。

在美国，18 世纪的启蒙并不是一个事件（所谓的"启蒙运动"），而是一种人的理性的觉醒和乐观进取的精神。这与后来美国人对启蒙的意识形态建构有所不同。启蒙这个说法在 18 世纪的美洲殖民地是不存在的。在美国，启蒙这个说法要到二战之后才显现出它的重大意义，"美国人害怕在美国出现外国的那种极权统治，启蒙所起的作用就是化解这种害怕"。^② 启蒙被构建为一种特别与美国共和立国和自由政治有密切联系的意识形态，"美国启蒙把美国的建国时刻看作自由和民族意识形态遗产的摇篮，用以防备现代国家所受到的来自其他意识形态的威胁，其中最具破坏力的就是苏联的那种意识形态"。^③ 以历史上的自由启蒙来遏制和抵御当下面临的专制和极权威胁，这成为今天美国启蒙观念的一个主要特征。

最早主张这种启蒙观的历史学家是艾德丽安·科克（Adrienne Koch）。她认为，约翰·亚当斯、本杰明·富兰克林、托马斯·杰弗逊、亚历山大·汉密尔顿和詹姆斯·麦迪逊这五位美国建国之父代表了美国"自由社会"和"民主文明"的理想和精神，而美国革

---

① Caroline Winterer，*American Enlightenments*：*Pursuing Happiness in the Age of Reason*，Yale University Press，2016，pp. 3 - 4.

② Caroline Winterer，*American Enlightenments*，p. 5.

③ Ibid. Also see Caroline Winterer，"What Was the American Enlightenment?" in *The Worlds of American Intellectual History*，ed. Joel Isaac，et al.，New York，Oxford University Press，2016. John M. Dixon，"Henry F. May and the Revival of the American Enlightenment"，William and Mary Quarterly 3rd ser.，71，no. 2（April 2014）：255 - 80. Nathalie Caron and Naomi Wulf，"American Enlightenments：Continuity and Renewal"，*Journal of American History* 99（March 2013）：1072 - 1091.

命则体现了美国启蒙的核心价值。1970 年，正当美国反越战运动处于高潮的时刻，她在《纽约时报》上发表文章指出："虽然有的激进分子用脏话辱骂美国革命的伟大政治人物，但这些激进分子笃定自己能享有公民权利保护的政治言论自由、平等机会和个人的自由民主权利，而这正是拜革命领袖们所赐。"① 美国启蒙的伟大遗产保护了美国的民主生活方式，它像预防疾病的疫苗一样必不可缺，一样值得珍视。

今天，美国启蒙仍然担负着保卫自由的重大责任，它协助抵御非理性的暴力，对抗假借理性之名的极权专制。启蒙一直是被美国公众普遍认可的，是一个积极的正面理念。美国中小学历史教科书也把启蒙价值作为爱国和国家自豪的基础。学生们所爱之国是自由而不是专制的，是法治而不是人治的，是民主而不是一党训政的，它尊重的价值是普世主义而不是部落主义的。这个国不是指"一点也不能少"的地理疆域，而是以美国革命为历史标志，并以宪法订立为建国大纲的美利坚共和国，"美国人一般以阳光般的热情来欢迎启蒙，将启蒙视为美国自由的养育所"。他们不把 20 世纪的极权归咎于启蒙，而是看作是对"启蒙进步轨迹的背离"。②

美国人对启蒙有一种欧洲旧大陆缺乏的乐观精神。历史学家罗伯特·弗格森（Robert Ferguson）指出，新大陆和旧大陆的区别不仅是哲学的，而且是历史的。美国可以说是一个由启蒙缔造的国家，而"欧洲国家并不是开始于对启蒙的希望。欧洲人的现实条件、世界大战和极权主义经历中断了 18 世纪启蒙的遗产，而在美国则没那

① Adrienne Koch, *Power, Morals, and the Founding Fathers: Essays in the Interpretation of the American Enlightenment*, Ithaca: Cornell University Press, 1961, p. 10.

② Caroline Winterer, *American Enlightenments*, p. 6.

么明显。欧洲知识分子对这些灾难感受尤深，他们把启蒙看做新形式的体制压迫，而不是自由的进步。他们承认科学探索的作用，但更强调科学技术的宰制压迫。他们想的更多的是工具理性和思想脱离信仰的危害，而不是人类的理性进步。对于欧洲学者来说，即便是公民自决，也被视为一种社会控制，而不是政治权利。在他们看来，公民自决不过是一种操控方式，把个人变成孤立的原子和愚弄的对象"。[1] 1930 年代，欧洲在经历了第一次世界大战后不久，眼看极权主义的崛起和战争的乌云再次聚集，一些欧洲思想家开始把极权罪恶的账算到 18 世纪启蒙运动头上。这种思潮也影响到了美国一些研究欧洲问题的学者，例如，美国历史学家卡尔·贝克（Carl Becker）在《18 世纪哲学的天堂之城》（*The Heavenly City of the Eighteenth-Century Philosophy*，1930）一书里就把俄国革命及共产主义的威胁与启蒙运动联系起来。后来，阿多诺和霍克海默的那本把启蒙当作极权思想来源的《启蒙辩证法》（1944），更成为那种欧洲旧大陆思维的代表作。

一般美国人对启蒙的看法要积极得多，他们对欧洲理论家绕哲学弯子，玩辩证法或结构主义的游戏没有兴趣。他们只是很实际地看到启蒙对现实社会进步的作用。正如历史学家约翰·格雷（John Gray）在《启蒙的余波》一书中所说，"启蒙之所以值得肯定，是因为放弃启蒙的后果非常严重"。对现代世界来说，启蒙的基本理念，自由、平等、理性、宽容、人性、进步，就如同空气，我们呼吸新鲜空气也许感觉不到它的存在，但一旦没有这样的空气，我们的生

---

[1] Robert A. Ferguson, *American Enlightenment: 1750 - 1820*. Cambridge, MA: Harvard University Press, 1997, p. 23.

存状态便会立刻恶化。同样，启蒙的重要意义也是从反对和放弃启蒙的严重后果来印证的。[①]

著名认知心理学家、哈佛大学教授斯蒂芬·平克在《当下的启蒙》一书中从理性、科学、人道主义和进步这四个方面来说明 18 世纪启蒙对当今世界的意义，与格雷所说的那些方面可以相互比照。这四个方面中最有争议的是"进步"。这个世界几乎每天都在发生与启蒙的自由、平等、宽容、理性不符的事情，有的是违背，有的是倒退，有的根本就是倒行逆施。那么，究竟应该如何看待启蒙进步观对今天世界的积极影响呢？平克指出，启蒙的进步观不同于浪漫主义那种人世向乌托邦升华的诗意神话，启蒙所说的进步是"平淡的，只是理性与人道的结合而已"，也就是康德所说的"增加知识和清理错误"。

启蒙进步观的核心是人，人的知识增加了，就会越来越明白（见到事实真相），而且越来越明理（见到事实真相并能正常判断是非），越来越对自己和他人的迷信、盲从、偏见有所知觉和批评。这是人运用理性思考的结果，是人最重要的一种进步。平克特别指出，启蒙的进步不是重新设计和再造人性和社会，更不是要造就全新的人和社会，这样的人性和社会工程发生在奥威尔《1984》那样的国家社会里，是灾难和祸害。启蒙的进步涉及的是如何改善"人为的制度，如政府、法律、学校、市场、跨国组织等。这些制度都自然成为运用理性改善人类福祉的首要对象"。改善这些制度的许多观念都源自启蒙时代，如改良刑法、以分工和交换认识市场、用契约观

---

① John Gray, *Enlightenment's Wake：Politics and Culture at the Close of the Modern Age*, London：Routledge，1995，p. 17.

来看待政府权力及其保护人民生命、自由、财产的责任，还有维护和平等。① 如果没有这些启蒙的进步，今天的世界又会是什么样子呢？

一般美国人对启蒙的看法反映在他们的中学教科书里，中学是学生开始形成社会和政治观念的年龄阶段。教科书里的"启蒙运动"让我们看到，启蒙仍然是美国历史和公民教育的一个有机部分。例如，中学历史教科书《自由的召唤》（*Call to Freedom*）在谈到《独立宣言》和《宪法》这两部开国文献时都提到了 18 世纪欧洲启蒙运动的影响。教科书叙述通常只是对知识有限的学生所作的浅显的大概介绍，《自由的召唤》把启蒙运动对美国建国的政治影响归结为三点：自然权利（自由）、社会契约（法治）、权力的分离和制衡（宪制）。

《自由的召唤》在述及《独立宣言》时是这么说的："这份文件的作者们从启蒙哲人那里受到启发，启蒙哲人认为，政府是人民与统治者之间的社会契约。最好的政府是尊重个人'自然权利'（如'生命、财产权和追求幸福的权利'）的政府。英国的约翰·洛克还说，如果人民判定统治者或政府是腐败的，那么，他们就有权推翻政府。因此，撰写《独立宣言》的作者们认为，英王乔治三世'不适合统治自由的人民'，而且'人民有义务推翻这样的政府'。"②

《自由的召唤》在述及《宪法》时，总结了美国宪法的三个政治资源：英国《大宪章》、启蒙的影响、美国社会草根民主模式（如新

---

① Steven Pinker, *Enlightenment Now：The Case for Reason，Science，Humanism，and Progress.* New York：Viking，2018，pp. 11 - 13.

② Sterling Stuckey and Linda K. Salvucci, *Call to Freedom：Beginnings to 1914.* Holt，Rinehart and Winston，2000，p. 193.

英格兰诸州行使地方政府权力的镇选民大会）。教科书对"启蒙影响"是这么说的："启发美国独立的启蒙政治哲学……也对设立美国政府发挥了重要的作用。许多启蒙哲人强调人的善良和理性。《常识》一书的作者，爱国者托马斯·潘恩期待美国人民接受启蒙理念，成为更好的公民。他说，'心灵一旦启蒙，便不会再次晦暗'。……洛克说，法治比个人的权威更重要：'无论哪个权威者，一旦超越了法律给予他的权力……人民都可以像对一个以武力侵犯他人权利者一样去反对他。'另一个有影响的哲人是孟德斯鸠，他在1748年的《论法的精神》一书里提出，人民获得自由的唯一办法就是分离政府的权力。他写道：'倘若立法和司法权集中在一人之手……人民便没有自由'。"①

　　教科书这样介绍启蒙对美国建国的影响虽然简单，但清楚地强调了自由政治的实践需要与启蒙思想资源之间有所联系。在这一点上，教科书对启蒙的介绍与美国历史学家对美国启蒙的看法是相当一致的，不过历史学家更强调的是美国自由政治实践本身的启蒙意义。虽然美国没有产生像洛克或孟德斯鸠这样的启蒙哲人和大师，但是，建国之父们为立宪而争取民意支持，在大众传媒上发表和阐述政治主张（集中体现在《联邦党人文集》中），形成了具有美国特色的启蒙议题和进路。它最重要的特点不是在哲学、理论、观念层面上做抽象或普遍的阐述，而是在一个民众共同关心的重大事件或问题（如立宪和宪制设置）上充分展开，并有效地扩充为一种全面的自由政治理论。这种以历史经验和现实公共辩论而非哲学理论为特色的启蒙一直到今天仍然能够有效地在美国的学校教育中传承。

――――――――――

① Ibid.

2. 美国启蒙何以"美国"

像《自由的召唤》这样的中学教科书，它对启蒙的历史叙述给学生的印象是，美国革命和建国只是欧洲启蒙思想的接受者和受益者。这种看法在一些欧洲或美国历史学家那里也相当普遍。1960 年代末，彼得·盖伊（Peter Gay）在《启蒙运动：一种解释》一书中认为，美国革命的思想家们，"他们的思想实质来自少数欧洲思想者"。早在 1940 年代，法兰克福学派哲学家霍克海默（Max Horkheimer）和阿多诺（Theodor W. Adorno）在他们批判启蒙的《启蒙辩证法》里也认为，美国启蒙的根源在欧洲。在彼得·盖伊和其他一些研究者看来，美国启蒙发源于欧洲，美国是一个启蒙后发国家，一些乡野学人将欧洲高远的哲思运用于革命和建国的实用目的，成就了伟大的革命和制宪工程。盖伊说，"美国以实践来对待启蒙事业"，随后再将革命的理念"输出"到欧洲。而且，"在那些希望启蒙运动取得成功的人看来，把本杰明·富兰克林抬高到神话般的地位很有必要，因为这样可以批驳启蒙运动的批评者，证明启蒙的实用性"。[①]1970 年代出版的三部论美国启蒙的重要著作——唐纳德·梅厄（Donald Mayer）的《民主启蒙》（*The Democratic Enlightenment*，1976）、亨利·梅（Henry May）的《美国启蒙》（*The Enlightenment in America*，1978）和亨利·斯蒂尔·康芒格（Henry Steele Commager）的《理性帝国》（*The Empire of Reason*，1977），也都

---

① 彼得·盖伊：《启蒙时代（下）：自由的科学》，王皖强译，上海人民出版社，2016 年，第 513、514 页。

持类似的观点。它们认为，欧洲旧世界的哲人们想象、创造和构想了启蒙，美洲新世界的政治活动家将启蒙付诸实施，实现了启蒙，并把启蒙变成真实的秩序和生活方式。

但是，近几十年来，不少美国历史学家对美国启蒙只是受惠于欧洲的看法更多地表示了异议。他们认为，美国启蒙有不容忽视的原创性，美洲的发现、美洲殖民地发生革命和建立共和的实践，这些都是18世纪跨大西洋启蒙运动的任何其他部分所不能代替的。

温特尔为美国革命的原创意义提供了两个理由。第一，从15世纪起，美洲殖民地与欧洲就有密切的人员、书籍、信件往来，"发展出了深厚的思想和情感联系"。美洲的有识之士也早就是启蒙时期"文字共和国"的活跃成员，他们对欧洲思想一点也不陌生，并不是在发生革命时才借用欧洲思想。第二，更重要的是，"（发现）美洲对欧洲启蒙思潮的兴起发挥过重大影响。正是因为有了与美洲的接触，欧洲人才有可能对他们长久保持的政治和宗教信念产生不同的看法"。美洲改变了欧洲人对许多事物的观念。洛克在《政府论》（下篇）（Second Treatise）中说，"在开始的时候，全世界都是美洲，以前比现在更是如此"。温特尔认为，"洛克对人类原初社会的想象（自然社会）就是基于他对美洲的知识"。①

如果有人认为，这两个理由还不足以直接证明美国启蒙相对于欧洲启蒙的独特性，那么，美国历史学家格特鲁德·希梅尔法布（Gertrude Himmelfarb）在《现代性的不同道路：英国、法国和美国启蒙》一书中则从另一个角度更令人信服地阐述了美国启蒙相对于两种主要欧洲启蒙（英国启蒙和法国启蒙）的独特性。她用"德

---

① Caroline Winterer，*American Enlightenments*，p. 13.

性的社会学"、"理性的意识形态"和"自由的政治"来分别概述英国、法国和美国的启蒙。她认为,这三种不同的启蒙同样重要,代表了"通往现代性的三种不同道路"。她对美国启蒙的解释是对历史时刻的一种重构,她把1776年的美国革命和10年后的美国制宪视为美国的主要启蒙实践。这一实践的宝贵经验成为美国启蒙对今天全世界都有参考价值的主要政治伦理贡献。

自由政治的价值让"美国启蒙何以'美国'"的问题有了一个明确的回答。英国启蒙把社会美德放在哲学思考和社会政策的首位,社会美德成为公共之善的充足条件。但是,美国启蒙把社会美德只是当作必要而非充足的条件,而自由才是真正具有首要意义的。而且,美国启蒙的自由"不是斯密看作自由经济和自由社会的那种自然自由,而是人为的自由,体现为一系列与新型共和相一致的原则和制度"。[①] 最早移居美洲殖民地的人们追求的是宗教自由,后来,美洲殖民地人民又以政治自由的名义要求脱离英国。美国建国之父之一的约翰·亚当斯以自由的国度来描绘未来的美国,他说,美国是"一个有两三千万自由人民的国家,他们当中没有一个是贵族或国王"。[②]

美国国徽上镌刻着一行拉丁文 Novus ordo saeclorum,意思是"时代新秩序"。这不是一个新的社会或道德秩序,而是一个新的政治秩序。这个新政治秩序是由美国立宪而不是由美国革命确立的。英国历史学家阿克顿在《法国大革命讲稿》指出,法国革命朝一个与美国革命根本不同的方向发展,法国人的问题是,他们尽管受到

---

① Gertrude Himmelfarb, *The Roads to Modernity*: *The British*, *French*, *and American Enlightenments*. New York: Vintage Books, 2004, p. 191.
② Adrienne Koch, *The American Enlightenment*, p. 191.

美国革命的深刻影响，但对美国的立宪过程却浑然不觉。他认为，如果笼而统之地讨论美国革命，会把一些互相抵触的不同因素混为一谈。美国革命至少可分为两阶段。从 1761 年开始与宗主国的激辩，经过《独立宣言》的发表，直到 1782 年战争结束。美国人热爱自由的激情充沛，高谈阔论普世道德原则和极具批判性的普适理论，正是这些初期的东西引起了法国人的关注，并由拉法耶特（Gilbert du Motier，Marquis de La Fayette）这样后来成为革命领袖的人物传播到法国。

法国人所体验到的美国并不是 1787 年以后进入了制宪过程的美国。在美国，从革命到立宪经历了 10 年，要比法国大革命持续的时间还长，这足以使美国政客们的激情减退，有耐心思考政治理论的问题。他们虽然依然保留着反抗暴政的理想，但更多的功夫却用在设计种种制度方案上，以防备各种不受约束的专制以变化的形式来颠覆这个尚处于婴儿期的年轻共和国。用阿克顿的话说，参加费城制宪会议的，都是审慎机敏之士，他们不喜欢走极端，他们"最令人难忘的成果，都是不彻底的办法和互相妥协的产物"。这些做法都是出于美国人所有的、而法国人所没有的清醒政治认识，那就是，民主政体不仅有可能虚弱无力和缺少智慧，而且有可能专横无道，变成多数人的专制和暴政。美国人选择了联邦制，只授予中央政府若干明确列举的权力，而由各州保留其他一切权力。就像罗马人知道如何用权力分散让皇帝变得无害一样，美国用"地方主义"驯化了民主。①

---

① 阿克顿：《法国大革命讲稿》，高望译，中华书局，2014 年，第二章"美国的影响"，第 23—58 页。

美国历史学家戈登·伍德（Gordon S. Wood）把1787年费城立宪视为美国真正的立国时刻，因为这时候美国才真正确立了自己新的政治秩序。他指出，革命前夕的美洲殖民地人民处于一种相当尴尬的境地。一个多世纪以来，他们受惠于英国宪制这个"人类所能设计的最好制度"，"不列颠自由的辉煌制度"是"公民自由的保障"和"政府最佳形式"。也是因此之故，柏克能够信心满满地用他的英国政治经验严厉地抨击法国革命及其建立的革命新秩序。正因如此，美洲殖民地人民相信，英国宪法是在他们这一边的，他们的反抗"在条文和精神上都符合英国宪法"。[1] 但是，他们随后便抛弃了被他们谴责为腐败和专横的英国政治制度，不仅是英国的国王，而且还有英国的政府和国会。他们开始运用《联邦党人文集》所说的"政治科学"，以此来建立一个新秩序的共和。立宪便是这一努力的成果。《联邦党人文集》三作者之一的约翰·杰伊（John Jay）自豪地宣称："美国人成为上天眷顾的第一个人民，有机会商讨、选择和组织一个他们将生活于其下的政府。"[2]

美国建国之父们不是在一张白纸上任意画上最新最美的图画，他们有实际的政治经验，务实而谨慎，他们懂得如何审时度势而又放远眼光地运用和发展启蒙时代的政治理念。更重要的是，他们不是在领导或统治一群落后、愚昧的被动群众，而是在引导那些具有自我治理经验和能力的公民。如亚当斯所说："在（革命）战争爆发之前，革命实际上已经开始了。革命发生在人民的头脑和心里，发

---

① Gordon S. Wood, *The Creation of the American Republic*，1776 - 1787. Chapel Hill，1969，pp. 11 - 13.

② Quoted in Henry Steele Commager，*The Empire of Reason：How Europe Imagined and American Realized the Enlightenment*. New York，1977，p. 182.

生在他们对义务和责任的宗教意识转变之中。"① 当然，革命的根源不是宗教，而是政治。美洲殖民地的人们在市民议会的集会和活动中"从小就养成了讨论、协商和评判公共事务的习惯"。② 对这样的公民们来说，个人权利和责任不需要回到市民社会，更不需要追溯到想象中的"自然社会"去获得合理性，而是直接来自他们的政治社会，这样的政治社会终于在美国宪法中得以清晰规划。因此，大多数研究者在讨论美国启蒙的时候，都会把目光直接投向对美国立宪最有启蒙意义的《联邦党人文集》。

3. 自由的政治理论与启蒙

1790 年 3 月，杰弗逊在给友人的一封信说，亚当·斯密的《国富论》是政治经济学的最佳之作。他又说，孟德斯鸠的《论法的精神》"一般来说，值得推荐"，但是，"书里正确和谬误的说法都有"，所以阅读中"应时时小心"。他还说，"洛克的那本小书"（指洛克的《政府论》）"就其本身而言相当完美"，但是，"从理论降落为实践，没有比《联邦党人文集》更好的书了"。③

相比起杰弗逊提到的那些启蒙时期哲学名著来，《联邦党人文集》（1787）其实不过是一部实用和实践性质的文章合集。它有一个

---

① *The Political Writings of John Adams*. Ed., George W. Carey. Washington, D. C. 2000, p. 701 (letter to H. Niles, Feb. 13, 1816).

② John Adams, to Abbé de Mably, 1782. John Adams, *Works*. Ed., Charles Francis Adams. 10 vols. Boston, 1851, V, p. 495.

③ Jefferson, Letter to Thomas Mann Randolf Jr.. *Papers of Thomas Jefferson*. Ed., J. P. Boyd. Princeton, 1950 -, V. 16, p. 449.

具体、现实、迫切的政治目的，那就是争取美国联邦各州的选民支持和批准宪法。这是美国历史上一件具有划时代意义的事情。三位作者亚历山大·汉密尔顿、詹姆斯·麦迪逊和约翰·杰伊共同署名为 Publius，他们所撰写的文章围绕着一个千千万万美国公民关注的、但又很有争议性的问题，运用的是一种诉诸他们常识理性的语言。他们为之辩护的那些非常实际的法律和政治议题，权力分离和制衡方式、两院制立法、征税的方法等，都是有反对意见的。他们必须说服公众接受他们这一方的看法，因此，他们所运用的理性逻辑、说理方式、表述语言都具有明显的大众写作特征，这是由他们明确的公共受众意识所决定的。

《联邦党人文集》是一个 85 篇小册子式文章的合集。这些文章是三位不同的作者为同一个目的分别急就写成的大众读物，与那种由一位作者单独深思熟虑、推敲而成的理论或哲学著作是不同的。这是一种在公共辩论中产生的启蒙写作。它的特征就是观点的零碎和随机，针对性很强，但缺乏体系。由于文章强调的重点在不断变换，观点之间可能会出现重复，缺乏连贯，甚至还有矛盾。这也对阅读提出了特别的要求，阅读不能死盯着文本的一字一句，而是应该有通盘的整体理解。大众传媒启蒙的写作和阅读有自身的特点，不了解这些特点，也就没有办法正确评估这种启蒙的价值。

其实，这样的大众传媒启蒙在中国也曾有过，而且还相当成功，其公众效应不是学者们大部头的哲学或理论著作可以相比的。清末的政治启蒙就是这样的大众传媒启蒙。1906 年，清政府始宣布开始"预备立宪"，而关于立宪的讨论，在此之前已有多年的积累。无论是革命派以"约法"论为特征的"三序"构想，还是梁启超的"开明专制"论，都形成于 1905－1906 年间，这并非偶然。因为这些对立理论的形成都与始于 1905 年的《民报》与《新民丛报》间的论争有着直接的关系。① 这场论争将清末的立宪争论推向了一个高潮。与美国联邦党人与反联邦党人的对立争论一样，这场立宪争论在当时也是极有普及价值的国民政治启蒙，甚至到今天也还具有相关性和现实意义。这种大众传媒启蒙有一个值得注意的特征，那就是"一遍遍重述'自由'、'平等'、'法治'等常识性观念"。② 报刊时论或时评是它最方便最常见的形式，它几乎总是围绕一些重大的现实问题（如政治改革、法治建设、民主宪制）在展开，既有的放矢又随时衍生扩充为其他的问题。

学院派学者也许瞧不上这种与经典启蒙完全不同的大众传媒启蒙，但这却是最有社会效应的一种启蒙。美国著名历史学家和政治理论家查尔斯·比尔德（Charles Beard，1874－1948）正是从社会效应着眼，高度赞赏《联邦党人文集》的最初公众启蒙作用，称之为具有美国特色的启蒙宣传之作。他说，《联邦党人文集》的作者们"得益于现代社会学、心理学、经济学和政治科学"，但他们并"没有讨论认识论或'表象与真实'这类长期受到理论哲学家关注的问题"。比尔德认为，汉密尔顿和麦迪逊胜过"理论哲学家"，因为他们曾经积极参与美国的独立革命和共和奠基，这让他们"永远与那些在西方世界具有广泛影响力的空想家和理论家形成了对比"。他说，洛克"本来就是一位思辨的思想家，如果他对什么得心应手，那不过是神学和心理学"；至于卢梭，就政治哲学而言，他还不如洛

---

① 参见李晓东：《立宪制治与国民资格》，《二十一世纪》网络版 2007 年九月号，总第 66 期。
② 《为什么要在中国一遍遍重述"自由""平等""法治"等常识性观念?》原刊《新京报·书评周刊》，2017 年 2 月 19 日。

克，"根本就不能算是政治哲学家"。与他们相比，汉密尔顿、麦迪逊和杰伊虽不是哲学家，但却作出了更重要的历史贡献。①

比尔德的话或许有些夸张，不过他的用意是很明确的，那就是，《联邦党人文集》对公众启蒙的贡献不在于提出某种哲学理论，而在于简述了有价值的历史经验。从这种历史经验可以提出一种与美国自由政治实践相一致和相联系的政治理论。美国哲学家和思想史家莫滕·怀特（Morton White）指出，这种具有美国特色的政治理论"阐述一些描述性的主张，并为之进行辩护，包括政治党派的成因及其对广大共和的影响，也阐述一些实用的和技术性的主张：权力分离和制衡的目的、州政府和联邦政府的法律分工"。这种政治理论引用"关于人性的更为基本的理论"，所以主张的和为之辩护的不再只是宪制法（constitutional law）的具体细节，而且也还是"或明显或不明显的哲学"。怀特本人的著作正是为了阐发这种政治哲学所包含的"知识理论、规范性价值信条、动机心理、党派成因理论"等。②

美国启蒙的政治理论不同于欧洲启蒙的哲学基础理论，它没有产生英国的道德哲学或法国的理性主义，也没有出现过像洛克、卢梭、孟德斯鸠、伏尔泰这样的伟大启蒙哲人。欧洲伟大的哲人确实提出和发展了自由、平等甚至民主这样的基本价值观念，但他们受制于欧洲旧世界的政治和社会环境，他们并没有实践这些观念的机会。他们的政治行为与自己的价值观念是不相符的，他们与所谓"开明专制"的暧昧关系便是一个例子。唯有在美国这片新世界的土

---

① Charles A. Beard, *The Enduring Federalist*. New York, 1948; reprinted 1964, pp. 13, 19 - 20.

② Morton White, *Philosophy, the Federalist, and the Constitution*. New York: Oxford University Press, 1987, p. 7.

地上，美国启蒙让政治实践者们将启蒙的基本价值和原则变成与之一致的个人的政治行为和集体的民主宪制实践。这是美国启蒙最了不起的成就，也在全世界范围内为别的期待用启蒙推动改革的社会提供了宝贵的成功先例。

美国的建国之父们虽不是启蒙基本理念和原则的首创者，然而，因为他们实践了这些理念和原则，这些理念和原则才不至于流于空想，而是被证明是可以实现的，因而获得了切切实实的意义。由于美国自由民主形成传统和政治文化，这些理念和原则可以从小在学校里传授给孩子们，在教科书里看起来也许不过只有几条，但却贯穿于他们长大后生活于其中的民主制度的每一个重要方面——宪制民主、公民的自由权、政治生活中的选举和政党、总统与国会和法院的关系、公共政策的制定和调节、州和地方政府的作用，等等。

对于美国人来说，自由政治的理论就是他们的生活方式。正如伯恩斯等人在《美国式民主》一书中所说，"政治就在我们周围并影响我们生活的几乎每一个方面。政治上共同生活的人民借以觉得如何满足其基本需要，解决共同问题，组织起来求得安全与保障，乃至实现'愉快社会'的过程。简言之，政治就是何人于何时并以何种方式取得何物。政治也是组织运用和约束公共权力的过程"。① 美国自由政治制度的几乎每一个方面，都与构成整个制度的其他因素相互影响，相互联系。学者们可以把宪法、选举、新闻传媒、国会、地方政府作为专门的研究领域，但在现实生活里，这些过程或机构并不能这样分开。在学校里或社会上，美国人的自由政治，可以几

---

① 伯恩斯（James M. Burns）等：《美国式民主》，谭君久等译，中国社会科学出版社，1993年，第1页。

乎没有间断地追溯到 200 多年前的启蒙建国时代，这在世界上如果不是绝无仅有，那也是非常罕见的。

4. 公民自决与宗教信仰

美国启蒙与英国启蒙比美国启蒙与法国启蒙有更多的内在联系。英国启蒙与法国启蒙的差别在相当大的程度上也反映在美国启蒙与法国启蒙的不同上，其中最重要的也许就是人与社会的关系。法国启蒙中的个人是独立的理性个体，个体可以与社会保持相当大的距离，个人的理性因此也有演变成"超级理性"（hyper-rationality）的趋势。法国的理性主义认为，个人通过理性可以清楚、明确知道如何去改造社会的各种制度和传统。而且，凡是不能用逻辑和理性证明是好的或是有用的，就应该受到批判并予以摒弃。破坏了旧制度，然后再按合理的政治设计来构建全新的制度，这样产生的新制度一定比被废除掉的旧制度进步和优越。如果人民不能接受这样的新生事物，那就必须教育他们（对他们进行启蒙），如果不能收到成效，那就必须强迫他们有所改变。这就叫做改造社会，塑造新人。领导和推动这项社会改造工程的必须是先知先觉的先锋战士。他们的知识最新，能力最强，既掌握了真理，又有坚强的意志和决断，足以摧毁前进道路上的一切障碍和敌对势力。

但是，英国启蒙则把个人视为共同体或社会的一个成员，个人的理性体现为他在群体中所保持的自我利益意识，以及按自己所理解的自我利益在群体中与他者互动的行为方式。个人在社会里不只是一个精于盘算的理性动物，还有对他人的同情。他可能拥有完善的知识，但并不一定或只是按照最大化的自我利益来行事。他的行为可以遵从冷冰冰的理性逻辑，也可以受到激情的主导，而且经常是只有局部、不完全和有限的知识，更经常受到激情的支配。社会秩序和传统中的体制、规则、习俗都不是理性计划的结果，而是在相当缓慢的过程中，在不可预见的情况下，经过许多代人在漫长时光中演化而成。这些都是人偶然行为的结果，不是预先设计的结果。

因此，英国启蒙中的个人理性对社会工程、对人为规划社会、设计社会生活的能力持怀疑的态度。在它那里，人缺乏这种能力，会屡屡犯下错误。所以，在一国人民把可能再次犯错的权力，尤其是那种高度集中的权力交到政府或统治者手里的时候，一定要三思而行，能不这么做，就尽量不要这么做。更好的办法是用自由竞争的市场或其他机制来分散权力，以阻止或限制可能造成危害的滥权或错误。在这一点上美国启蒙与英国启蒙甚为相似。

但是，美国启蒙有一个与英国不同的重要观念，那就是，社会群体中个人是参与自决的"公民"，不是旧大陆君主国家的那种"臣民"，也不只是传统市民社会中由同情或同理心来维系的"好人"。美国历史学家罗伯特·弗格森（Robert Ferguson）在《美国启蒙》一书里指出，"在美国，启蒙有时候只用一句话来简略表达，那就是实现自决（self-determination）的政治权利"。如此突出自决的重要性，是因为自决包含了18世纪启蒙思想的一些基本理念，如强调人类普遍理性、信任普通人的理智能力、倡导人的自由、相信实践是有效的教育、注重人为制度（政府、法律、教育）的改善和优化。在美国，"实现自决意味着将哲学原则与政治实践等量齐观"，哲学的价值在于它可以付诸实践，"从此之后，公民自决便是每一代美国人的启蒙标志。这就是美国革命在日常生活里的遗产"。[1]

托克维尔把美国自由民主中活跃的公民自决称为"永恒运动",他说:"我决不认为生活在民主社会的人天生就是不好动的;恰恰相反,我认为在这样的社会里,有一种永恒的运动在起支配作用,人们在这种运动中从不知道休息;但我相信人们在其中活动时总有不可逾越的一定界限。对于次要的东西,他们每天都在予以改变、改进或改革;而对于主要的东西,他们则谨慎小心,不加触动。他们爱改革,但怕革命。"在美国,公民参与不是群众运动,公民们自己一起解决问题,不是谋求一个完美的人民政府替他们解决问题,因此,他们寻求的不是完全彻底的制度改变,而只是局部的改良。托克维尔对此写道:"尽管美国人不断修改或废除他们的某些法律,但他们很少表现出革命的激情。当公众的骚动开始构成威胁的时候,甚至在公众的激情极为高涨的时刻,他们就立即止步并冷静下来。从他们的这种急速反应就不难发现,他们害怕革命,视革命为最大的灾难,每个人都在心里暗自决定,准备付出重大的牺牲来防止革命。世界上没有一个国家像美国那样最爱所有权而又最怕所有权丢失,也没有一个国家像美国那样有绝大多数人反对以任何方式威胁所有权制度并使其改变的学说。"[2]

对宗教的态度是英国启蒙与法国启蒙的另一个重要分野之处,在这个方面,美国启蒙也接近于英国启蒙,但有它自己显著的特点。英国启蒙人士认同法国启蒙哲人对天主教教会和威权君主的敌意,站在新教的立场上,他们自己对天主教就没有好感。法国人也欣赏

---

[1] Robert Ferguson, *American Enlightenment*, p. 22.

[2] 托克维尔:《论美国的民主》(下卷),董果良译,商务印书馆,2008年,第803页。

英国人对宗教自由和政治自由的执着，这是他们自己也向往的。但是，英国人和法国人追求的启蒙目标并不相同，强调的启蒙理念也不同。

法国启蒙哲人强调理性，《百科全书》宣称，"理性之于启蒙哲人，犹如神恩之于基督徒"，对卢梭和孟德斯鸠是如此，对伏尔泰、狄德罗、达朗贝尔和"百科全书派"的许多作者也是如此。理性成为法国启蒙的意识形态，并在这个意义上成为一种世俗宗教，"法国启蒙犹如一场姗姗来迟的宗教改革，（代替旧宗教的）不是一种更高、更纯的宗教，而是一种更高、更纯的权威：理性"。① 伏尔泰正是以理性的名义向教会宣战，要"碾碎那可恶的东西"（*Ecrasez l'infame*），可恶的东西指的是罗马天主教会。狄德罗玩笑地发誓要用"最后一个僧侣的肠子绞死最后一个国王"。② 在法国启蒙那里，理性与宗教是势不两立的。但是，英国的启蒙并不把理性视为宗教的死对头，而是认为，理性与宗教并不矛盾，宗教可以成为自由的保障，也可以成为社会改革和精神解放的推动力量。英国启蒙相信人性中有天生的同情，与宗教提倡的爱和怜悯是一致的。宗教对人性的认识尤为可贵，宗教洞察人性的多面性和矛盾性。宗教意识不只关乎某种现成的教义，而且更体现为一种对人性幽暗和复杂的理解。

英裔美国人（Anglo-Americans）对启蒙与宗教关系的认识，与英国启蒙有更多的相似之处，但也有自己的特征。温特尔在《理性

---

① Gertrude Himmelfarb，*The Roads to Modernity*，p. 18.

② Quoted in Gertrude Himmelfarb，*The Roads to Modernity*，p. 18.

时代的宗教》一文中对此有详细讨论，归纳出五个主要方面。[1]

第一，18 世纪宗教在美国的公共和个人生活中发挥重要现实作用，简直就是半个政府，超过了英国教会。新教牧师们享有广泛的公共权威，日历仍然是按安息日和其他宗教节日来安排的。印刷品中大部分还是与宗教有关的写作物（牧师的宣教稿、教义问答、神学小册子），大众艺术作品也是大多以宗教为题材。教会办的学校仍然是主要的教育机构。

第二，美国启蒙推进了宗教宽容。18 世纪新教出现了许多新的教派，突出了不同教派之间的关系，也突出了宗教与国家的关系，从客观上提升了宗教宽容的迫切性和现实重要性。美国的宗教宽容既受到洛克《关于宽容的一封信》（*A Letter Concerning Toleration*，1689）的影响，也是出于美国国情的需要。美国革命期间，个人良心与国家事务分离已经成为主流观念，并被视为"启蒙国家"（开明国家）的一个标志。汉密尔顿 1789 年在一封信里写道："没有一个启蒙的国家不承认真实性的重要力量。无论宗教有怎样的想法，人们不会用这些想法来反对一个为他们提供保护和安全的政府。"新英格兰清教徒的固执被视为有违启蒙精神，首席大法官约翰·马歇尔（John Marshall）批评守旧的清教，认为它的"固执和不宽容精神会让启蒙的后代感到遗憾"。[2]

第三，18 世纪的美国启蒙对"神话"有着浓厚的兴趣。许多知识人士都把宗教看成神话，使得宗教本身成为知识和研究的对象，而不再是代表神启的"真理"。这种对宗教的重新理解进一步加强了宗教宽

---

[1] Caroline Winterer，"Religion in the Age of Reason"，in Caroline Winterer，*American Enlightenments*：*pursuing Happiness in the Age of Reason*，pp. 171 - 195.

[2] Quoted in Caroline Winterer，"Religion in the Age of Reason"，p. 174.

容的合理性：既然不同的宗教或宗教派别都具有类似的神话性质和作用，那就更没有理由独尊一种宗教并排斥或迫害其他宗教的信徒。神话成为"人类宗教"的代名词，无论是神或上帝，是上苍或老天，人类都会有某种超然的感知。伟大的美国心理学家威廉·詹姆士（William James）将这种超然感知本身称为"人性"。他在《不同的宗教经验：人性研究》一文中写道："在人类的意识中似乎有一种现实，一种客观存在，一种我们可以称为'在那里'的感觉，比任何特殊或个别的经验所能显示的知觉都更加深沉，更加普遍。"这正是人类宗教情怀那种"看不见的力量"（the unseen powers）所在。①

第四，18 世纪许多美国人对宗教的理解已经不再局限于对《圣经》教义的信仰，而是经过扩展，包纳了两个新的因素——自然和理性。自然和理性成为维护基督教信仰的新观念。早在 17 世纪，英国大科学家牛顿和一些其他欧洲思想家就已经提出了理性宗教或"自然宗教"的观念，称为"自然神论"（deism）。这是宗教对牛顿力学冲击传统神学世界观的回应。它认为虽然上帝创造了宇宙及其存在的规则，但在此之后上帝并不再对这个世界的发展产生影响。自然神论包纳了自然和理性的因素，它把上帝解释为非人格的始因，反对蒙昧主义和神秘主义，否定迷信和各种违反自然规律的"奇迹"；它认为上帝不过是"世界理性"或"有智慧的意志"。在美国，用自然和理性而不是神启去看待宗教的人士被称为"不拘泥于基督教教义的人士"（Latitudinarians），这个称呼也是来自 17 世纪的英国。他们的自然宗教观包括一系列新的理性宗教主张，如世界按神

---

① William James, *The Varieties of Religious Experience：A Study in Human Nature*. New York：Longmans，Green，1905，pp. 58，466.

创造的自然法则运行、神性体现于自然法则机制而不是超自然的奇迹事件、人可以用理性来把握像上帝存在这样的宗教真理、人可以通过细察理性和自然而不是依靠神启来感知可以被人理解的神、对天堂或地狱的"来世"都可以存疑、造物主的终极目标是人类的幸福，等等。①

第五，美国启蒙用理性而非宗教的"原罪"来重新认识"人性"，这种人性认识成为美国自由政治的基础。就像人类可以用理性来察觉和认识宇宙法则一样，人类也可以用同样的理性方式来认识自己，也就是认识"人性"。人性的前提是，所有的人类具有某些与其他动物有所区别的普遍特征，人可以用经验观察和分析归类来对人性形成一种科学，也就是休谟在《人性论》（*Treatise of Human Nature*，1739-1740）中所说的"人的科学"（the science of man）。休谟认为，人的科学是所有其他科学唯一可靠的基础。人需要先认识自己，然后才能认识自然哲学、宗教、社会或政治。人的科学中的人性在道德上是中性的，可以从善，也可以从恶。这就认可了人有能力改变自己的命运，即使在能得到神恩的情况下，人也能在人世间找到自己想要的幸福。但是，这也意味着，需要谨慎防备人性中某些因素可能带来的破坏（自私、野心、贪婪、虚荣），并设计合理的制度来加以约束。

既对人性保持一种现实主义的怀疑，又不放弃对人类能力和未来的希望，这在美国建国之父麦迪逊那里有非常典型的表现。1793年法国革命期间，他写道："人类最强烈的激情和最危险的弱点，野心、贪婪、对名声的正当或不正当热爱，全都调动起来，破坏对和

---

① Caroline Winterer, "Religion in the Age of Reason", p. 175.

平的期待和责任。"即使对慈善机构他也保持着警惕,1820 年他写道:
"要监督慈善机构的管理不善,避免走向它自己原来目标的反面,没
有什么比这件事更困难的了。"1823 年大选前,他对选民发表了这样
的看法:民众对政治理念或许并无兴趣,"大众最关心的不过是收成
的好坏和作物价格的贵贱"。① 但是,历史学和政治学教授拉尔夫·
卡恰姆(Ralph L. Ketcham)认为,"麦迪逊一生都对人的德性和
智识,以及人运用自己的能力来治理自己的事务保持一种冷静但不
动摇的信心"。② 麦迪逊虽然对多数人的暴政保持警惕,但却在不断
强调"人数平等"(numerical equality)和"多数人决定"的基本共
和原则。麦迪逊直言:"如果多数人的意志不能信任,那么还能信任
什么呢?"③ 与休谟一样,麦迪逊这样的美国启蒙者对人性的多样性
有充分的认识,这种对人性的认识成为美国宪法和自由政治理论的
重要基础。

5. 制度与人性

如果说英国启蒙关注的是个人德性与良序社会的关系,把德性
(同情、仁慈、设身处地替他人着想)作为一种公共利益和良序社会
的标准,那么,美国启蒙则更关心社会道德、良序社会与政治自由
的关系。社会要有良好秩序,这是为了保障自由,自由不是人脱离

---

① Quoted in Ralph L. Ketcham, "James Madison and the Nature of Man", in Frank Shuffelton, ed., *The American Enlightenment*. Rochester, NY: University of Rochester Press, 1993, p. 136.

② Ralph L. Ketcham, "James Madison and the Nature of Man", p. 134.

③ Quoted in Ralph L. Ketcham, "James Madison and the Nature of Man", p. 134.

秩序的理由，自由是一种由秩序保障的权利。和柏克一样，美国的启蒙思想者们认为秩序乃是自由的条件。有秩序，才可能有自由；没有秩序就谈不到自由。秩序有助于自由，自由有赖于秩序。但是，和柏克不同的是，他们不把社会秩序只是视为传统的恩赐或者上帝在自然界安排的一部分。秩序必须由人用谨慎和务实的理性来设计和构造，并形成政治制度，这样的政治制度必须是由被统治者认可的法律，而不是专制者强加给人民的法律来确定的。这也就是为什么好的政治制度是人民自由的根本保障的原因。

约翰·亚当斯在给他侄子萨缪尔·亚当斯的一封信里写道："需要努力提升知识和仁慈，但是，从来还未见过有知识和仁慈普遍到足以保障社会安全的。因此，我主张寻找能够在某种程度上弥补这种不足的制度。"制度不能代替知识和德性，但能在一定程度上弥补其不足，使得良序社会成为一种更为切实的理想。同样，对自由的热爱很重要，但我们并不能只靠热爱自由来维护自由。必须要用一些制度来协助自由抵御敌人。[1] 制度本身代表秩序，自由有赖于维护自由的秩序，而不是任何现存的秩序。有的秩序是为压制自由而建立的，这样的秩序本身就是自由的敌人。

这样的忧虑让亚当斯更加强调，对任何人都不能给予或委托无限的权力，"不是因为人太恶毒，而是因为人太软弱。人的激情是无限的，天生如此"。人会放纵自己的激情欲望，"最后一定会变成飞扬跋扈的暴君。……长期放纵和不断满足的激情会变得疯狂，这是一种谵妄，不是罪过，是疯狂"。[2] "疯狂"（insanity）就是神志不

---

① *The Political Writings of John Adams*, pp. 665,668.

② John Adams, *Works*. Edited by Charles Francis Adams. 10 vols. Boston, 1851. IV, p. 444-445.

清、神经错乱、丧失理智。社会和个人一样，在专制暴政下，整个社会都会神志不清、丧失理智。

亚当斯重视理性，因为理性不仅是一种智能，而且是善用智能的智能，尤其是判断力。他认为，法国哲人孔多塞（Condorcet）对理性必然引导进步的想法是虚妄的。他告诫道："在（对进步）兴高采烈之际，美国人和法国人都应该记住，人的可完美性只是一种人和人之间的可完美性。水遇到严寒还会结冰，火永远不会停止燃烧。疾病和邪恶总会造成混乱，死亡也依然会令人害怕。人的行为动机永远是自我保存第一，第二就是互相攀比。"人之所以需要政府，不是因为期待政府把不完美的人变成天使，而是因为"惟有一个好政府才能阻止攀比之心变成野心，才能阻止不择手段的斗争、你死我活的党派恶斗、没有意义的蛊惑人心、血流成河的内战"。①

亚当斯对人性持现实而审慎的态度，因此对人的自由有所顾虑。人因为软弱，所以极容易把胡作非为当作自由。亚当斯认为，只有具备美德的人才真正懂得自由的价值，也才能善用自由，人只有拥有美德，才能长久地保持自由。自由不是喊喊口号，而是在灵魂里爱自由，这种自由不是自然而然的，而是少数勇者的灵魂产物，是文明的成就。他说："狼也爱自由，要不是因为人受到了经验、思考、教育、民间和政治制度的启蒙，人的自由不见得会比狼的自由更理性、更宽宏、更有社会性。那些让人和狼有所区别的东西都是由少数人最先创造出来，并不断保持着的。"② 和柏克一样，亚当斯知道，只有少数人才真正了解和爱惜自由，绝大多数人对自由是无

---

① John Adams，*Works*，VI，p. 279.
② John Adams，*Works*，VI，p. 418.

所谓的。他们只是在自己有利可图、想称心如意的时候才会要求自由，他们也随时会用自由跟专制统治交换他们更热爱的物质好处或身份地位。说到底，他们缺乏的不是对自由的向往，而是人的灵魂和人的美德。

美国建国初期，在联邦党人和反联邦党人的辩论中，政治自由与美德的关系是一个重要的争论点。对当时和后世的人们来说，争论的价值不只是为了做出一个政策决定，更在于它所涉及的方方面面问题，社会秩序、公民德性、政治制度、人性的暧昧、腐败和防止腐败，等等，而这正是这场公共讨论对普通民众的政治和道德启蒙作用所在。

反联邦主义者们最关心的是个人德性，最忧虑的是腐败。他们经常引述孟德斯鸠的观点，如共和需要由具有公民德性的人来维护，他们"爱护法律和国家"，"永远把公共利益放在私人利益前面"。和孟德斯鸠一样，他们认为共和只适合于规模不大、文化同质性很高的国家群体，这是培育公民德性的适宜环境。因此，他们对美国的大型联邦共和抱有怀疑和戒备。反联邦主义者们虽然强调个人德性，但他们并不对人性之善盲目乐观。正相反，他们对人性的看法是悲观的，或者说是现实的。他们对当时美国商业化和城市化对社会传统和人心道德的负面冲击表示深切的忧虑，担心这些趋向会"滋生奢华，加深社会的不平等，成为德性和自我克制的敌人"。[①] 在强大的外力作用下，人性会与价值观一起发生改变，不能指望普通人能保持从传统道德获得的良好习惯，也不要以为他们一定就能抵御各种导致腐

---

① Quoted in Herbert J. Storing, *What the Anti-Federalists Were For*? Chicago University Press，1981，p. 73.

败的新诱惑。

联邦主义者与反联邦主义者一样不对人性抱有乐观和理想主义的态度。然而，正是因为对人性的缺陷和弱点有着现实而清醒的认识，他们在思考共和应该如何防止腐败的时候，把着眼点放在"利益"而非"美德"上。他们认为，在美国这个大型共和国里，不同的人们有不同的经济和政治利益，只有让不同的利益集团相互之间形成抗衡，才有可能形成一个对腐败具有遏制作用的相互监督机制。在这个基础上可以建立一个还不算太坏、甚至堪称良好的秩序。与斯密和休谟一样，他们把扩展商业和工业经济视为一种进步，是优化人民道德、自主、自治的条件。汉密尔顿在《联邦党人文集》第12篇中认为，商业的发展是一件好事，"所有的开明政治家都看出并承认，商业的繁荣是国家财富最有效和最丰富的来源……商业繁荣有助于活跃和刺激工业系统，使之更加活跃和兴旺地运行"。这样的发展有利于造福人民，"孜孜谋利的商人、劳苦的农民、勤勉的技工和积极活动的工厂主，各阶层的人都日益高兴地热切期待着对他们辛苦工作的这种令人愉快的酬报"。

联邦党人坚持权力分散和制衡是为了防止因人性之恶所导致的权力腐败。这种制度设计的前提就是充分考虑到人性的不完美。麦迪逊在《联邦党人文集》第51篇里写道，分权和制衡是"防止把某些权力逐渐集中于同一部门的最可靠办法，就是给予各部门的主管人抵制其他部门侵犯的必要法定手段和个人的主动。在这方面，如同其他各方面一样，防御规定必须与攻击的危险相称。野心必须用野心来对抗。人的利益必然是与当地的法定权利相联系。用这种种方法来控制政府的弊病，可能是对人性的一种耻辱。但是政府本身若不是对人性的最大耻辱，又是什么呢？如果人都是天使，就不需要任何政府了。如果是天使统治人，就不需要对政府有任何外来的或内在的控制了"。反联邦党人害怕和厌恶腐败，害怕联邦政治罹患疾病，而联邦党人同样对腐败和联邦政治的可能疾病保持着警惕，不过，他们还要努力在公民美德之外寻找能够防止和遏制这种疾病的方法。

联邦党人认为，共和的最大敌人是党派的私利，但不能因为党派的危害而剥夺公民组党的自由，因此只能让不同党派之间形成利益的对抗与制衡，以此消除一党独大可能带来的专制和腐败，而大型共和有利于出现更多相互制衡和监督的政党。对此，麦迪逊在《联邦党人文集》第 10 篇里认为，"共和政体在控制党争影响方面优于民主政体之处，同样也是大共和国胜于小共和国之处，也就是联邦优于组成联邦的各州之处"，他也同时指出，"一种纯粹的民主政体——这里我指的是由少数公民亲自组织和管理政府的社会——不能制止派别斗争的危害。几乎在每一种情况下，整体中的大多数人都会感到有共同的情感或利益。联络和结合是政府形式本身的产物；没有任何东西可以阻止牺牲弱小党派或可憎的个人动机。因此，这种民主政体就成了动乱和争论的图景，同个人安全或财产权是不相容的，往往由于暴亡而夭折"。他指出，不能指望所有人都真心诚意地拥护民主，"捣乱成性的人、本位主义者或别有用心的人，可能用阴谋、贿赂以及其它方法首先取得参政权，然后背叛人民的利益"。

美国历史学家 T. V. 斯密斯称麦迪逊在第 10 篇里的论述"本身就是对人性思虑周密的深刻见解"。[1] 美国政治学家莫登·怀特

---

① T. V. Smith, "Saints, Secular and Sacerdotal: James Madison and Mahatma Gandhi." *Ethics*, LIX（October, 1948）, p. 59.

（Morton White）指出，《联邦党人文集》作者们的"政治科学"中的相当重要部分是心理学，而心理学最重要的部分则是关于人的动机和人性的。

这里所说的"人性"（human nature）与"人的本质"（the essence of man）不是同义词。《联邦党人文集》的三位作者并不以抽象或一般地分析人的本质为己任，他们关注的是可以通过经验观察而了解的人的行为及动机，这是他们所说的人性。例如，人有野心、私利心、贪婪心，人也有同情心、恻隐之情、羞耻感和荣誉感。相比之下，规定人的本质，这是一种哲学或意识形态的抽象或提炼，如人是政治动物、社会动物、理性动物、阶级动物等等。怀特解释道，汉密尔顿、杰伊和麦迪逊是从经验观察来谈人性的，"当他们说人性包含野心时，他们并不是说野心是人的本质特征……他们所特别指出的人性特征是许多哲学家所谓的偶然（accidental）而非本质（essential）特征"。[①] 也就是说，野心是人性的特征，但并非是人必有野心。再多的人有野心，那也是偶然的，而不是必然的，因为野心并不是人的本质特性。

偶然与本质的区分对我们认识人性与制度的关系有重要的意义。好的制度可以帮助抑制人性中一些不良或有害的特征——自私、贪婪、虚荣、名利心等；而坏的制度则会助长这些特征，导致个人行为或公共行为的腐败。制度对人性，而不是对人类本质，有引导、调适和塑造的作用，原因也正在于此。一切乌托邦的社会改造工程都不仅要改造社会，而且最终要改造人类，不仅仅是改变特定环境中人们的某些人性特征，而且是彻底改造人的本质，强迫他们成为

---

① Morton White, *Philosophy*, *the Federalist*, *and the Constitution*, p. 86.

某种教义或意识形态规定的"新人"。改变人性的某些特征，前提是承认它们的合理性，目的是尽量防止它们对社会共善形成危害。但是，改变人的本质却不同，它的前提是否定人性，代之以暴力强加的清规戒律或阶级性，按照权力统治的需要对某些个人或人群妖魔化、非人化，将他们归入某种异类，带上识别的"帽子"。更有甚者，还会将他们隔离和关押在集中营或劳改营，甚至从肉体上予以消灭。

美国宪法制定者则正好相反，他们认为，人的天性就是自利的，用休谟的话来说，人天生是"恶棍"（knave），人性不会改变，现在不会，将来也不会。因此，立宪要从认识人的天性，包括立宪者自己的天性开始。麦克唐纳（Forrest McDonald）在《时代新秩序》（*Novus Ordo Seclorum*）一书里指出，美国宪法的制定者们在制宪时一致同意，应当从审慎的人性前提出发，那就是承认，政府中大多数人经常是把自己的个人利益放在公共利益之前的。富兰克林发言说，人都是受制于贪婪和野心的。汉密尔顿更是直接引用休谟的话说："实事求是地看人，人受什么支配呢？激情。……我们的压倒性激情是野心和私利。因此，一个聪明的政府就应该利用这样的激情，这才能让个人的激情服从公共利益。"① 这也正是休谟所提出的，"在构建政府制度和制定宪法的多重制衡和限制方案时，每个人都应该被假设成'恶棍'，假设他的所有行为都是出于私利，没有其他动机。因此，我们就必须用他的私利来管束他，而且，还要利用他的私利心，无论他多么贪婪或有多大野心，让他能为促进公益，而与

---

① Quoted in Forrest McDonald, *Movus Ordo Seectorum*：*The Intellectual Origins of the Constitution*. University Press of Kansas, 1985, pp. 188 - 189.

他人合作"。① 正因为每个人都有私利之心，让他明白与他人合作对他最为有利，他也就会克制自己的贪婪和野心，好好与他人合作了。

美国宪制的重要特点是，它的规则是为了限制人性作恶，而不是为了一时的权力分配而设计的。只要人性不改变，那就必须有一个好的宪制制度。如果因为这样的制度设计而以为美国宪法的制定者都是一帮自私、犬儒的政客，那就错了。其实，承认自己的私利心，这本身就不是一件自私的事情。有的政客把私利心隐藏起来，宣称自己一心为公，除了为人民服务，什么私心也没有，他们其实是私心最重的伪善之徒。17世纪的法国道德家们，如帕斯卡尔、拉罗什富科就已经看到，私利心是人的主要行为动机，这就是人性。美国制宪者并没有对人性有新的发现，他们只不过是要把对人性自私的认知运用于政治制度的设计而已，这样的大胆政治作为确实是史无前例的。私利不只是贪图钱财，爱护荣誉和名声也是一种私利。爱惜荣誉的人才会不遗余力地为公众服务，这是一种言行一致的荣誉，不是说一套做一套的沽名钓誉。

美国启蒙政治理论中现实主义的人性认识包含着一种自由主义的基本价值观，那就是，任何强迫改变人性的企图和作为都是不正义的。人性有弱点，可以因势利导，用合理的制度来规范，但绝不是否决人性的理由。极权统治的一个重要特征就是用实现某种乌托邦的完美人性为理由，否决人的自然天性，对人进行彻底的改造，把人变得六亲不认、冷酷无情、铁石心肠、人性泯灭。对这种改造过的人性，普通人已经无法再用经验或常识去理解。阿伦特在《极

---

① T. H. Green and T. H. Grose, *Hume's Philosophical Works*, 4 volumes. London, Longmans, Green and Co. 1875, 3: 117 - 118.

权主义的起源》把"改造人性"视为极权主义的特征，是极权统治的必要条件。她引述美国政治学家埃里克·沃格林（Eric Voegelin）的话说，极权主义把自己的意识形态称为"科学"，把"这样的科学视为偶像，用它来奇迹般地根治生存之恶和改变人性"。她写道："极权意识形态所瞄准的不是改造外部世界，或者对社会进行革命性改造，而是改变人性本身。"①

20 世纪的极权灾难让我们更加重视人和人性的问题，也更加珍惜启蒙思想在这个问题上的自由政治思想遗产。启蒙运动对人性的关注和认识让我们看到，敌视和压制自由的暴力政治本身就是对人性的侵犯。18 世纪美国的奴隶制就是这样一种对人性的侵犯。美国建国之父之一的本杰明·罗什（Benjamin Rush）在《论蓄奴：致美洲殖民地居民》的小册子里，称赞先前曾经是奴隶的波士顿女诗人菲丽丝·惠特蕾（Phillis Wheatley），"她的特殊天才和造诣不仅是女性的光荣，而且更是人性的骄傲"，上帝创造了"自由的人"，任何奴役都是对人性的侵犯。② 美国启蒙这种对人性的关注具有巨大历史意义，"发现人类正当和错误行为的动机，人在社会中的权利和义务，让人能在时间的流程里走到一起，形成社会的认同与情感纽带。这些都在经过了欧洲人两个世纪的全球帝国发展之后，成为 18 世纪启蒙关注的焦点，让人类的多样性充分体现出来。在令人困惑的人类多元中发现人性的普遍原则，是大西洋周围有识之士们的一个共同的宏大目标"。③

---

① Hannah Arendt, *The Origins of Totalitarianism*. Harcourt 1985，pp. 346 - 347.

② Rush, "An Address to the Inhabitants of the British Settlements in America, upon Slave-Keeping". Quoted in Caroline Winterer, *American Enlightenments*, p. 158

③ Caroline Winterer, *American Enlightenments*, p. 158.

美国启蒙对人性的关注向我们揭示，人性虽然是普遍的，但不是单一的。人性的不同方面并不是非白即黑，非善即恶，而是充满了多种多样的可能性。人性中激情和欲望是难以驾驭的，有时候受制于理性判断，有时候不是这样。人性的难以把握使得人想要什么，不想要什么，要做什么，不做什么，变得难于预测，或者说全都依赖于个人自己的德性或智慧。无数这样的个人合在一起，不同的利益和欲望相互作用，充满了矛盾和不可预测性，让国家和社会的发展始终处在不稳定的状态之中，有可能发生令人恐惧的灾难变化，如希特勒的德国，也有可能发生令人振奋并对人类智慧保持敬意的进步，如美国 1787 年宪法的制定和这之后的早期联邦共和实践。与美国独立一起，制宪和联邦共和构成了美国独步世界的新大陆启蒙，它以自由政治的实践补充了旧大陆的哲学启蒙，成为 18 世纪启蒙遗产对我们今天实践最有相关性的一个部分。

第五章

德国启蒙：国家与普世

德国的启蒙称为 Aufklärung，这个德语字并不是法语启蒙（les lumières）或英语启蒙（enlightenment）的简单翻译，"它最初的意思应该是'发亮'或者'清朗'，而不是'照亮'（启蒙）"。从词义上说，它不仅指看清世界，而且还指让事物变得清晰。它包含着一种乐观精神，就像拨开迷雾，世界就会变得光亮和清明，黑暗、愚昧、迷信的时代终于要成为过去。在 18 世纪"它的新意思慢慢被人接受，但它常常是指一种态度转变或一个过程，还没有被用来特指一个历史阶段（启蒙时代）"。①

人类正在变得成熟起来，人的潜能一点一点地发挥出来，在这个意思之外，德国的启蒙还有另一层含义，也就是历史学家乔治·威廉森（George S. Williamson）所说的，"与狄德罗和伏尔泰的法国启蒙相比，Aufklärung 包含着对国家的过分信任和对制度化宗教太多的好感"。② 不管对这种"好感"的评价是贬是褒，历史学家和思想史研究者大多同意这两个确实是德国启蒙及其思想传承的特点，并因此形成了具有现代德国特质的思考方式和关注点。在中国，人们对德国启蒙既有熟悉的感觉，又几乎完全是陌生的。一方面，提起或议论启蒙，都会引述康德的《什么是启蒙?》，另一方面，却很少有别的德国启蒙人物的思想会被认真提到。由于谈启蒙必言康德，所以人们经常会有一种德国启蒙与欧洲启蒙，尤其是英、法

---

① 《剑桥 18 世纪政治思想史》，第 493—494 页。
② George S. Williamson, "Protestants, Catholics, and Jews, 1760 – 1871: Enlightenment, Emancipation, New Forms of Piety", in Helmut Walser Smith, ed., *The Oxford Handbook of Modern German History*. Oxford University Press, 2011, p. 214.

两国启蒙并驾齐驱的错觉。其实，德国启蒙是相对于英国和法国的后发启蒙，也有着后发启蒙的一些显著特征：观念的滞后、选择性的借鉴、对先发启蒙的情绪性反弹、民族主义和国家主义、纠结的文化自卑和自大。这些也在不同程度上成为其他后发启蒙，包括中国的后发启蒙的特征。

1. 宗教启蒙与大学革新

18 世纪，德国政治分裂，社会和经济发展远远落后于英国和法国，由于中产阶级的疲弱和温顺，德国启蒙对于王权和贵族阶级的政治抵抗几近于零。在一个得不到思想后援的落后社会里，德国知识分子的唯一选择就是调适自己的心态，努力适应压迫性的环境。他们在这个过程中形成了一种不自由的"自由"趋势，看似自由，其实是一些无可奈何的选择，虽然无可奈何，却又不乏独特的思考。这些趋势包括，以内心自由代替政治自由、以认识自己代替改变社会、把政治变革当作文化使命、以精神升华代替公民参与。为了政治上的安全，所有这些都作了精心的"学术"包装。

历史学家罗伯特·安库（Robert Anchor）在评论 18 世纪德国启蒙的趋势时说，"所有这些趋势结果变成了一种精致的，经常是非常学究和奥涩的讨论方式，它们产生于一种半封建的政治和社会环境，精致和奥涩的讨论方式使得这样的环境变得合理。然而，与此同时，由于思想对这个社会不形成威胁，因此有机会以富有新意的方式，从哲学和文学上开拓对世界的探索，并寻找让启蒙在德国落地生根的方式"。^① 在不自由的状态下，学术必须巧妙地打扮自己，只有让自己在政治上显得无害，学术才有存在和发展的机会。罗伯特·安库以德国学人"巧妙"翻译苏格兰启蒙者亚当·费格森（Adam Ferguson）的著作为例，说明他们如何小心翼翼地将欧洲启蒙引入德国，"德国译者在翻译费格森的《公民社会史》（*History of Civil Society*）时，冲淡他的公民人道主义和自由贸易思想，用这部著作来宣扬精神自由和审美内向。就这样，公民参与的声音被变换成了鼓吹个人完善"。^② 在一个连康德都在为开明专制辩护的国家里，公民社会当然是一个危险的议题，哪个翻译者敢不小心翼翼地躲避政治忌讳？他们确实是在运用必要的生存策略，一种我们今天仍然很熟悉的策略，然而，不幸的是，这是一种有误导作用的策略。

德国启蒙的特征可以从宗教启蒙和国家构建这两个方面来认识。1512 年以后的"德意志民族神圣罗马帝国"或"日耳曼民族神圣罗马帝国"是一个西欧和中欧的封建君主制帝国，版图以德意志地区为核心，包括一些周边地区，在巅峰时期包括了意大利王国和勃艮第王国还有弗里西亚王国。这个"德国"（日耳曼）有几个"王国"（普鲁士、奥地利、萨克森）和数百个大小不等的侯国、公国、郡县、帝国自由城市等。事实上，并不存在一个所有日耳曼人都认同的"德国"。神圣罗马帝国，用伏尔泰的话来说，既不神圣，也不是罗马或帝国。18 世纪的德国不过是一个赶不上现代民族国家步伐的帝

---

① Robert Anchor，*The Enlightenment Tradition*. Berkeley，University of California Press，1967，p. 119.

② Franz Leander Fillafer and Jurgen Osterhammel，"Cosmopolitanism and the German Enlightenment"，in Helmut Walser Smith，ed.，*The Oxford Handbook of Modern German History*. The Johns Hopkins University Press，2013，p. 119.

国幽灵。①

神圣罗马帝国的"帝国"有着特殊的意义，对此，历史学家詹姆斯·希恩（James J. Sheehan）写道："在欧洲传统的政治结构当中，没有一个比神圣罗马帝国更令我们难以想象的了。它不符合我们熟悉的任何一个政治类别，既不是民族（nation），也不是国家（state），也不是跨国组织。在对待'帝国'时，我们关于主权的设想不起作用，我们所习惯的外国和本国事务区别派不上用场。把这些设想、种类或区别运用于帝国（许多19世纪的历史学家都曾尝试这么做），会使帝国变得古怪、可怜、不可理解。"希恩指出，理解神圣罗马帝国需要换一个视角："如果我们把它看成是欧洲悠久而普遍的公共生活传统的最后显现，那就可以开始抓住帝国的独特之处，懂得它为什么能这么长久地让这么多人忠诚于它。帝国来自这样一个历史世界，在那里，国籍没有政治意义，国家不拥有绝对主权，与nation或state不同，帝国并不要求无可置疑的效忠，它的作用不是明确国籍或支配国民，而是在权力分散的制度和多重的忠诚之间建立秩序和平衡。"②从15世纪中叶开始，与法国、西班牙和英国这样的绝对君主国相比，神圣罗马帝国就是一个破旧保守、缓慢不灵的低效体制。新兴的现代国家及其主权观念、国民身份和忠诚归属，取代了老旧的帝国。这也是18世纪启蒙时期开明专制在帝国一些地区（如普鲁士和奥地利）最有吸引力的一个原因。

在这个被称为"德国"的地方，首先发生的是宗教启蒙。历史学家大卫·索津（David Sorkin）指出，德国的宗教启蒙不仅比法国

---

① John Flood, *Poets Laureate in the Holy Roman Empire*: *A Bio-bibliographical Handbook*. Google Books, 2006, p. xlvii.

② James J. Sheehan, *German History* 1770 - 1866. Oxford University Press, 1989, p. 14.

式的宗教批判来得温和，而且也更为宽容，而宽容本身就是一种启蒙的价值。[①] 从一开始，德国宗教启蒙的关切和背景都是德国式的，普鲁士是一个典型的例子。1694 年创立的哈勒大学（University of Halle）是虔信派（Pietism，17 世纪路德教的一个宗派）的知识大本营。17 世纪时，德国大学的智识和研究水准甚为低落，数学家兼哲学家的莱布尼兹（Gottfried Wilhelm Leibniz，1646～1716）对大学憎恶、唯恐避之不及的态度，足以说明欧洲大学经历十六世纪巅峰期后，已落入僧侣机构（mönchische Austalten）故步自封的形式教义里。哈勒大学的设立就是因为莱布尼兹的坚持，才一改旧式大学之陈风，锐意提倡新科学。

哈勒大学聚集了早期新教启蒙的重要人物，有哲学家克里斯蒂安·沃尔夫（Christian Wolff，1679‐1754）、神学家西格蒙德·雅克比·鲍姆嘉通（Siegmund Jacob Baumgarten，1706‐1757）、法学家克里斯蒂安·托马修斯（Christian Thomasius，1655～1728），等等。1694 年，哈勒大学由骑士学院（Ritterakademie，1680）改制以后，聘请德国路德宗牧师、慈善家与圣经学者、敬虔运动领袖奥古斯特·赫尔曼·富朗开（August Hermann Francke，1663～1727）讲授古典语文。富朗开崇尚唯实思想，首创唯实学科（矿物学），对哈勒大学的现代化发展有很大贡献。德国启蒙主义的先驱托马修斯也在莱比锡（Leipzig）大学倡导大众文学，于 1688 年创办以德语写作的大众文学月刊。他被莱比锡大学黜退后，于 1690 年到哈勒大学任教，积极推动讲学自由、学习自由，一改学究刻板的授课模式。

---

① David Sorkin，*The Transformation of German Jewry*，1780‐1840. Oxford：Oxford University Press，1987.

克里斯蒂安·沃尔夫是莱布尼茨和康德之间最杰出的德国哲学家，他也曾在哈勒大学执教。他积极倡导实践教学，自由学习。他著作等身，讲课生动，以德语讲授哲学，课堂里总是座无虚席。1723年，沃尔夫因宣扬莱布尼兹哲学理念触怒普鲁士国王腓特烈·威廉一世，被迫于48小时内离开哈勒大学，到马堡（*University of Marburg*）大学任教。1740年，腓特烈·威廉一世去世，他儿子腓特烈二世继位，旋即以隆重仪式将沃尔夫请回哈勒大学。这不仅显示了哈勒大学的新派风格，而且凸显了哈勒大学创校初期敬虔派宗教与启蒙主义之间的相互适应关系。在法国，宗教被视为启蒙的障碍，但是在德国，宗教推动了早期的德国启蒙。

2. 国家构建和官僚治国术

早期德国启蒙者把更新个体和民间社会视为自己的目标。他们不仅对宗教没有敌意，而且认为宗教是达成这一目标的推动力量。这是一种实用性的社会民众启蒙，历史学家克里斯多夫·克拉克（Christopher Clark）指出，德国敬虔派的慈善事业（办孤儿院和雇用穷人的纺纱作坊）与社会启蒙的公共理念是一致的。慈善事业有启蒙的作用，能让人们对什么是利国之举有新的观念。敬虔派的慈善事业还包括救助犹太人的计划（开始于1728年），这不仅是为了拯救犹太人的灵魂，也是为了让他们能身体力行地从事对国家有益的生产劳动，而不是沿街乞讨或做小生意（这是当时对犹太人的普遍看法）。这种传教不是以强制手段进行的，而是采用说服的方式，开启他们，让他们明白要这么做的道理。民众启蒙秉持的是启蒙的人道原则，例如神学家鲍姆嘉通希望犹太人皈依基督教，但他主张宗教信仰是一种良心自由，在他那里，宗教信仰自由是一个政治原则，他因此反对当时社会对犹太人的歧视和压迫行为。①

1760 年代，虔信派衰落，新教义派（Neologism）成为普鲁士影响最大的教派，他们主张区别对待"私人宗教"和"教会宗教"。私人宗教不是法国知识分子中流行的自然神学（Natural theology）或自然神论（deism），而是正统的基督教信仰。它更强调实际的日常道德，而不是教会的教义。宗教并没有被放弃，但社会却朝着个人化的世俗方向在发展。私人宗教和教会宗教的区别虽不违背基督教的精神，但显示了教会的正统教义与个人信仰之间的紧张关系，标志着个人主义在社会中的崛起，而个人的自足（autonomy）正是现代启蒙的一项重要价值观念。

德国宗教启蒙带来的神学变化鼓舞了受过教育的人士，与他们自己的经验体会产生共鸣。他们自己一方面是好基督徒，另一方面却并不亦步亦趋地遵循正统教义。18 世纪德国教育已经相当普遍地提高了民众的读写能力，并形成了新的社交形式。国家的行政管理也相对宽松，例如，对星期日不上教堂的人不再处以罚款。随着教会对社会的影响减弱，教士阶层也不得不调整自己的社会职能和身份，例如，斯派尔丁（J. J. Spalding）在《宣教的用途》（*Usefulness of the Preaching Office*，1772）中，把教士重新界定为配合国家改革、推行民间福利、教育民众的"道德导师"。② 著名律师，也是奥地利

---

① Christopher Clark, *The Politics of Conversion*: *Missionary Protestantism and the Jews of Prussia* 1728 - 1941. Oxford University Press，1995，pp. 9 - 81. Sorkin, *Religious Enlightenment*: *Protestants*, *Jews and Catholics from London to Vienna*. Princeton University Press，2008，pp. 153 - 158.

② George S. Williamson，"Protestants，Catholics，and Jews，1760 - 1871"，p. 215.

国王约瑟夫二世开明改革的支持者约瑟夫·冯·西比尔（Joseph von Sybel）认为："开明教士们应致力于为教徒提供清晰易懂、喜闻乐见的教导。他们的职责只是真诚、明确地宣告对好基督徒和好臣民实际有用的信仰和道德原则。"① 这种现行体制下的国民教育很容易令人联想到梁启超的公德和私德教育，以及今天的国民道德教育。

为了更好地推行这样的国民教育，许多神职人员倡导采用德语的赞美诗（hymnals）和宗教仪式读本，用德语而不再是用拉丁语来作为学校的教育语言。在一些其他的社会改革中，教士也是学校教育改革的推动者，而非障碍和反对力量。民众的读写和语言教育是启蒙的一部分，但不等于启蒙，更不等于自由和民主政治启蒙，这在德国启蒙中表现得相当清楚，也相当有代表性。20世纪60—70年代，大学关门，所有的"封资修"书籍都成了禁书，但即使在农村，还是在普及小学教育，而且家家有广播，村村有报纸，但这些并不是我们今天所期待的那种启蒙。

一直到1750年左右，德语都还不是欧洲的主要学术或高等文化语言。普鲁士国王腓特烈二世就看不起德语，而是坚持用法语写作。这种情况要到1780年代才有所改观。莱布尼兹和克里斯蒂安·托马修斯只是偶然才用德语写作，克里斯蒂安·沃尔夫是第一个经常用德语写作的哲学家，并积极提倡把德语提升为一种哲学语言。② 18世纪中期之后，多才多艺的莱辛为德国文化变革和本土化作出了极大的贡献，他将英、法的一些著作翻译成德语。1760年代，德语成为神圣罗马帝国的一些公国和自由城市的重要启蒙语言，但是，说德语

---

① Cited in Sorkin, *Religious Enlightenment*, pp. 243 - 244.
② Anthony Pagden, *The Enlightenment and Why It Still Matters*. New York: Random House, 2013, pp. 329 - 336.

的学者和知识分子所运用的仍然是早期英国和法国的启蒙话语。

这样的现状引起了一些德国启蒙者（当然还有反对启蒙者）的不满，他们要摆脱德国文化的劣势地位，抵抗英、法的文化霸权，因此形成了一种文化爱国主义，但并没有一个明确的"爱国情感"对象。他们有的认同"帝国"（Reich），有的认同自己所在的"王国"，有的认同笼统不明的"文化祖国"。爱国主义有对外和对内的两个方面，对外是针对像英国或法国这样的"外国"，对内则是针对不把"国"的利益放在最高位置的"个人"。用爱国主义来否定"自私自利"的"个人主义"一直就是国家主义的一个基调，同时也使得国家主义难以容忍普世主义。个人主义和普世主义的共同之处就是以个人而不是国家为本位，这二者都因此不能见容于以国为本的爱国主义。

18 世纪德国那种国家主义的爱国主义其实是出于多种现实的需要。德国国土分裂，不同的部分之间经常发生战争，盛行雇佣兵制度，那些雇佣兵"有奶便是娘"，对谁都谈不上什么忠诚情感。出生于德国乌尔姆（Ulm）的数学家和作家托马斯·艾伯特（Thomas Abbt，1738－1766）是一位爱国者，28 岁因肠病突然去世，德国哲学家和诗人赫尔德（Johann Gottfried Herder）哀悼他"为德国和他的德语太早去世了"。① 艾伯特曾提出"军事爱国主义"，为了用一种高尚的爱国情感来抵消雇佣兵的自私自利，这种高尚情感来自国家最高统帅的道德和精神感召力，在当时来说就是腓特烈二世。这位国家英雄被视为才气过人、人品高尚、艺术修养超群。艾伯特所倡

---

① Benjamin W. Redekop, *Enlightenment and Community*. McGill-Queen's University Press, 2000, p. 12.

导的爱国主义结合了理性与情感，被当作是一种可以更新国民道德和精神的认知和情感力量。爱国主义成为一种美德，一种高尚品格、崇高境界和道德修养，这是道德审美化和理想化的结果。这种爱国观与启蒙时代的另一种个人修养（普世主义）其实是反冲的。爱国主义和普世主义都是德国启蒙的特色议题，这两个互相矛盾的议题要等到康德用"公民社会"的道德规范理念来加以协调，才算在理论上统一起来。然而，这也仅仅是在理论上统一而已，因为爱国主义的情感作用并不是理性所能充分认识或有效抗衡的。

德国启蒙的国家主义特征可以从德国特有的"官房学"（cameralism，又译"财政主义"）看出来。"官房学"的德国特点首先就在于它是一种在大学里的启蒙，与以社会为平台的英、法启蒙不同。当然，最重要的是，它的直接目的不是社会启蒙，而是为国家治理提供理想而有效的理论依据。它虽然不是马基雅维里那样的帝王术，但也是一种对专制君主有用的治国术。

1727 年，腓特烈·威廉一世在普鲁士哈雷大学和奥德河畔法兰克福欧洲大学（Viadrina European University）创立了最早的官房学讲席教职，为的是提高普鲁士官僚机构所需要的行政技能。[①]官房学把重点从传统的法律教育转向广泛的经典哲学、自然科学和经济实践的广泛概述，如畜牧业、农业、采矿和会计。[②]它的教育目的非常明确，那就是通过对国家干部的训练，提高他们的办事能力和素质（如清廉、节俭、谨慎），以此图谋普鲁士的强国兴邦。

---

① Andre Wakefield, Andre, "Books, Bureaus, and the Historiography of Cameralism". *European Journal of Law and Economics*. 19（3）,2005: 311 - 320.

② David Lindenfeld, *The Practical Imagination: German Science of State in the 19th Century*. Chicago University Press, 1997, pp. 15 - 20,22 - 23,25.

腓特烈·威廉一世蔑视学术而重视实务，在他眼里，"官房经济与治安科学"是一种有用的学科。在哈勒的教席名称里，"官房事务"（Cammersachen）指那些"关乎君主领地的事务"，在大学里成为一门专学，也就是"官房科学"（Cameralwissenschaften）。反过来，官房科学又成为"国家科学"（Staatswissenschaften）的一部分，"它把人们从对统治者个人领地的关注转到对国土和人民的关注上来，并从地理上、历史上、政治上将国家领土看作一个整体……18 世纪领土型国家的财政基础从'国家经济'（Staatsoknomie）（它涉及统治者的个人领地和专卖权）转变到'国土经济'（Landesoknomie）（它关乎整个疆域和人民都成为统治的经济基础）"。这个从领地向国家的转变是国家观念构建的成果，在这个过程中，"由 17 世纪的廷臣们为了让统治者实现对领地的英明治理而提出的那些原则，被系统地转换为学院教学话语，以教给官员们一些关于国家管理的道理"。[1]

这种作为"国民经济学"（Nationalokonomie）的理论虽然发生在 18 世纪启蒙时期，但一直被视为一种教学话语，被认为是德国特有的东西，不适合翻译成英语、法语或意大利语，"结果，它在政治经济学的那些奠基者中没有产生明显的共鸣。而且，迄今为止，关于它的评论基本局限于德语范围内，从而把它置于英语和法语学界关于 18 世纪研究的边缘"。[2] 德国启蒙话语与以英、法引领的欧洲启蒙话语之间存在隔阂，官房学只不过是一个例子。历史学家基思·特里布尔（Keith Tribe）这样评论德国启蒙与英、法启蒙相比的例

---

① 基思·特里布尔：《官房学与治国之术》，《剑桥十八世纪政治思想史》，第 508—509 页。
② 基思·特里布尔：《官房学与治国之术》，《剑桥十八世纪政治思想史》，第 507 页。

外性："从现代的一些评论文献的角度看，它在不止一点上表现为一种封闭的传统，如偏僻、玄奥，并且把很多问题局限在一个虽然地域广大但语言独特的区域。传统上认为，法国启蒙运动、法国大革命与美国革命，才是现代政治理论的源头——最近人们又加上苏格兰启蒙运动。至于德意志启蒙运动，通常被看作为一种文学或哲学现象；除了屈指可数的几个关键人物外，值得感兴趣的人是非常有限的。从这一点看，官房学文献似乎是乏味而沉闷的，与欧洲政治思想的主流没有什么明显的关联。作为一种经济管理的文献，它同样被那些把注意力放在寻找现代经济分析的理论基础的经济思想史家所冷落。"[①]

特里布尔提到的那些特征让德国启蒙成为欧洲的一种另类启蒙。长期以来，启蒙研究偏重和突出法国哲人（philosophes）的启蒙（又称"巴黎启蒙"）。这些研究不仅偏重于法国启蒙，而且以这一启蒙的自由意识、理性和反宗教、世界主义来把 18 世纪的启蒙当作一个整体。彼得·盖伊（Peter Gay）的《启蒙运动：现代异教精神的崛起》（*The Enlightenment*：*The Rise of Modern Paganism*）就是这样的启蒙研究著作。但是，近几十年来，多元的启蒙研究更多地强调不同国家启蒙自身的特点，让我们看到了 18 世纪欧洲启蒙的更多方面，盖伊的副题"异教精神的崛起"也就不适用于德国或英国的启蒙。历史学家彼得·瑞利（Peter H. Reill）在《德国启蒙与历史主义的崛起》一书里指出，把启蒙研究限制在某一国的经验会"因为武断地确定某种整一性，而牺牲掉启蒙丰富而复杂的多样性。它已经使得研究者对不符合确定模式的思想家，要么加以贬低，要

---

① 基思·特里布尔：《官房学与治国之术》，《剑桥十八世纪政治思想史》，第 507—508 页。

么过高评价"。[①] 法国启蒙经常被视为 18 世纪欧洲启蒙的主流，但是，正如历史学家罗伊·波特（Roy Porter）所说的，由于法国启蒙哲人对教会的明显敌意，再加上在法国没有国家发动的启蒙改革，法国启蒙在欧洲其实是一个例外。[②] 当然，这也是从德国的角度来说的。

3. 自上而下的国家主义启蒙

1871 年才有了我们今天所知道的德国，即便那之后，德国的边界也一直在变动，只是为了方便，我们才把 18 世纪影响那些说德语的地方的新思想和新观念称为德国启蒙。德国启蒙中最重要的当然是自由理念，但那还不是我们今天所知道的政治或公民自由，而是体现为关于人的潜在能力的信心，对世界美好未来的向往，以及对 Bildung 的崇尚。德语中的 Bildung 常被直接翻译成"教育"或"学识"，但实际上有更为宽广的意思。这是德国启蒙的一个重要观念，在此姑且称为"教育启蒙"。教育启蒙指的并不只是一个人读过很多书，很有知识或学问，而是指有知识的人同时还具有强烈的正义感和道德心，以及对国家有责任感。这是一种很高的国民品格标准，以此为目标的教育启蒙表现了一种德国式的国民教育理念。

普鲁士国王腓特烈二世便是这种德国教育启蒙的一个模范人物。他在"士兵国王"——父亲腓特烈·威廉一世严格的军事式的教育下

---

① Peter Hanns Reill, *The German Enlightenment and the Rise of Historicism*. Berkeley, CA: University of California Press，1975，p. 1.
② Roy Porter, *The Enlightenment*. Macmillan，1990，p. 55.

第五章 德国启蒙：国家与普世 | 263

长大。他又受母亲影响，喜好文学艺术和法国文化，并一再与鄙视法国文艺的父王发生冲突。1730 年，他甚至为反抗其父强加的婚姻，尝试和一位朋友逃往英国，但以失败告终。他接受的教育中既有来自父亲和母亲的部分，更有他自我教育的部分。

他的父王从小给他为君之道的教育，教诲他将来要成为一位明君贤主。他在给腓特烈的《政治遗嘱》中叮咛道，二十年来，我虔信上帝，恳求上帝听我的祈祷。君王要听从上帝，不可养情妇，不可玩物丧志，不可沉迷于戏剧、歌剧、芭蕾、假面舞会，不可暴饮暴食。君王必须简朴勤政，独掌军队，亲自掌管财政收入，要让文武群臣知道，是谁在紧紧捏着钱袋。

腓特烈的父王是一位德国北方虔信派（Pietism）的信徒，他给儿子的是一种基督教的教育，并不是基于 18 世纪启蒙思想的教育。这种教育以基督教教义为本，就像中国的贤君教育以儒家学说为基础一样。基督教的教育虽然不是启蒙观念，但与之并不违背，甚至可以相当一致，尤其是在德国。这种教育与启蒙的关系不大，但对于腓特烈后来的开明专制改革却也相当有用。

腓特烈的教育中最重要的部分来自他自己，或者说来自他所生活的启蒙时代。跟他父王的教育不同，他的自我教育运用了一些启蒙的观念，而很少再直接运用基督教的观念。在这一点上，他确实是启蒙时代的君主。他运用的启蒙观念包括正义、理性、智识、平等、人性、社会契约等。正是这些打上启蒙时代印记的观念形成了腓特烈属于他自己的开明君主理论。

1731 年，腓特烈十九岁那年给普鲁士贵族冯·纳兹梅尔（Dubislav Gneomar von Natzmer，1654－1739）写过一封信，后称为"致纳兹梅尔"（Natzmer Letter）。他在信里表明，普鲁士分散的疆土需要统一，"到时候，普鲁士国王要发挥世界强国之一的作用，用热爱正义，而不是恐惧来保卫和平。如果王朝的荣誉需要战争，那么就勇猛地进行战争，除了上天的愤怒之外，不惧怕任何敌人"。①

1738 年腓特烈还是皇太子的时候，他在《欧洲政治体现状之思考》一书里写道，无论古今，无论什么国家，人都是一样的，同样的激情和欲望导致相同的结果。君王与常人一样有两个弱点：野心和懒惰。他认为："伟大君王们的政策从来没有什么改变，他们的根本原则就是不断扩张，他们的智慧在于预先识破敌人的诡计，在斗智中取得胜利。许多君王以为，他们的臣民是为了让他们获得荣耀和满足骄傲才被创造出来的。他们把臣民当作放纵激情的工具，崇拜虚荣，放任侵略心，横征暴敛、懒惰、骄横、不正义、不人道、施行暴政。"②腓特烈还用启蒙的观点来解释君主为何成为君主。他写道："如果君王把自己和王室的权威追溯到源头，他就会发现，成为君王，最初要归功于人民。成千上万的人们忠诚于君王，不是要君王壮大他的权力，好来奴役人民，把人民变成君王肆意侵犯的受害者。人民选择了一位他们认为最正义、最像父亲、最仁慈、最能干的人来保护他们，免遭敌人的蹂躏。他们选择这个最谨慎的人来避免毁灭性的战争。"在解释君主与人民的关系时，他运用的是社会契约的观念。这与我们所熟悉的"水能载舟，亦能覆舟"是不同的。

腓特烈的社会契约论听起来与洛克的非常相似，但是却少了关键的一条，那就是人民有抗拒暴君和暴政的权利。在美国革命引用

① Quoted in George Peabody Gooch，"Frederick the Philosophe"，in Roger Wines，ed.，*Enlightened Despotism：Reform or Reaction?* Boston：D. C. Heath and Company，1967，p. 33.

② Quoted in George Peabody Gooch，"Frederick the Philosophe"，p. 33.

的洛克社会契约论里，最重要的部分是，如果君主不正义，那就是暴君，人民有权进行抵抗，甚至撤换这个暴君。这也是洛克对后世政治观的一个主要贡献。与洛克不同，在腓特烈那里，君主有责任当明君，但是，如果君主成为昏君或暴君，他仍然是不受惩罚的。这也是所有专制独裁者的统治逻辑。在18世纪，腓特烈的这种君主免责论与英国的自由政治理论是背道而驰的。英国国王查理一世1649年被处死，詹姆士二世在1688年光荣革命时被推翻，都是因为英国人民认为他们已经成为不正义的暴君，所以不能再容忍他们继续安稳地坐在王位之上。

腓特烈最有名的政治著作要算是他的《反马基雅维里》了，这是他于1740年即位不久后写的，是他的施政哲学宣言，据说是受到了伏尔泰的帮助。腓特烈在书里清楚表明，马基雅维里的《君主论》是一部危险又邪恶的书，是半黑暗时代的君王策。他提出，君王的责任在于保护群体及其福祉，既然如此，君王就不应该是人民的绝对主子，而是应该成为人民的"第一公仆"。在当时，这是石破天惊的启蒙宣誓，直到今天，仍然是无数政客的口头禅。他彻底否定了马基雅维里的权术论，显示了他的开明政治观。

马基雅维里说，君主的美德只会给他自己和国家带来灾祸，统治人民靠的是恐惧而不是热爱。腓特烈反驳说，君主越残暴就越会遭到背叛，因为残暴不得人心，得不到真心的支持。君主必须拥有美德和谨慎，惟有如此才能避免他自己和国家的灾难。要让人民能够自由地表达意见，那就必须要有能代表他们的机构和新闻自由。他写道："满意的人民是不会要造反的，因为他们的君主是仁慈的，仁慈的君主不用害怕失去权力。要不是因为西班牙的暴政太酷烈，荷兰人是不会起来造反的。"马基雅维里忽略的是，在令人恐惧的统治下，人的忍耐力终究是有限的。

历史学家德里克·比尔斯（Derek Beales）在《哲学王与开明专制》一文中指出，腓特烈的《反马基雅维里》一书"很适合用于说明开明专制理论的一些内在矛盾及其术语上的混淆之处"。腓特烈声称："正义……应当是君主的首要目标。因此，君主应该把他所统治的人民的利益放在其他利益之上。他应该增加人民的幸福，如果人民没有幸福，他应该去谋求。那么，利益、伟业、野心及专制主义之类的观念又会怎样？君主绝不是其统治下的人民的绝对主人，而只是人民的第一仆人，并且必须是以人民为荣耀、为人民谋求幸福的工具。"但是，腓特烈又宣称，为了国家与人民的利益，国王有必要实行个人统治，无须听从大臣的意见，也无需受法律、大臣、议会或者其他居间机构的制约，腓特烈认为，"只要愿意，国王可以做他想做的好事；同样，只要愿意，国王可以做坏的事情"，"在每个国家，都有诚实与不诚实的人；就像在每个家庭，都有漂亮的人，也有独眼龙、驼背和跛子。在国王中也从来就有并永远会有人配不上被赋予的那个角色"。对坏国王的唯一处罚就是让他获得坏名声。[1]

腓特烈于 1752 年写过一封政治遗嘱（Political Testament），1768 年重新修改，是只准备给他的王位继承者阅读的（也有历史学家将之视为两份不同的遗嘱）。[2] 腓特烈二世的政治遗嘱表述了一位成熟君王的经验之谈。他认为，政府需要关注四个主要问题：正义、财政、军队和政策。他把正义而非军队放在了第一位，这和现代专制把军队放在第一位、然后才是政策和财政、而根本不提正义的政

---

① 《剑桥十八世纪政治思想史》，第 495—496 页。
② http://germanhistorydocs.ghi-dc.org/pdf/eng/4_PrussianMonarchy_Doc.8_English.pdf.

权稳固论是不同的。就此而言，他也不愧为一位开明君主。

腓特烈说，正义体现为法律，必须选用品德最佳者来担任主管，君主永远不要干涉他们的工作，但必须予以监督。如果他们有失职行为，那就严惩不贷。财政必须由君主亲自掌管，只有当财政井井有条的时候，人们才会幸福，君主才会受到尊敬和爱戴。政府要努力增加收入，让国库充实，但不能用加税的办法，而是要靠发展农业和工业。国家收入再多，也要量入为出、未雨绸缪，需节省开支，留有储备，以备战争和灾荒的不时之需。君主必须统掌军队大权，并在政策上奉行"开明独裁"（enlightened autocracy）。君主要统治，但更要治理。由于财政、行政、政策、军队是密切联系的，政府不断需要快速有效地协调和统一，必须避免政出多门、互相掣肘，所以必须一人独裁，那个人就是国王。国王的威胁不是来自外敌，而是他自己的懒惰、懈怠和放松警惕。

腓特烈的开明独裁论是他作为一位开明君主的理论建树，其中的理性和睿智成为他执政合法性和正当性的主要依据。这和以前的传统君王是不同的，以前君王的合法性来自王位继承，王位传给谁，谁就是合法君王。但是，在腓特烈这样的18世纪开明君主那里，这种合法性发生了变化。腓特烈拥有统治权威，不全是因为他继承了父亲的王位，更是因为他有合理的统治理念。

腓特烈专制理论是自相矛盾的，他一面说君王为人民服务，一面又说君王不必为不服务于人民甚至危害人民负责。这不只是因为开明专制理论的内在矛盾或术语混淆，更是因为，再开明的专制也仍然是专制。开明专制的理论本来就是为加强专制而非提升人民自由服务的。专制与人民自由的矛盾和对立根本就不是理论或术语的统一或连贯所能化解的。

20 世纪希特勒时代的极权专制发展出远比腓特烈时代精致又完整的意识形态理论，不是像腓特烈那样独自营造，而是有专门的御用班子集体打造，并由强大的宣传部门向人民灌输。完整的极权专制理论也是一面说为人民服务，一面说自己是人民的主子，它的概念游戏可以玩得滴水不漏。但那又怎么样呢？能因为在理论上"自圆其说"就证明现实中有了自由、民主、法治吗？

腓特烈的开明专制成为德国启蒙的一个标志性发展，为欧洲启蒙添加了专制的国家主义元素。腓特烈自诩为一位启蒙的君主，他在柏林的宫廷里汇集了不少哲学家和科学家，他们都和他一样热衷于启蒙思想，伏尔泰也曾一度跻身其中。这位君主自豪地说："我的主要工作就是与愚昧和偏见斗争……启蒙思想、培养道德，尽我的力量，让人民能够尽量得到合乎人性的幸福。"① 18 世纪德国历史学家奥格斯特·施洛兹（August Ludwig von Schlözer，1735–1809）在法国大革命之后为德国有腓特烈这样的君主感到庆幸。他认为，正是因为腓特烈的开明专制改革，才让德国避免发生像法国大革命那样的血腥动乱。他说："到哪里去找像德语国家这样有教养的君王？在法国，启蒙是自下而上的，而在德国则是自上而下的。"②

但是，今天历史学家们对腓特烈及其开明专制的评价往往是负面的，这与他对后来 20 世纪德国军国主义的影响有关，尤其是因为 1933 年纳粹上台时公然宣称腓特烈是他们的楷模，把他视为包括俾斯麦在内的德国光荣历史的开启者。这当然是纳粹编造的历史神话，

---

① Giles MacDonogh, *Frederick the Great：A Life in Deed and Letters.* Saint Martin's, 2000, p. 341.

② Leo Just, "A Foundation of Nineteenth-Century Politics", in Roger Wines, ed., *Enlightened Despotism*, p. 76.

但难道就纯粹是无稽之谈吗？历史上的俾斯麦推行"铁血政策"统一德意志，将德国从法国和奥地利的统治下解救了出来，成就了一个统一而强大的德意志。他本人虽不是军国主义者，但他创造的军队强权模式却为后来的德意志军国主义发展做好了铺垫。虽然俾斯麦本人并不主张利用军队侵略他国，但因为军队势力的强大，军国主义蓄势而起，一旦时机成熟，德国奉行的就会是利用强大的陆军侵略邻国的政策。

历史学家斯图尔特·安德鲁斯（Stuart Andrews）指出，腓特烈想在专制改革中作出一番成就，在许多方面也确实推进了德国的现代化进程。但是，"腓特烈是一位独裁者，他的权威不受任何内阁、议会或者地方议会的约束"，所以他的政策都是基于"他个人的看法"，无论有什么成效，也都是专制独裁的一意孤行。① 德国美茵兹大学（Mainz University）历史学教授里奥·于斯特（Leo Just）认为，腓特烈开明专制改革的成就是被高估了的，他的改革成就是由同时代奥地利约瑟夫二世的失败改革衬托出来的，德国的专制适合于习惯于顺从的德国人，而"德国长期的专制统治无疑影响了这种国民性的发展"，直到纳粹时期。② 腓特烈穷兵黩武，他发动的七年战争使 50 万普鲁士人被杀戮，大量领土被劫掠蹂躏。从长远看，他那种穷兵黩武的军国主义精神，已经悄悄给德意志民族埋下了灾难的祸根。开明专制的普鲁士确实增强了国家的力量，但并不是一个值得称颂的开明社会。德国的斯瓦比亚人（Swabians）居住在德国的西南部，有一位叫韦兰德（Weiland）的斯瓦比亚人造访了北方的

---

① Stuart Andrews，*Enlightened Despotism*. New York：Barnes & Noble，Inc，p. 23.
② Leo Just，"A Foundation of Nineteenth-Century Politics"，p. 76.

普鲁士之后，心有余悸地说："腓特烈是一位伟人，但上帝保佑，不要让我们生活在他的权杖之下。"①

4. 文学和诗化的德国启蒙

对德国启蒙在欧洲启蒙中的位置，存在着两种不同的观点，而这两种观点都特别表现在对莱辛这位德国启蒙核心人物的理解和评价上。德国诗人海涅把莱辛视为一位解放者，是莱辛帮助德国文化意识摆脱西欧尤其是法国文化的影响，进行了德国化的启蒙。他在1830年代称莱辛是第二位路德，用充满机智的论辩拉开了与法国式不痛不痒之嘲讽的距离，"他的机智不是法国那种追逐自己影子的灰狗，而是更像德国雄猫（Tom-cat），在咬死老鼠之前，先要耍它一下"。② 牛津大学德语语言文学教授里奇·罗伯逊（Ritchie Robertson）不同意这种看法，他认为，突出莱辛文化上的"解放者"和"抵抗者"的角色作用"会低估莱辛受到法国启蒙的很大启发……莱辛受益于法国哲学家和作家皮埃尔·培尔（Pierre Bayle），也深受狄德罗的影响。莱辛与伏尔泰于1750年代早期在柏林有过不愉快的摩擦，但他翻译过狄德罗的剧作和戏剧评论，并部分用作自己戏剧创作的范例"。③

在莱辛的时代，启蒙的真正家园一般认为是英国而不是法国，

---

① Leo Just，"A Foundation of Nineteenth-Century Politics"，p. 73.

② Heinrich Heine，*On the History of Religion and Philosophy in Germany*. In Heine，*Selected Prose*. Trans. Ritchie Robertson. London，1993，p. 262.

③ Ritchie Robertson，ed. *Lessing and the German Enlightenment*. Oxford：Voltaire Foundation，2013，p. xi.

英国是牛顿和洛克的故乡。莱辛对英国文学怀有极大的兴趣，他推崇莎士比亚，认为莎剧比法国新古典主义戏剧对德国更有借鉴价值（莱辛对"英雄"有一贯的反感）。莱辛的第一部戏剧《萨拉·萨姆逊小姐》（Miss Sara Sampson，1755）的背景就是设在英国。他还在德国介绍了沙夫茨伯里等人的苏格兰启蒙观念：人自然就是社会性的动物，人有天生的道德意识，对同伴有一种天生的怜悯和同情。

"同情"的观念贯穿在莱辛的多种启蒙写作中。同情是莱辛戏剧的一个中心观念，在莱辛那里，戏剧的主要作用不是表现观众可以敬仰和仿效的美德，而是唤起他们的同情，在想象中与剧中人物形成情感联系，体会他们的经历，同情他们的遭遇。戏剧让人的同情心变得更加敏锐，因此在人格素质上变得更加优秀。同情心是一个人道德禀性的标志。他在著名艺术评论《拉奥孔》中认为，艺术品之所以能唤起人们的想象反应，同情心是一个关键。他的诗作经常表现人的喜群情感。他的《共济会会员对话录》被认为是共济会史上的重要著作之一，他认为共济会的价值在于用人类共同的情感，克服阶级和国家所造成的人际隔离。

莱辛以倡导宗教宽容、尤其是平等对待犹太人而闻名，他的早期喜剧《犹太人》（Die Juden）就是揭露反犹歧视的。他的《智者纳旦》（Nathan der Weise）是今天德国中学生的必读篇目，这部剧作背景设定在第三次十字军东征的耶路撒冷，讲述了一个智慧的犹太商人纳坦如何通过一个"戒指寓言"消弭了犹太教、基督教和伊斯兰教间的界限，从而达成了宗教和解。这部戏剧发表于 1779 年，但在莱辛有生之年一直被教会禁演，直到 1783 年才在柏林第一次演出。它被称为德国的宗教宽容宣言，其重要性可以与洛克的《论宽容》和伏尔泰的《论宽容》相比。

历史学家尼斯贝特（Hugh Barr Nisbet）指出，莱辛的宗教宽容观需要放在特定的德国宗教写作传统中来理解，这个传统包括莱布尼茨的 cultural perspectivism 和 Gottfried Arnold 的激进多元主义。[①] 莱辛受到莱布尼茨的宗教和美学观念影响，他的《人类的教育》（1781）把宗教看作是上帝通过历史来对人类进行的教育，而"教育"与"启蒙"则是近义词。宗教的重要性在于，人类努力把握在时光流逝中所积累起来的那种普遍而永恒的精神和尊严。人类的伟大不在于把握了多少或什么样的真理，而在于不断地寻找真理。正因为不断寻找真理，人类的理解能力才越来越得到增强。在《智者纳旦》中，莱辛说："让一个人有价值的，不是他个人掌握的真理，而是为追求真理付出的辛劳。他的力量不在于占有真理，而是在追寻真理中获得的满足。"这对任何自以为是的宗教真理和意识形态真理都是一种质疑和挑战。

莱辛不只是维护宗教的精神价值，而且把它转化为一种历史的意义。宗教是启蒙运动的一个主要战场，许多最重要的争论都发生在那里。莱辛把历史看成是理性逐渐成熟的媒介，在这一点上他是康德的先行者。他们都把历史视为在有限时空中展现的没有止境的理性。与康德不同的是，莱辛倾向于斯宾诺莎的一元论（Monism）和多神论，他不相信人格化的神，而是把神理解为宇宙的灵魂，就像 17 世纪犹太异端那样。在莱辛那里，神与宇宙不离不弃，一旦分裂，便变得全无意义。莱辛将宗教与理性结合的历史观中有一种康

---

① H. B. Nisbet, "On the Rise of Toleration in Europe: Lessing and the German Contribution". *Modern Language Review* 105（2010），pp. xxviii-xliv.

德那里没有的高尚严肃。与莱辛的感性相比，康德显得过于理性。

另一个与康德不同的地方是，莱辛和莱布尼茨一样，并不把情感与理性视为两个不同的极端，而是有着不同程度的连续关系。他把情感视为一种幽暗的、发育不全的观念，虽然不是清晰的观念，但仍然是一种观念，因此，在人的头脑中理性与情感几乎总是结合在一起。这与我们今天认识到情感中包含理性判断是一致的。情感与理智的混合丰富了启蒙思想对人性的认识。法国启蒙思想家卢梭也强调情感的作用，情感鼓动民众的作用后来在社会和政治运动或革命中充分体现出来。在德国，情感给哲学和艺术注入活力，更成为一种历史和心理力量。当社会或政治之恶发生时，情感通过哲学、艺术或历史意识，成为一种治疗社会或政治受损肌体的方式。这是一种浪漫主义的想法，至今在包括中国在内的一些后发启蒙国家的知识分子群体中仍有相当的信众。

后发启蒙国家经常有一些与 18 世纪德国相似的社会和政治特征。那里的知识分子在对待现实问题时，特别相信所谓文化和精神的力量，而现实的政治控制却让他们的文化启蒙难以存在，就算偶尔能够幸存，也总是昙花一现，随即夭折。18 世纪德国社会中知识分子的活动空间非常狭窄，他们能发挥社会作用的唯一途径就是文化活动，这也容易让他们夸大文化的实际社会作用。例如，莱辛相信，戏剧改革可以帮助德国建立一种开明的国家意识，后来，赫尔德（Johann Gottfried Herder）、歌德和席勒成为他这个想法的追随者。然而，莱辛所期待的启蒙戏剧事实上并没有存活的条件。当时德国的政治割据局面使得莱辛期待的国家戏剧根本无法在德国存在，正如罗伯特·安库所说，德国的那些小规模的侯国、公国、帝国自由城市无法唤起德国共同体的社会和责任意识。即使是被寄予厚望的汉堡剧院，开场后不到一年也只能黯然关张。①

　　德国作家无法从德国的国家生活中获得灵感，因此要么模仿外国作家，要么就是在艺术上尽量前卫和创新，以此掩盖社会和政治内容的贫乏。歌德晚年时还在感叹，德国在文化方面落后于法国是因为受到太强大的政治环境限制。18 世纪 70 至 80 年代的狂飙突进运动一反崇尚理性主义的启蒙，转而颂扬自然，崇尚"天才"，崇拜个人才能，强调感情的巨大作用，后来成为德国浪漫主义的前奏。这个运动的代表人物，青年时代的歌德、席勒、伊夫兰特（August Wilhelm Iffland）、伦茨（Jakob M. R. Lenz）、克林格尔（Friedrich Maximilian Klinger）都曾受到法国的社会批判思想影响，狄德罗和卢梭对他们的影响尤其大。但是，他们自己却难以在德国展开同样的批判。他们痛恨德国社会的阶级壁障，鄙视贵族阶级的傲慢和专权，但却无法做出有力的批判。从他们自己的资产阶级的立场来看，贵族阶级是腐败和邪恶的，相比之下资产阶级虽不快乐但有德性。但是，这样的对比批判相当表面，因为资产阶级并没有他们想象的那么有能耐，资产阶级根本不能审视自己的势利、顺从、浅薄和浪漫感伤，他们只会把一切都归咎于他们所处的社会逆境。

　　歌德的小说《少年维特之烦恼》（1774）在当时影响极大，是歌德作品中读者最多的，拿破仑说他把这本书读过 7 遍。这部小说描述的是个人内心与社会逆境的冲突。它探讨的核心问题就是人道主义的人在现代社会中有没有实现的可能。这种人道主义的人是高度理想化的，与我们在美国启蒙中看到的那种比兽类好不了多少的人

---

① Robert Anchor，*The Enlightenment Tradition*，p. 136.

是完全不同的。虔诚的犹太教徒和基督徒都知道，人性基本上并非是善良的，美国启蒙对人的看法也是如此：谁如果相信人性自然就是善良的，那他就是白痴或者傻瓜。正是从人性不可靠，人性中有邪恶的因素这样的认识出发，美国启蒙造就了美国那种限制人性恶的长久有效的宪法。可以说，这个宪法就是为限制人性之恶量身定制的。这样的人性观正是德国理想主义和浪漫主义万万不能接受的。

歌德笔下的少年维特就是一个优秀得近乎人性完美的人物，他的行为指导来自高尚而优美的感觉（是感伤主义的代表性人物）。他与装腔作势、精神颓废的贵族和死气沉沉、势利死板的资产阶级同样格格不入。他爱上了公务员的女儿绿蒂（Lotte），绿蒂的未婚夫阿尔贝特（Albert）虽然是一个有同情心又好心肠的人，但却是个既无趣又浅薄的资产阶级人物。绿蒂和阿尔贝托结婚了。维特最后见到绿蒂的时候，他们情不自禁地相互拥抱、亲吻。但是绿蒂挣脱了，发誓永远不再见维特。彻底绝望的维特最后选择了自杀，在他的桌子上是一部莱辛的《爱米丽雅·迦洛蒂》（Emilia Galott）。

维特代表的是自然的人，在歌德那里，自然赋予人奔放的热情、充沛的活力和无限的创造力，而艺术则是完美人格的自然实现。维特的悲剧在于，他充满了高尚美好的激情，但却在他所生活的那个世界里处处碰壁，一筹莫展。他的自杀是一个好人向一个坏世界发出的抗议。就像孟德斯鸠《波斯人信札》里王妃洛克莎娜（Roxane）的自杀和莱辛的爱米丽雅·迦洛蒂自杀一样，维特的自杀是没有出路的出路。但是，歌德把它表现得特别浪漫，维特的自杀是干净的自然人在肮脏、腐败的社会受挫后所进行的人道主义抗争。

这种浪漫化的抗争也许知道要拒绝什么，但却无法令我们真的相信他知道到底要争取什么。著名文化批评家埃里希·奥尔巴赫

（Erich Auerbach）对另一位德国浪漫主义作家席勒提出的正是这样的批评（也特别适用于狂飙突进运动）。奥尔巴赫写道："席勒知道他在斗争时反对什么远超过他要求什么……（在他的《阴谋与爱情》中）我们感觉不到内在的问题、历史的复杂性、统治阶级的作用和它的道德堕落，也感觉不到那个公国的实际环境。这不是现实主义，而是（情节和人物）夸张的感伤剧（melodrama）。"对此，里奇·罗伯逊评论道，《阴谋与爱情》和狂飙突进运动之所以失败，"从根本上说，是因为中产阶级本身的退化，以至于这些作家不知道在为何而战。由于缺乏一种大环境的政治变革意识，他们不能形成眼界开阔的进步观念，并用此来分析他们谴责的社会丑恶和设想有效的改革途径。……狂飙突进运动与后来 20 世纪类似的表现主义（Expressionism）一样，只能是昙花一现，赫尔德和歌德后来在魏玛担任官职，德国诗人、剧作家弗里德里希·马克西米利安·冯·克林格尔（Friedrich Maximilian von Klinger，1752－1831）在俄国宫廷如鱼得水"。①

今天，歌德是人们心目中的"文豪"，而不是一位与启蒙运动有特别联系的思想家。如果说他的文学作品有什么启蒙的意义，那也只是一种"人生导师""人生智慧"的启蒙。今天许多人正是在这个可深可浅的意义上使用"启蒙"一词的。1775 年，在《少年维特之烦恼》取得巨大成功后不久，歌德成为一名公务员，1776 年，他作为枢密公使馆参赞开始为萨克森-魏玛-艾森纳赫公国服务，后来负责公路和开采银矿的事务，以城市公园规划而著称。随着他从浪漫主义转向古典主义，维特的故事也从赞美浪漫爱情变成了对浪漫爱情危

---

① Ritchie Robertson，ed. *Lessing and the German Enlightenment*，pp. 138－139.

险的提示。浪漫爱情只是人生美好片刻的冻结，不能当作人生的常态，这成了一种开导感情冲动期青年的人生智慧。歌德最重要的文学作品《浮士德》也是一样，浮士德成为一个适用于各式人等的道德寓言：知识丰富，但不要当学究；乐于性爱，但不要放荡；喜欢权力，但不要妄自尊大；增强能力，但要用于高尚目的。如果不知道这是歌德的作品，这样的人生教诲和开导今天听起来是不是有点心灵鸡汤的味道？

其实，心灵鸡汤又何尝不是一种"启蒙"，或者更确切地说，一种山寨式启蒙。它很有诗意和文学气质，但对于改变现实又究竟能有多少作用呢？在现实社会和政治环境的严酷限制下，熬制鸡汤成为许多作家和知识人不得已的启蒙选择，其中有的还十分走红。他们那种无可奈何、束手无策和前景黯淡感觉一定是强烈而压抑的。在这种情况下，他们所擅长的文化和文学，其作用就很容易被夸大和理想化，并被当作被死死压住的政治期待的替代品。这是一种文化人在受阻于现实后内向转移的自然趋向。他们既不愿意接受现实，又无力改变它。他们因热爱文化和文化祖国而"爱国"，这个国不是以全体国民的公民权利和义务来奠基的公民共同体，而是由经常被想象为单一的"文化传统"所自然形成的族群，在德国被称为 Volk（大众），在其他国家则被称为"人民"或"民族"。在德国，这个形成于日耳曼文化的 Volk 后来被许多德国作家以不同方式所接受，包括叔本华、雅各·布克哈特（Jacob Burckhardt，1818 - 1897）、奥斯瓦尔德·施本格勒（Oswald Spengler，1880 - 1936），也被塞进了20 世纪的德国纳粹的种族主义话语，并成为一件用来在政治上清除所谓文化-种族之异己的邪恶武器，二战期间造成了前所未有的人道灾难。

5. 康德启蒙的实践理性与普世原则

　　莱辛去世之后三年，康德写下了著名的《什么是启蒙?》(1784)。[①] 与许多人想象的不同，那并不是一篇欧洲启蒙的宣言，而是一个在欧洲启蒙已经接近尾声时的德国式启蒙总结。"敢于认知"的目标不再是早期启蒙的政治和社会变革，而是内化了的自由思想和独立判断。康德这篇文章是对约翰·弗里德里希·佐尔纳(Johann Friedrich Zollner)在《柏林月刊》上一篇文章的回应。佐尔纳是18世纪的一位德国牧师，也是一位政治评论家，人们至今记得他，也许完全是因为康德的这篇文章。法国大革命刚刚爆发时，佐尔纳反对进步党派。当时的进步派认为婚姻是民事问题，不应该受宗教的规范。佐尔纳反对这一观点，他认为只有宗教才能为婚姻提供恰当的神学指导，宗教应当在民间事务中发挥更大的作用。他在抨击进步派启蒙价值观的文章里附带放了一个小小的脚注，其中嘲讽道，有谁能够真的解释什么是"启蒙"? 几个月后，康德发表这篇文章，直接回答了佐尔纳的问题。康德说，启蒙意味着你有勇气去自我思考，也就是那个著名的口号：敢于认知，Sapereaude!

　　康德所定义的启蒙当然不能代表18世纪其他启蒙人士所理解或期许的启蒙。今天，许多人把康德的启蒙定义视为金科玉律，不是因为他们比较过不同的启蒙定义，而是因为不知道18世纪其他启蒙

---

① 康德:《什么是启蒙?》，何兆武译，https://zhidao. baidu. com/question/493858517651771892. html。

人士或现代研究者关于启蒙的不同看法或说法，所以采取了现成或随大流的办法。

康德对启蒙的论述不仅精彩，对我们还有另一层经常被忽视的重要意义，那就是它能够帮助我们理解康德一贯主张的"普世主义"。康德对启蒙和对普世主义的理解是相互联系的，有三个特别值得我们重视的方面。

第一，康德在《什么是启蒙?》里区别了"公开运用自己的理性"和"私下运用自己的理性"，也就是公共理性和私人理性的不同。在对启蒙的认识中，公共理性是一个非常重要的新概念。

第二，公共理性与私人理性之间的区别可以帮助区分"市民社会"（civil society）和"普世社会"（cosmopolitan society）。民间社会是现实存在的，在其中起作用的主要是私人理性，更准确地说，也就是一个特定社会里许许多多人具有共性的私人理性。相比之下，普世社会则是被假设存在的，在其中起作用的必须是绝大多数人都能认同的公共理性。例如，印度有"娑提"（sati）的习俗，即妇女在丈夫死后（一般是葬礼上）自焚殉夫以表达对先夫的忠贞。它的私人理性是婚姻因忠贞而幸福。神话中的娑提为向侮辱其恋人湿婆的父亲达刹表达不满而投火自尽，她的灵魂转世为雪山神女并与湿婆再度结婚。但是，在人类普世社会里，这种习俗是违反女性普遍人权的，这一伦理判断是由公共理性做出的。

第三，我们需要假定人类普遍社会的存在，若非如此，我们不可能有衡量特定民间社会中行为是否正义或公正的标准。从印度娑提的例子可以看到，像娑提这样的行为不是非理性，而是基于一种与公共理性不同的私人理性。能不能用"具有印度特色"为理由（这也是一种私人理性）来认定这是一种合理行为呢? 这要看你是把它放在印度社会里还是人类普遍社会里来做关于正义或公正的伦理判断。如果我们不能假定存在人类的普遍社会，那么我们就没有理由说娑提是一种错误的行为。因此，虽然实际上并不存在一个人类普遍社会，但我们必须假定它是存在的。

康德《什么是启蒙?》的一个重要特点是用"脱离"什么，而不是"达到"什么来定义启蒙。"启蒙就是人类脱离自己所加之于自己的不成熟状态，不成熟状态就是不经别人的引导，就对运用自己的理智无能为力。当其原因不在于缺乏理智，而在于不经别人的引导就缺乏勇气与决心去加以运用时，那么这种不成熟状态就是自己所加之于自己的了。Sapereaude! 要有勇气运用你自己的理智! 这就是启蒙运动的口号。"这样定义启蒙，也就是表明，启蒙的价值在于自我解放的努力，而不是解放会带来什么确定的结果。启蒙的标准不是别的，正是要看它能否去除"对公开运用自己理性"所设置的限制。

英国著名哲学家奥诺娜·欧尼尔认为，康德这么看待启蒙，意义深远。康德在这里强调的是"实践理性"（practical reasoning）。人的实践理性是用来决定如何行动的，"脱离自己所加之于自己的不成熟状态"是一种需要由人自己决定并作出的行动（他也可以决定不这样行动）。实践理性有别于纯粹理性（pure reasoning），也有别于"理论理性"（theoretical reasoning）。纯粹理性是超然于人类的，如存在于人类世界之外的上帝；而理论理性则是一种关于选择权威的指导，如人们用理论理性来决定自己要服从什么权威（神、领袖、历史规律、某某主义或某种放之四海而皆准的真理）。[1]

① Onora O'Neill，*Constructions of Reason*：*Explorations of Kant's Practical Philosophy*. Cambridge University Press，1989，pp. 28–50.

康德在《实践理性批判》的"纯粹实践理性的对象的概念"这一章里清楚表明:"我所说的实践理性的对象概念,是指作为自由所导致的可能结果的一个客体的表象。"启蒙是一种实践理性的行动,启蒙会产生行动的结果(可能结果),但并不事先就对行动结果有完美的预期,也不预测理性一定会带来好的结果。实践理性所做的是关于善恶的判断,"实践理性的惟一客体就是那些善和恶的客体"。[①]也就是说,启蒙唯一的行动者就是能辨别善恶的个人。实践理性是人类凭自己的意志创造的,不是预先存在于自然之中,等着人去发现。如果人的意志按照要达到的对象来规定行动,这就形成一种实践理性的活动(如日常实践活动,启蒙也是其中的一种)。也就是说,实践理性是在特定的社会(市民社会或公民社会)里形成并被共同接受的要什么(因为善)或不要什么(因为不善或恶)的行动。在特定的时期或环境中是否需要重新呼唤启蒙,这是一种因为善而要什么的共识。呼唤启蒙一定包含对为什么要启蒙的思考。如果有许多人因为看到社会危机而要求改革,那么就可能有启蒙的倡导或行动,如果觉得已经是一个好得不能再好的盛世,那就不会有这种选择。

私人理性与公共理性的区别也可以帮助我们了解"市民社会"与"普遍社会"的不同。在市民社会(又称民间社会)里,人们既可以运用私人理性(社会中有共识的),也可以运用公共理性(社会中尚未有共识,但已经包含在普遍价值中的)。但是,普遍社会里的理性则必须是公共理性。康德在《什么是启蒙?》中说:"必须永远有公开运用自己理性的自由,并且唯有它才能带来人类的启蒙。私

---

① 康德:《实践理性批判》,邓晓芒译,人民出版社,2004年,第78、79页。

下运用自己的理性往往会被限制得很狭隘，虽则不致因此而特别妨碍启蒙运动的进步。而我所理解的对自己理性的公开运用，则是指任何人作为学者在全部听众面前所能做的那种运用。一个人在其所受任的一定公职岗位或者职务上所能运用的自己的理性，我就称之为私下的运用。"没有自由就不可能有公共理性。

康德在《什么是启蒙?》中还举例："一个牧师有义务按照他所服务的那个教会的教义向他的教义问答班上的学生们和他的会众作报告，因为他是根据这一条件才被批准的。"这时候，他的私人理性是被动的。但是，"作为一个学者，他却有充分自由、甚至于有责任，把他经过深思熟虑有关那种教义的缺点的全部善意的意见以及关于更好地组织宗教团体和教会团体的建议传达给公众。"这时候他运用的是一种比牧师理性更宽广的公共理性。康德还举例，"一个服役的军官在接受他的上级交下的某项命令时，若抗声争辩这项命令的合目的性或者有用性，那就会非常坏事"，因为在上下级的命令关系中没有这军官个人理性的位置"；但是，"他作为学者而对军事业务上的错误进行评论并把它提交给公众来作判断时，（军队）就不能公开地禁止他了"。在这里，体制都是对自由的某种限制。

然而，个人不只是某个特定公民或民间社会的一部分（德国人或法国人），而且还无时无刻不是（至少可以是）普遍人类社会的一部分。只有当一个人是人类普世社会的成员时，他才有理由说，其他人类拥有的自由和权利，他也同样应该拥有。他为自己要求和争取作为人的自由和权利，运用的是人类的普世公共理性。因为其他人类可以不接受武断权力的压迫，所以他也就可以不接受，他也可以在自己的社会里抵制和反抗对他合理的自由和权利的不当压制。

欧尼尔指出，康德"实践理性"的意义在于，那是一种可以普世化，也必须普世化才能见出其合理性的理性，"所有的人，如果认可这是理性，都可以按照它来行事"。① 任何一个要求人们服从无法证明之权威的原则都不是理性原则，任何一个被认可的理性原则都必须是他们有可能遵循的。②

康德的实践理性和启蒙理念经常受到批评，被认为太抽象，太普遍化。这也是保守主义者对启蒙理念的一种常见批评。启蒙理念强调理性的普遍性和人类的共同性，保守主义认为，这会忽视或无视具体传统社会的特殊性，也会抹杀社会中"中介结构"（如家庭、行会、职业或其他团体）的特殊价值观。康德是个普世主义者，他所说的普世社会不是确实存在的，而是人类用理性来设想存在的。欧尼尔认为，康德论述的抽象化和普遍化不仅不是启蒙的短处，而且是它的一个长处。这是因为，倘若对实践理性的论述不能充分抽象和普遍化（留下太多的特殊性和条件性可能），那么，具体的人也就不可能在日常生活中去争取任何具有普遍价值的东西（如自由、平等、尊严、人权）。③

康德在《什么是启蒙?》里说，"启蒙运动就是人类脱离自己所加之于自己的不成熟状态"。这个"不成熟"的表述也是抽象和普遍化的，每个公民社会的共同体都会有不同的成熟标准，也会有它的成员最需要摆脱的不成熟：宗教的、意识形态教条的、个人崇拜的、狭隘民族主义的，等等。这些不成熟只有在人类的普世社会里才更

---

① Onora O'Neill, *Towards Justice and Virtue*. Cambridge：Cambridge University Press，1996，pp. 51 - 59.

② Onora O'Neill, Onora. 1990. "Enlightenment as Autonomy：Kant's Vindication of Reason"，in *The Enlightenment and Its Shadows*. Eds. ，Ludmilla Jordanova and Peter Hulme. London and New York：Routledge，1990，p. 194.

③ Onora O'Neill, *Towards Justice and Virtue*，p. 68.

能暴露出其不成熟来。也正是在这个意义上说，普世社会是一个批判性的参照点，帮助人们看清具体公民社会中特定的不成熟。

一个特定社会或群体里的某种"成熟"，如果放到人类普世社会里看，很可能是一种愚蠢。这就像一个群体里的某种"大道理"如果放到人类社会里去说，很可能是一种歪理，根本就放不上台面，也说不通。只有在普世社会里说得通的道理才符合康德所说的公共实践理性。因此，对于人类来说，需要设想一个世界性的公民社会，它的理性原则是适用于所有人类的普遍正义和公正。也就是说，如果我们强调公正的公民社会，那么，它本身就包含着一种创造人类普世社会的冲动。普世社会虽然只是设想的，但却成为现实公民社会的观照背景，为检验这个公民社会是否确实公正提供了必要的标准条件。

在康德那里，普世主义是启蒙的一个核心观念。他所说的普世与 18 世纪人们常说的另一种"普世"是不同的。另一种普世的意思是世界公民、四海为家和淡化国族身份认同。这种去国族的普世观在欧洲是有传统的。它于 17 世纪形成于欧洲大陆，其摇篮是荷兰共和国，当时的荷兰既是宗教宽容的避难所，又是世界贸易的枢纽。那是"一个商人的世界，'普世'主要是指生意利益的扩展。但欧洲大陆的另一些环境条件也培育了一种超越商贸自我、打破精英特权的普遍自我意识。这种普世主义在半秘密的状态下发展起来，特别是在鼓励社会融合和推动人际关系解放的共济会那里。18 世纪下半叶，这样的普世主义逐渐摆脱了异教的色彩，发展成为一种公然的身份和生活方式，经常就是法国文化中的'绅士'（gentilhomme）"。四海为家的普世观强调的是见识和教养的"自我培育"，有普世意识是指"一个人游历广，懂数种外语，彬彬有礼，了解欧洲文字共和国的最新话题，熟悉世界角落发生的政治、经济和社会事件，表现出宽容与好奇，学以致用（改革他自己的祖国）"。①

康德的普世主义所强调的不是这样一种见过世面、了解世界的普世经验，而是一种适用于所有人类的普世伦理，一种包含人类集体责任、克制私利、相互帮助、自我规限等道德规范的人类共同体意识。它不排斥国族身份，更不是去除国族身份，而是把每个人类个体对自己国族身份的要求视为一种与他的自由、平等、尊严要求同样基本的人的权利。这样的国族身份不是以"特殊性"为借口在行为伦理上我行我素的理由，因为不管哪个国族的人，都有义务与其他国族在基本伦理观上保持一致与和谐。这也是那个国族的人们是否集体成熟的标志。康德这个以普世伦理为核心的普世主义观念不是他个人的发明，但却是人权观念发展过程中的一个里程碑式的时刻。②

康德普世伦理对于我们今天理解世界伦理的意义在于，它是一种与每个具体民族国家社会密切相关的实践理性，如康德所说，"对于人类来说，自然要求人类解决的最大问题是，如何实现一种能实行（人类）普遍公正的公民社会"。③ 由于普世伦理是从多元道德体系共有的因素抽象而成，它成为一种没有特别民族色彩的伦理；也

---

① Franz Leander Fillafer and Jurgen Osterhammel，"Cosmopolitanism and the German Enlightenment"，in Helmut Walser Smith，ed.，*The Oxford Handbook of Modern German History*. Oxford University Press，2011，p. 121.

② 人权观念的历史发展过程可参见，Micheline R. Ishay，*The History of Human Rights：From Ancient Times to the Globalization Era*. Berkeley，CA：University of California Press，2004.

③ Immanuel Kant，*Abhandlungen nach* 1781. 1Vol. 8 of Gesammelte Schriften. Berlin：Preussische Akademie der Wissenschaften，1923［1784］.

正因为如此，可以用作不同国家社会伦理，尤其是公民社会伦理的一个共同参照标准。2011年，一直在倡导启蒙的老科学家周有光106岁时写下两句话："要从世界看中国，不要从中国看世界"，虽然只用十几个字就概括了世界伦理与中国伦理的关系，但却可以在康德那里得到充分的佐证。

第六章

孟德斯鸠的政治社会学专制理论

孟德斯鸠在《论法的精神》1748 年出版之前，已经在《波斯人信札》和《罗马盛衰原因论》中思考了有关"专制"的问题。但是，他那些藏在小说和历史写作里的对专制的描述并没有引起当时读者的注意。《波斯人信札》里的波斯君主郁斯贝克（Usbeck）是他自己国家里的专制君王，但在法国却是一位思想开明的外来访客。他的专制后宫故事虽然有趣，但看上去是在描绘一种遥远的"东方专制"，难以引起读者对法国现实的联想。《罗马盛衰原因论》中的社会和政治思考可能非常丰富、十分新颖，但是，用历史学家莫尔内（Daniel Mornet）的话来说，"对 1734 年的读者而言，它们无非是一种博学的思辨。中学教育和修辞学早已习惯于论述罗马和斯巴达的美德、论述提比略（Tiberius）和尼禄（Nero）等人的专制主义，但从来不去考虑路易十四或路易十五时代的法国"。[①]

　　如果说小说和历史叙述不能引起读者对法国专制主义的思考，那么，《论法的精神》就完全不同了。孟德斯鸠在书里提出了一个根本的问题，人在这个世界上怎么才能更自由？他的回答是，摆脱专制。专制是这部论著的主要议题之一。这部著作是理论性论文，而非对当时政治现实的讨论。他把"政体"，也就是人们所说的政治制度分为三种：共和、君主和专制。共和政体是全体人民或一部分人民握有最高权力的政体；君主政体是由单独一人执政，共和和君主制都是遵守法律的政体，可以是传统的法律，也可以是订立的法律。

[①] 达尼埃尔·莫尔内：《法国革命的思想起源》，黄艳红译，上海三联书店，2011 年，第 24 页。

唯独专制政体既无法律又无规章。专制是由单独一人按其意志与反复无常的性情领导一切。专制国家只有用来限制老百姓的规章条文，专制者把这个叫做"法律"。这个法律是管不了统治者的，统治者可以任意改变他不喜欢的法律。这样的法律不是真正的法律。在西方政治理论史上，孟德斯鸠第一个把"专制"变成在我们今天意义上使用的政治术语，也是第一个把专制确定为一种有百弊而无一利的邪恶制度。

1. 自由与专制

孟德斯鸠在《论法的精神》中对政治制度的比较研究形成了一种政治社会学的理论。政治社会学（Political sociology）是结合政治学和社会学的综合性理论，其研究对象不只是政治，更是政治与社会之间的互动关系，以及政治权威的产生及其对社会的影响。[①]《论法的精神》涵盖了政体的诸多社会方面：道德、情感原则、教育、法律、自然环境成因、奢侈和妇女身份、腐化、犯罪和罪犯，等等。当然，在孟德斯鸠的时代，还没有我们今天所知道的专业的政治社会学研究（形成于 19 世纪末 20 世纪初），但他对专制的观察和分析却具有了今天这种研究的一些基本议题，例如政治的社会根源、社会结构与政治、社会与政治变革、政治精英和政治体系的关系及其对社会的影响，等等。

[①] *Kate Nash*，*Contemporary Political Sociology*. United Kingdom：Wiley-Blackwell. 2000，pp. 1 - 3.

在孟德斯鸠的政治社会学理论里，专制是一个核心的议题，也是他对后世影响最重要的一个方面。在孟德斯鸠之前就已经有"专制"这个说法了，不过它的意义与今天不同。在古希腊人那里，专制是一种管理家务的方式。专制者就是"一家之主"，他管理家里的仆人、女人、奴隶，因为他们不配享有自由，所以必须服从一家之主的管制。一家之主是正当地运用他的专制权力。

古代政治的"不当运用权力"叫"暴政"（tyranny）。亚里士多德有时将专制与暴政混用，但暴政是通用的说法。17世纪政治思想家霍布斯用专制来指对被征服国家人民的统治，被征服者也就成了奴隶；对奴隶专制，是因为奴隶不配享有自由。所以，专制是描述性的中性词，不具有今天的贬义。

孟德斯鸠是第一个把专制确定为"邪恶制度"的政治理论家。从此，专制就成为一个谴责的用词：专制是邪恶的，绝对的专制是绝对邪恶的。专制为什么邪恶呢？正如孟德斯鸠在《波斯人信札》里所揭示和在《论法的精神》中所阐述的那样，专制扼杀人与生俱来的自由和自由权利，专制扭曲和败坏人性，除了把人杀死，还有比扼杀人性更邪恶的吗？

哈佛大学历史学家迈尔文·里克特（Melvin Richter）在给大型参考书《观念史词典》撰写的"专制主义"文章中指出，"专制主义"是政治术语家族中的一员，它变得特别重要，乃是现代17、18世纪的事情，它是作为"自由"的对立概念而出现的，因此成为政治比较或比较政治学的一个分析工具。作为一个概念，专制取代暴政，是因为专制特指与自由为敌的、实行全面宰制的政治权力。专制"很少单独用于无倾向性的纯粹分析"，基本上都是用来否定和谴责某种"与政治自由相对立或不一致的政治制度"。启蒙运动时期，孟德斯鸠从贵族政治的自由观念出发，将专制提升为三种基本政府形式之一，今天，人们从民主自由的观念出发，把专制确定为"独裁"或"极权"。[1]

法语中的"专制"（despotique）一词最早出现在投石党叛乱时期（Fronde，1648-1653），小册子里用它来攻击马萨林红衣主教（Jules Cardinal Mazarin，1602-1661）。马萨林红衣主教是法国国王路易十四（1643 年至 1715 年在位）时期的宰相及枢机主教。这些小册子还用类似的说法指责王权的扩张，如"专制君王""专制权力""专制政府"。1704 年皮埃尔·培尔（Pierre Bayle）成为第一个使用"专制"一词的著名作家。这时候，专制已经成为法国政治词汇中的一个专门术语，使用者大多为贵族人士。他们不满国王扩权，蚕食法院的权力。法国的法院一直在贵族的掌控之下，是他们的权力大本营。不少贵族反对君权扩张，走向专制。在他们眼里，专制是一种东方的野蛮制度，而法国的文明君权不应该倒退到这样一种野蛮的状态中去。

孟德斯鸠使用专制这一概念时，也是带有贵族对王权的戒备和不信任，并接受了西方君权与东方专制的对立区别，但他让"专制"这个概念变得更为周全和充实，因而获得了更大的思想和政治意义。正如同历史学家柯柏勒（R. Koebner）所说，"孟德斯鸠的《论法的精神》一书被同时代人视为现代最重要的理论贡献之一，而专制主义则是该著作政治理论的基本要素。在法国君主制变化为大革命

---

[1] Melvin Richter，"Despotism". *Dictionary of the History of Ideas*，5 vols. New York：Columbia University Press，1974，2：1-18.

的过程中,《论法的精神》在思想和政治动荡中起到了重要的作用"。①

孟德斯鸠在《论法的精神》中区分了三种政体类型:共和制、君主制和专制。他指出,这三种类型的政体在人类历史和世界范围内都存在过,其中只有共和制和君主制才真正具有合法性,并能构成真正的政治社会。他把君主制也称为"温和君主制"(moderate monarchy),英国是最好的例子。他认为,极端残暴、无法无天的君王政治是亚洲(也称为"东方")才有的专制。他认为,在亚洲之外的地方(美洲和非洲不在他的考虑范围之内)"形成了自由的精神,一代一代经过许多世纪传承下来"。但是,在亚洲一直有一种奴性的精神,从来没有离去,"在亚洲,自由没有增加过,而在欧洲自由则随着情况或增或减"。(17:3)② 孟德斯鸠认为,有过某种程度的自由精神与从来没有自由精神是质的区别,西方君主制是前者,亚洲专制是后者。但是,当西方君主制变成绝对专制的时候,它也会蜕变为一种东方专制。

无论是在君主制或共和制里,自由都是脆弱的,都很容易被人自己的腐化毁掉。孟德斯鸠认为,自由存在于因"对抗"(opposition)而留下的空间中。不同的权力同时存在,形成了许多对抗关系,如国家与教会的对抗,国与国的对抗,中介权力(大致相当于今天人们所说的公民社会)与中央权力的对抗,等等。欧洲有许多国家,规模都不大,互相之间形成多种变化的对抗关系,形

---

① R. Koebner, "Despot and Despotism: Vicissitudes of a Political Term." In *Journal of the Warburg and Courtauld Institutes* 14 (1951): 275 - 302, pp. 301 - 302.

② 孟德斯鸠:《论法的精神》,张雁深译,商务印书馆,1995 年,第 17 章,第 3 节,简单标明为 (17:3)。出自此书的其他引述都这样简单标明。

成了自由可以存在的空间。例如，虽然印刷术是德国发明的，但德国禁书制度十分严厉，不过这不要紧，因为书可以拿到荷兰或英国去出版。这就是对抗出自由的道理。孟德斯鸠的《波斯人信札》和《论法的精神》都不能在法国出版，但却在荷兰找到了出版的机会。

孟德斯鸠认为，任何一种权力消除对抗，定于一尊，其结果必然是专制，这就是阿克顿爵士说的，权力倾向于腐败，绝对的权力就是绝对的腐败。孟德斯鸠于 1729 年至 1731 年在英国住了两年，对英国的政治制度印象极深，因为在英国的制度里，君主权力是受到限制的，英国人比欧洲任何其他国家的人们都更自由，与法国专制政体更是形成了鲜明的对比。英国从 1688 年光荣革命后成为"立宪君主制"（constitutional monarchy），而法国则在路易十四时代成为欧洲最典型的绝对君主制，也就是专制。

孟德斯鸠在《论法的精神》里有很长的一节专门介绍英国的政制，他写道："每一个国家有三种权力：一、立法权力，二、有关国际法事项的行政权力，三、有关民政法规事项的行政权力。依据第一种权力，国王或执政官制定临时的或永久的法律，并修正或废止已制定的法律。依据第二种权力，他们缔和或宣战，派置或接受使节，维护公共安全，防御侵略。依据第三种权力，他们惩罚犯罪或裁决私人讼争。我们将称后者为司法权力，而第二种权力则简称为国家的行政权力。"（11：6）这就是著名的立法、行政、司法的三权分立，后来成为美国和一些其他国家的宪法基本分权架构。

孟德斯鸠的三权分立是以个人的政治自由为本的，三权分立的全部正当性在于，它有利于保护个人的政治自由。与此相比，国家强盛、权力稳定、社会秩序等只是次要的考量。孟德斯鸠对政治自由的定义是："一个公民的政治自由是一种心境的平安状态。这种心境的平安是从人人都认为他本身是安全的这个看法产生的。要享有这种自由，就必须建立一种政府，在它的统治下，一个公民不惧怕另一个公民。"（11：6）从保护个人自由的根本目的出发，三权分立的政府权力有这样七个具体的方面：第一，如果立法权和行政权掌握在一个人（或一个部门）手里，就一定会危害自由。第二，司法权若不与行政权和立法权分离，也会危害自由。第三，立法机构需要分为两个部分，一部分代表在出身、财富、荣誉等方面特殊的人；另一部分代表普通的民众。第四，立法权不得介入行政权，但必须拥有对行政权的弹劾权。第五，财政大权只能归立法部门，但用钱的时期必须有所限制。第六，调动军队的权力归行政部门，但立法部门有权解散军队。第七，司法不得成为永久权力，也不应该是永久的组织，司法人员（陪审员）必须经常变动，法官的意见不是他个人的，他只是为法律代言（解释法律）。这七条都只是原则，而不是一成不变的金科玉律。例如，美国宪法的架构就是一种变化了的、在实施过程中修改完善的三权分立。孙中山提出的五权宪制更是一种有他自己创新的三权分立。以今天的认识来看，真正分权的宪制架构不仅要防止一人独裁的专制，而且还要防止多数人暴政的专制。

孟德斯鸠痛恨专制，因为专制不仅把人们当奴隶，而且逼迫他们成为奴性十足的奴才。《波斯人信札》里的阉奴就是这样的奴才。奴才与奴隶是不同的，奴隶是一种生存状态，奴才是一种心态。一个反抗的奴隶并没有奴性，而那些讨好权力的人则是奴性十足的奴才。奴隶是被剥夺了自由，奴才是乐于不要自由。奴隶会憎恨主子，但奴才热爱主子，凡事替主子着想，为主子解忧排难，给主子当走狗打手，压迫不自由的奴隶。

孟德斯鸠认为，君主制与专制的一个区别就是把臣民当人还是当奴才。君主制统治臣民，而专制则把臣民当作它所占的东西，与土地、财富没有什么区别。所谓"普天之下，莫非王土；率土之滨，莫非王臣"，其实就是这个意思。在西方国家或殖民地都有"动产奴役"（chattel slavery）的存在，也就是把奴隶当作奴隶主占有的财产。但是，孟德斯鸠认为，只有在专制国家才有一种特殊的"政治奴役"，那就是，君王的意志是所有臣民的意志，他们的思想和行为都不得违背这个专制的意志。《波斯人信札》里有一个名叫磊迭（Rhedi）的人物，他说，共和这种最自由的制度在亚洲和非洲是闻所未闻的，就算有了，"也会被专制彻底碾碎"。（信 131）① 这其实是孟德斯鸠自己要说的话。

孟德斯鸠认为专制国家只有习惯和礼仪，没有真正的法律。他把专制不仅视为一种制度，也视为一种生存状态：专制国家"只有风俗和礼仪。如果推翻风俗和礼仪，就是推翻了一切"，"专制国家的风俗和礼仪，决不应该加以改变，这是一条重要的准则，没有比这样做更能迅速地引起革命了"。

法治是专制和非专制的分野标准，专制不受法律限制，所以是政治文明的对立面。在真正文明的社会里，无论是共和制还是君主制，政府运作的方式都是受到法律限制的，法律是人发明制定并公开颁布的。法律在实施过程中不断受到某种良知的审视，并得到修正。但是，习俗不受良知的审查，也无法人为地加以修正。专制社

---

① 《波斯人信札》，译者不详，内蒙古少年儿童出版社，2001 年，引文出处皆以书中信的数字来表明。

会里也是有规则的，但是这些规则来自古代的成规，被神圣化了，可以"唤起"，但无须接受公开而理性的审视。"在专制政体之下，一切事物的运转只取决于两三个概念，所以并不需要什么新的概念。我们训练野兽的时候，要特别注意不改变它的主人，不改变所教的东西和所教的步法。这样，只通过两三个动作，把印象灌入脑子里，（可以唤起）就够了。"（5：14）也就是说，法律需要用理智去了解，而习俗则可以凭本能或习惯就可以作出反应，今天我们称此为条件反射。这一区别实际上已经触及了专制制度下奴性的一些根本特征，那就是愚昧、迷信和不思考。

孟德斯鸠还特别论述了三种政体的不同"精神"，他认为，一种政体的实际构成，除了规定某种政体性质的具体要素之外，还应有推动这一政体按其性质运作的政体原则。政体性质是构成政体的东西，而政体的原则是使政体行动的东西。一个是政体本身的构造；一个是使政体运动的人类感情。例如，共和政体的原则是品德，共和政治的原则是以品德为基础的节制，君主政体的原则是荣誉，而专制政体的原则是恐惧。任何政体只有在其固有的原则指导下，才能得到与其性质相适应的实际运行，否则就会发生变异，以至于解体。

由此他又引申出两个政制原则。其一，教育的目的应和政体的性质原则相适应。例如，君主国里教育的目的是训导人们"品德应该高尚些，处世应该坦率些，举止应该礼貌些"（4：2）；共和国的教育教导人民爱祖国、爱平等，"建立对法律和国家的爱"（4：5）；专制的教育教导人民服从和畏惧权威、崇拜君王或领袖，"无须思想、怀疑或推理，这样表示一下自己的意愿就可以了"（4：3）。

其二，立法应与政体原则相适应，因为法律和政体原则应该是相辅相成的。例如，在共和政体下，法律应该激励平等和俭朴，各种平等的原则也要用法律加以确认和保障；君主政体下，法律应该使贵族世袭，立承嗣以保宗族的产业，贵族的土地应该和贵族本人同样享有特权。（5：8）专制政体则用苛刑峻法让人民心生恐惧，绝不敢犯上作乱、作奸犯科。在专制政体之下，法律要简单，只要给人民灌输几个现成的概念，"政治的治理和民事的治理是一样的简单"（5：14），因为"专制的原则是恐怖。胆怯、愚昧、沮丧的人民是不需要许多法律的"（5：14）。

专制的教育和法律都是为了一个目的，"专制的原则是恐怖，恐怖的目的是平静。但这种平静不是太平。它只是敌人要占领的城市的缄默而已"（5：14）。从外表看，专制很稳定和太平，这就是专制自诩的和谐与幸福。但是，在这种和谐和幸福表相之下是以邪为正的末世。正如塔西佗在《编年史》里所描绘的提比略（Tiberius）专制时代一样，专制国家是一个奸佞横行、妄语盈耳、上流无耻、底层下作、人人趋附于逆流的奴性世界。

专制的秩序和稳定只是冲突和矛盾被压制和掩饰了的结果，随时都可能爆发成灾难性的局面。因此，专制统治者自己也是生活在恐惧之中，他们总是风声鹤唳、胆战心惊，害怕任何一点点火星会变成燎原的大火，导致亡国。孟德斯鸠指出，没有一个专制是固若金汤的，没有一个专制可能完完全全在社会的各个方面保持彻底的控制。他写道："如果有谁相信在这个世界上有任何一种人类权威在每个方面都能维持专制，那是错误的。从来没有过，也绝不可能有这样的专制，因为最巨大的权力也是有限的。"波斯国王可以命令一个儿子杀死他的父亲，命令一个父亲杀死他的儿子，但他无法命令所有的臣民在某个晚上做同样的梦，无法命令他们在心里真的不诅咒他的暴政，在达到极限的时候，专制也会无能为力。[①]

2. 专制之恶

虽然专制不能做到绝对有效的全面控制，但它对社会的破坏和对人性的摧残却是灾难性的，其邪恶程度足以令人瞠目结舌。孟德斯鸠指出，专制能使整个社会陷入一种千人一面、平庸低能的悲惨境地。专制制度下的人们是腐败的，道德堕落的，他们没有荣誉感，为了苟活，什么不要脸的事情都做得出来。他们生活在恐惧之中，因为害怕权力的惩罚，只能老老实实地当缩头乌龟，绝不敢抱怨或反抗。大大小小的专制帮凶，手里只要有一点权力，必然残民以逞，无恶不作。这是一幅可怕的景象！

专制是一种极端的政府形式。任何温和的政府形式都会有某种分权的结构，也会有地方权力对中央集权形成限制，但是，专制主义却不是这样。专制制度下，中央把握了所有的权力，把所有的臣民都变成一样的奴隶和奴才。在《波斯人信札》里，孟德斯鸠用波斯后宫——君王的那个用阉奴来统治他众妻妾的"小王朝"——作为隐喻来描绘了专制主义的运作方式和统治效果。

《波斯人信札》的主要人物是波斯国王郁斯贝克，他到法国游

---

① Montesquieu, *Considerations on the Causes of the Greatness of the Romans and Their Decline*. Tran. David Lowenthal. Ithaca，Cornell University Press，1968，p. 210.

历，把后宫的事情交给阉奴管理，自己随时听取他们的汇报，同时也从他妻妾们的来信中了解阉奴们的行为，这种分别呈报的方式是专制分而治之的惯用手法。郁斯贝克虽然长期远在异国，但一直对后宫进行着有效的全面控制。这样的专制控制直接依靠的是已经被阉割了的阉奴，阉奴是一个奴才管理奴才的比喻。在现实世界里，不可能建立起像波斯后宫那样的绝对专制，因为任何专制都会有漏洞。

专制的唯一目的就是把持权力，它会竭尽全力维持稳定，不准任何人发出不满的声音。专制强迫人民保持盲目而一致的服从。郁斯贝克在给黑阉奴总管的信里指示说："波斯最美丽的女子的看守者啊，我把在这世界上最宝贵的东西，我的妻妾交托了给你。……妇人们受你管制的同时又服从你的指挥；她们盲目地遵守后宫内院的法律一如你盲目地遵从她们的意旨，你替她们作最卑微的服役，并且以之为荣，你战战兢兢、毕恭毕敬地顺从她们合理的命令；你伺候她们，地位低下，就像是她们的奴才的奴才。但是，当你认为她们在关于贞洁与谦卑的戒律有所弛懈的时候，把权力颠倒过来，你就要和我自己一样，用主人的权威，发号施令。"（信2）让人绝对盲目服从是专制的惯用统治手段。

波斯后宫的故事让我们看到，只有两种制度可以让人们充分平等，一种是共和，另一种就是专制。共和制度中，公民们在法律面前人人平等。专制制度下，所有的臣民都像后宫里的女人或阉奴一样匍匐在君主的脚下，这也是人人平等。在共和制度中，所有的公民都是有价值的；在专制制度下，所有的臣民都没有价值。一个是公民的平等，另一个是奴隶的平等。

孟德斯鸠把专制视为有百弊而无一利的邪恶制度，主要是因为专制的非人化毒害和败坏作用，也就是把人变成非人。孟德斯鸠说："在共和国政体之下，人人都是平等的。在专制政体之下，人人也都是平等的。在共和国，人人平等是因为每一个人'什么都是'；在专制国家，人人平等是因为每一个人'什么都不是'。"（6：2）专制统治下，谁也不能指望达到人类应该达到的高尚境界，谁都无法避免道德的沉沦。人们只能过一种庸庸碌碌、得过且过、半死不活的生活。人就像是植物，"如果不好好培养，就不会很好地成长……人类这一物种受到摧残，有的甚至退化"。专制就是一种不仅不好好培养，而且摧残国民品质的制度。（信122）

孟德斯鸠在《论法的精神》中也表达了同样的想法，他说，专制制度下谁也不渴望荣誉或高尚，"因为恐惧杀死了人们所有的希望和抱负，他们所有的努力都不过是为了求生而已"。恐惧使人精神萎靡，连些许的抱负都会给掐死。专制独裁者跟他的臣民一样愚蠢无知，一样没有思考能力，"绝对地服从，就意味着服从者是绝对愚蠢的，甚至连发命令的人也是愚蠢的，因为他无须思想、怀疑或推理，他只要表示一下他的意愿就可以了"。（4：3）

生活在专制制度中，人们习惯了顺从，既不会有大成功，也不会有大失败。好事做不大，坏事也做不大，作奸犯科也只是干一些适合于"胆小鬼"（feeble souls）的坏事。孟德斯鸠对专制的谴责基于他对软弱和幽暗人性的评估，人们甘愿生活在残暴的专制制度下，再恐惧、害怕也不反抗，因为人虽然有自由的天性，但都怕死，都不是英雄。

在《波斯人信札》里，几乎所有的人物都是被专制扭曲和败坏的，他们既不能从善如流，又没有自知之明。书里的所有欧洲人几乎都是滑稽可笑的；那些不显得可笑的人物几乎都是孟德斯鸠自己的代言人或传声筒。波斯人黎伽（Rica）是个讨人喜欢的好人，这主要是因为他没有需要担负的责任，他的美德是没有经过考验的，算不上是真正的美德。

波斯国王郁斯贝克看上去睿智、开明、通情达理，但却凶狠、残酷地对待自己的女人和人民。他的凶狠和残酷并不能给他带来快乐和幸福，他不爱他的女人，但也绝不允许别人得到她们。那些娘娘们也不是什么善类，她们当面对郁斯贝克大表忠心，背地里却要他的好看。最丑恶的当然是那些阉奴，他们既是走狗，也是豺狼，他们的人格和角色本身就是专制的杰作。

这样的阉奴可以说就是鲁迅笔下的"奴隶总管"，他们是国王的奴隶，但握有掌管其他奴隶的权力。就像一位阉奴说的："我是奴隶；但要看主人是谁。我的主人同时也是你们的主人，我使用的是他赋予我对付你们的权力。因为是他惩罚你们，不是我，我只是把手借给他用而已。如不奉召唤，那些妇人决不能进入主人的房间；她们快乐地接受这恩惠，无怨无悔。我确实是最微末的一名阉奴……但在后房，我受到极大的尊敬。"（信64）专制正是建立在一层又一层复杂的掌管与被掌管的关系上，这也就是专制的"奴役"（servitude），奴役就是不自由，是一个人的满足与幸福完全靠别人的恩惠与施予，是一层又一层，一环又一环的欺凌和压迫。

专制者是奴役之网的结网人，但他自己也套在这张大网之中，尽管他的被奴役方式看上去要比臣民们惬意得多。每个暴君都完全依赖于奴才的衷心服侍和效力，他们为他提供满足与快乐，他一刻也离不开他们，因此也每时每刻害怕他们会背叛或不忠诚。（4：3）

专制者把国家当成他的私产，把官员当作他的家奴，把政治和民间治理变成了家庭事务，国家官员变成了后宫的奴才总管。无论如何，专制者必须定于一尊。古代专制将行政、立法、司法之权集中在一人身上，现代专制虽然似乎是由一个集体掌控，但仍必然有一位定于一尊的独裁者。因为若非如此，专制无法攫取绝对的权力。但是，即便如此，他毕竟不能事事亲力亲为，他必须依赖一些位于他和奴民之间的手下干将来替他统治，他们担任总督和特使，代表他至高无上的权力，"在专制国家里，权力是完全授予受权力委托的人。宰相就是专制君主自己，而每一个个体的官吏就是宰相本身"。（5：16）这些地方大员代表的是专制者的权力，所以可以有恃无恐地嚣张跋扈，因为反对他们就是反对专制者本人，那是一种十恶不赦的大罪。

专制者的这些代理者干将们，他们大多数是谨小慎微、善于奉承和揣摩上意的势利之徒，他们并没有篡位的野心。但是，也有心计很深，暗藏野心的封疆大吏，他们是狠角色，很可能对专制者形成潜在威胁。不管是哪一种人，只要专制者能牢牢控制局面，维持稳定，他们都会对他服服帖帖，为他尽忠效力。《波斯人信札》中波斯国王对替他管理后宫的阉奴说："你们不过是我手中可以随意捏碎的鄙贱的东西。唯命是从，你们才能存在，你们在世上，仅仅为了生活在我的法律之下，我一声令下，你们立刻就死。你们一息尚存，无非因为我的幸福、爱情和嫉妒，须用到你们卑鄙的手脚。总而言之，你们的命运只有顺从；你们的灵魂只是我的意志；你们的希望只是使我快乐。"（信21）

孟德斯鸠分析和描述专制及其运作，至少部分是为了批评和攻击路易十四和路易十五。阉奴被用作一个比喻，暗指那些为国王直接服务，把权力之手伸向全国的许多"地区总管"（intendants）。地区总管是法国旧制度下的行政官员，在每个省份担任国王的代理人。从大约 1640 年到 1789 年，这些地区总务们是法国君主实现行政统一和集权的主要工具。他们扮演的就是《波斯人信札》里的阉奴角色。

阉奴是一群没有生育能力、没有人的自然激情和原动力的活死人，但却手握生死大权，手段毒辣，残酷无情。他们的全部人生意义就在于讨国王的欢心，上有所好，下有甚焉，国王任何一个小小的心思，都会被他们无限放大。阉奴当道，标志着君道已经被专制所代替。孟德斯鸠在《波斯人信札》里借郁斯贝克之口把法国国王比喻成土耳其专制君王："法国国王年事已高。在我们的历史上，还从未有一个君主在位这么久，从无此例。据说他本领极高，能令大家唯命是从；他用一贯的天才，治理家庭、朝廷和国家。他对于东方政治极为重视，他常说世界上所有政府最合他心意的是土耳其政府及我们尊贵的苏丹政府。"（信 37）

孟德斯鸠认为，法国的专制开始于路易十一（1423—1483）时代，路易十一在当王储时曾经参与反对自己父亲查理七世的叛乱，1461 年，他在知悉其父将死时，赶在弟弟查理（Charles，Duke of Berry）之前继位登基。他即位后以高压手段对付不顺从的封建诸侯，竭力巩固自己的王权。经过多年努力，路易十一大体上完成了法兰西的统一，同时大大削弱了贵族的权势。他利用御前会议治理国家，成为实际上的独裁者。他在建立中央集权统治过程中，善于玩弄阴谋手段，胜过直接的军事行动。因此同时代人叫他"蜘蛛国王"，他成为具有法国特色的专制主义的缔造者。

3. 权力制度与帝王权术

　　孟德斯鸠认为，路易十一专制独裁的主要手段就是取消法国社会里的"中间权力"（intermediate powers），如国内的贵族、僧侣和城市的特权，实现中央集权。这既是绝对君权的运作方式，也是国王玩弄的帝王权术，在路易十四时代达到了辉煌的顶峰。孟德斯鸠是从制度性权力而不是君主个人的帝王学来论述专制的，他的政治学因此具有明显的现代特点。相比之下，帝王学就只是一种前现代的权力研究。帝王学起源于古代君主治国理政、驾驭政权的经验，包含了权谋学、运筹学、管理学、阅人术、用人术、纵横术等等内容。中国在两千多年帝制历史中，君主集权、中央集权不断加强，帝王学的内涵和外延都远远超出了西方的任何政治理论，包括马基雅维里的《君主论》。

　　孟德斯鸠把中央集权视为专制统治的本质特征。因此，他特别强调用中间权力限制君主权力，以此避免君主权力蜕变为专制。这个思想后来在托克维尔论民主时被进一步发挥。孟德斯鸠认为，是否允许中间权力存在，是君主政体与专制政体的一个重要区别。而且，在君主制中，君主权力、基本法律和中间权力是联系在一起的。"君主政体的性质是这些'中间的'、'附属的'和'依赖的'权力构成的。我说君主政体的性质，指的是由单独一个人依照基本法律治理国家的那种政体的性质。我说这些'中间的'、'附属的'和'依赖的'权力，因为实际上，在君主政体里，君主就是一切政治的与民事的权力的源泉。有基本法律，就必定需要有'中间的'途径去施行权力，因为如果一个国家只凭一个个人一时的与反复无常的意

志行事的话，那么这个国家便什么也不能固定，结果也就没有任何基本法律了。"（2：4）

中间权力包括贵族的权力和僧侣的权力，铲除中间权力的政治风险是很高的，其结果是，"马上就会得到一个平民政治的国家，或是一个专制的国家"。英国是一个幸运的例子："英国人，为着维护自由，把构成他们君主政体的一切中间权力都铲除了。他们保存这个自由是很对的，如果他们失掉了这个自由的话，他们便将成为地球上最受奴役的人民之一了"。（2：4）法国人可就没有那么幸运了。从路易十一专制开始，法国的中间阶级的权力就基本上已经被铲除了。

孟德斯鸠还指出："一个君主国，只有中间阶级是不够的，还应该有一个法律的保管人（depositary）。保管人只能是最高法院的法官们。他们颁布新的法律，在旧法律被忘掉时，则唤起人们的记忆。"法律保管人不宜由贵族担任，因为"贵族自然地无知、怠惰和轻观民政"；君主的枢密院也不适合，因为"从它的性质而论，它是执政的君主一时的意欲的保卫机构，而不是国家的基本法律的保卫机构。加之，君主的枢密院不断地更换，它绝不是永久性的"。（2：4）

在孟德斯鸠的那个时代，他对法治的考虑可以说是相当缜密的了。在法国，国王是行政权力的行使者，司法和立法是对君权的制衡，没有什么比这个更重要了。他指出："专制的国家没有任何基本法律，也没有法律的保卫机构。因此，在这些国家里，宗教通常是很有力量的：它形成了一种保卫机构，并且是永久性的。要是没有宗教的话，专制国中被尊重的便是习惯，而不是法律。"（2：4）专制君主既要牢牢把握权力，又懒得事事亲自过问，所以就会把国家的具体事务交给"宰相"或"总理"（vizir）。这是一人之下万人之上的权力位置，是国王手下的第一奴才。"如果君主把国家事务交给几个人去办的话，这些人之间就要发生纠纷，都阴谋设法成为他的第一奴才，而君主便又不得不再亲自执掌国政了。所以最简单的办法是把行政委托给一个宰相。"君主总是挑选最能干的人担任宰相，让宰相代替他去做君王本该自己处理的事情，自己好呆在后宫里享乐和远程领导。"据说，有一个人被选为教皇，生怕自己不能胜任，起初竭力推辞，后来，他接受了这个职位并且把一切事务都交给他的侄子去办。就职不久，他惊讶地说：'我从来未想到当教皇是这样容易。'这在东方的君主们也是一样。当他们居在像监狱般的深宫里……在一个颓唐的朝廷里，他们循着最愚蠢的反复无常的癖好，他们从来就没有想到当君主是那样的容易。"（2：5）

专制君主不仅依赖于宰相，而且还依赖于一些级别比宰相低的"行政使者"（administrative emissaries），也就是国王委派到地方上去的封疆大吏。在铲除了中间权力之后，专制君王便可以通过这些封疆大吏把权力之手伸到每一个省里。他们向专制君王直接负责，效忠于他本人，而不是国家。历史学家罗杰·波斯契（Roger Boesche）指出，这种权力运作经常让专制君主陷入一种两难的境地，并"对专制形成威胁"，"如果专制任命的人能力不足，那么专制统治就会无效。但是，如果它任命的人能力很强，那么他们就会经营自己的权力基础，因此削弱专制者的绝对权力，甚至最终威胁到专制者本人。正是因为这种两难境地，专制者必须运用暴力和恐怖"。[1]

---

[1] Roger Boesche，*Theories of Tyranny：From Plato to Arendt*，pp. 177 - 178.

专制政体的原则是恐怖，它用摧毁人的方式来统治人，孟德斯鸠说，"把树从根底砍倒，采摘果实。这就是专制政体"。（5：13）专制用暴力和报复性惩罚来威逼人们服从和就范，统治人民就像训练牲口一样。专制因残暴和严刑峻法而臭名昭著，惩罚的严酷适合专制。直接施行暴力的是专制的军队（当时还没有警察），这样的军队对外打仗不行，但对内镇压老百姓却是绰绰有余，老百姓特别害怕"官兵"和随时可以差遣官兵前来镇压的官吏。专制统治下的人民"除了畏惧之外，是不应该有其他感情的。在这种政体下……每一个人都应该知道，不能让官吏听到人们谈到他，卑屈微贱就是百姓获得安全的唯一保障"。（6：2）

专制政体下，老百姓害怕是因为他们不知道自己什么时候就会触犯什么刑罚。"专制国家是无所谓法律的，法官本身就是法律。君主国是有法律的，法律明确时，法官遵照法律；法律不明确时，法官则探求法律的精神。在共和国里，政制的性质要求法官以法律的文字为依据，否则在有关一个公民的财产、荣誉或生命的案件中，就有可能对法律作有害于公民的解释了。"（6：3）法律不明确，"法律的精神"就会随时被上纲上线，这样的法律只能加害于百姓，而无益于国家。但专制并不在乎这些，因为专制的法律原来就只有一个目的，那就是维护专制权力的稳定。

孟德斯鸠认为，一个良好的立法者关心如何用提升民德来预防犯罪，而不是如何用严打去惩罚犯罪；激励良好的风俗，其作用要优于施用刑罚。专制统治或者不懂得这个道理，或者就算懂得，也难以将此变为现实。严酷的刑法就像毒品，用得越多，就需要用得更多。

在刑法从严的国家里，公民的精神受到重刑的摧残，酷吏刁民的恶性循环就是这么来的。"如果在一个国家里，有什么不便的事情发生的话，一个暴戾的政府便想立即加以消弭。它不想办法执行旧有的法律，而是设立新的残酷的刑罚，以便马上制止弊害。但是因为政府的动力被用尽了，人们对严刑峻法在思想上也习惯了，正如对轻刑也会习惯一样。当人们对轻刑的畏惧减少了，不久政府便不能不事事都用严刑。有的国家时常发生拦路抢劫，为着清除这种祸害，它们便发明了车轮轧杀刑，这个刑罚的恐怖使抢劫暂时停止。但是不久以后，在大路上拦路抢劫又和从前一样了。"（6：12）

专制惩罚老百姓的某种行为，经常不是因为这种行为造成了什么公共危害，而是因为冒犯了专制的权威。例如，玷污了皇帝的画像，就算不是有心的，也是犯上的大罪，"问题不是在惩戒罪犯，而是为君主报仇。这种思想来自奴役制，尤其是来自这一事实：皇帝是一切财产的拥有者，所以几乎一切犯罪都直接违背他的利益"。（6：13）严厉惩罚那个玷污了皇帝画像或妄议皇帝行为的人，不仅是针对这一行为本身，更是为了以儆效尤，维护皇帝的权威和形象，具有重大的政治意义。孟德斯鸠称此为"报复刑"，"专制的国家，喜爱简单的法律，所以大量使用报复刑的法律"。（6：9）报复刑又叫"秋后算账"，行为发生的时候看不出是犯罪，但事后就会带来灾祸。

专制惩罚老百姓的另一种办法是"子罪坐父"，孟德斯鸠特别提到，"在中国，子女犯罪，父亲是要受处罚的。秘鲁也有同样的习惯。这个习惯是从专制思想产生出来的"。（6：20）这就是株连家属，其实，这还只是一个方面，另一个方面也许更普遍，那就是父亲要是犯了罪，他的家属和子女就会被株连，受到压迫和歧视，就像是天经地义的事情。在专制国家，人人都有可能犯下株连家属的大罪，地位再高也不一定能避祸，可以是今日堂上官，明日阶下囚。"专制政体的性质，使专制国家的大人物的地位极不稳定；而君主国家的大人物们的地位稳固安全。"（6：21）孟德斯鸠说："在专制的国家，只有一个人受到幸运的极端的恩宠，而其他的一切人则受幸运的凌辱。"（6：9）所以，不得不心怀恐惧，战战兢兢在专制下生活的不只是平头百姓，而且还有那些看上去体面风光、不可一世的大人物们。

4. 形形色色的国民性腐化

孟德斯鸠认为，"严峻的刑罚比较适宜于以恐怖为原则的专制政体，而不适宜于以荣誉和品德为动力的君主政体和共和政体"。政治越不宽松，刑法就会越严峻，在政治宽和的国家，爱国、知耻、畏惧责难，都是约束的力量，能够防止许多犯罪。孟德斯鸠还认为，"在专制国家里，人民是很悲惨的，他们畏惧死亡甚于爱惜其生活，因此，刑罚便要严酷些。在政治宽和的国家里，人们害怕丧失其生活，甚于畏惧死亡，所以刑罚只要剥夺他们的生活就够了"。（6：9）专制政体下人民的第一要务是保命，不要被抓进官府里去，不要遭受酷刑枉受皮肉之苦，不要遭受无妄之灾，以至于家破人亡，倾家荡产。他们也是人，他们其实是以畏惧死亡的方式来爱惜其生活的，就爱惜生活而论，他们与政治宽和国家里的人民并没有什么不同。

生活在恐惧中的人很少能保全荣誉、廉耻、羞耻等正常人的情感，"如果一个国家，刑罚并不能使人产生羞耻之心的话，那是因为暴政，暴政对于恶棍和正直的人使用相同的刑罚"。没有羞耻心的人

"之所以不敢犯法，纯粹是因为惧怕残酷的刑法，这样的话，我们也可以肯定，这主要是由于政府的暴戾，对轻微的过错用了残酷的刑罚"。（6：12）孟德斯鸠将此视为一种国民的腐化，"有两种腐化，一种是由于人们不遵守法律，另一种是人们被法律腐化了。被法律腐化是一种无可救药的弊端。因为这个弊端就在矫正方法本身之中"。（6：12）孟德斯鸠叹息国民性腐化："当我们从历史意识到司法残暴的例证时，不禁以一种痛苦的心情感到人性的邪恶。"（6：9）

　　孟德斯鸠认为专制社会腐化的首要问题是这种政体中人们的孤独和伪装。生活在恐惧中的人们是不能对陌生人推心置腹的，他们只能是交不成朋友的孤独者。在共和理论里，"朋友"有一种特定的公共意义，那就是公民同伴。"友谊"是自由公民之间的自然联系。但是，专制政体里最匮缺的就是友谊。专制君王自己就是没有朋友的人。他深居简出，躲在戒备森严的皇宫里，外出时需要行程保密，防范各种可能的意外情况。他的孤独不仅是身体上的，也是心理上的，他不能信任任何人，不能让他的臣民窥视他的私生活，他的一举一动都是"国家机密"。他手下的人也都是没有朋友的。《波斯人信札》里一位阉奴悲叹自己"几乎从没有体验过所谓友谊的东西"，"我始终封闭在自己的小天地中"，"如同被关在可怕的监牢中，四周的一切，天天依旧，心头的忧愁，永远不变"。（信 15）黎伽（Ricas）是故事里一位有人缘的人物，他在给朋友的信里这样评论亚洲专制国家的人们的"孤立无援"，"亚洲人相互往来太少，因而养成了这种庄重的态度：他们互不联系，除非拘于礼节，不得不见面。在此地，友谊这种心心相交的关系使生活甜蜜，而亚洲人丝毫不知。他们深居简出，总有一群人在家中等候着他们，因此所有人的家庭都孤立无援。"（信 34）

在专制国家，人与人做朋友是一件危险的事情，因为当局把这视为一种有不良政治意图的"结党"行为。因此，专制国家的教育，除非是洗脑，并不是在社会里进行的，而是在家庭里进行。"在专制的国家里，每一个家庭就是一个个别的政府。那里的教育主要是教人怎样相处，所以范围是很窄狭的；它只是把恐怖置于人们的心里。……在那里，知识招致危险，竞争足以惹祸；至于品德，亚里士多德不相信有什么品德是属于奴隶的。这就使这种政体的教育范围极为狭窄。因此，在这种国家里，教育从某些方面来说，是等于零的。它不能不先剥夺人们的一切，然后再给人们一点点的东西；不能不先由培养坏臣民开始，以便培养好奴隶。"（4：3）孟德斯鸠感叹道："专制国家的教育怎么有可能致力于培养一个同公众共疾苦的好公民呢？这样的公民如果爱他的国家，便有企图解放的动力。这种企图如果失败的话，他自己便完了。如果成功的话，他便有使自己连同他的君主和帝国同归于尽的危险"。（4：3）

这样教育出来的个人无不在心理上备受孤独之苦，而这正是专制希望的，因为这样的人才是最容易被欺骗和洗脑的。欺骗、虚伪、假装和假面装扮成为专制国家的特征。专制者用这些来进行统治，老百姓用这些来谋求生存。孟德斯鸠说，共和制度中的公民可以互相诚实地交换意见，而不互相欺骗。① 但是，专制国家的人民是不能这样做的，为了生存，他们必须假装，到死都脱不下假面。但《波斯人信札》里还是有一个例外，那就是郁斯贝克最宠爱的洛克莎娜。她最后以自杀来反抗国王的专制。在这之前，她是国王最宠爱、最信任的妻子，因为她是伪装得最好的。她在以死抗争之时，终于对

---

① Montesquieu, *Considerations*, p. 109.

自己痛恨的主子说了真话："你还应当感谢我对你付出了那么多；感激我降低身份，一直装做毕恭毕敬的样子；感激我将应当向全世界公开的一切一直小心翼翼地藏在我的心中；最后，你应当感激我玷污了美德，因为我容忍别人用美德这个字眼，来称呼我对于你的不合理欲望的委屈顺从。……如果你在过去能够仔仔细细地认识我，就可能在我身上发现对你的强烈憎恨。"（信160）

专制政体下，带着假面就意味着必须用专制规定的语言来说话，言语和说话不是为了表达真实的想法或见解，而是为了以语言行为来表演对专制者的热爱、服从和忠顺。公开言语是一种必须按照统治权力脚本规定的角色行为，那脚本就是专制政体的主奴关系和一层层的奴隶主管和下级直至底层奴隶的奴役关系，该说什么、该怎么说，都是规定好了的。

这种环境中使用的"语言"是对事实、真相、真情的遮掩和扭曲，是一种做样子的假装，白的可以说成黑的，黑的可以说成白的，上行下效，整个国家的国民都是腐败和堕落的。《波斯人信札》里的郁斯贝克观察到，法国的大臣们，那些"地区总管"都是精于此道的，真诚在他们那里是不可能的，而他们的虚伪和阿谀奉承给所有其他国民"树立了恶劣的榜样"。他说："我在印度游历了相当长的时间。在那里我看到一个民族，天性慷慨，但是由于某大臣的恶劣榜样，从最普通的百姓直到权贵大员，在顷刻间全部腐化恶化。我看见全体人民，他们一向把慷慨、正直、纯洁与真诚视为自然的品质，突然间变为最卑下的人民；恶疾流传，即使最健康的成员，亦不能幸免；即使最有品德的人，也会干出令人不齿的事，破坏正义的最起码的原则，而用这样无聊的托辞作为根据，是别人先对他们不义。"（信146）

孟德斯鸠认为，专制制造卑劣的臣民角色，这是与人的天性不相容的，人必须经过后天的训练和学习才能学会这样扮演角色和扮演这样的角色，变成一个适合在专制的污泥浊水环境中安分守己和恪守本分的僵尸。因此，专制需要有两种主要的训练机制，一种是宗教，另一种是家庭。孟德斯鸠虽然承认宗教可能有助于君主制和共和制，但他对宗教的态度基本上是悲观的。他认为，宗教可能帮助加强专制，在没有宗教的专制国家里，准宗教的伦理学说（如儒学）或意识形态起到的也是这样的作用。"在专制的国家里，宗教的影响比什么都大。它是恐怖之上再加恐怖……人民对君主非常尊敬，原因之一就是由于宗教的关系。"（5：14）

　　另一个可能帮助和加强专制的机制是家庭。不同政体下的家庭会教给儿童不同的价值，而人们从小学习的东西对一生都有定型的作用。《波斯人信札》里郁斯贝克的一位妾向他报告说，要把自己7岁的女儿送进后宫接受训练，要在年纪很小时就把她的自由意识切除掉，越早越好。她向郁斯贝克表明，要训练出不爱自由的人，必须从娃娃抓起。她接着又批评其他的母亲，说她们要等到女儿到了待嫁之年，才把她们送进后宫，这时候要教她们规矩，就只能用暴力了。相反，如果从幼年就训练服从，她们就能自然地接受，并因习惯而成自然。（信62）

　　这个故事细节的用意是显而易见的，专制需要的是自愿付出的臣民，也就是奴性十足的奴才。他们不是被迫充当奴才，而是因为已经习惯，所以爱当奴才。人并不是天生就有奴性，也不能总是用暴力强迫成奴性，所以就需要有某种教育机制去帮助培养。一帮一、手把手的言传身教是有效的培养方式。郁斯贝克得力的黑阉奴就是由另一位老领导"带头阉奴"调教出来的。他说，这位老领导是

"我生平所见的最严厉的人，他以绝对的权威统治着这里。里边毫无任何分裂与争吵，到处充满着沉寂和宁静，在同一时间所有妇女就寝，春夏秋冬都如此，并且在同一时间起床；她们轮流入浴；她们立刻从浴池中出来，只要我们稍一示意；其余的时间，她们成天几乎关在房间里。……只要有一点违令，就受到残酷的惩罚"。（信64）

阉奴的首要职责就是让主子的任何欲望都无条件地得到最大的满足，孟德斯鸠用后宫的场景来展现专制政体下的纵欲。首先，专制君王都是纵欲之徒，他们在后宫里尽情享乐，"帝国越大，后宫也越大，因而君主越是沉醉于欢乐"。（2：5）君主身边的奴才以能为他提供享乐为荣，并以此换取恩赐和升迁，他们当然会不遗余力。专制本身就是一种对权力欲的放纵，放纵权力欲与放纵情欲具有同样的心理效果。欲望在人身上的作用就如同勒索，你越是迁就它，它就越是一次次地来勒索，一次比一次凶。权力欲是一种无度的贪婪，拥有越大的权力，就越渴望拥有更大的权力。

在专制政体里，不仅是君主一人这样的贪婪和纵欲，他的手下官吏，乃至一般百姓也是如此。他们不敢奢想满足权力之欲，所以会把全部激情转移到金钱和女色上去，腐化成为一种常态，而"送礼"则是礼仪化的行贿纳贿，"专制的国家有一个习惯，就是无论对哪一位上级都不能不送礼，就是对君王也不能例外"。（5：11）孟德斯鸠认为，在君主制和共和制里，贪图金钱和女色都是造成腐化的主因，发生这种腐化是因为制度正在或者已经发生了向专制的蜕变。但是专制不同，"专制政体的原则是不断在腐化的，因为这个原则在性质上就是腐化的东西。别的政体之所以灭亡是因为某些特殊的偶然变故，破坏了它们的原则。专制政体的灭亡则是由于自己内在的缺点。某些偶然的原因是不能够防止它的原则腐化的。所以专制政体，只有气候、宗教、形势或是人民的才智等等所形成的环境强迫它遵守一定秩序，承认一定规则的时候，才能够维持。这些东西可能对专制政体的性质发生强有力的影响，但是不能改变专制政体的性质，专制政体的凶残性格仍然存在；这种性格只能暂时地被制服"。（8：10）

专制统治者对臣民的腐化会睁一眼闭一眼，比起对政权的危险来，腐化算不了什么。但是，专制也会做出一副严厉反腐的样子，如果人人都有腐化的小辫子抓在别人手里，那么反腐就可以用作有效的恐怖手段。人民热衷于物质享乐，放纵贪婪欲望对专制是有好处的，只要专制给人民以物质和金钱的甜头，他们对专制不仅没有抵抗意愿，而且还会拥护和热爱。罗杰·波斯契就此写道："孟德斯鸠认为，法国面临的是双重威胁：一个强大的君主和一个不断扩大的商业阶级，也面临着两种不同的奴役。一方面，孟德斯鸠运用亚洲专制模式，即那种以恐怖暴力为基础的粗暴专制来思考问题。……另一方面，他担心，强大的君主不是与贵族，而是与新的中产阶级联手来统治。这样的专制主义不是野蛮的亚洲式压迫，而是一种给人快乐的欧洲式腐败。"后一种专制的原则不是恐怖而是贪婪，政府"乐于见到国民追求他们的发财。他们陶醉于这样的私人追梦，就不再关心公共事务"。专制政府还会为他们制造物质和娱乐享受的机会，"把他们牢牢地拴紧在对他们的奴役上，不是因为暴力，而是因为奴役是甜蜜的"。这正是 20 世纪作家赫胥黎在《美丽新世界》里描绘的那种放纵贪婪比恐惧有效的奴役，以及那种满足欲望比暴力有效的专制，"当专制是成功的时候……它依靠的主要不是暴力，而是它在臣民心里制造的那种只有它才能予以满足的欲望"。孟德斯鸠的深刻之处在于，"他描绘了一种能让人们离不开它，而不仅仅是害怕它的专制。人民爱上了这样的专制，因为它真的是为他们提供了快乐"。① 这是孟德斯鸠在反对专制的同时也反对商业主义的根本原因。

5. 君权和贵族政治的残局

孟德斯鸠批判专制的理论需要放在 17、18 世纪法国君主与贵族的政治背景中来理解。今天，一些知识人士把提倡"贵族精神"当作匡正当下政治和道德时弊的药方，有意无意地夸大和美化了贵族政治的作用和意义。从 17—18 世纪法国贵族的状况来看，对所谓贵族精神的赞誉并不符合历史的实际情况，而孟德斯鸠的政治见解中也有他本人贵族身份带来的对贵族政治的美化和不当期望。罗杰·波斯契指出，孟德斯鸠的反专制理论有两个意图，一个是对专制做出具有普遍意义的分析；另一个是"服务于一个具体的目的，那就是含蓄地攻击法国君主制的弊端"。② 和许多 18 世纪启蒙哲人一样，孟德斯鸠不是学院的政治理论家，他担任过波尔多议会议长、波尔多法院庭长，常去巴黎居住，目睹路易十四晚年朝政混乱的衰败现象，并因此有所批评。但是，必须看到，他对法国君主制的抨击是从贵族主义的立场出发的，他对贵族的期待是以英国为经验模式的，放到法国其实未必适用，因为法国的贵族与英国不同。

17、18 世纪时，法国贵族的组成包括了王室成员、传统的武士或

① Roger Boesche，*Theories of Tyranny*，pp. 196 – 197，187 – 188.
② Roger Boesche，*Theories of Tyranny*，p. 180.

骑士家族、因功受爵的大臣之后、因官位而取得爵位者（部分行政、司法官员可因其官而直接任命为贵族）、花钱买爵者。在法国，出身自古老的骑士家族者，通常被称为"佩剑贵族"（noblesse d'épee），到法国大革命时约有 1300—1400 个属于古老的或具有贵族血统的家族。后进的则被称为"穿袍贵族"（noblesse de robe），包括有官爵的（如法院中的显贵，约 4000 个）和一般的贵族（基本上都是花钱买来的）。这两种贵族在高贵身份上没有差异，所不同的是，佩剑贵族拥有值得夸耀的血统，而穿袍贵族则没有。法国的贵族全是世袭的，跟英国分为世袭贵族与及身贵族（仅受爵者为贵族，其后代不为贵族）不同。法国的贵族世袭与英国还有一点不同，就是法国的贵族子弟均可继承贵族称号，而英国的贵族仅有长子拥有贵族头衔的继承权（但王族不在此限）。由于法国贵族人数庞大（大革命前多达两万六千个），他们之中也有十分明显的财富和地位的落差，但是他们还是拥有许多的特权，如司法审判上的优待、免除部分税捐（如人头税）等。①

　　在法国，能对君主政治有所影响的是家世显赫的大贵族，他们有领地，财大气粗，人脉深厚，与其他大贵族有盘根错节的世代联姻关系，在地方上有政治势力，因此成为国王有所顾虑的政治隐患。路易十四是驾驭这些贵族的好手，他最管用的一招是把大贵族从他们的领地迁移到巴黎来，让他们以能够出入凡尔赛宫为荣，把宫廷变成了政府。他用这个方法既削弱贵族们在地方上的影响，又便于在自己眼皮子底下监视他们的一举一动。他对贵族们施予各种恩宠，

---

① 维尔纳·桑巴特：《奢侈与资本主义》，王燕平、侯小河译，上海人民出版社，2005 年，第 22 页。

让他们以争得国王的宠幸为荣，无时无刻不以国王的喜怒来调适自己的行为。

路易十四是一个分而治之的专制高手，他汲取了投石党叛乱的教训，由于当时是贵族和资产阶级联合起来反对国王，所以他采用了离间他们的策略，以一方制衡另一方，同时保留贵族的特权，防止出现英国式的君主宪制。在英国，贵族放弃了一部分特权，但争取到了政治权力；但是在法国，国王剥夺了贵族的政治权力，却允许他们保留贵族特权。

路易十四去世后，他的孙子路易十五年幼，由路易十四的侄儿奥尔良公爵腓力普二世（Philippe II，Duke of Orléans，Philippe Charles，1674－1723）摄政。摄政王利用这个权力真空期恢复了贵族的权力，最重要的就是恢复了法院的"抗议权"（remonstrance）。法院是司法机关，它的主要职能是记录国王的法令。但是，如果法院认为国王的法律不符合神圣法、自然法或实在法，那么就有权拒绝记录，这也就宣告国王法令无效。路易十四废止了法院的这项权力，摄政王恢复了这项权力，是为了争取贵族的支持。

法院成员的身份是可以用钱来买的。这在当时并不是什么新鲜事。路易十四是有名的豪奢帝王，战争更是使法国深陷财政危机，他公开用卖官、卖贵族头衔的办法来敛财。因此，在法国存在着两种贵族，一种是世袭的旧贵族（佩剑贵族），另一种是花钱买得名号的新贵族（穿袍贵族）。孟德斯鸠出生旧贵族世家，但他在经济上却得依靠是新贵族的老丈人家。孟德斯鸠支持资产阶级用钱买爵位，这里面也许涉及私人利益，但他提出的理由是冠冕堂皇的。他提出，商人为了买爵位，获得商业之外的政治权力，就会更努力地做生意赚钱，这对国家是有益的。政府用爵位来对私人生意成功的人士在公共生活里予以表彰，这么做是正确的，让这样的人来担任公职更有助于加强中间权力。

孟德斯鸠的贵族政治论其实是有内在矛盾的，因为他同时也看到了君权和商业社会结合可能给整个社会造成的腐败后果，这种腐败侵蚀社会的每一个阶层，贵族当然也不例外。他敏锐地剖析了专制对包括贵族在内的国民性格的腐化和奴化，这种腐化和奴化有不少是罗马历史学家塔西佗已经揭示过的。塔西佗关注的主要是罗马的精英（元老院里的那些人），奥古斯都一手选拔了继承人提比略，而这位继承人的统治"是如此污浊的一个时代，当时的诌媚奉承又是如此地卑鄙可耻，以致不仅是国内那些不得不以奴性来掩饰自己的显赫声名的首要人物，就是那些曾经担任过执政官的元老，大部分担任过行政长官的元老以及许多普通元老，都争先恐后地提出过分诌媚、令人作呕的建议"。他们卖友求荣，倾轧求利，在元老院里提一些琐碎的"雷人"提案。提比略利用他们，但又从心底里看不起他们，"人们传说提比略每次离开元老院的时候，总是习惯地用希腊语说：'多么适于做奴才的人们啊！'看起来，甚至反对人民的自由的这个人，对于他的奴隶的这种摇尾乞怜、低三下四的奴才相都感到腻味了"。（塔西佗：《编年史》3，65）

正是因为 18 世纪的法国贵族与提比略时代的罗马贵族同样自私和依附于王权，孟德斯鸠的贵族政治理论在法国社会中影响非常有限。他希望新旧贵族可以联手抗衡国王的专制，是希望能以此收拾国王与贵族各为私利、争斗不息的政治残局。但他的贵族主义立场与 18 世纪其他著名启蒙哲人支持国王的立场是不同的。他们出生于中产阶级而不是贵族：伏尔泰的父亲是一位公证律师，"科学艺术与文学"杂志的撰稿人格林（Friedrich Melchior, Baron von Grimm）

的父亲是一位牧师，狄德罗的父亲是一位刀具匠，卢梭的父亲是一位钟表匠。不同社会阶层背景的启蒙哲人都希望改革，但对改革的方式和动力却存在着严重的分歧。像伏尔泰和狄德罗这样的启蒙哲人希望由君主来实行开明专制，但孟德斯鸠则主张恢复贵族权力对法国政治的主导作用，并以此来限制君主权力。

把改革希望寄托在贵族身上的人士大多是法国贵族，除了孟德斯鸠，还有法国天主教神学家、诗人和作家弗朗索瓦·芬乃伦（François Fénelon），圣西蒙公爵（Duc de Saint-Simon），作家和历史学家亨利·德·布兰维利（Henri de Boulainvilliers）那样的旧贵族。他们认为，法国的国王最早是由贵族们在自己中间挑选出来的，应该恢复法国的这个优秀传统，这才是法兰克人的传统。中世纪的法兰克人征服了法国这片土地，建立了贵族领导的制度，废除了中央集权的统治。贵族选举最有能力和德性的贵族担任国王，拥有罢免不称职国王的权利。

把改革希望寄托在君主身上的人士则都是中产阶级。他们不信任贵族，他们同样从法国的历史中为国王应该世袭而非由贵族选举寻找正当性依据。他们坚持认为，只有具备正当血统继承权的君主才是国家稳定的保障，否则争夺王位只会带来兵刃之灾。他们提出，法国历史上的高卢人传统是从罗马时代延承下来的。君主的权威来自他的皇家血脉，这可以防止因外人谋取王位造成的国家动荡。

无论是法兰克人之说，还是高卢人之说，都是为某种君权形式的功利性辩护。事实上，主张（开明）君主专制的理由也是功利性的：支持君主专制的理由是因为它能有效地维持稳定。但这种功利性论辩却未必总是对君主制有利，因为一旦君主专制不再稳定局面，一旦它不再能满足人们的基本物质要求，那么人们就会开始不满和憎恨这个制度，这也就可能成为革命的开始。

与此相比，孟德斯鸠主张以贵族限制君主专制，他用的不是功利的理由，而是道德的理由：就算有效和有用，专制政体也是不道义的。但他却显然高估了贵族政治的道义性。许多历史学家都指出，法国的贵族自利心太重、目光短浅、严重缺乏对国家和公共利益的责任感，这是法国最后爆发革命的重要原因之一。到 1780 年的时候，他们已经在阻挠并成功地挫败了路易十五和十六的一系列改革努力，打击了那些领导改革的大臣，如勒内·尼古拉·德·莫普（Rene Nicolas de Maupeou，1714－1792）和安内·罗贝尔·雅克·杜尔哥（Anne Robert Jacques Turgor，1727－1781），控制了教会所有的高级职位，绝对掌握了军队。因此，历史学家富兰克林·福特（Franklin Ford）认为，法国贵族"没有力量阻止革命，但却恢复了足够的力量，让革命发生了"。[①] 也就是说，在以政治改革防止革命的关键问题上，法国贵族是成事不足，败事有余。去世于 1755 年的孟德斯鸠，要是能看到这一天，不知会有怎样的感想。

无论是在《波斯人信札》还是《论法的精神》里，孟德斯鸠对专制的揭露、分析和批判都可以说是为他所憎恨的路易十四量身定制的。专制君王沉溺于后宫的享受，依靠家奴走狗型的"地区总管"控制全国，消灭一切中间权力，个人独裁凌驾于法律之上，不受任何权力约束，把法律当作他驾驭奴才和奴隶的权术工具，把荣誉头衔和职位当自己的私人物品来公然出售。比如，一个管事的职位，可能会被拆成很多个，将其中的闲职进行出售。法国学者弗朗索

[①] Franklin Ford, *Robe and Sword：The Regrouping of the French Aristocracy after Louis XIV*. Harvard University Press，1953.

瓦·布吕士在《太阳王和他的时代》一书中记载："人们还想出售皇家法院书记官、各省总监代理人、国王的管木料存放顾问、治安顾问、假发假须师、鲜牛油观察监督员、咸牛油品尝员等职位。"维尔纳·桑巴特（Werner Sombart）在《奢侈与资本主义》一书中的记载：路易十四授意财政总监察蓬夏特兰以两千埃居出售的贵族头衔，1696 年竟多达 500 个，1702 年为 200 个，1711 年为 100 个。"17、18 世纪的法国，被称为'贵族'的阶层基本上是'富有、志得意满、穿着奢华、拥有财产的第三等级'……由于用钱很容易得到贵族头衔，有钱人无一例外都很快受封为贵族。"① 买官卖官、出售贵族头衔不过是路易十四整个国家普遍腐败和堕落的冰山一角，孟德斯鸠完全有理由鄙视和痛恨这样的君主专制。

但是，我们今天对君主专制的理解已经远远要超过这些特征。例如，孟德斯鸠的专制理论里从来不提专制政体中的官僚阶层问题，官僚阶层是专制制度中的一种特殊的中间权力，孟德斯鸠不提官僚阶层，也许是不愿意削弱自己的专制消灭中间权力的论点。又例如，强调专制君王的后宫淫乱，将此作为专制独裁的特征，这对认识专制的普遍政治特征未必有太大的帮助。因为我们知道，有的专制独裁者（如希特勒）并没有这个问题，对这种有个人道德自律的专制，又该如何去理解呢？再例如，孟德斯鸠痛恨的专制是以"东方专制"为原型的，他在论述中，不断把土耳其、波斯、中国等东方专制搅混在一起，用笼统的"气候，文化和社会"来解释其成因，像这样的天然决定论，已经不能再令从制度本身思考专制的当代人信服。

---

① 弗朗索瓦·布吕士：《太阳王和他的时代》，麻艳萍译，山东画报出版社，2005 年。维尔纳·桑巴特：《奢侈与资本主义》，第 21 页。

孟德斯鸠对专制的批判不只是理论上的，他还推崇英国的政治制度，因为英国在公共责任、言论自由、精英阶层的开放流动和政治参与等方面都可以成为法国的楷模。虽然他私底下对英国的自由政治多有微词，但在公开的文字中却视英国君主宪制为楷模。① 这是要表明反专制的自由政制并非空想，而是一种现实可能。18世纪的启蒙哲人非常重视政治制度，在他们那里，改善政治制度大概要算最重要的改变世界的方式，他们要求营造一种言论宽松、思想宽容、去除压制的政治环境，这暗含的要求是，建立一种崭新的，或者至少是彻底改革过的政府形式。

但是，专制的顽固、政治选择的有限、政治争论的风险都严重限制了启蒙哲人的政治思考。彼得·盖伊说："许多启蒙哲人不是满怀希望，而是日益绝望，他们不得不放弃对于根本变革的渴望，转而满足于在身边的制度中并且通过这些制度来实现一些具体的要求。"②

然而，这是一个绝对专制主义盛极而衰、进入残局的历史时刻，虽然还远没有死亡迹象，但事实上已经在苟延残喘。无论是孟德斯鸠倡导的贵族政治，还是伏尔泰和狄德罗都曾热衷过的"开明专制"，都应该放在这样一个历史背景中来了解。

---

① Roger Boesche，*Theories of Tyranny*，p. 191.
② 彼得·盖伊：《启蒙时代》（下），第415页。

第七章

开明专制与改革

英国著名历史学家乔纳森·伊斯雷尔在《心灵的革命》一书里，把现代民主的思想源头追溯到 18 世纪启蒙运动。他指出，那些载入 1948 年联合国"人权宣言"的现代进步政治观念——民主、自由思想和言论、宗教宽容、个人自由、人民的政治自决、性别和种族平等，都与 18 世纪的"激进启蒙"有关。① 今天这些观念已经不再激进，而是成为人类政治和社会价值的有机部分。

18 世纪的激进启蒙思想是启蒙思想中最遭冷遇的部分，以至于成为一种"秘密的思想运动"，最初几乎完全隐藏在公众视野之外。这个世纪的前四分之三是绝对主义君权的时代，君主专制还完全没有动摇的迹象。当时，启蒙思潮的主流在政治上是温和而保守的，激进启蒙是一个异类。激进启蒙是在温和启蒙的影响力转变过程中逐渐成熟、壮大起来的。

1770—1790 年代是启蒙时期的革命时代，直到这时激进启蒙的能量才突然爆发，其高潮便是法国革命。激进启蒙长期处于隐秘的状态，是因为它受制于主流社会对君主专制的政治态度。主流社会虽然存在对君主专制的许多不满和怨愤，但并不相信有可以替代它的其他政治制度。因此，唯一的政治社会改革希望只能寄托在让专制变得开明起来。

18 世纪同时也是一个专制君主们怀抱"强国梦"，并为之寻找实

---

① Jonathan Israel，*A Revolution of the Mind：Radical Enlightenment and the Intellectual Origins of Modern Democracy*. Princeton University Press，2010. 伊斯雷尔所指的"激进启蒙者"包括 Denis Diderot and his Parisian allies，the Baron d'Holbach，Claude Helvétius and the Abbé Raynal 等。

现之道的时代，他们有的在相对温和的启蒙理念中看到了可以利用的新思想资源，那些启蒙理念之于 18 世纪专制，就如同资本主义的市场经济理念之于 20 世纪专制。利用新的思想或理念资源当然不是为了改变专制，而是为了让专制更稳定、更强大。这是所有专制者寻求变更之途的根本目的，也是 18 世纪开明专制与改革的基本特征。

1. 从经济到政制

17 世纪的科学发展和科学观念革命奠定了启蒙运动的思想基础，也催生了开明专制在司法、经济和社会管理等方面的变革。科学观念革命首先引入的就是"自然法则"的观念。上帝创造自然法则，人能够通过理性发现自然法则。包含上帝律令的自然法则不仅适用于物理世界，而且也是人的正当行为法则的依据，人所组成的社会只是自然宇宙秩序的一部分。人类能否实现值得向往的好生活，取决于是否能够让个人和社会的发展与自然法则一致起来。

新的自然观是一种对基督教神学传统有颠覆性的革命观念。在传统的基督教神学里，人有原罪，天生堕落，无力抵抗恶的诱惑。倘若没有神恩和神启，人定然无法知晓上帝的意志和律令。但是，由于新科学观念的传播，在世俗观念的冲击下，传统神学观念对受过良好教育的人群影响式微了，其中起关键作用的便是对人的"理性"的认识。

17 世纪的思想家笛卡尔、培根、牛顿、霍布斯、洛克等并没有造就 18 世纪的启蒙思潮，他们只是为后来许多广受关注的问题和变化提供了一套新的观念、原则和思考方法。他们的思想正好符合 18 世纪人们的需要，满足了他们对概念、术语、原则、方法等等的需要，强化了他们已经形成或正在形成的意识和认知，让他们对现状本来模糊的不满和求变的期待变得清晰起来。"自然"和"理性"正是这样成为 18 世纪启蒙的核心观念和原则的。这两个观念的内在联系建立起启蒙思想的基本信念，那就是，人有增长知识和发现真理的理性能力，人能够通过可靠的方法而不是神奇的知识改变现有的世界状态。这个信念超越了对知识的认知，扩展到了知识的社会实践，形成另一个同样重要的信念，那就是，没有社会实践的知识不是真正理性的知识。启蒙时代的知识不是为知识而知识，而是为理性的社会实践做准备的知识。

18 世纪思想者们在论及社会和政府问题的时候，几乎没有不涉及理性和自然的。但是，他们对理性和自然有不同的理解，对许多具体的问题有分歧的看法，而且经常是跳跃性地推进和转变论题，并不深入，所以不存在什么具有 18 世纪共同认识的自然或理性观念。但是，他们都把道德哲学作为自然和理性观念的一部分，并将之用作对社会和政治问题讨论的导向，这形成了 18 世纪启蒙思想的一个重要特色。

法国历史学家莫尔内在《法国革命的思想起源》里指出，虽然18 世纪前期的人们"对宗教专制主义的抵制十分强烈，十分普遍，但这类抵制并非源自人们切实感受的痛苦"，因为他们还未能察觉政治专制的病态。莫尔内对 18 世纪前期的法国情况是这样说明的，"如果这个国家能大体保持幸运的局面，绝对君主制的理论和实践可能会随之延续下去，因为绝对君主曾将这个国家从混乱的苦难中拯救出来"。但是，专制的成功是短暂的，"路易十四在位的最后 20 年中，绝对主义让人感受到的机会只是残酷的重压：司法制度中令人难以忍受的弊端恶习，特权者的傲慢乖张，不幸的战争所带来的屈辱，被军队蹂躏的各外省，特别是税赋分派严重不公、征收方式的粗暴。严寒、饥馑折磨着大批贫苦之人"。[①] 路易十四于 1715 年去世，这一年也成为启蒙时期的开始，1715—1747 年被认为是启蒙普遍传播的时期。1748—1770 年左右是启蒙的决定性斗争时期，而 1771 年左右至法国大革命前夕的 1787 年，则已经是革命的前夜。

一直到 1770 年代（伏尔泰和卢梭都去世于 1778 年，狄德罗去世于 1784 年），正是出于对宗教专制主义而非政治专制的抵制，除卢梭之外的主要启蒙哲人的攻击对象是教士和教会而非国王。从观念上说，批判教士和教会的目的是破除迷信，反对墨守成规或陈腐传统。这种批判取向同样表现在许多启蒙哲人对社会和政治的批判中。它要求把公共生活的所有方面和问题，而不只是与宗教有关的问题，全都放置于理性的审视之下，而理性批判的标准不是是否有利于维护某个政府权力的稳固或它所希望的那种社会稳定，而是是否有助于维护和提高整个社会的幸福。那些达不到这一标准的制度、法律、规定、传统、观念和行为，要么是无用的，要么就是非理性的，都是启蒙批评的对象。启蒙哲人运用了所有可能的媒介手段（书籍、小册子、期刊、百科全书等等）和话语策略（富有哲理的分析和阐述、尖酸刻薄的挖苦、俏皮幽默的讽刺、慷慨激昂的批判）。他们把批判锋芒指向各种现实弊病：政府的低效和不作为、战争和崇尚武力的叫嚣、荒诞的法律条文、苛刑恶法、政府滥用权力和侵犯人民自由、言论钳制、非理性的规定。他们认为这些是阻碍社会

---

① 莫尔内：《法国革命的思想起源》，第 11 页。

发展和时代进步的主要障碍。

这样的批判很自然就会包含对社会改革的要求，同时也对政府落实社会改革的有关政策提出期待。启蒙哲人们的改革期待和要求并没有明确的政治主张，也不具有清晰、全面的改革目标或纲领。因此，历史学家们普遍认为，启蒙哲人们要求的只是改革，而不是革命。他们只是希望君主统治下的现状能够按照他们的理性标准得以改善，而不是创造彻底改革的条件，更不是以革命的方式来改变君主统治。

启蒙哲人们的政治观基本上都只限于18世纪人们所理解的社会契约理论，那就是政府起源于人民的某种自愿协议，这是政府权力正当性的基础。他们大多数都同意洛克最基本的政治观点：人民组建了政府，政府存在的目的是保护人民的一些基本权利。但是，对政府运作的宪制形式——如何产生政府、政府权力的不同机构与相互关系、政府权力如何限制、人民如何更换政府等他们并没有投入太多的思考，这也许是因为他们还没有准备好设想一种与君主制不同的更佳政制。君主专制是他们所熟悉的唯一政制，虽然有弊病，但可以改善或改革，因此还不是太坏。

持这种看法的启蒙哲人中，能将制度改革的想法付诸实践，并因此而具有影响力的是一些经济学家，也称"重农主义"者。从历史上看，任何有实践意义的社会改革几乎都是从经济领域开始的，18世纪启蒙时代也不例外。在法国，从1750年代开始，重农主义者们主张将自然法则运用于经济事务，提出了经济制度的改革建议。从人的自保这个自然权利出发，他们认为财产（私有财产）是社会幸福的根本。私有财产的权利包括了自由贸易的权利，那就是，人拥有为增加自己幸福而自由运用财产，并在自由交易的市场上作买卖的权利。

重农主义者还认为，只有采掘垦殖工业（extractive industries）——农业、渔业、森林、采矿——所生产的才是真正的"纯粹产品"，只有这样的产品才会增加和积累真正的财富。只是改变或转移纯粹产品，并不能增加国家财富。重农主义主要强调市场自由，商贸自由体现的就是市场自由，谷物的自由贸易可以提升农业在经济中的地位，政府不应该干预市场，不应该特别扶助经济市场的某些部分，这样才有利于形成更为自然平衡的进步的经济制度。重农主义的自由市场理论在国内和国际关系中都是革命性的，它不仅要求在国内制定新的经济政策，也要求欧洲国家放弃国家之间的贸易敌对关系和保护主义政策。

与历史上许多狭隘的经济改革一样，重农主义并不认为经济改革也需要有政治改革。大多数重农主义者认为，只有绝对的君主权威才有足够的力量主导经济改革，快刀斩乱麻地处理社团特权、利益私授、非理性经济等积重难返的问题，迅速建立起新的经济体制。这种经济自由加政治专制的发展观在历史上是很有代表性的，甚至在 20 世纪的一些国家里也曾奏效一时（如苏联的新经济政策、纳粹的经济重振）。

重农主义者主张"立法专制"（legal despotism），国家治理必须要有法律的依据，要依法行事。但是，不是谁都可以立法的，立法只能是一种不受任何外在制约的绝对君主权力，所有对这一君权的制约或制衡都被视为出于个人或集团私利的恶意干扰或阻碍。重农主义者称立法专制为"开明专制"，因为他们认为这样的专制会按照理性的法治原则进行自律。主张君主立法专制是因为只有君主才能代表国家全体利益，君主立法比推举社会不同阶层代表立法更加公正。这样的立法逻辑在 20 世纪之后仍然以不同的形式在延续，只不过是立法者由君主变换成了别的，这样的法治是非常有限的，并不是真正的自由民主法治。

政体在 18 世纪经常只是被当作政府形式和行政治理。例如，英国诗人亚历山大·蒲柏（Alexander Pope）在《天伦诗》（An *Essay on Man*，1733）中写道："政府形式的问题，让傻瓜去争论吧。什么样的行政治理好，那才是最重要的。"把关注点全部放在行政上，放弃对政制的关心，以行政改革来代替和取消政制改革，一直到今天，这仍然是许多人头脑中的所谓"改革"。

持这种改革观念的人会认为，不同的政制之间没有优劣之分，一切差别都在于行政是否有效。国家治理得好不好，与政制没有关系，全看君主是否贤明，大臣是否能干，法令是否能畅行无阻。能有这些，就是有了开明政治。这种开明专制观念限制了 18 世纪的政治改革，当时的人们没有我们今天对自由民主和宪制法治的认识，那时候，君主制不是好不好的问题，而是除了君主制，人们根本就看不到任何其他的选择。

但是，即使在 18 世纪，政制问题也是无法完全避免的。开明专制成为一个包括政治在内、而不仅仅是经济或刑事法的改革方案，这就说明政制已经被意识到是一个问题了。政制的问题不是不存在，而是处于隐蔽的状态，只是迫于专制压力，不能明确显现出来而已。当时，在君主专制的政制问题上实际存在着三种不同的观点。

第一种是当时最主要也是影响最大的观点，以伏尔泰为代表，可称为"制宪绝对主义"（constitutional absolutism）。这是一种现实主义的政制观。它之所以是现实主义的，首先是因为，它有相当成功的现实标本，那就是英国的君主制。其次，绝对君主制是一个实际存在，没有可能撼动和改变它的其他政府形式或政治力量。其他的政治力量都还不如君主权力，贵族是自私的，而民众则是愚昧的。所以有理由相信，只要君主统治能够保证一国人民的个人权利（这是受到启蒙的君主，即开明君主知道该做的事情），只要君主的政府权力按照启蒙标准的理性来运作，就能收到良好治理之效。

君主不能一意孤行，为所欲为地动用自己的绝对权力，否则便会成为暴君，君主权力则会成为暴政。那么，如何才能让君主权力有所节制和规限呢？一般的认识是，第一，公共舆论可以起到这样的作用，这就需要保障人们的自由言论。第二，那些来自传统的约束（先例、不成文的宪法、道德习俗等等）也可以起到这样的作用。伏尔泰在《英国书简》里对英国的称赞就是出于这样的考虑。

不过，现实主义可以用来考量政治改革的现实可行性，也可以用来当作逃避政治改革的借口，例如，可以拿一些现实条件（民众的愚昧、素质低下不符合民主政治的要求）来作为维护专制现状的理由。

第二种观点是以孟德斯鸠为代表的君权制衡理论。他认为只有制衡君主权力，才能防止它蜕化为集权于一人之身、不受制约的绝对权力（专制）。制约君权的政治力量只能来自在传统中形成的"贵族"。孟德斯鸠本人是一位贵族，他主张的"贵族君主制"（aristocratic monarchy）就像一个政治权力公司，君主是董事长或CEO，作为个人或团体的贵族手上握有国家政权的股份，对立法和行政有影响力。贵族应该对君主权力形成实际的限制和制衡，防止君主权力变成暴政。许多启蒙哲人反对孟德斯鸠的这一建议，他们认为，贵族与教士一样是自私的特权阶层，是仅次于教士的进步障碍。贵族君主制只会让自私、腐败的贵族阶层获得更大的权力。

相比起第一和第二种观点，第三种观点的影响要弱得多。这是卢梭在《社会契约论》中提出的人民主权学说，它要寻找一种兼顾个人自由与社会组织责任的政制，提出的是主权在民和政治民主。在这一理念框架中，政府只不过是落实和执行人民"公意"的行政机构，应该完全服从于人民的意志。这在当时是非常激进的观念，也是超时代的，因此卢梭的影响不如提出另外两种主张的伏尔泰与孟德斯鸠。但法国大革命爆发后，卢梭的思想产生了最大的政治影响力，也是启蒙运动政治观念遗产中与现代政治观念联系最为密切的一个部分。

启蒙哲人们并不是开创性的政治理论家，他们是一小群文化精英，是大众时文写作者、哲学家和改革倡导者。他们呼吁和提倡的是一些改良而非革命性质的变革。如果说这样的变革主张具有某种整体的革命意义，那也只是因为它们包含了一种解决人类社会问题的全新途径和全新取向。相比于神启和传统来，它们的全新特点是启蒙和理性，这是具有革命性的。

除此之外，启蒙哲人们接受他们所生活于其中的政治和社会秩序，虽然他们做出抗争的姿态，实际上他们是被上层权力人士容忍甚至欣赏的。路易十五的情妇庞比都夫人（Marquise de Pompadour）有一幅著名的肖像画，画像上的她坐在一张书桌前，书桌上放着狄德罗的《百科全书》。启蒙并不是离经叛道的别称，启蒙哲人确实遭到反对和攻击，但他们是当时精英社会里相当受欢迎、受尊重的人物。许多了解他们、与他们交往的贵族或王室成员并不把他们视为太大的异类或威胁，更不要说是洪水猛兽般的革命党了。

启蒙哲人的战斗姿态经常是被别人也被他们自己夸大了的。彼得·盖伊（Peter Gay）这样评论启蒙哲人与他们的头号敌人天主教教士的冲突："基督徒与启蒙哲人之间的对抗常常有一种搏斗的假象，其实胜负已预先决定。"启蒙哲人为了显示自己的战斗姿态，实际上夸大他们"振聋发聩"（enfants terrible）的角色。[①] 他们也许是首先用"启蒙"（eclaircissement 或 Aufklarung）来描述自己时代的人物，但启蒙的种子并不是在启蒙时代播撒下土的。就像美丽的花朵要经过不同的生长阶段一样，18 世纪的启蒙思想也是一样。早在孟德斯鸠写作他的《波斯人信札》之时，早在伏尔泰还没有在洗礼台首次遭遇他后来称为"坏东西"（Infamous thing）的宗教迷信之前，启蒙的种子就已经由前人播撒下去了。对广大宇宙的好奇和兴趣，对人和人的理性的信念，对人的能力的认识和肯定，对科学的不懈探讨，对知识如饥似渴的追求，所有这些现代人类思想的开启都开始于启蒙时代之前，它们渐渐形成了一个属于全人类的、可以称为人道主义的新思维方式。这种思维方式代表的不是一种新的教条，而是一个使命，一个至今未竟的自由精神的使命。18 世纪，感受到这种自由精神召唤的人们中不仅有启蒙哲人，而且也有君主，如果不是这样，也就不会有接受启蒙的开明君主了。

2. 理性时代的改革

18 世纪被称为自由和理性的时代，也被称为开明专制的时代，但这两个是不同意义上的"时代"。时代可以理解为一个潮流或趋势，自由和理性的时代是这个意义上的时代，这个潮流和趋势得到传承和扩大，成为我们今天仍然珍视的启蒙思想遗产。开明专制则

---

① 彼得·盖伊：《启蒙时代》（上），第 331 页。

不同，它已经不再是对我们今天仍有传承价值的一项遗产。开明专制时代指的只是过去的一个历史时段，在这时期内欧洲多个君主制国家里几乎同时发生了一些改革，其共性呈现为一种有时期特征的潮流或趋势。

从历史上看，国家内部的变革是自古以来就有的事，18世纪的开明专制改革之所以值得我们回顾，是因为它是一种受到启蒙理性影响的改革，因此可以说是一种理性时代的改革。它最重要的特征就是世俗政治话语代替君权神授的传统话语，它所运用的世俗话语开始包含一些我们今天还熟悉并继续受其影响的新观念，如"社会契约"、"宪制"和"国家"。在君主专制的框架里，这些观念与我们今天所理解的民主宪制观念在内涵上有着很大的差别。观念的内涵取决于人们对观念的理解，专制统治的一个惯用伎俩就是偷梁换柱地改变民主宪制观念的内涵，当代的专制统治也还是这么干的。

18世纪君主专制用一些新的观念来重新铺垫其政治合法性，还不纯粹是为了欺骗，也不全然是辞令游戏，而是出于实际的需要，因为旧的合法性话语事实上已经不能适应新的政治需要。这种合法性话语转变经常被视为开明专制改革的标志，但是，应该看到，开明专制改革的目的是加强和稳定专制，而不是改变或抛弃专制。

18世纪开明专制时代的到来是有历史原因的，最重要的原因却并不是启蒙思想，而是战争和君主统治因为战争而遭遇到的困境和危机。18世纪在不到20年的时间里，发生了两次"世界大战"，1740—1748年的奥地利王位继承战争（Austrian Succession War）和1756—1763的"七年战争"。后一次战争的军费开支远远超过前一次，造成了欧洲各国的政府危机。开始是军事上的困难，军队、装备、补给花钱如流水，国家入不敷出；军事的困难很快扩大为国家行政的危机，关乎政府能否有效应对新的局面。最直接最主要的自然是财政危机。传统的税收资源已经无法支持 18 世纪现代化战争的消耗，因此，如何应对新式战争的需要便成为求变之道的首要考量。税收改革又依赖于政府的整体效能，于是自然带动政府运作的其他方面的变革。税收改革也好，其他变革也罢，目的只有一个，那就是巩固君主的政权，如果带有改善民生的效能，那也只是附带的。改善民生对巩固君权有好处，因此，顶多只是手段，而不是目的。

从 18 世纪 40 年代开始，奥地利王位继承战争的所有参战国（普鲁士、奥地利、法国、西班牙、英国、俄罗斯等）都开始了某种改革，以解决在战争时期暴露出来的国家政府效能落后问题。奥地利首当其冲，普鲁士和法国也都从战争中汲取了必须加强国家力量的教训。然而，接踵而来的七年战争迫使改革退居次要地位，七年战争加剧了欧洲国家的普遍危机。战争结束的时候，受财政危机困扰的已经不只是参加战争的国家，而且波及许多非参战国，整个形势要远比 1748 年时更为严峻。

1763 年以后，许多欧洲国家都开始了全面改革，是出于两个迫切的需要，一个是为了战后重建，另一个是为可能的新战争作准备。1763 年后的欧洲诸国改革，采取的措施有明显的相似性，不只是因为它们要面对和解决的问题很相似，更重要的是这些君主制国家的制度和机构也很相似。这些国家之间可以相对便利地相互学习和仿效。对于当时相对落后的欧洲国家，尤其是奥地利和俄罗斯，这种学习和仿效意味着"西方化"和"现代化"。他们要全面介入欧洲的国家政治，就更加需要建立更有效的国家，需要有所改革。例如，俄国创立地方政府（municipal corporation）和贵族等级制度，便是从西欧学习的先进的现代社会组织模式。奥地利女王玛丽亚·特蕾西亚（Maria Theresa）和后来的国王约瑟夫二世（Joseph II）的许多行政改革方案则是模仿宿敌普鲁士，因为经验证明，普鲁士的制度和行政方法是成功的。

18世纪中叶，不少欧洲国家因财政危机而出现政治危机，改革的要求变得日益迫切。政府必须找到更好的税收方法和更有效的社会组织方法，这对行政能力提出了更高的要求。传统的君主制在理论和实践能力上都已经不符合新的要求，决策和贯彻能力都捉襟见肘，国家行政机器效能落后，已经到了不改革就只能等死的地步。

任何国家自上而下的改革都是在实际需要已经十分迫切，一拖再拖直到不能再拖，才不得不进行的。换句话说，是逼出来的。18世纪，接连的战争造成经济凋敝、民怨四起的困局，但是，战争仍然是国家间解决争端的主要手段。这就意味着，国家与国家之间的实力竞争迫使各国政府寻找最有效地增强国力的方法。改革自强成为几乎每一个国家提高自己进攻或自卫能力的唯一途径。

在不改变政制的前提下，用新方法代替老传统，被君主们理解为避免亡权亡国所必需的改革之道。这样的改革需要借助新的观念，用新观念来为改革提供依据或合理性论证。但是，不应该夸大新观念在自上而下改革中的开创作用。专制君主是在利用新观念维护他们的权力，而不是因为新观念改变了他们或他们的权力思维方式。新观念本身更不会在他们身上自动产生革新权力制度本身的愿望。

18世纪，为了增强国力，各国虽然有相同的改革意愿，但实际采取的行政改革措施并不相同。有的国家采用中央集中行政权力的措施，这就需要扩大和增强官僚体制，依靠这样的体制进行统治。

而奥地利的玛丽亚·特蕾西亚和约瑟夫二世，西班牙的查理三世（Charles III）和欧洲一些其他君主采取了正好相反的措施。他们意识到官僚体制本身可能是一个既得利益阶层，会成为改革的实际或潜在阻力。他们认为不如分散政府权力，让地方政府负担责任，例如，俄国叶卡捷琳娜二世组建新的地方政府体系，1775 年出台的《省级管理条例》分配中央之下的管理权力与功能，分散中央集权并委任地方贵族，鼓励他们参与。

增强官僚体制和鼓励地方参与，这两种改革趋向都意识到专家意见和个人积极性的重要性，因此开始大规模地从中产阶级中招募专家人才和有能力的行政人员，个人才能受到重视，学识专长成为比家庭背景和等级地位更重要的遴选条件。这不仅使得中产阶级在政府权力中有了更大的发言权，也使得理性和方法成为改革的主要特色，没有这样的特色，就难以叫做开明改革。

开明改革的另一个重要方面是对专制君主权力的合理性做了理论更新。一个君主专制国家的政府，它要对人民进行更有效、全面的统治，提出严苛的要求，就需要能有效说服，或至少试图说服他们接受这样的统治。无论多么专制、蛮横的政府都不能在人民完全不同意、不理解的状况下进行有效统治。它必须为自己的统治提供某种执政合法性的解释。执政合法性（又称"政治合法性"）指的是人民对权威，尤其是政府或统治权力的接受和拥护。执政合法性是政权的财富，没有或缺乏执政合法性的政权也照样可以存在，就像没有财富的人也照样可以生存。但是，就像任何人都希望追求财富一样，任何政权也都想拥有合法性。正因为如此，实际上不拥有或缺乏合法性的政权也会渴望拥有，或自以为已经拥有了合法性。

绝对君主权力（君主专制）的执政合法性是君权神授，它是建立在两种相互关联的合法性基础上的，一种是宗教或哲学的，另一种是功利或实用的。第一种合法性在 17 世纪法国主教雅克-贝尼涅·博须埃（Jacques-Bénigne Bossuet，1627－1704）那里有典型的表述，他强调天父与国君的相似性，天父对宇宙万物有绝对的统治权，同样，君主对所有的臣民有绝对的统治权。而且，人有原罪，有作恶或犯罪的倾向，君主是上帝派往人间的代理，在教会的协助下管理人民，防止他们因作恶或犯罪而害人害己。君主必须握有绝对的惩罚性权力，唯有如此，方能维护稳定与和平，引导臣民们从德向善。没有绝对君权则会天下大乱、民不聊生、生灵涂炭。

这实际上是一种混合宗教和实用功能的合法性，到了 17 世纪更因为笛卡尔的学术而在哲学上得到了加强。笛卡尔主张，宇宙不存在任何可以客观认知的秩序（没有任何外在的证据可以证明有这样的秩序），无法从确定的宇宙观引导出绝对正当的政府形式。所有的政府都是人为的，都是由人的理性所创造的，人创造政府是为了保证有序的社会生活。这种秩序是脆弱的，人和社会处于不稳定的状态，随时可能因失序而陷入混乱。要避免社会失序和解体，就要求人们严格服从现有的规则。规则是人为的，也不尽完美，但强于没有规则。这就肯定了惩罚性国家政府的合理性，它要求服从与和谐。任何异议都是对稳定的实际或潜在破坏，无条件的服从和单一的强大权威是保全国家和社会稳定所必须的。

第二种是对专制君权更单纯的功利和实用的解释。16、17 世纪欧洲人的经验似乎一直在证明这种绝对君主权力的合理性，连绵不断的内战和国与国战争、宗教冲突、社会动乱、民不聊生，这些都坚定了许多思想家的信念：强有力的绝对君主制是安定和秩序的唯一保障力量。意大利的马基雅维利、法国的博丹（J. Bodin，1530～

1596)、英国的霍布斯，还有其他国家里一些不如他们知名的有识人士全都主张绝对君权。他们的想法更是得到了各阶层民众的普遍认可。国家就该是一架由专制君主掌控的惩罚性暴力机器，即所谓的"惩罚之剑"，美其名曰"正义之剑"。一直到今天，这样的国家观念在有的国家里仍然在支配着统治者对待人民的方式。

3. 打造新的合法性基础

然而，到了18世纪下半叶，君主"惩罚之剑"的观念在欧洲发生了改变。这也许是惩罚之剑的一种因成功有效而走向自我废弃的效能结果。正如平克在《人性中的善良天使》一书中指出的那样，由于战争和流血冲突的减少以及暴力的明显下降，本来用于遏制暴力的惩罚之剑少了许多用武之地，因此到了该入鞘藏起的时候，"政府的专制性逐渐减弱，思想家们在不断探索新的原则和方式，以便将政府的暴力约束在最低的必要水平"。[1]

18世纪思想家们所探索的新原则和新方式起源于17世纪的新科学宇宙观念。新科学宇宙观削弱了宗教对政治事务和君主身份认同的影响，由于人的原罪观被动摇，惩罚性暴力统治的神学依据也随之濒临崩溃。其中非常重要的是，牛顿的宇宙观取代了笛卡尔的宇宙观，提供了关于社会秩序及其合理性的新观念。牛顿的宇宙观包含着固定的、稳定的、人可以认知的规则，宇宙受制于一定的法则，有待于理智的人类去发现，普通人就具有这样的能力。君主不是制

---

① 平克：《人性中的善良天使》（上），第192页。

定规则和安排秩序的当然权威，更不要说是唯一权威了。就在绝对君主的哲学合理性遭到挑战的同时，它的实用合理性也发生了动摇。国家的富强和经济的发展靠的不是战争和征服的胜利，而是商业和协作。商业和协作比专制更有利于和平、繁荣和稳定。既然如此，君主专制的惩罚性严厉管制不仅成为多余，而且甚至成为未来发展的限制和障碍。①

　　在这种情况下，绝对君主专制迫切需要为自己打造新的合理性基础，因此采取一些对自己有利的理论更新，也就是所谓的理论改革。大致而言，这样的理论更新包括三个方面，第一是从君权神授转变为社会契约；第二是惩戒型政府让位于人民福利政府；第三是从君主主权过渡到国家主权（还不是人民主权）。

　　第一，几乎所有的18世纪欧洲君主都采用了某种形式的社会契约理论。按照这样的理论，专制君主的政府权力不只是他私人的权力，而是来自某种契约性质的协议。它确定共同的权威是因为这一权威能够保护人民的生命安全和财产。但是，契约理论的意思还包括不能尽责的君主权力会丧失合法性，因此人民可以将它解除。这就需要君主专制证明自己是尽责的权力。然而，这还不够，他还需要证明，自己的权力有理由世代相传。也就是说，这个权力不仅应该是他的，还应该是他家的，君主专制不仅现在比其他的政府形式要好，而且，永远都比其他政府形式更好。君权世袭的理由是功利性的，是对契约理论的暗中抵消。那就是，君王的权威是血缘里带来的，如果君主权威不是靠血缘世袭，那么任何人都可以为夺取王

---

① John G. Gagliardo, *Enlightened Despotism*. Arlington Heights，IL：AHM Publishing Corporation，1967，p. 91.

位而暴力相争，或者人民拥戴谁，谁就可以当君主，不同的人民拥戴不同的人当君王，同样会造成残酷的杀戮争夺。因此，维持君权的稳定和继承的平稳有利于全民的福祉。

第二，对君权专制正当性的重新解释不再只是强调政府权力的惩罚和保护功能，而且同样强调，甚至更强调政府有责任培养人们的道德，提升人民的经济和其他福祉。后一种强调当然不是全新的，古老和传统的君权神授和君权如父权观念中也包含统治者对臣民的福祉负有义务。尤其在宗教改革之后，保护臣民的福祉更是成为君主必须尽到的责任。18 世纪的社会契约观使得这种强调变得更加突出。君主专制采用君权为臣民谋福祉的理论，这有利于它扩展自己的权威范围。君主的权威范围越大，他的权力就越是能在更多方面为臣民谋取福祉，这成为国家权力越来越侵入公民的社会和私人领域的理由和借口。一直到今天，福利社会与国家权力干预主义还总是并驾齐驱。福利社会的代价是大政府，是国家权力的扩大和增强，是社会和私人独立领域的萎缩和丧失。不幸的是，社会和个人一旦付出了这样的代价，便再也难以与国家权力讨价还价，因此也难以得到原先期待换取的那种福祉。

第三，君主主权向国家主权转化。这并不代表权力发生了实质变化，而只是一种权力名义的装点和口惠式的政治话语转变。今天也是一样。但是这种话语的转变至少在概念上将君主与国家区分开来。普鲁士的腓特烈二世是 18 世纪开明专制的代表人物，他称君主是"国家的第一仆人"，这就让国家变得有别于君主，也高于君主。他说，君主不是国家，而是国家的服务员。这在历史上是一个开创性的政治话语转变。从此之后，不管什么样的统治者都自称是为国家尽责，为人民服务，是公仆而不是主子。

随着主权观的转变，国家被看成是最高的权威。国家也被当作是一部设计合理、设置完善、正规有序、能自动运转、能高效发挥公共作用的机器。在国家机器的运作下，社会得到管理、福祉得以增进、人民得以安居乐业。君主只是这架机器的暂时操作人，操作人换了，机器还在那里，照常运转。

新的国家观念与社会契约观念互相契合。这两个观念同时表明，君主代行操作国家机器之职，君主的权力不是他个人的属物，而是属于国家。他行使最高的国家权力，不是为他自己谋私利，而是为了国家社会的共同福祉。他是国民利益的代表和国家意志的执行者，反对他就是背叛国家，就是人民公敌。这种君主代表人民，为人民谋福祉的新理论比"普天之下，莫非王土；率土之滨，莫非王臣"的说辞更加"科学"，也更加管用。作为国家权力的正当和合法执行者，君主可以一面无限扩展他的权威范围，一面堵住别人的嘴，不让他们批评这是专制和暴政。

对专制君主来说，国家观念的另一个好处是让他可以脱离名声并不好的贵族等级，而在国家事务中扮演民众与贵族之间不同利益的中立仲裁人角色。在阶级和等级分明的国家里，君主一向是第一贵族。君主的身份使他难以摆脱与贵族等级的联系，但是，随着18世纪贵族与民众之间的矛盾日益激烈，也由于贵族经常为了自己的私利阻挠君主意欲的政治改革（君主当然也是怀着自己的私利），君主代行国家权力的形象让他更容易与贵族进行政治周旋。新的国家理论有利于君主以中立的姿态弄权于贵族和民众之间，争取中产阶级的支持。国家是一个抽象的概念，它让专制君王将手中的权力去个人化，但又同时保留对他有利的等级制度，这样便能同时坐收二者之利。

同任何其他的专制统治一样，君主专制统治必须依靠严格的等级制度，等级制度中的地位、级别、待遇、官阶，包括学界人士的官本位折算，都是专制统治者驾驭臣民、换取他们的忠诚和顺从的奖赏品。不同阶层之间的矛盾和冲突更是专制权力可以用来各个击破的重要条件。利用等级区分造成矛盾和分裂是专制统治的一项重要权谋。由于等级的存在，一方面，专制君主在有政治或经济需要时，可以用公共利益之名来打击某些上层人士，另一方面，则又可以用等级待遇而非特权作理由来维护他自己的特权。

这一正一反可以两用的专制权术之道与专制君主灵活操作的"任人唯贤"有异曲同工之妙。他的"任人唯贤"可以提拔没有身份、没有地位背景的真才实学人士为己所用，但也可以方便地用来为特权人士及其家属占据优越位置作辩护。例如，权贵二代占据优越位置是因为有才能，人尽其才，不是因为有利可图，有势可仗。但这经常只是表象，有地位、身份、背景的人士有一般人没有的人脉，他们见多识广、教育优秀，能力自然比一般人要强些，但这本来就是社会不平等的结果，也就是今天人们所说的赢在了起跑线上。

无论是"为国为民"还是"任人唯贤"，能否成为君主专制的有效权术，并不在于这些说辞本身是否新颖，而在于公众对它们是否相信。任何一种权术，在它刚出来的时候都是比较有效的，因为识破权术是需要时间的。因此，专制统治者会不断翻新和创造新的权术。今天人们知道，只是口惠而无实质的"为国为民"和"任人唯贤"是专制统治的欺骗权术，这是因为他们有过太多被欺骗和愚弄的经验教训，所以不再那么轻信易骗。但是，在18世纪开明专制时代并不是这样，当时人们对这些新观念抱有相当乐观的希望，也寄予相当的信任。而且，当时的行政改革确实在短短几年里产生了不少有目共睹的实际变化。

18 世纪开明专制的一些实际改革包括改进国家税收和开支的责任制度（包括公款善用、不浪费、不贪污）、建立公务员制度（任人唯贤，防止权力私相授受和裙带关系）、制定统一的成文法并昭告天下（包括立法与执法分离）、在君主专制的国家事务中加入共同体（res publica）的精神（建立地方自理机构和人员选择程序、设立咨询委员会或代表大会）、提高国民的参与积极性、扩大民众的经济和商贸组织自由程度、增强教育自主程度，等等。这些措施虽然有不少是回到希腊、罗马的公民文化（citizenship）传统，但却是用 18 世纪的新政治话语来打造成一种新的"宪制"（constitution）模式。

18 世纪的"宪制"不是我们今天的民主宪制，而是一系列配套成龙、相互支持的法律、制度、程序、观念，形成一部能自动运转、自我调节的行政机器。它能在最大程度上把政府的日常运作与君主这个最高统治者个人分离开来。由于宪制的有效存在，君主不必事无巨细地事必躬亲，他得以从许多繁琐的日常事务中脱身，但却无损于他的绝对权威。在最高权威的统帅位置上，他可以朝着他选择的方式操作国家机器的航向。托斯卡纳大公利奥波德二世（Leopold of Tuscany）在 1780 年代认识到宪制的巨大价值，极为认可。他说："全国民众都按照宪制办事，因为他们相信，国家是一种自动化的统治。因此，无论是（政治）影响和治理，还是引导国家福祉和幸福，就都容易多了。"① 在一个宪制的国家里，一切似乎都在按照国家理性的安排有序进行，比君主个人的喜恶、逢事一人拍脑袋武断决策更能让国民觉得安全和放心。美国波士顿大学历史教师约翰·加利亚多（John G. Gagliardo）指出，君主的国家治理转向宪制是不得

① John G. Gagliardo, *Enlightened Despotism*, p. 97.

已的事情，因为他事实上已经不可能事必躬亲。就像利奥波德二世自己说的，君主要是不想淹死在文件堆和墨水瓶里，就得想办法把自己从繁琐的杂事中解脱出来，让国家机器自行运转，自己只是当一个开动机器的人。"只要不让人民成为开动机器的人，这种角色转换对君主没有什么损害。"①

在 18 世纪的开明君权改革中，虽然君主专制本身并没有得到根本的改变，也没有把国家权力交给人民的打算，但改革还是帮助推进了人治向法治、独裁向宪制转变的进程。加利亚多对此评价道："从历史的角度来看，开明专制不只是绝对主义君主制的结束阶段……而且也是君主国家转变为现代国家的一个重要阶段，在这个阶段里，国家在政治上更为统一，政治生活的'开明'世俗和实用主义理论把政府行为和公共权力组织安置在一个正式的永久的基础上。"② 在这个意义上说，开明专制虽然只是昙花一现，但却是历史上一个不坏的改变。

4. 革旧维新的政治红利

开明专制的"宪制"在相当程度上成为 18 世纪末君权困局的纾解之法。无论一位君主如何能干和勤政，他个人事实上已经无法独自胜任越来越复杂、繁重的国家事务。君主专制的宪制不等于主权在民的自由民主宪制，这种宪制是专制君主的新统治手段，让他

---

① John G. Gagliardo, *Enlightened Despotism*, p. 102.
② John G. Gagliardo, *Enlightened Despotism*, p. 120.

既能掌控最高权力，又能与日常运行的国家机器保持一定的距离，不必事事亲自过问，也不必为民间的各种灾祸担负骂名与责任。宪制就像是阿基米德的杠杆，王位是支点，杠杆抬起的重物是国家，杠杆起到的作用是提升和增强君主专制的力量。这个新发明的宪制直到今天还是一些国家专制统治的重要工具，被称为"宪法"。

有三种不同的宪法，第一种是限制政府权力，保证公民自由和权利的宪法，这是民主国家的宪法。这样的宪法虽然是由制宪者们草拟的，但从根本上说，拟定人民自由权利根本大法的是人民。这是民治而不是治民的宪法。

第二种是只用来治民的宪法。这是一种规定谁有统治权的宪法，例如把皇帝的绝对领导写入宪法，谁不同意谁就是违宪或犯法，清廷于1908年颁布的《钦定宪法大纲》就是这样一部君主专制宪法。第一部分是"君上大权"，"臣民权利义务"只是附带而已。君上大权有14条，条条都是大清皇帝的特权："一、大清皇帝统治大清帝国，万世一系，永永尊戴。二、君上神圣尊严，不可侵犯。三、钦定颁行法律及发交议案之权。凡法律虽经议院议决，而未奉诏命批准颁布者，不能见诸施行。四、召集、开闭、停展及解散议院之权。解散之时，即令国民重行选举新议员，其被解散之旧员，即与齐民无异，倘有抗违，量其情节以相当之法律处治。五、设官制禄及黜陟百司之权。用人之权，操之君上，而大臣辅弼之，议院不得干预。六、统率陆海军及编定军制之权。君上调遣全国军队，制定常备兵额，得以全权执行。凡一切军事，皆非议院所得干预。"[①]

---

① http：//www.duping.net/XHC/show.php？bbs＝11&post＝529165.

第三种是欺骗性宪法，虽然规定公民应有的种种权利，但政府从不执行，而且甚至还把这些公民权利所依据的价值观当作敌对的外来意识形态。

第二和第三种宪法总是以混合的形式出现，隐去"君上大权"的实质意图，改变其赤裸裸的专制条文，打扮成"人民宪法"。这样的宪法不再是由皇上制定和颁布，而是由"人民议会"来操作，因此更具欺骗性。

18世纪君主专制的国家宪制与16、17世纪绝对君主专制的不同在两位极有代表性的君主身上体现出来。17世纪绝对专制的代表是法国的路易十四，路易十四的国家观是罗马、封建和基督教解释的混合物，形成一种富丽堂皇的傲慢，巴洛克式的凡尔赛宫是这种王权的象征。就政治组织而言，路易十四的宫廷象征着绝对君主专制的顶峰，他摧毁了当时残存的独立地方政府，把所有的政治权力集中到凡尔赛宫，他实行的是不召开全国议会的统治。传说他所宣称的"朕即国家"已经成为绝对君王主权的缩影。这句话其实不是他说的，但却与他要营造的帝王形象非常契合。他是上帝的仆人，但不是国家的仆人，他是国家的主人，他就是国家。

18世纪开明君主的代表人物可以说是普鲁士国王腓特烈二世。他第一个提出君主是"国家的第一仆人"。不管他说的是不是真心的，但至少承认有一个比国王优先，也高于君主本人的国家存在。这样的国家是路易十四不懂也不喜欢的。

这也许是18世纪"开明专制"最深刻的历史意义所在，也是西方政治史上发生重大观念转变的标志。一个新的国家观念形成了，连专制统治者也不能无视它的价值，因此不得不开始对它积极利用。这个新的国家观念不是什么人凭空发明的，而是在多种实质性的时代发展——人口增加、经济和商贸的发展、理性的弘扬、知识和观念的更新、人的自由和自我意识的觉醒、政治和社会的日益复杂化——的推动下发生的变化。18世纪的人们也许还无法充分认识到国家观念变化的重大意义，但国家观念却为开明君主应对当时的政治难题提供了一个理性的变革工具。在这个意义上说，只有那些适合新国家观念（与君主有别，并高于君主）的政治改变措施才可以称得上是开明的。

普鲁士国王腓特烈二世是开明君主中的翘楚，在他身上可以看到启蒙的影响及其限度，而这种限度正是由维护和扩大君主专制权力所设定的。他只是在开明对他有利、能给他带来好处的时候才会开明，并不会因为开明比不开明好，就不离不弃地开明。以腓特烈与法国启蒙哲人伏尔泰的奇特关系为例。腓特烈还是王储时主动向伏尔泰示好。伏尔泰在《回忆录》里对腓特烈的私德和公德都很称赞："他机智而有魅力，更重要的是，他是国王。考虑到人性的弱点，这当然是一大诱惑。"伏尔泰解释说："一般情况下，都是我们文人取悦国王，这一位国王却把我从头到脚赞美了一遍。"1740年登基后，腓特烈迅速与启蒙哲人广交朋友，他恢复了柏林科学院，把它完全交给法国学者管理；他宣布要维护良知自由，为了表明自己的善意，他召回了被他父亲放逐的哲学家；他减少了野蛮的刑罚；"他对国家的经济事务表现出积极、全面、有益的关心"。但是，伏尔泰很快发现，普鲁士这个"'北方的雅典'原来只是一个寒冷的斯巴达，而哲学王腓特烈与其说是和平的哲学家，不如说是穷兵黩武的国王。腓特烈入侵西里西亚，公然对盟友背信弃义，重新实施书刊审查制度，1752年与伏尔泰友谊破裂后卑鄙、蛮横地刁难伏尔泰"，不再兑现对革新法律和军队人性化的承诺，除了诗文修改建议，不再采纳启蒙哲人的建议。[①]

开明君主与启蒙哲人同处于启蒙时代，但即便是在启蒙哲人对开明专制还抱有希望的时候，也至多只是同床异梦。许多开明君主表现出那个时代特有的进取精神，不管其目的为何，毕竟能勇于革新，而不是用因循守旧、恪守祖制的精神来应对接踵而来的经济和政治危机。他们的统治所依赖的那个制度由于改革，表现出相当的活力。开明专制的改革使社会中曾经很普遍的滥用权力得到了一些遏制，国家税收的合理化和透明化增强了国力、司法公正得到了前所未有的重视。从这些善政成效得到最大好处的当然是专制君王本人，但善政改革在民众，尤其是中产阶级那里得到认同和赞赏，提高了开明君主的声誉和威望。"开明"一词本身就是一种赞扬。但是，这种开明专制的改革至多只能起到延缓君主专制死期的作用，而不能阻止它的必然死亡。

18 世纪开明专制对维护君主制起到了怎样的作用呢？这个问题经常是以另一种方式来提出的，开明专制是否起到了防止 1789 年法国革命向外蔓延的作用？如果答案是肯定的，那么，开明专制的革旧维新之举给君王统治带来了怎样的政治红利？这个问题涉及多方面的因素，如何回答只能是猜测性的，但有几点是可以确定的。

第一，法国革命是以改革运动开始的，但却是改革失败告终的结果。发生在法国的并非一开始就是革命。法国改革失败导致革命，这是多次坐失良机的路易十六的政治失败，并不是历史的必然。在 18 世纪的欧洲国家里，法国的财政危机最为严重，但处理危机却最为失败。失败的原因不在于改革没有达到预期的目标，而在于改革

---

① 彼得·盖伊：《启蒙时代》（下），第 445 页。

还没有机会得到施行就因为阻力重重而被取消了。改革的阻力主要来自私利当先的贵族势力，国王在与特殊利益集团（贵族和教士）的政治角力中优柔寡断，缺乏坚定的意志，因此改革根本无法顺利进行。1789年召开三级会议（Estates General）本来可以成为改革的有利条件，倘若路易十六能在关键时刻做出决断，接受第三等级的改革方案——这个方案类似于体制内改革者杜尔哥（Anne-Robert-Jacques Turgo）、内克尔（Jacques Necker）、卡洛讷（Charles Alexandre de Calonne）的改革方案——那么，今天历史学家的热门话题也许就不是法国大革命，而是成功的法国开明专制了。

热衷于开明专制改革的一些欧洲君王看到了法国革命的初期发生，他们都相信，法国国民议会（National Assembly）的改革方案与他们自己国家里的改革方案是一致的。区别只是在于，一个是因君主失去主导权而转变为自下而上的革命，另一个则仍然是由君主主导自上而下的改革。当时的普鲁士上层人士也是这么看待法国革命的。德国波恩大学历史学教授恩斯特·华尔德（Ernst Walder）指出："腓特烈治下的开明官员对法国革命并不持否定态度，他们对法国革命的评价大多数是赞赏的。他们认为，法国革命是为了法国的政治进步，革命实现了腓特烈改革以来普鲁士的基本原则。在普鲁士这些原则已经在落实，与法国革命不同的是，这并不需要由自下而上的革命来推动。"当时德国有自由主义思想的进步人士相信，在法国和普鲁士发生的是两场革命，目标相同，只是方式不同，因此，他们不像英国的柏克那样谴责法国革命，而是保持一致的"不能确定的态度"。奥古斯特·施勒策（August Ludwig von Schloezer，1735—1809）被称为德国的"自由主义之父"，施勒策对法国革命的态度在当时的德国很有代表性，"施勒策清楚地表明，法国革命对法国是必要的，法国的政府忽视人权，背离了时代……但上帝让我们避免了一场像法国那样的革命……但是，施勒策相信，德国政府最终无法避免那种由启蒙造成的自下而上的压力"。① 施勒策这样的德国启蒙人士与我们今天对法国革命以及君主专制的理解也许不同，但却能让我们看到，18 世纪的人们对开明专制抱有怎样的积极期待。他们眼里的法国革命和开明专制改革有许多类似的地方，他们以为，只要自上而下的改革成功，自下而上的革命也就是多余的，或者至少是可以避免的了。

第二，不少历史学家认为，就算没有成功的开明专制改革，欧洲其他国家在没有外来革命影响的情况下，也不会发生法国那样的革命。其他国家的财政危机没有法国那么严重，中产阶级也不及法国的规模或接受了那么多新观念，当然，民众痛恨税制不公和非理性经济政策的程度也可能不如法国。路易十六的政治决策进退失据，败招连连，引发广泛的恶评和抨击，君主权威受到极大打击。这位国王信用受损和民众不信任他的程度，在欧洲诸国中是头一位的。再加上特权势力顽固反抗改革，软弱的国王更是势单力孤，难以应对民众强烈的改革要求，这些原因终于酝酿成为革命风暴。

今天，我们看待法国革命的意义当然不只在于它与开明专制改革的关系，正如法国历史学家弗雷在法国大革命中所看到的，那个时代的人们所做的事情是全新的，而不只是给君主专制这个"旧制度"刷上一道新的油漆。尤其是安托万·巴纳夫（Antoine Barnave）、埃马纽埃尔-约瑟夫·西哀士（Emmanuel Joseph

---

① Ernst Walder, "Enlightened Despotism and the French Revolution: Similar Goals, Different Methods", in Roger Wines, ed., *Enlightened Despotism: Reform or Reaction*? Boston: D. C. Heath and Company, 1967, pp. 65 - 66.

Sieyes）、让-约瑟夫・穆尼耶（Jean-Joseph Mounier）这样的法国理论家在 1789 年至 1791 年间成为革命代言人。"他们不仅需要证明推翻旧制度的合法性，而且要证明自己取而代之的合法性。他们不得不去想象有关法国历史、法国政府和法国人民的新的叙述方式，并对之加以利用。……总之，他们必须要创造出现代政治。"[①] 法国革命要用现代政治代替传统的君主政治，君主制开明不开明已经是在其次了。

当然，这里说的是法国革命对世界现代政治的长期影响。就 18 世纪的短期政治影响而言，法国革命促成的是其他欧洲国家加速开明专制改革，不仅要加快，而且还要更加彻底。这样的速度和程度的变革简直可以称得上是革命了，只是不流血，不诉诸暴力而已。大多数欧洲国家在 1790—1820 年这 30 年的改革力度超过了 1760—1790 年这 30 年。这些国家的许多改革是在法国人尤其是拿破仑逼促下加速发生的。与路易十六的时代不同，法国革命后的欧洲国家开明专制改革是在革命危机的压力下才加快速度和力度的，开明改革虽然避免了革命，但也可以说是一些不同于法国革命的革命。

在这种情况下，君主们能保住自己的王位，已经是一个不小的成功。对他们来说，保住君主制度是要付出相当代价的。君主权力已经不再是君主的绝对权力，而是必须接受制约和制衡的那种君主权力。在大多数开明专制君主当政的年代，这一实质性的改变尚不明显，感觉到这一改变的甚至还不是他们直接的下一代君主（这就像二代与他们父辈的关系一样）。进行开明专制的那一代君主因为改革而获得民众的好感和支持，他们的权威并没有因为不放弃绝对专

---

① 托尼・朱特：《事实改变之后》，陶小路译，中信出版集团，2018 年，第 379 页。

制权力而受损，甚至反而得到增强，他们的子辈受到恩泽，在相当程度上继承的是父辈的权威。但是，如果君主专制就此不再改变，那么，过去的开明改革不可能让开明君主的子子孙孙不断享受同样的政治红利。这种政治红利的损耗和衰败会在第三代、第四代（如果还有第四代的话）那里加速发生，以至消耗殆尽。这正是 19 世纪几乎所有欧洲君权的衰败和完结的最后下场。

从短期效应来看，开明专制的改革是君主专制的自我保存手段，但是，从长期后果来看，这样的改革不可避免会成为君主专制的一种自我削弱，乃至自我消灭。对专制统治只有好处，没有代价的开明改革是不存在的。因此，所有的专制统治改革都必然是虎头蛇尾、叶公好龙、畏首畏尾的。它得到一些短期的实利之后，马上裹足不前，甚至往后倒退。这不是改革决断和胆量的问题，而是改革与既得利益关系的问题。专制改革是想用最小的政治代价来换取最大的经济、政治的实际利益。

18 世纪的开明专制改革让我们看到，专制改革的闸门一旦打开，就算随后又再关闭上，也还是可能有意想不到的长远"不良后果"。改革对专制的削弱和瓦解后果不是立竿见影的，而是可能要过一段时间才会显现出来。引入"社会契约"的观念可以强化专制君权，但也给普通民众要求政治参与打开了一直紧闭的大门；利用"国家"的观念可以让君主赢得国家"公正仲裁"的头衔和国家机器操作人的美誉，但是，既然国家机器能自动运转，那么为什么非要君主来操作不可，为什么不能让其他能干的人也来试试当这个操作人？规定"宪制"可以让君主的人治有了法治的模样，显得理性又公正。但是，既然可以制定宪制的章程，那么为什么"立宪"和"法治"的问题不能放到台面上来公开讨论呢？

人们更有理由乘势追问，宪法应该由怎样的机构来制定？立法权力与行政权力应该如何区分？宪法和所有法律一样，不会不经人为之力就自动出现，也不会不需要有人来解释和运用，那么，又该设立怎样的机构和权威来避免宪法和宪法解释被特殊利益人士把持和操控？不民主的依法治理真的能限制君主的权力吗？如果不能，那又该如何防止出现这种以法律名义施行的专制？这些正是美国革命胜利后在制定宪法时提出的问题，也是美国革命的深远意义所在，因为人们一旦提出并思考这些问题，他们也就再也无法接受任何形式的君主专制，哪怕是讲究"依法治理"或"依宪治理"的开明君主专制。

第八章

启蒙与开明专制

18 世纪启蒙哲人与开明专制的关系一直是许多历史学家关心的问题，也是今人思考启蒙政治思想遗产时不容回避的一个问题。18 世纪君主专制不可能发生向共和宪制和自由民主的变化，开明专制的性质和利弊因此成为一个突出的启蒙问题，这是可以理解的。那么，为什么当下的启蒙仍然要关注这个问题呢？这首先是因为，虽然 18 世纪的那种君主专制在今天已经几乎绝迹，但其他形式的专制却仍然存在，甚至相当强大。今天仍然有许多人抱有像 18 世纪一些启蒙哲人那样的幻想，认为专制可以由于接受某些启蒙的理念（自由、平等、法治、公民权利、人权）而变得开明起来；而且，这样的开明专制也能拥有与自由民主同等的权力合法性和权威正当性。所以，只要专制是"开明"的，那就应该接受它，不应该对它有所批判，更无须期待或努力用自由民主制度去取代它。

现有的对 18 世纪启蒙和开明专制的历史研究揭示，18 世纪的所谓开明专制其实与启蒙的自由政治理念很少有观念上的联系，开明专制的一些为人称道的改革措施其实是迫于解决经济和政治困境的燃眉之急，并不是因为受到启蒙价值观念的感召，其目的是强化而非改变专制。18 世纪的开明专制中有启蒙的思想因素，而且，启蒙哲人（如伏尔泰和狄德罗）与开明君主（如普鲁士的腓特烈二世和俄国的凯瑟琳二世）有长期的交往并对他们曾寄予期待和希望。一直到今天，启蒙哲人和启蒙理念对 18 世纪开明君主的影响（以及对当时社会的影响）经常被夸大，变成了一个神话。知识分子需要这样的神话来显示自己的影响力量。揭示这个不实神话的实质，并由此澄清知识分子与统治权力的暧昧关系，正是当下新启蒙应该做的事情。

1. 什么是开明专制

在汉语里，专制指的是凭一己之意，独断独行，操纵一切。《淮南子·氾论》曰："周公事文王也，行无专制，事无由己。"《汉书》卷四"文帝纪"："夫以吕太后之严，立诸吕为三王，擅权专制，然而太尉以一节入北军，一呼士皆袒左，为刘氏，畔诸吕，卒以灭之。"古代的专制是君王或君主专制，今天的专制可以有别的形式或名目。与专制接近的一些说法，如"独裁"、"专政"、"集权"、"暴政"，都与专制性质的某些方面或表现相似。

古代的专制是一个描述性的中性词，今天的专制是一个带有强烈道德谴责意味的专门政治术语。孟德斯鸠是第一个在这种道德谴责意义上阐述"专制"的，这是他在对三种政府形式（共和、君主和专制）的区分中提出的。他对专制的批判使得专制成为一个负面的政治用词，指的不仅是一人掌权、独断专行，而且更是无法无天、肆意妄为。

民国初期的国民教育中，"专制"就已是"立宪"的对立概念，从小学起就已作为启蒙性质的"法政常识"介绍给国民。1912年商务印书馆推出一套内容精彩、形式新颖的"共和国教科书"，其中由教育家庄俞、沈颐编纂，高凤谦、张元济校订的《共和国教科书新国文》中有"辛亥革命"一课，课文说："国家政治，拂逆人民之公意。人民不得已，以武力颠覆政府，谓之革命。"此处"革命"观念强调"人民之公意"在历史进程中的作用。还有"大总统"一课：

"我国数千年来，国家大事，皆由皇帝治理之。今日民国成立，人民公举贤能，为全国行政之长，是谓大总统。""总统"是由人民公举的，有别于世袭罔替的"君主"。第一课《中华民国》讲述国体从君主制向立宪共和的变革过程："我国自昔为君主国，君位世袭。秦汉以降，君权益重，一人临朝，权势无限。人民困于虐政，不得已则起而革命，是以二千年来，变乱不绝。迄于清末，国中先知之士，鉴于世界大势，知君主专制，不足图治，乃于民国前一年十月十日，起革命军于武昌，全国响应，清廷逊位，中华民国于是成立。"

第六课"政体"更是清楚对比立宪与专制之别："立宪与专制之别，即在主权作用之有限无限。盖立宪之国，既有宪法，以定政权所属；又设国会以立法，设法院以司法，政府失政，国会得弹劾之。诉讼裁判，法院主之，行政官不能干涉。故政治趋于正轨，人民无所冤屈。专制国则反是。政权无限，威福自专，人民冤苦末由陈诉，积久溃决，必起革命。现代各国，或由人民请求，或由君主自动，均已改为立宪制体。否则人民革命，变为民主国体，而行立宪制体。"专制有两层意思，第一，专制权力既没有限制，也不受制衡，是一人独断；第二，专制权力不遵循法制，因此无法无天，"人民冤苦末由陈诉"。[1]

1945 年，萧公权在批驳钱穆中国无专制政治的观点时，强调的也是专制的这两层意思，他说："我们必须避免对'专制'望文生义，以致陷于以辞害意的误解。近代学者所谓'专制'大约包含两层意义。（一）与众制的民治政体相对照，凡大权属于一人者谓之专

---

[1] 毕苑：《"国家"变"党国"：教科书从晚清到民国的演变》，《东方历史评论》。https://new.qq.com/omn/20181011/20181011A0TZ47.html。

制。(二)与法治的政府相对照，凡大权不受法律之限制者谓之专制。"以孟德斯鸠对三种政府的区分来看，萧公权所说的第一层意思是与民主相对立的君主制，第二层意思则是与法治政府相对立的专制。他把这两层意思合并为一个，称之为"专制"，并不符合18世纪孟德斯鸠的分类原则，但符合20世纪人们接受的政治启蒙观念，那就是，必须同时拒绝君主制和专制。①

在民国初年的立宪与专制辨析之前，梁启超在1906年初的《开明专制论》中倡导开明的君主专制，他是用定语而非主词来区分君主制和专制的，他称君主制为"开明专制"，称专制为"野蛮专制"。他说，野蛮是开明的对立面，野蛮就是不开明。他指出："法王路易第十四曰：'朕即国家也。'此语也，有代表野蛮专制之精神者也。普王腓特烈曰：'国王者，国家公仆之首长也。'此语也，则代表开明专制之精神者也。"也就是说，国家权力的执掌者如果把政权当作私人囊中之物，只为自身及统治集团谋利益，便代表了一种野蛮专制的精神。相反，虽然专制，但能够把掌握的专制权力为国家（并以此推导成"为人民"）服务，则代表开明专制的精神。

以我们今天对开明专制的认识来看，梁启超对开明专制的理解是不能令人满意的，因为今天的政治认知（类似于萧公权对专制的看法）是，法王路易十四与普王腓特烈二世之间区别的性质是个人化的君权（主权在君）与国家化的君权（主权在国），而不是野蛮与开明。以梁启超的野蛮和开明之区分来看，中国那些"普天之下莫

---

① 萧公权：《宪制与民主》，清华大学出版社2006年版，第70—72页。万昌华：《萧公权宪制体制与宪制教育思想考察》，http://mp.weixin.qq.com/s/zM9D-haOE62EALKwgx-OZw。

非王土，率土之滨莫非王臣"的皇朝政治都是野蛮专制，而现代那些自称强国利民，为人民服务的专制政权则又都是开明的，具有统治正当性。与18世纪启蒙哲人不同的是，我们今天既反对一人独断的君主制，也反对任何形式的人治。

德国宪制史专家弗里兹·哈同（Fritz Hartung）在《开明专制的定义》一文中指出，要了解18世纪人们所说的"开明专制"，就需要厘清启蒙时期开明专制概念的两个部分：一个是"专制"，另一个是"开明"。

哈同指出，"专制"经常是指"绝对权力"（absolutism），它是"一种虽然接受法治和承认臣民权利，但不受阶级或议会制度约束的政府形式"，[①] 这也就是萧公权所说的专制的第一层意思：一人独揽大权。专制又指一种"无法无天、肆意妄为的暴政"，也就是萧公权所说的专制的第二层意思：人治而非法治。18世纪的时候，开明专制是就人治/法治这层意思来说的：优化君主制的决策机能，包括加强法律法规，但并不改变君主一人独掌大权的政制基础。

专制是没有法律约束的个人独裁，这是我们今天对专制的认识。对抗专制不只是要有制衡独裁的分权，而且更是要求行之有效的法治，否则，就算有了分权的形式，也会因为没有真正的法治而名存实亡。因此，今天人们认识专制不在于一个人手上的权力有多大（美国总统的权力就非常大），而在于有没有法治，包括制衡个人权力的法律运作可能。今天的专制国家都会有某种表面形式的分权和制衡，但没有实质性的法治。这是它与古代的专制不同的地方。中

---

① Fritz Hartung, "A Definition of Enlightened Despotism", in Roger Wines, ed., *Enlightened Despotism：Reform or Reaction*? Boston：D. C. Heath and Company, 1967，p. 28.

国古代的皇帝行政大权至高无上，皇帝说了算，他可以任意立法，他的话就是法律。皇帝虽可能设置谏官，但多数是虚应故事、摆设门面而已。谏臣们只是随从左右陪侍，给皇帝拾遗、补阙也多是寻摘些微细小事以敷衍塞责，对大是大非问题能直言极谏、犯颜进说的人在历史上可说是凤毛麟角。而且倘触犯了皇帝，还往往招来横祸，轻则革职、廷杖，重则杀头。

已故历史学家谢天佑在他的专制研究中指出，在中国，专制主义有一套延续 2000 多年的历史，"专制主义中央集权理论有一个逐步发展过程。商鞅重于法，申不害重于术，慎到重于势，韩非总结商鞅、申不害、慎到的思想，提出了法、术、势结合的专制主义中央集权的理论"。[1] 这种古代的专制统治非常有效，但却是有条件的。第一，专制统治下的臣民不能设想人可以也应该有另一种活法，他们不知道自己的生活世界之外还有其他人类过着与他们不同的生活。第二，他们祖祖辈辈生活在这样的统治下，早已麻木和习惯了，自己早在心里把反抗当作"大逆不道"的罪行。第三，就算他们被逼急了，到了活不下去的地步，他们也缺乏反抗所需的素质和能力。第四，偶然有乱世英雄登高一呼，揭竿而起，到头来不过是换一个专制者，专制本身并没有任何改变。

这样的专制被孟德斯鸠和他的同代人称为"东方专制"。这是一种没有改变希望的专制。因为在那里没有任何成功反抗的希望。反抗需要有意志、有目标、有能力；东方专制的压迫使得那里的臣民没有意志、没有目标、没有能力。而且，这种专制无比残酷，为了维护它自己，可以动用最残暴的杀戮手段，屠杀任何与反抗者有关

---

[1] 谢天佑：《专制主义统治下的臣民心理》，吉林文史出版社，1990 年，第 13 页。

的无辜黎民。这是一种彻底野蛮的专制。相比之下，历史上西方的君主权力受到教会和贵族的限制，基督教的仁慈和贵族的自由和荣誉感都对专制的彻底野蛮化有所制约。

在西方也出现过被称为暴政的野蛮专制，其特征是专制者一意孤行、肆意杀戮、为所欲为，把武断的法律强加到臣民头上，而自己却凌驾于法律之上。18世纪专制向开明专制转化，法律改革成为首项开明之举。历史学家斯图尔特·安德鲁斯（Stuart Andrews）在《开明专制》一书里指出，"在法律改革中，开明君主们不只是说说而已"。普鲁士国王腓特烈二世时开始的法典后来成为普鲁士1794年的"一般邦法"（Landrecht），基本未变地一直沿用到1900年。奥地利的民事法典是在约瑟夫二世时代制定的，虽然到1811年才公布，也维持到1918年哈布斯堡王朝结束。利奥波德二世（Leopold II，1747－1792）是哈布斯堡-洛林王朝的神圣罗马帝国倒数第二任皇帝（1790—1792年在位），他也是奥地利统治下的意大利的托斯卡纳大公（称利奥波多一世，1765年起），他在自己的这个小公国里，废除了酷刑拷问和死刑，在他的长兄约瑟夫二世去世后，他继承了神圣罗马帝国的皇位。俄国女皇凯瑟琳二世1767年颁布"立法指导"（Instructions），有人说是从孟德斯鸠和贝卡利亚（Cesare Beccaria）那里"偷"来的。贝卡利亚的《论犯罪与刑罚》1764年第一次在意大利出版，1766年有了法文译本。凯瑟琳二世能紧跟上时代步伐，非同寻常。虽然她的"立法指导"没有成为法典，但她反对对普加乔夫（Pugachev，俄国农民起义领袖）施以酷刑，而只是给了他12年的刑期，足见其在执法上的开明。①

---

① Stuart Andrews, *Enlightened Despotism*. New York：Barnes & Noble，Inc，p. 181.

18 世纪启蒙时代的法律改革及其对法治的强调是对我们今天最重要的政治遗产，如孟德斯鸠的《论法的精神》就是一个显例。但是，18 世纪改善法治的意义毕竟是与我们今天不同的，它局限于改善刑法（如贝卡利亚的《论犯罪与刑罚》），而不是我们今天所强调的用法治来作为宪制共和的制度性基础。

弗里兹·哈同指出，18 世纪的"开明专制"并不涉及君主专制的政体，它的"开明"是非常有限的。开明是受启蒙的意思，本应该是指接受启蒙的一些基本政治理念。但是，专制所发生的改变或改革并不全是"开明"的，"用改善行政或军队、走重商路线、改善经济、增加税收来增强国力不能算作是开明专制的特征"。如果强国强军便能算是"开明"，那么"普鲁士的腓特烈·威廉一世或俄国的彼得大帝就都能算是开明君主了"。开明应该是指"受到启蒙哲学，尤其是启蒙政治哲学影响而运行的政府形式。而这并不是仅仅从理论上来说的"。弗里兹·哈同还指出，"俄国叶卡捷琳娜大帝（即凯瑟琳二世）的开明观点对她的政府影响甚微，尤其是在她统治的后期"，这是因为"学者们再深思熟虑的好主意也很少有改变世界的"。① 真正的开明专制（开明绝对君权）"并不只是理论上的，而是用新的（启蒙政治观念）去改善既存的现实"。开明不是嘴上说说的，而是必须要有政治作为。

启蒙的政治观念包括，洛克的主权在民（最高的权威是公民的社会，不是政府）、用公共法律代替王法（公民参与订立他们自愿服从的法律）、公民有更换政府的权利（如果公民得出结论，认为政府侵

---

① Fritz Hartung, "A Definition of Enlightened Despotism", in Roger Wines, ed., *Enlightened Despotism*, pp. 28 - 29.

犯了他们对它的信任，他们就可以撤回权力授权）与卢梭的社会契约（共同体的每个结合者将其自身的一切权力全部转让给整个共同体，从而建立起一项有效的协议）、主权在民（主权权威由公民共同体所掌握，主权权威建立政府，并任命执行主权意志的官员，而创建政府完全是为了执行拥有主权的人民的意志，从而确保它的正当性）。

启蒙的政治观念也体现在另一些政治主张中，例如，孟德斯鸠提出三权分立和用限制权力来限制腐败的主张，他认为，权力本身就具有强烈的腐蚀性，天生就有被滥用的危险，必须用制度的力量来防止权力被滥用。又例如，启蒙哲人们共同主张人的自由，他们认为，开明社会必须有一个能够让人们充分享有自由的制度安排。在这样的法治社会里，自由意味着人们可以按照自己的意愿去做他们应该做的事情，而不会被强迫去做他们不应该做的事情。这样的自由当然不是为所欲为，任何自由都是有限制的，但限制不应该来自他人的权力，最高统治者也没有这种权力。对自由的限制只能来自法律和人自己的道德感。

由于绝对君权的专制性质，启蒙政治原则注定不能在政治改革中被付诸实施。弗里兹·哈同写道："开明的绝对君权是从中世纪而来的等级制封建社会史的最后阶段。它已经开始质疑社会中那种由生而来、父传子承的等级鸿沟。……它努力要减轻这个制度中的不合理和贫困，但却缺乏勇气，不能充分把握启蒙理念的意义，也无力改变现存的整个制度。"[1] 18 世纪或任何其他时代的开明专制，不管是以绝对君权还是以其他形式的专制面目出现，都不可能凭它自身的开明意愿转变为我们今天所认识的宪制法治和自由民主。虽然

---

[1] Fritz Hartung, "A Definition of Enlightened Despotism", p. 29.

现代政治的理念因素来自 18 世纪启蒙运动的自由政治学说，但那个时代的启蒙哲人却无法想象 19 世纪以来这个世界上所发生的民主变化。他们的实际生存处境和那个时代限制了他们的政治想象，也形成了他们特有的那种对开明专制的迷思。这是我们今天必须清醒认识和拒绝的。

2. "有悔意的君主时代"

法国大革命之前的半个世纪不仅是启蒙运动的时代，而且也是君主专制的时代，用英国历史学家阿克顿爵士（Lord Acton）的话来说，这是一个"有悔意的君主时代"，美国历史学家罗杰·万斯（Roger Wines）指出，18 世纪是人民用起义来宣告君主统治破产的前夜，这时候出现的新式君主有一种深重的危机感，所以特别需要在统治方式上下功夫，"从来没有旧式君主像他们那样有效地统治，像他们那么关心对社会和经济应该做些什么，应该如何理性地对待自己的政治利益"。万斯接着写道："很明显，在那个时代的巨大思想潮流与欧洲政治结构之间有着某种重要的关系，有好的方面，也有不好的方面。这种经常呈现出矛盾的关系体现在一些君主个人的身上，他们受到启蒙新思想的影响，并想把新思想用于完善他们的绝对统治，这就催生了开明专制。"①

阿克顿所说的 18 世纪新式君主的"悔意"指的是他们发觉，旧

---

① Roger Wines, ed. *Enlightened Despotism*: *Reform or Reaction*. Boston: S. C. Heath and Company, 1967, p. vii.

的专制统治已经不灵光了，而不是专制统治本身是错误的。他们有悔意，是因为君主政治已经捉襟见肘，它的低效和无能已经不足以应对时代的变化。平克在《人性中的善良天使》里指出，在启蒙运动到来之前，一些变化已经悄悄在君主专制中发生了，其中最重要的是暴力的下降，"如果说专制就是'社会的首领有权任意地，而且不受惩罚地杀害自己的臣民'，在这个意义上，最初出现的国家组织全部都是专制主义国家"。专制成为暴政残害和杀戮的代名词，专制君王"向自己的人民大规模使用暴力。他们对人民滥施酷刑、大兴牢狱、随意处决，而且让人民食不果腹，为了宏大的建筑工程拼死劳作"。专制者自己也是"成于刀剑，毁于刀剑"，深受"政治谋杀"之害。公元600年至1800年之间，1/8的欧洲在位君主是被谋杀送命的，其中1/3的谋杀者篡夺了王位。到了17世纪和18世纪，暴政和政治谋杀的专制开始减少，"到1776年，美国革命将'专制制度'的定义降低到对茶叶征税和为士兵提供食宿的水平"。[①] 君主悔意可以理解为，君主变得不那么随心所欲地残暴了，变得能更理性看待自己的经济、社会、政治利益，甚至责任，也更能理性地去追求和实现这样的利益。这使得他们似乎也在启蒙的理性时代找到了自己的位置。

今天我们应该如何看待18世纪这种君主专制从"旧式"向"新式"的转变呢？或者推而广之，如何来看待历史中其他时刻的思想启蒙与专制政治的关系呢？

有一种看法是，启蒙与专制可以在一定程度上相安无事，甚至互相结合。这集中表现在像普鲁士的腓特烈二世、俄国的叶卡捷琳

———————————

① 平克：《人性中的善良天使》，第191—192页。

娜二世、神圣罗马帝国的玛丽亚·特蕾西亚、奥地利的约瑟夫二世、西班牙的卡洛斯三世这样的开明君主身上。他们受到启蒙思想的影响，把启蒙的观念运用于优化他们的专制统治，形成了一种对后世有影响和借鉴作用的政治模式："仁慈的专制"（benevolent despotism）。梁启超便曾经受到这种开明专制观的影响。一直到今天，仍然有人对开明专制的可能抱有幻想，并提出种种换汤不换药的方案。

但是，另一种更加普遍的看法是，开明专制不是一个新统治模式的开始，而是一个旧统治模式的结束。不管它在 18 世纪曾经如何有效，都不过是专制统治的回光返照，必然被现代宪制法治和自由民主所代替。从历史上看，这是在人民起义的前夜，在以美国革命为标志的新时代曙光出现之时，在共和宪制的新潮到来之前，君主专制所作出的最后的、没有成功的求生挣扎。

意大利政治学家弗朗克·瓦尔瑟奇（Franco Valsecchi）指出，开明专制不过是"把开明的思想嫁接到王朝的绝对主义（dynastic absolutism）的躯干上，统治者实行了许多世纪的中央集权到达了顶峰。启蒙运动的社会契约理论和平等思想让国家不再需要依靠以前的特权制度，便可以无条件地宣示它的权力"。以前的专制是以王朝的形式来维持的，父权子承就是它的合法性，这是不容挑战的，除了君主，不容任何人染指最高权力。但是，启蒙思想为专制提供了新的合法性和正当性说辞：专制是一种人民认可的社会契约，它统治下的人民是平等的，权力属于国家，君主不拥有权力，而只是代表国家，等等。启蒙思想并不自动对专制产生颠覆的作用，而是可能被利用来加强专制。这也正是"哲学家们以为他们在利用国王，而事实上是国王在利用哲学家"。①

　　开明专制让我们看到专制灵活、顽强的适应能力，在 18 世纪是如此，在 21 世纪仍然如此。正如美国记者威廉·道布森（William J. Dobson）的《独裁者的学习曲线》（*The Dictator's Learning Curve*）一书中所指出的，今天的专制独裁与 20 世纪的不同，并不完全冻结在时光里，还继续用劳改营、暴力、洗脑的手段控制人民。新型独裁不再以波尔布特那种旧式独裁的赤裸裸暴力和血腥手段，剥夺人民的一切自由，加以恐怖统治。新型独裁给人民许多表面与程序上的"自由"，但始终渗透并控制着那些权力赐予人民的自由；它也讲"法治"和"把权力关进笼子"里去。在经济上，新的独裁更是极端聪明，它不再闭关锁国，切断与世界的联系。它懂得从全球体系获得资源，却不会失去自己的统治权，其最重要的三个手段，便是金钱收编、利益分化和虚假宪制民主。道布森指出，新派独裁者，要比老式独裁更加老道、聪明、敏锐。在越来越大的压力下，最聪明的专制者既不把政权搞成一个赤裸裸的警察国家，也不让自己与世界隔绝；相反，它们也与时俱进，用新的手段和方法来维护统治，让它们的专制适应新的时代。②

　　以今天"独裁者的学习曲线"来反观 18 世纪的"开明专制"，我们也许能更清醒地察觉到，18 世纪的专制正在经历一场从无限专制向有限专制的变化。开明专制是王权的衰落，是无限专制的退却，是旧式专制不得不面对已经得到相当启蒙的公共舆论的结果。既然君主是为了保住专制，那就证明在他那里并没有发生思想观念和价

---

① Franco Valsecchi, "A Crisis of Values", in Roger Wines ed., *Enlightened Despotism*, p. 6.
② William J. Dobson, *The Dictator's Learning Curve*. Doubleday, 2012.

值观的转变，而没有这种转变，专制改革便只是权宜之计，被迫之策，其根本的专制性质并未发生变化。因此，我们有理由怀疑，这世界上真的有所谓的"受到启蒙的专制"（开明专制）吗？启蒙倡导的根本价值是自由，而自由正是专制所敌视的。

今天，我们对启蒙运动政治意义的基本认识是，启蒙的观念革命推动了自由政治的历史进程，是促进19世纪宪制政府和公民权利发展的一个重要思想资源。专制的逐渐减弱，"前锋是观念的革命"。人们对政府有了新的观念，包括政府伦理应该遵从自然法则、社会契约是政府权力正当性和合法性的来源，政府有保护个人生命、自由和财产的责任，并以增加全体人民共同的福祉为其目的。当然，"政府从来都不是一件刻意的发明，它早在有文字的人类历史之前就已经存在了，所以，这种新的思想方式确实需要超前的想象力。霍布斯、斯宾诺莎、洛克、卢梭，以及后来的杰斐逊、汉密尔顿、詹姆斯·麦迪逊和约翰·亚当斯，这些思想家都设想过在自然状态下人的生活会是什么样子，并在头脑里反复构思一群理性的人会怎样安排他们的生活。他们的结论是，新的制度与当时的神权政治和世袭君主制毫无相似之处"。[1]

在这个进程中起决定作用的不是神启真理，也不是某某主义的意识形态推动，而是与普通人切身利益相联系的理性。"很难假设想象，一个自然状态下的理性人，会选择君权神授这种制度安排——'朕，即国家'，或者让一位近亲交配而生育的10岁儿童登上王位。相反，政府应该为自己的人民效劳。国家权力，也就是霍布斯所说的'让大家敬畏'的力量，并不意味着国家手持为谋求自己的私利

_____

[1] 平克：《人性中的善良天使》，第192—193页。

而残害公民的许可证。这个力量不过是一项得自人民授权执行的协议，即'一个人，在其他人也愿意这样做的条件下，自愿放弃绝对的权利，并且同意，自己享有特定的自由，正如他容许其他人也只享有同样特定的自由一样'"。①

尽管 18 世纪的启蒙哲人有了这样的新理念，但一个不容回避的事实是，他们没有明确表示对专制的反感或反对，而是把实现这些新理念的希望寄托在专制君主身上。在那些对开明专制抱有期待，并积极地试图影响开明君主的启蒙哲人中，法国的狄德罗和伏尔泰、奥地利的约瑟夫·冯·索南费尔斯（Joseph Freiherr von Sonnenfels）、意大利的切萨雷·贝卡里亚（Cesare Bonesana-Beccaria）是著名的例子。在这之后，不断有思想界、知识界和学界中人步他们的后尘，把影响专制统治者，帮助他们开明起来当作谋求社会改良和政治进步的可行捷径。他们的身份已经从启蒙哲人转变为政府参赞、谋士、智囊、体制内专家或有机知识分子，在与 18 世纪完全不同的 20 世纪和 21 世纪，他们或明或暗的开明专制论都产生了不良的思想和政治误导作用。

3. 启蒙时代的尚贤政治

启蒙哲人在观念上倡导人的自主性、自由、权利，为什么在政治上却容纳和支持专制呢？这主要是因为，他们大多数秉承尚贤政治的理想，只要专制的政治贤明、合理、有效，就没有反对它的特

---

① 平克：《人性中的善良天使》，第 193 页。

别理由。因此，他们当中那些倡导开明专制的人士倡导的实际上是一种启蒙时代的贤能政治。

他们持这种政治观主要有三个原因。第一个原因是启蒙哲人不信任代议政府，伏尔泰在《哲学辞典》的"民主"一文中说，代议政府只适用于小型共和国。这在18世纪是一个很普遍的看法。在18世纪的欧洲，最有可能在议会中取得影响力的是拥有特权的贵族和人多势众的民众，这些都被视为不稳定的因素。卢梭是启蒙哲人中最推崇民主的，但他也不赞同民选的议会在一个大国里推行。这与他在瑞士小共和国的生活经验有关。大规模的共和国和代议政治要到美国建国时才开始出现，而美利坚共和国是美国建国之父们独创的政治实践作品。

第二个原因是君王统治的传统依然牢固。虽然世俗主义的兴起和传播消减了王冠上的光晕，但国王仍然是公认的权威和稳定秩序的保证。再坏的稳定也比动乱要强。在18世纪的政治格局中，拥有特权的贵族、教会和同业行会，这些从中世纪遗留下来的利益集团和势力对君王权力形成了限制和掣肘。君主主导的改革首先以削弱这些传统势力为目标，为的是加强王权。启蒙思想家对开启底层民众的民智不抱希望，只能把理性改革的希望寄托在哲人王（开明君主）身上。只有德才兼备、充分强大的专制君王才能够自上而下地约束贵族和教会的势力，改良法治，教化民众。启蒙哲人也许在理论上反对专制暴政滥用权力，但政治不是理论，而是实际的操作，能够操作改革政治的只有开明君主。虽然18世纪的哲人王政治是一种贤能政治，但并不同于今天一些保守论调中的贤能政治，18世纪的尚贤政治无需忧虑与选票民主的关系，而今天的贤能政治论则离不开对选票民主的怀疑、批评和否定（有没有道理另当别论）。

第三个原因是国家意识的形成。英国格拉斯哥大学历史教授托马斯·蒙克（Thomas Munck）指出："'开明绝对君权'（或者误名的所谓'开明专制'）被视为一个方便的说法，指的是国家形成的一个过程，在这个过程中，政治权威一般丢掉许多自诩的'神授之权'，而采纳了有限程度的公开和向公众负责。"① 18 世纪的国家概念与有效政府的观念是联系在一起的，君主拥有权力，不再因为是神授予他权力，而是因为他能保证国家强大、政府有效能。在权力正当性上，国王的贤能代替他的神授之权，成为他政治正当性和合法性的新基础。对君主政治来说，启蒙主义理性就是国家主义的理性，这是一种实用主义的理性。美国历史学家乔治·杜契尔（George Dutcher）在《开明专制的重要》一文中指出，启蒙的反宗教对君主权力有利，"在国家与教会的关系中，启蒙指的是国家在一切与精神事物不确定有关的事情上都是优先的"。对 18 世纪的社会改革，"民众和宪制的政府都是不可思议的"，"专制成为唯一可能的解决方案，而且必须遵循一种显而易见的理性方式——开明方式，它不应该引起疑虑，而是应该以最小的矛盾和迟缓来取得最大的成果"。②

　　开明专制按照政治实用主义而非启蒙的道德价值运作，开明专制要强化军事力量，为了军饷必须有充足和稳定的财政保障，因此需要有效率的政府和官僚体制，也需要有生产能力的臣民。普鲁士和奥地利的开明专制都是为疆土之争服务的，并不是因为受到了启

① Thomas Munck，"Enlightened Thought，Its Critics and Competitors"，in *A Companion to eighteen-Century Europe*，p. 147.
② George Dutcher，"The Importance of Enlightened Despotism"，in Roger Wines ed.，*Enlightened Despotism*，pp. 1，5.

蒙思想家的哲学感召。法国社会历史学家查理·莫拉塞（Charles Morazé）指出，开明君主虽然对文学、艺术、哲学感兴趣，但"那不过是他们的个人趣味和爱好，与他们是否让臣民也有这样的趣味没有什么关系"。现代的开明独裁者也是一样，他们自己喜欢读书、写诗，未必就会允许人民自由思想或容忍爱好自由的文学和艺术。相反，他们会禁止人们接触他们所规定的思想"毒草"和"反动书籍"。莫拉塞强调，我们不应该对开明专制或开明独裁抱有幻觉或错觉，"欧洲没有任何专制改革是因为受到启蒙哲人影响的。腓特烈二世嘲笑伏尔泰、卢梭和重农主义者，叶卡捷琳娜二世只是跟他们玩玩而已，老好人（的奥地利国王）约瑟夫二世把他们的话当真了，结果身败名裂。欧洲实实在在的制度没有一个是受 18 世纪法国影响的，它们的一切都是从 17 世纪（路易十四）的法国学来的"。①

18 世纪的开明君主只是把路易十四的"朕即国家"变成了"国家由朕代表"，这一变化使得国家成为一个至高无上、可以合理压迫和取消个人自由的存在，而且，代表国家的君主也不再有必要保留他的个人情感、良心和道德。用乔治·杜契尔的话来说，国家"没有仁慈的情感，没有人性的动机，只有冷冰冰的理性——启蒙。这就是作为自身目的存在的国家，虽然人道主义有可能偶然出现在国家的方法和目的中，但那只是附带的。真正追求的目标是国家的永存、安全和壮大"。②

腓特烈二世在《政治遗嘱》（1752）中说："一个安排得好的政

---

① Charles Morazé，"*Based on Louis XIV not Voltaire*"，in Roger Wines ed.，*Enlightened Despotism*，pp. 57，60.

② George Dutcher，"The Importance of Enlightened Despotism"，p. 5.

府必须建立在一个犹如哲学般严丝密缝的观念上。每一个行动都必须很好地论证；财政和军事都必须为同一个目标服务，那就是增强国力，使国家强大。这样的制度只能来源于一个人的想法，那就是君主。"这样的君主必须拥有高尚的品格和抱负，君主不能任性，不能懒惰，必须是国家的第一仆人。腓特烈二世把帝王的英明视为一种非凡的先知先觉和自我成就。这些就是君主贤能政治的个人素质要求。在18世纪，就连伟大的哲学家康德也是这么以为的。

康德把启蒙定义为"人类摆脱他们所加之于其自身的不成熟状态"，而开明君主腓特烈二世就是这样一位自己摆脱了不成熟状态的开明君主。他的统治还为广大国民的启蒙提供了现实的条件。开明君主不是在宗教、艺术、科学上为国民开蒙，而是让国民在听话的前提下，也能运用理性对国家的事情自由说话。康德写道："我们的统治者在艺术和科学方面并没有对他们的臣民尽监护之责的兴趣；……但是，一个庇护艺术与科学的国家首领，他的思想方式就要更进一步了，他洞察到：即使是在他的立法方面，容许他的臣民公开运用他们自身的理性，公开向世上提出他们对于更好地编纂法律、甚至是直言不讳地批评现行法律的各种见解，那也不会有危险的。在这方面，我们有着一个光辉的典范，我们所尊敬的这位君主（指普鲁士腓特烈大王）就是没有别的君主能够超越的。"在君主统治下，臣民首先必须"听话"，他们享有的只是比君王次一等的思想自由，"只有那位其本身是启蒙了的、不怕幽灵的而同时手中又掌握着训练精良的大量军队可以保障公共安宁的君主，才能够说出一个自由国家所不敢说的这种话：可以争辩，随便争多少，随便争什么；但是必须听话"。对普通人来说，"程度较小的公民自由却为每个人发挥自己的才能开辟了余地"。①

今天，还有多少人会像康德那样看待明君的先知先觉和自我启蒙呢？还有多少人会同意，公民自由说话必须先"听话"呢，或者公民应该比君王享有"程度较小的自由"呢？可见，我们今天的自由民主理念和对国家政治的认识已经离 18 世纪有多么的遥远。但是，并非所有人都有现代政治的知识和认知，今天仍然有许多人认为，康、雍、乾这样的皇帝勤政律己、开疆拓土，所以是中国的开明皇上。他们赞美这些皇帝的"盛世"（国家强大）而无视他们血腥的暴力统治。这就需要我们有关于暴力和暴政的基本认知启蒙。

暴力和恐惧是专制的基本统治特征，暴力造就了专制统治下人民的恐惧，专制依靠恐惧来统治人民，成为专制政治文化区别于所有其他政体的政治文化的邪恶特征。这是孟德斯鸠痛恨专制的根本原因，也是为什么平克将暴力与专制结合在一起讨论的原因。平克对专制与暴力关系的看法与孟德斯鸠是一致的。他指出，在理想的状态下，运用暴力应该有克制，仅仅作为一种威慑犯罪和入侵者的备用手段，"但是，几千年以来，大多数政府都不具备这样的克制力，而是沉湎于暴力"。在专制的国家里，"统治者生活奢侈、后宫糜烂，充分地享受权力，把达尔文主义的'适者生存'发挥到了极限。一份早期英国殖民者在印度的报告提到，'苏拉特的莫卧儿总督举行了一次晚会……晚会受到干扰，因为主人突然大发雷霆，下令要将所有的舞女就地斩首。英国来宾被吓得目瞪口呆'"。"英国人之所以被吓得目瞪口呆，是因为他们的国家刚刚结束了专制统治。亨利八世有着各式各样的坏脾气，他暴躁起来的时候，处死了两个

---

① 康德：《什么是启蒙？》。

妻子、几个被怀疑是她们情人的男子、多名他自己的顾问……还有数万名其他人。"①

专制是一种残暴的制度,这也是许多中国人从历史中获得的对专制的一个主要认识。已故历史学家谢天佑的《专制主义统治下的臣民心理》是一本在 1980 年代反思专制时写作的好书,他在书里指出,"握有主宰一切权力的君王,自然是恣意肆欲、喜怒无常的"。君主喜怒无常,让臣民猜不透他的心思,不只是君主的个人性格,而且更是一种处心积虑的专制统治权术。专制君主之所以能随心所欲地运用这种权术,乃是因为他的权力既不受任何人的限制,也不遵循任何法律或法规。这样的权力,是"专制主义制度派生出的污垢。一边是操有生死予夺之权的君王,一边是无生命财产保障的臣下;一边是至高至尊神圣不可侵犯,一边是在苟且偷生下求贵求富。这些君臣之间的极不平等的关系,迫使臣下向君王阿谀奉承,讲假话、违心的话,即使是真实的思想,也要通过假话、违心的话表现出来,因为臣下随时随地一言一行都怕触犯了喜怒无常的君王。喜怒无常是专制主义君王的特有的性格,假话、违心的话是专制主义臣民的特有的语言,这种性格、语言都是特有的心理反应。总之,这种性格、语言、心理都是专制主义的产物"。②

谢天佑指出,中国的专制从来就有德治和法治的两面性,是同一种而不是两种性质不同的专制,不过是在不同时期或不同情况下的不同侧重而已。韩非说:"事在四方,要在中央,圣人执要,四方来效。"(《韩非子·扬权》)这是对专制主义中央集权的简要概括。

---

① 平克:《人性中的善良天使》,第 191 页。
② 谢天佑:《专制主义统治下的臣民心理》,吉林文史出版社,1990 年,第 23、29 页。

"圣人执要"，这里所说的"圣人"是指最高当权者，这里所说的"要"，就是指"法"。这样的专制可以同时包括儒家和法家的因素，"其实，儒家主张德治不是纯粹的德治，法家主张法治也不是纯粹的法治，都是德、法兼而用之。所不同者，儒家强调德治，法家强调法治，两者侧重点不同而已。"无论是怎样的侧重点，牢牢掌控法却是万变不离其宗的。专制要的是专制的法治，"'法治'就是君王按照法实行赏罚。赏与罚是儒家德治的'二柄'，也是法家法治的'二柄'。所谓'执要'，就是君主要独握'二柄'而'自用'，不假手任何人"。这就是说，"君主不执法治之要，有国也等于无国，不是亡国之君也同于亡国之君"。这样的法治"不是民主的法治，而是十足的专制主义法治"。[①]

专制制度在侧重于德治的时候，会相对温和一些，而在侧重于法治时，则会更加严酷。中国的专制君主并非个个都是残忍冷酷、狂暴疯癫、荒淫无耻、杀人不眨眼的魔王，就像罗马帝国的皇帝并非个个都是像提比略、卡里古拉、克劳狄或尼禄这样的暴君。但是，专制制度随时都有可能出现这样的暴君，而出现这样的暴君之时，没有任何力量可以制衡他们的权力，遏制他们的作恶。古今中外皆然。正如徐复观说，在中国，"没有任何社会势力，可以与专制的政治势力作合理的、正面的抗衡乃至抗争，所以最后只有全面性的农民暴动……改朝换代，重新再来。政治是循环的，经济社会也是循环的。在此种情形之下，不能容许某一特定阶级作直线的发展。因此，两千年来的历史中，政治家、思想家只是在专制这架大机器之下，做补偏救弊之图。补救到要突破此一专制机器时，便立刻会被

---

① 谢天佑：《专制主义统治下的臣民心理》，第 127、126 页。

此一机器轧死……一切文化、经济，只能活动于此一机器之内，而不能逸出于此一机器之外，否则只有被毁灭"。^①

4. 国家目标与行政理性

18 世纪启蒙思想家对宗教和社会改革的热忱远超过解决政治制度问题的热情。相比起改变国家制度和政府形式来，他们更关心的是提供关于科学认知、社会美德和幸福观方面的指导和教诲。这成为后来一些文化和道德启蒙的共同特征。但是，凡是倡导启蒙，政治改革的要求一定已经等在不远之处了。在中国，梁启超或许多新文化运动的参与者也都是以文化改良、科学认知、社会公德启蒙开始，也都引出了政治改革的议题。

每个时代启蒙的发生都有一些特殊而偶然的历史机遇，就启蒙与社会改革的关系而言，思想观念的变化固然是一个因素，但历史机遇的条件同样非常重要。18 世纪，欧洲一些国家发生开明专制的"启蒙改革"（enlightened reform）与以前有过的改革不同，不仅是因为在年代上与启蒙运动重合，而且也是受到一些启蒙理念因素的影响，其中最重要的并不是自由民主价值观，而是理性，更确切地说，是一种关乎政府效能、施政方略、巩固国家权力的行政理性。

对 18 世纪的开明专制，起主要作用的启蒙总是关乎专制统治所需要面对的实际困难和问题。一些欧洲国家希望能提升政府效能，

---

① 转引自黄敏兰《质疑"中国古代专制说"依据何在？》，http://www.aisixiang.com/data/36734.html。

以增强国家间的竞争实力，但却受到诸多现实问题限制：财政收入不足、经济信息和知识匮乏、官僚体制不健全，等等。1721 至 1740 年是一段相对和平的时期，又过了 20 多年，1763 年之后，随着一些欧洲国家有了经济繁荣和社会稳定的局面，改革具备了现实的条件。当时的改革并不是从政治开始的，而是完全延续传统的路子，如重农、重商、岁收、吏治，其中又以农业为最，包括土地制度、作物轮种、家畜饲养。对这些具体问题的公共辩论和理性讨论开始具有启蒙时代的特点，如讲究可靠的科学方法、注重理性分析和选择、寻求依靠专门知识。这是启蒙思想者能够发挥影响的社会环境。托马斯·蒙克对此写道："亚当·斯密对贸易模式、社会关系和政府正确作用的种种分析产生广泛的影响，也就不奇怪了。他的学说对政府圈内人士和无数学院或改革社团的成员同样发生影响，这些社团当时正在西欧和中欧的所有大城市里涌现出来。有效实行改革不仅要有一个好政府所保障的稳定和安全，而且还要依靠更广泛的开明民众的支持。"在这些改革中，关键的是法律改革，"法律改革至少从 18 世纪中叶就已经成为启蒙思想的一部分"。①

在法国，1760 年代发展起来的开明专制并不是政治变革的产物，而不过是农业改革主张（"重农主义"）的政治衍生物。重农主义认为，农业是一国之本，这是自然法则，但 1760 年代的法国却因强调商贸和工业而忽视了农业，违背了自然的秩序。自然秩序不仅关乎经济，而且关乎人的自由。在自然的经济事务中，人有选择生计职业、从业方式和保护自己财产的自由。政府不能以任何方式或理由

---

① Thomas Munck，"Enlightened Thought，Its Critics and Competitors"，in *A Companion to eighteen-Century Europe*，p. 149.

干涉这种自由，因为政府干涉不仅侵犯了个人的自由，而且会对国家经济造成损害。这被称为"自由放任"（Laisser faire，laisser passer），这样的主张成为后来民主国家中自由放任主义的先声。弗朗索瓦·魁奈（François Quesnay）是重农学派的创始人也是路易十四的私人医生，据说，有一次路易十四问他："如果你是国王，你怎么做？"魁奈答道："什么也不做。"路易十四又问："那么谁来治国呢？"魁奈答道："法律。"①

在重农主义者看来，自然状态已经破坏了，需要开明君主用他的专制权力来加以恢复，扫除生产力自由发展道路上的障碍，打垮抵抗和反对改革的反动力量。这样的专制权力不是武断任意的，而是具有法律的正当性。它所依据的是一种合乎逻辑、有理有据、基于启蒙思想与实际施政规划相一致的法律，如弗里兹·哈同所说："合乎逻辑的法律在政治中所起的正是欧几里得公理在数学中所发挥的那种作用。开明专制者的任务就是'承认、宣示和让人尊重自然法则，并恢复自然秩序'。为了行使这个责任，君王必须拥有无可争议的国家权力。重农主义者对启蒙的胜利力量充满信心，以至倡导一种父传子承继、没有约束的君王权力。"②

与法国从经济理性到政治理性的进路相似，但不完全相同的是16、17世纪在德意志诸国发展起来的"官房学派"（Cameralism），它是基于圣经信条和实际政治经验的行政组织思想，包括建立统一的、完整有效的行政组织制度与方法，主张选用优秀的人才来治理国家，主张国家行政组织机构应将管辖的事务分为若干部门来管理，

---

① Quoted in Fritz Hartung, "A Definition of Enlightened Despotism", in Wines ed., *Enlightened Despotism*, p. 30.

② Fritz Hartung, "A Definition of Enlightened Despotism", pp. 29 – 30.

加强国家及政府的权利等。德国哲学家克里斯蒂安·沃尔夫（Christian Wolff）首先把启蒙思想引入传统官房学理论。他是福利社会官房学理论的灵魂人物，他的一些主张对后来的德国开明专制有很大影响。这种理论从具有启蒙色彩的个人自然主义权利出发，归结到至高无上的绝对国家权力（当然是完全掌握在君王手里）。它认为，个人拥有一些特殊的自然权利，国家必须尊重个人之间缔结的社会契约，也代表这一契约。国家拥有绝对的权力，因为每个人都不能强迫国家尊重他的权利。相反，由于国家有责任"推行共同之善和安全"，所以国家有权利强迫每个人服从法纪，每个人都必须自觉地去做国家权威规定为正确的事情。这种新官房学从旧官房学的国家理财和有效行政理论又往前大跨一步，变成一种对所有国民全面保护，也全面控制的理论。政治经济学家肯尼斯·戴森（Kenneth Dyson）指出，在德语中 polizei（警察）同时有两个意思，一个是"治安"，另一个是"官员对社会的福利职责"，官房学的国家观就是将这两个意思合二为一的"警察国家（polizeistaat）"。因此，官房学的福利国家成为自由威胁是不奇怪的，"官房学派发源于德国的专制时代，这使得警察国家带有明显的压迫意思"。①

关注社会改革的德国启蒙思想家，如 18 世纪德国政治经济学家尤斯底（J. H. G. von Justi）和德国诗人和小说家索南费尔斯（Joseph Freiherr von Sonnenfels），都对人类的普遍觉醒抱有黯淡、悲观的看法。他们认为，人类尚未成年，必须强迫普通人接受对他们有益的东西，就像卢梭认为，如果谁不能懂得自由的价值，就必

---

① Kenneth Dyson, *The State Tradition in Western Europe*. Oxford：Martin Robertson，1980，p. 119.

须强迫他自由。这种想法在 18 世纪末达到了高峰，政府必须看管、保护、督导国民，从摇篮到坟墓，甚至送进坟墓。国家拥有使公民在每个方面都行为端正、健康、聪明、富有和安全的责任。国家必须保障他们的舒适和快乐。他们为此提出的一些实际措施包括，所有的城市都要尽量规模一致、复活节彩蛋不得染色、母亲必须强制性为其婴儿哺乳。国家政府以看似十分理性的行政命令代替了社会道德、习俗、规则、人际交往规范，让人们处于一种永远长不大的被保护状态。尤斯底提出，"每一个共和国的最终目标……无疑是共同的幸福"，因此国家有权对人民的生活方式进行全面管理，他甚至提出，国家必须规定多大年龄以上的孩子死亡后，才准许家长为之哀悼。正如历史学家亚历山大·考夫曼（Alexander Kaufman）指出的那样，为了达到共同幸福的目标，国家有责任维持一个全面福利的社会，"与之相应的是维持一种全面的、父权式的管理。在有的情况下，这种管理便是压迫性的"。[①] 具有讽刺意义的是，这样的景象后来在奥威尔的小说《1984》中再现，也在现代极权国家变成了现实。

　　以行政理性为依托的专制改革需要取得民众的信任，让民众觉得改革不是嘴上说说而已，也不是旧瓶装新酒或换汤不换药的故技新施。对于专制君主来说，改革是要让自己的权力从"祖宗家业"转变为现代的"国家权力"，君主权力的合法性不是因为祖辈"打下了江山"，而是因为君主用这个权力来妥善地治理国家，造福民众。开明专制采取的往往是那些能得民心的改革举措，最重要的有这样四项。

[①] Alexander Kaufman，*Welfare in the Kantian State*. Oxford：Clarendon，1999，p. 39.

第一是增强公共财政支出的责任，从节省宫廷开支开始。政府花的是公众和国家的钱，所以君主无权想怎么花就怎么花。君主只是管理这笔钱，钱不是君主自己的。国家税收的进项与君主自己的收入必须分开，放到今天来说就是，政府花钱要对老百姓负责。

第二是建立公务员制度，择优选用而不是任人唯亲或裙带关系。不能用君主一人的好恶来做选用人才的标准。放到今天来说就是，选拔对国家有用的人，重在个人能力和品格，而不是取决于什么领导的提拔，或者因为有某种政治背景。中国 1977 年开始的高考制度虽然有许多不足的地方，但因为其相对公正性，比这之前由组织或领导推荐当"工农兵大学生"要远远深得民心。

第三是制定某种公开、统一和成文的基本法律，可以将已经实行的法律法典化，也可以制定新的法典。法律的权威是通过将司法与行政分离来确立的，司法人员必须有良好的操守，不能是对政府权力趋炎附势之人。用今天的话来说就是，司法不仅是独立于行政的，而且也是独立于任何政治党派的。

第四是将君主制与公共精神（the spirit of res publica）互为渗透，这并不意味着把君主制改变为共和制，而是指一些体现公共和社群精神的改革发展，例如，将一部分中央行政权下放给地方的代表或咨询机构，以此发挥个人或团体在商贸、制造、农业、教育等方面的创造性和积极性，鼓励国民参与公共福祉事业和公益活动。[1]

---

[1] John G. Gagliardo, *Enlightened Despotism*. Arlington Heights, IL: AHM Publishing Corporation, 1967, pp. 96 – 97.

18世纪的开明专制取得了不少行政改革的成绩，但是，它的目的是加强和更新专制，而不是建立一种取代专制的新政治体制。20世纪的专制改革同样也顶多是某种程度的经济或行政改革，它加强的当然不是国王或皇帝的专制，而是另外一些史无前例的全新专制。18世纪开明专制的历史教训可以帮助我们更好地看清新型专制及其改革的本质。意大利著名历史学家弗朗哥·瓦尔萨奇（Franco Valsecchi）在《价值的危机》一文中特别指出："专制主义的兴起，其后果不仅是宣示国家权力，而且是扩大国家权力。……国家权力不仅更具强度，而且全面覆盖……多方面发挥效能。……国家不仅主导政治生活，也主导社会、经济和精神生活。国家照看臣民的物质生活，也照看他们的道德生活；保证他们的生计，提高他们的生产能力；监督他们的教育，指导他们的文化；提供公共健康服务，甚至控制人口。……如此对公民权利的监护带来的是进一步自以为是、步步紧逼的专制。以为人民幸福为由，实施专制就会无边无际。"[1] 德国历史学家瓦尔特·呼巴奇（Walther Hubatsch）也在《专制的本质》一文中对此写道："专制把所有的公民置于看护状态下，窒息了他们的政治责任意识。另一方面，专制对他们进行为国服务和尽义务的教育，尤其是在开明专制的后期。这个时候，专制已经不再是机械地运作政府，而是要求人们……像为家长那样为国家服务。"[2] 绝对掌控国家权力的专制独裁者不仅是人民的统治者，而且是他们的家长和父亲。瓦尔萨奇是意大利人，呼巴奇是德国人，

---

① Franco Valsecchi, "A Crisis of Values", in Roger Wines, ed. *Enlightened Despotism*, p. 9.

② Walther Hubatsch, "The Nature of Absolutism", in Roger Wines, ed. *Enlightened Despotism*, p. 13.

他们的祖国意大利和德国都是受 20 世纪极权主义和法西斯国家主义涂炭最烈的国家，他们对极权国家主义本质的揭示也因此特别值得我们重视。

第九章

梁启超的国家主义后发启蒙

从历史来看，启蒙有两种基本形态。第一种是文明累积型的先发启蒙，如英国和法国，尤其是英国。那里的人道主义文明价值观和行为发展到一定的程度，更新的人和社会政治观念的启蒙也就发生了。先发启蒙的国家社会对周边国家社会产生影响，一波又一波，不断扩大，当然，这不是发生在同一个历史时期。较后发生的启蒙在不同程度上受益于先发启蒙的思想资源，但会因为国情不同而发展出自己的特色。18世纪较后的启蒙发生在普鲁士、奥地利、美国等国家或地区。这第二种启蒙往往比第一种启蒙更加明显地以应对重大危机或改革需要为目的，因此成为实用型启蒙。普鲁士和奥地利的启蒙关注强国策略，以提升国际竞争中的国家实力；美国的启蒙先是以独立，后来又以争取批准宪法为其目标。其中，美国的启蒙经验和模式对后世尤其具有普遍意义。它的启蒙思想在很大程度上是通过大众媒体来传播的，不同于英、法启蒙的哲人写作和沙龙公共空间的交流。美国民众对启蒙思想的兴趣主要来自他们对重大事件的关注，而不纯粹是对新观念（哲学）的好奇。

　　清末发生在中国的那场关于共和还是君主立宪、革命还是开明专制改革的争论，是近代中国一次重要的启蒙，也是具有中国特色的美国式实用型启蒙。就像18世纪末美国人面临重大选择一样，20世纪初中国人关于革命还是君主专制（开明专制或君主宪制）的选择同样关系到国家未来的命运。这场启蒙同样是在大众媒体上展开的，由民众关心的国运问题带出一系列关于国家、政治和社会新知识及新观念的介绍和争论。在这次启蒙中，梁启超发挥了重要的作用。蒋梦麟说："当我们从梁启超那里获得精神食粮时，我们从孙中山先生及其同情者那里得到感情上的营养。一般说来，当决定性时刻到来时，感情导致行动；当这一时刻在中国到来时，孙先生这位梦想家兼实干家在对拥护宪制政体（即立宪君主制）的新式文人的论战中赢得了决定性的胜利。"① 革命党人重视的是要赢得这场辩论，而梁启超则重视把辩论变为一场启蒙。争论胜利的一方虽然是革命派，但梁启超提供的精神粮食却更有效地传播了启蒙的新知识、问题意识和价值观念。

1. 昨日的争论与今天的启蒙

梁启超与革命派之间的那场世纪初争论，它的启蒙意义首先表现在它通过大众媒体向所有愿意以新的思考方式看待中国政治和社会问题的人们，传播了对他们来说可以说是全新的知识，并鼓励他们用知识而不是情绪来进行理性的思考和判断。梁启超把传播新知识甚至看得比宣传自己的政见更重要。他在流亡日本后开办《新民丛报》固然是为了宣传他的"开明专制"论，阐发他反对革命的政治思想，但也是为了传播更广泛的新思想。中国启蒙甚至与日本的后发启蒙相比也是后发的，不仅是表现在时间上，而且也表现在启蒙的语言上。日本词语对当代中国汉语影响之深，超乎想象；不仅范围大，而且程度深。在梁启超的时代，来自日本语的许多概念词汇还没有像今天这样彻底地融化进汉语之中，他使用的还是当时那种文言白话体。

---

① 蒋梦麟：《蒋梦麟自传》，团结出版社 2004 年，第 53 页。

梁启超在多篇文章中表述过开明专制的思想，但最集中反映其开明专制思想的是其 1906 年发表于《新民丛报》第 75、76 两期上的《开明专制论》。在这篇文章中，梁启超明确提出了"今日之中国，与其共和，不如君主立宪；与其君主立宪，又不如开明专制"的论断。认为当时的中国，既不具备民主共和的条件，也不具备君主立宪的条件，故只能实行开明专制。

梁启超的国体争论是他整体写作的一部分，而这个整体写作的重要目标则是在对具体问题的阐述和讨论中启蒙民众。早在 1902 年，梁启超就在《新民丛报》（第一号）登载的办报宗旨里宣布了他的启蒙计划："本报取《大学》新民之义，以为欲维新吾国，当先维新吾民。中国所以不振，由于国民公德缺乏，智慧不开，故本报专对此病而药治之，务采合中西道德以为德育之方针，广罗政学理论，以为智育之原本。"他说："本报以教育为主脑，以政论为附从，但今日世界所趋重在国家主义之教育，故于政治亦不得不详。惟所论务在养吾人国家思想，故于目前政府一二事之得失，不暇沾沾词费也。"教育民众而非用现成的思想或意识形态对他们强行灌输，这是启蒙最重要、最本质的部分。而政论的立场可以不同，可以辩论，可以有胜有负。"负"不等于"错误"，而只是指最后没有被多数人接受而已。同样，在被接受意义上的"胜"也可能被证明是错误的。公共争论本身的意义要远超过争论者一时的胜负得失，因为广设"政学理论"的争论会有开民智的启蒙功效。美国的争取批准宪法的《联邦党人文集》是如此，梁启超的《开明专制论》也是如此，一个胜了，一个没胜，但都发挥了启蒙的作用。

这种具有启蒙作用的公共争论，第一要点就是讲理，用知识来支持自己的观点。当然，如何理解用来讲理的知识仍然是可以有争论的。梁启超特别强调的是理性争论的启蒙作用，将之确定为办刊的一个宗旨。他的《新民丛报》创刊号《本报告白》称："本报为吾国前途起见，一以国民公利公益为目的。持论务极公平，不偏于一党派；不为灌夫骂坐之语，以败坏中国者，咎非专在一人也。不为危险激烈之言，以导中国进步当以渐也。"

梁启超是一个学者型的启蒙者，这是启蒙的哲人传统，政论在他那里是问题的讨论，不是打人的棍子，他主张"谋定而后动"的理性改良立场与他主张理性、温和的公共话语是一致的。他也曾主张激进的变革，但后来转变为改良的立场。这一转变的关键在于他害怕革命的冲动破坏理性的原则。1925 年 11 月，他在北京《晨报副镌》上发表的一篇题为《国产之保护及奖励》的文章中，曾对此做了很好的概括："我在国内政治党派分野里头，向来属于渐进派。我对于现状不满足，认为必要改革乃至必要革命，但我无论何时何事，对于那些暴力的无理性的无效率的革命论及革命手段，总是要反对。"理性在启蒙传统中一直是一个原则，也是一种价值，在梁启超那里也是一样。

对梁启超主张改良、反对革命的主张，革命党人予以全面回击，从《民报》创刊起，汪精卫等人便相继发表了《民族的国家》《论中国宜改创民主政体》等文章，与梁启超等展开了一场长达两年多时间的大论战。在这场大辩论中，革命、保皇二派在国内外 20 多种报刊上进行论战，辩论文字不下百万言。为了论战的知识需要，双方都尽量在学理上有所开拓，引经据典，旁征博引，以今天的学识水平来看，未必深入全面，但在当时却是大大开拓了国人的知识眼界。

启蒙离不开新知识的引入机制，启蒙本身也会造就这样一种速成教育的机制，18 世纪法国启蒙哲人的《百科全书》是一个典型的例子。20世纪初中国的革命与改良之论辩对当时的许多读者来说，同样也是一种政治知识和社会知识的速成教育。西方的霍布斯、卢梭、孟德斯鸠、斯宾塞、亚当·斯密、边沁、伯伦知理（Johann K. Bluntschli）、牛顿、瓦特、马克思，日本的笕克彦、穗积八束、美浓部达吉、小野冢，论辩双方对他们的理论是生吞活剥也好，是囫囵吞枣也罢，重要的是形成了一种新知识的氛围和一种新观念意识：人们面临的是新的问题，传统的知识结构和话语体系已经完全不足以应付思考和讨论的需要了。中国1980年代的启蒙也是这样。

政治争论的启蒙机制是实用性的，这种实用性对非历史积累型的后发启蒙尤为重要。它具有急用先学、有用则取、无用则舍的特点。这种选择性的取舍在18世纪的一些后发启蒙那里就已经清楚地表现出来。例如，普鲁士的开明专制同时选择了法国的政治专制和英国的科技，形成了自己"开明改革"的专制国家主义特色。在中国的革命和改良论战中，对外来的政治理论和知识之选择也有着突出的功利目的，那就是用理论的优势来打败对方，赢得论战。赢得论战不是为了表明理论的正确，而是为了让自己的主张有实行的机会。论战双方说服对方的机会即便有，也是微乎其微，因为论战主要是为了争取尚未形成稳定立场的第三方——报刊的普通读者，尤其是青年读者。

20世纪初论战的同时代读者与今天回顾这场论战的读者对论战的理解和体会可以是完全不同的，因此论战对不同时代的读者会有完全不同的启蒙效果。与18世纪末美国联邦党人和反联邦党人之间的论战一样，梁启超与革命党人之间的论战是为了取得能决定行动的结果，他同时代的读者也是这么来理解的。论战一方的意见被采纳或有了主导行动的机会，那就是胜方。但是，对我们今天的读者来说，重要的已经不再是谁胜谁负，而是论战能否在以后成为丰富而持久的思想资源，这便是对后世的启蒙价值。这种启蒙价值并不只是来自过去在辩论中胜出的一方，而是来自双方提出的，对现今仍有意义，并持续被人们普遍讨论的那些问题。只有用时间拉开了当年争论者与今天阅读思考者之间的距离，昨日的政治争论才能更有效地成为今天的政治启蒙。来自美国心理学家卡尔·罗杰斯（Carl Rogers，1902 - 1987）的"罗杰斯辩论"（Rogerian Argument）机制能够解释这种启蒙作用。

罗杰斯辩论的基本原则是，任何理性的说理都是从已有的共识基础出发的，无论不同意见者看上去多么分歧、对立，其实都不是没有某些共同认识的。这个辩论模式认为，先找到和弄清共识基础，可以有效地降低双方的对立和敌意，形成理性表达的对话，从不同的角度来看待和思考问题。先讲共识，后谈分歧，这样看待争论，不是要定一个谁全对或全错，更不是为了要压制对方，而是为了通过合作性的交谈，取得双方都能得益的、更全面的认识。梁启超和革命派的不同观点看上去针锋相对、严重对立，其实他们早就已经有了重要的共识：清王朝的专制统治必须改变（对现状不满）、改变现状的道路只有两条但只能二者选一（革命或改良）、改变现状无法避免"民度"的问题（民众缺乏公民素质准备）、制度与人性的关系（"公德"与"私德"）、革命导致暴政怎么办（"革命不得共和而得专制"）、改革如何解决法治与人治的关系（孙中山的"三序"与梁启超的"开明专制"）、共和制度会碰到"民主专制"问题（多数人的暴政）、政党的私利当先时以何种权威加以约束（权力的腐败和一党专制），等等。这些仍然是我们需要思考的启蒙问题，因为这些问题具有长期的讨论价值，今天一点也未过时。当然，今天已经几乎不会再有人用开明专制来对抗民主宪制，而是代之以新的名目，主张以人治取代法治的所谓"贤能政治"就是其中之一。① 不过这些主张的理论能量几近于零，与当年梁启超开明专制理论是无法相比的。

2. 作为辅臣和启蒙者的梁启超

梁启超"革命不得共和而得专制"的预见和警告没有能阻止革命在中国发生，而中国发生的革命却不幸证明了梁启超的忧虑既非杞人忧天也非危言耸听。梁启超和革命派 20 世纪初争论的几乎所有问题都仍然是当今的现实问题，而针对这些问题的启蒙因此也仍然有效。当然，今天就这些问题进行具有启蒙意义的讨论，可以运用的思想资源已经发生了重要的变化，人们用以讨论这些问题的学术语言也发生了很大的变化。这是启蒙的自我更新和与时俱进，也是启蒙必须与时俱进的必然表现。

梁启超是从帝王辅臣转变为自觉的启蒙者的。后一个角色可以说类似于 18 世纪欧洲的一些启蒙哲人，但是，帝王辅臣或谋士的身份仍深刻地影响了启蒙哲人梁启超的身份意识，并成为他启蒙者身份非常重要的一部分。他从来不曾是一位自由民主主义者，而一直是一位开明的国家主义者。所谓"开明"，也就是愿意吸纳对他的国

---

① 王长江列举了几种不同的贤能政治立场："（加拿大中国学者）贝淡宁强调自己是要'将一人一票理想'去神圣化'，将一人一票形式的选举理想'拉下神坛'，因为'选举民主不一定比政治尚贤制表现得更好'。白彤东的立场也相类似，明确指出他'批评的核心，乃是一人一票的普选制。但是自由民主的其他成分，比如法治（宪制）、权利（自由）等，问题较少，可以基本接受。蒋庆则直言，'王道政治'优胜于民主政治。"《再评"贤能政治"》，https：//mp.weixin.qq.com/s/WrDU5p0aVrklHLvx8Xmjng。

家主义有用的西方或日本启蒙观念或理论。戊戌年间，他和康有为一起成为光绪皇帝的辅臣，戊戌维新失败后，他虽然一度曾放弃君主立宪的想法，而亲近民主共和的阵营，但他的出发点始终是救国和富强，后来转向开明专制，更是顺理成章之事。再后来辛亥革命成功，清王朝灭亡，整个社会转向主张民主共和，梁启超也体认这个事实，于是绝少再提起君主宪制，而专注于以共和民主宪制为核心的思想建构，但早年德国国家主义对他的影响从来没有离开过他。他的政治思考和选择是跟随着中国局势的发展而改变的，但国家主义的宗旨是一贯的。这不仅贯穿于他的政治思想，也贯穿于他的启蒙理念和事业。

早在 18 世纪启蒙时代，要革命还是要改良就已经是启蒙的伴生问题，也是启蒙和反启蒙争论的一个主要问题。梁启超的身份从谋士向启蒙哲人转换之后，这个问题很自然成为他启蒙思考的一个核心问题。启蒙不是观念的游戏，启蒙是以社会和政治改革为目标的思想解放。改革本身并不具备特定的含义，改革的含义是相对于其他事物而言的，包括改革的意图和目的，改革前的现实状况，改革何处入手，向哪里改革，谁是改革的主体和参与者，由谁来要求，由谁说了算，这些都决定了改革是实质内容。1765 年，伏尔泰说，在法国，国王的事业也是启蒙哲人的事业。他表达的不是他一个人而是启蒙圈内人（启蒙哲人和受其影响的开明人士）的共同看法。在当时的欧洲，君主和大臣们都在试图对他们国家的政府和行政体制作出某种修正，为更全面的改革做准备。"理性"是他们从启蒙运动借来的一个关键词，改革是为了用更理性的方式提高土地的使用效率，增加国家税收和充实国库，用更合理的方式整顿吏治，加强王权以官僚体制控制社会的能力，用科学理性的观念改造和加强军事力量，提升在国际上的利益争夺能力。而为了实现这样的改革目标，就必须清除成功道路上的非理性障碍——贵族和教会的特权和私利、传统的陈旧习惯或观念、民众的迷信和愚昧。[①]

这些障碍也正是启蒙哲人为了个性、思想、哲学、文艺解放正要清除的，但他们自己没有力量达到这个目的，所以希望王权的开明改革能为他们提供可以借用的权威力量。这时候，开明的君主事业也成了伏尔泰所说的启蒙哲人的事业。但是，正如历史学家乔治·勒费弗尔（George Lefevre）所指出的，在认识和评价这种开明君主事业的时候，有必要在"统治者的开明专制"和"启蒙哲人的开明专制"之间做一个区分：前者的最终目的是强化王权，不是解放臣民；后者利用前者不是只有利而无弊的，相反，它会让专制变得更强大，更难以改变。革命加强了专制，因为它清除了限制中央集权政府的障碍。[②]

事实上，1898年的戊戌变法运动已经是一次"开明专制"的改革尝试了。在"百日维新"的103天中，光绪帝根据康有为等人的意见颁布上谕多达两三百件，以推行新政。新政的内容基本上可以概括为两方面：一是除旧，主要是废八股取士，废书院，裁绿营，撤销京内外一批闲衙门和冗官冗兵等；二是布新，主要是试策论，办学堂，设立农工商总局，设商会，提倡实业，奖励新著作与新发明，翻译书报，准办学会，开报馆，广开言路等。这些改革虽然有启蒙思想的印记，但都属于应急性质的政策与行政的改良，与20世纪初革命和改良之争中出现的启蒙观念更新是无法相比的。

---

① John G. Gagliardo, *Enlightened Despotism*, pp. 60 - 61.
② Georges Lefebvre, "Enlightened Despotism and the French Revolution: Rejected yet Fulfilled", in Roger Wines, ed., *Enlightened Despotism*, p. 71.

在这场争论中，梁启超于 1906 年提了"开明专制"，回到了他以前的基本立场：改革应该由帝王来主导，也只能在维护王权的情况下方有成功的可能。梁启超相信，只有利用国家和政府的制度力量才能做大事，和 18 世纪启蒙哲人欲借助君主权威的想法一样，他也对民主有一种本能的不信任。梁启超不信任民主的一个原因是他访问美国后，对美式民主非常失望；这更增强了他选择中央集权的国家主义立场。在做这样一个判断时，需要当心因果谬误，是他访美在先国家主义意向在后，还是先有这样的意向，才产生了失望呢？我们有理由认为是后一种情况。梁启超不欣赏美国政治与李鸿章不欣赏英国政治类似，李鸿章访问英国时，对英国的科技非常欣赏，连缝纫机都能让他着迷。他还给老佛爷购回一台。但是，他却忽略了一个最不应该忽略的事物——他在代表西方政治制度的英国下院为他特设的席位上旁听了议员们的辩论，觉得那是一窝蜂似的吵架，说："无甚可观。""无甚可观"这四个字，代表了李鸿章的视野，也代表了当时其他有意把目光投向西方寻求变革之道者的视野。

认知心理学称这样的视野为认知框架（framing）。人的认知会因为不适当的，或过于狭小的"框子"而发生偏误，这叫做"框架误导"（misframing）。中国老话说的"人无远虑必有近忧"是时间框架太小，"井底之蛙"是地域框架太小。看待事物的时间和空间框架太小都会影响全面、正确的判断。当然，认知框架不是说要大就能大的，而是受经验、环境、价值观、自我设置的目的等因素的限制。梁启超要的是国家的富强，他带着这个框架到美国去访察，自然很难找到他要找的东西，而他在德国却很容易找到这个东西。美国有"联邦"，没有"国家"，各州的司法和行政相对独立，这完全不符合梁启超的中央权力高度集中的国家主义的期待，美国人的公民参与和民主自治传统更是让他觉得与中国的民众素质有云泥之别。作为访客，他和几十年前来访的托克维尔看到的是同一个美国，作出的却是完全不同的评价。可以说，启蒙者并不是全能全知的，在许多事情上他自己也是需要启蒙的。

3. "革命不得共和而得专制"的延伸

梁启超并不是一直反对革命的，1898 年戊戌变法失败后，他逃亡日本，也主张过"破坏主义"，他认为，英、法、美、日都经过数十年痛苦的革命破坏历史之后，才发展成今日文明先进的国家，所以中国也必须破坏既有的旧体制与旧思想，才能实现建设性的改革。他在《释革》（1902 年 12 月 14 日）一文中指出，"革"的概念包含有"改革"与"变革"二义。"改革"的特征是改，"主渐、主部分"。变革的特质是变，"其事物本不善，有害于群，有窒于化，非蕘蕴崇之，则不足以绝其患，非改弦更张之，则不足以致其理"。他认为，当时中国的社会制度"无不与时势相反"，是"本不善"，而不是"本善"，甚至是完全"不适"。因此用"今日淘汰一部分焉，明日淘汰一部分焉"的"改革"办法是不行的，必须取"变革"态度。"夫我既受数千年之积痼，一切事物，无大无小，无上无下，而无不与时势相反，于此而欲易其不适者以底于适，非从根柢处掀翻之，廓清而辞辟之，呜乎可哉！呜乎可哉！此所以 revolution之事业（即日人所谓革命，今我所谓变革），为今日救中国独一无二之法门。不由此道而欲以图存，欲以图强，是磨砖作镜，炊沙为饭之类也。"

他在《新民说：论进步》（又名《论中国群治不进之原因》，1902年6月20日、7月5日）中则强调，为了"图存""图强"、适应世界形势，用"革命"的办法和暴力的手段，把现有制度"从根底处掀而翻之"，这才是"今日救中国独一无二之法门"。他在启蒙学说《新民说》中也提出破坏、革命的思想。他承认："不祥哉！破坏之事也！不仁哉！破坏之言也！"破坏乃是不得已而为之，"古今万国之仁人志士，苟非有所万不得已，岂其好为傀诡凉薄，愤世嫉俗，快一时之意气，以事此事而言此言哉？"破坏是有原因的，"盖当夫破坏之运之相迫也，破坏亦破坏，不破坏亦破坏，破坏既终不可免，早一日则受一日之福，迟一日则重一日之害，早破坏者，其所破坏者可以较少，而所保全者自多；迟破坏者，其所破坏得不益甚，而所保全者弥寡。用人力以破坏者，为有意识之破坏，则随破坏随建设，一度破坏，而可以永绝第二次破坏之根，故将来之乐利，可以偿目前之苦痛而有余；听自然而破坏者，为无意识之破坏，则有破坏无建设，一度破坏之不已而至于再，再度不已而至于三，如是者可以历数百年千年，而国与民交受其病，至于鱼烂而自亡"。① 这个见解比今天的保守主义者和柏克主义者要强多了。

短短五年后，梁启超放弃宣传革命破坏与追求民主共和的立场，回到君主制立场，明确主张"开明专制"，这到底是因为什么呢？历史学家已经有许多解释，不是这里讨论的问题。② 重要的是，梁启超自己为主张"开明专制"提供的是怎样的理由，而这些理由又为什

---

① 梁启超，《新民说：论进步》，http://www.ruclcc.com/article/? id=2219.
② 有关梁启超转向开明专制的原因，参见潘英：《隐藏梁启超言论转变原因的新大陆游记》，收录于《革命与立宪》（台北：谷风出版社），第182—187页。另参见张朋园：《梁启超与清季革命》（台北：食货出版社，1969），第119—129页。

么在他看来比当初的"破坏主义"理由更充分。

从"破坏主义"到"开明专制",没有改变的是他国家主义的"图存""图强",改变了的只是实现这一目标的途径和策略。在对途径和策略的思考中,最重要的一个因素就是现有的条件。可以说,他放弃革命的根本理由是实用主义的,不是不要,而是还没有条件,因此必须另辟蹊径、另找出路。于是,德国和日本正好为他提供了成功的样板,而德国理论(经由日本的实用主义中转)则又为他提供了支持的理论。梁启超对西方的自由政治理论从来是现学现用,为他的当下目的服务的。理论在他那里不起指导作用,只不过是一个工具,用来为自己提供方便的解释或依据。卢梭的"人民主权"思想对他有用,他就用之,后来伯伦哈克(Conrad Bornhak,1861-1944)的"国家主权"对他更有用,他就弃卢梭而取伯伦哈克。

德国公法学家伯伦哈克是一位国家主义者,他坚信"德国政治制度优越"和国家权威高于一切,美国历史学家康拉德·雅奥施(Konrad H. Jarausch)以研究德国当代史著称,他指出,伯伦哈克所代表的1890年代中期德国政治思潮认为,国家统治"不受法律限制,也不可受法律限制","国家是历史的产物,不是法律的产物"。因此,"政治组织不可能是人道主义的,'对外,国家是一种政治力量,并在世界上的国家中作为政治力量起作用'。对内,国家'主要是起公正的平衡作用,调解当今生活中多重冲突利益的矛盾'。……因此,从逻辑上说,这种国家的最高形式是纯粹的君主制,因为君主制代表的是未被稀释的权力,代表整体的利益,不像不稳定的法国共和国不断有蜕变成民主暴政的危险;也不像英国的议会政治的隐秘君主只不过是一个装饰".① 因此，伯伦哈克的君主制比议会制优越的观点非常符合梁启超的开明专制主张，是一点也不奇怪的。

伯伦哈克对现代政治的思想价值和影响是根本不能与卢梭同日而语的，一个是非常局部和单一，另一个则广泛而丰富。片面地运用政治理论，这种情况在原创型启蒙那里很少发生，但在速成的后发启蒙中则几乎难以避免。梁启超是如此，他的日本老师也是如此（程度上要轻一些）。新文化运动后，"十月革命一声炮响，给中国送来了马克思主义"，是又一个后发启蒙的例子。与原创的渐进启蒙相比，速成的后发启蒙更注重功利实效（图存、图强），而不是普遍和永久的价值原则（自由、平等、尊严、人权），因此更容易导致极端，偏离了启蒙的人道主义初衷。今天的新启蒙不应该再受困于梁启超当年的目标，而应该回归启蒙传统的基本人道价值上来。

梁启超在《开明专制》中提出了选择开明专制的三个主要理由，都是以共和不可行为前提的，这才把次好的开明专制选择提升为最好的选择。这与今天有人把实为专制的"贤能政治"当作唯一的最佳选项是不同的。在梁启超那里，共和之不可行，不是因为共和制度在哪个国家都不可行，或者应该从道义上否定共和，而是因为中国的国民素质和行政条件限制了共和的可能。这是一种务实的也是功利的考量。

第一，人民程度尚低，缺乏共和精神。共和要求人民必须具备议政参政的能力。"凡议院政治，恒以议院之多助寡助，黜陟政府，故议院大多数人有批判政治得失之常识"，而目前中国民众，"非顽

---

① Konrad H. Jarausch, *Students, Society, and Politics in Imperial Germany: The Rise of Academic Ⅲiberalism*. Prince University Press，1982，p. 213.

固之老辈，则一知半解之新进"。而且，"吾中国向来议事之场，动则挥拳拔刀，数见不鲜矣"，所以，如果不经过训练，"以现在中国人民程度组织议院，吾不敢保此种恶剧之必无也"。另外，由于中国民众大都是文盲，"程度幼稚"，"义务思想未发达"，"动则偏于一端"，"有权滥用"，大选之际，就容易出现很多国家有过的"受贿赂，被胁迫，不得本意之投票也"。因此，像中国国民，"苟非养之有素"，则实施议院政治，"利恒不足以偿其害"。共和的国民心理并非久惯于专制之人民以一二十年之岁月能养成。

第二，就算比一般人优秀的精英也缺乏有效实行政党政治的政治文化，说白了就是，政客的素质不合格。梁启超说，革命党人（人民中的先进、优秀者）必然面临建立"何种类之共和政府"的问题。他从瑞士、法国、美国三共和国的制度中，提炼出共通性，也就是说，共和政治已成为事实上的"议院政治"。其运行需要两大要件，"议院大多数人，有批判政治得失之常识，此第一要件也"，"有发达完备之政党，其第二要件也"。而中国的现实则是，假如设立议院，"充斥议院非顽固之老辈，则一知半解之新进也"，假如成立政党，则"无三人以上之团体，无能支一年之党派"。因此，与个人政治素质有关的议员、政党两大要件皆缺乏，岂能有真正的共和立宪。

第三，必须有完备的施政机构。他说中国目前国籍法还没有拟定，税则也纠缠不清，选区也没有划定，户口、地图都不明了，而且地方自治也没有实施，交通又极不方便。另外，婚姻法、刑法、司法、行政机构等等都不健全。要想进行上述工作，"虽在承平之时，有强有力之中央政府，网罗一国之才以集其间，急起直追，殚精竭虑，汲汲准备，而最速犹非十年乃至十五年不能致也"。

如果说第一和第二个理由说的是共和的"软件"，也就是人的因素，那么这第三个理由说的则是共和的"硬件"，也就是行政制度和能力的条件。梁启超对共和在中国不利条件的考虑应该说是相当周全的。问题是，等待就能把这些条件等来吗？等不来又该怎么办？

梁启超的共和条件不成熟论暗藏着一种他当时可能没有意识到的潜在危险，那就是，等待条件成熟极有可能成为借口，变成了一个只有等待、永无结果的陷阱。条件论不仅可以用来拖延共和，也可以用来拖延宪治和民主。1930年代，中国处在酝酿由一党训政转向宪制的时刻，《独立评论》、《国闻周报》和《时代公论》等刊物上曾有过一场关于民主宪治的争论，其中涉及与民主政治参与条件有关的问题，与当年关于开明专制与共和的争论非常相似，只不过是开明专制变成了一党训政。有些人（如马季廉和何浩若）根本对民主心存怀疑，反对以宪治代替党治。另一些人（如蒋廷黻、陈之迈和梁漱溟）虽不反对民主宪制，但认为中国的经济和教育条件尚不足以言宪制，与发展这些条件相比，民主宪制并非当务之急。唯有胡适、丁文江、萧公权和张佛泉这些人主张即时公开政权，结束训政，容纳民众的参与。胡适说，绝少数人把持政权，是永不会使民众获得现代政治训练的。真正说来，最有效的政治训练，即是使人民从实际的参政活动中去接受政治训练。

张佛泉则指出，推行宪制的大障碍不在低程度的人民，反倒在政治、文化精英对宪制的高程度的完美理想。把民主理想看得太玄妙高远，便自然在现实中看不到实行的可能。在张佛泉所举的高程度人士中，梁启超是第一例。梁启超先立下一个全民"躬亲政治"的理想，所以他认为必先实行开明专制，"牖进国民程度"，才可以谈宪制的实行。孙中山先生是第二例，因为他立下了一个人民运用四权的理想，所以他认为在施行宪制之前，必须有训政之阶段。梁漱溟先生是第三例，因为他的理想是乡村社会中"各分子皆有参加现社会，并从而改进社会之生活能力"，所以他承认"中国此刻尚不到有宪法成功的时候"。张佛泉认为，这几种见解都是错误的。因为宪制"应是个生活的过程，绝不是个死的概念"，我们不能在达不到完美宪法理想的时候，"先过几天黑暗的生活"。萧公权赞同胡适和张佛泉民主宪制随时随地都可以实施的观念，他觉得实行民主宪制虽然需要有教育上的准备，但民主宪制的实践可以造就与之一致的国民，"未有学养子而后嫁者也"这句话可以作一切"训政"论的答复。①

这些后来的政治发展和争论当然是梁启超始料未及的。可以说，革命不得共和而得专制的忧虑是梁启超思考开明专制的一个副产品，而恰恰是这个副产品成为他思考开明专制对后代最有用的遗产，至今仍然值得我们重视。这种忧虑与托克维尔在《旧制度与大革命》中对法国革命导致革命专制的洞见是一致的。

不幸的是，20世纪初中国政治恰恰是循着梁启超忧虑的方向发展的。辛亥革命后，中国建立了共和国，梁启超也就再不提君主立宪或开明专制的主张了。但是，虽然国家有了共和的制度和章程（《临时约法》），也规定了人民法律上的应有权利，而且一时间有了国会选举，政党林立，制宪工作也依次推进，但很快，国会运作不灵，政党之间的政争暴力化，制宪工作也屡番陷于顿挫，于是孙中山又提出"训政"。共和在中国名存实亡，似乎应验了梁启超先前的忧虑。

从民初建立形式上的共和起，国体问题就不再是启蒙争论的议

---

① 萧公权：《宪制与民主》，清华大学出版社，2006年，第41页。

题。这之后的新文化运动顾名思义是"文化"的启蒙，虽然也连带到政府权力、社会公平、阶级平等的问题，但已经失去了清末那场共和与君主立宪之辩的政治锋芒。

共和建立起来了，但共和没有能有效运作，不断遭到破坏，失败了。但这不是共和本身的错，而是梁启超一开始就担心的公民素质——作为共和公民的普通人和精英的普遍素质——的欠缺。据说，本杰明·富兰克林在1787年9月离开费城制宪会议最后一次会议时，碰到一位妇女。"富兰克林博士，你们给了我们一个什么样的政府？"她问道，"共和制还是君主制？""共和制，夫人，"富兰克林答道，"如果你们能够守住它的话。"20世纪初，中国建立了一个共和政体，但并没有形成相应的共和政治制度和政治文化，共和没有守住，蜕变为没有君主的但比君主专制更甚的专制。

这样的蜕变更让我们看到梁启超"新民说"的时代意义，看到为什么普通公民和精英的素质教育应该成为与政治制度改造同等重要，或者是更为重要的一种启蒙。这一启蒙任务是从如何避免"革命不得共和而得专制"的问题延伸而来，也是对如何防止共和蜕变为伪共和问题的一个回答。1915年章士钊发表多篇文章，严斥没有公民素质条件的共和为"伪共和"。民初复辟之说喧嚣一时之际，他指出，复辟之说，起于伪共和，"伪共和者何也，帝政其质而共和其皮者也"[1]；"共和有名无实。以共和之名，行无道君主之实者，不得蔽罪共和"[2]；种种乱象，罪不在共和本身，"由于有大力者利用国民之弱点，从中颠倒，不得以为共和本身之罪也"[3]。

---

① 秋桐（章士钊）：《复辟平议》，《甲寅》1卷5号，1915年5月10日。
② 秋桐（章士钊）：《帝政驳义》，《甲寅》1卷9号，1915年9月10日
③ 秋桐（章士钊）：《共和平议》，《甲寅》1卷7号，1915年7月10日。

今天，我们回顾从梁启超 1906 年倡导开明专制到章士钊 1915 年怒斥伪共和这不到十年的变化，是不是会觉得开明专制是比共和革命更好的选择呢？又该如何看待仅仅停留在理论层面上的开明专制呢？在回答这些问题之前，不妨先看一下梁启超是如何论述开明专制的。

4. 梁启超的"开明专制"

梁启超对开明专制的阐述并不是单从学理上来完成的，而是借助了 18 世纪启蒙时代的开明专制先例。他把历史上的开明专制当成一种"成功经验"来介绍，为了支持他先在的立场，他运用的是选择性证据。但这样的片面介绍不仅是表相的，而且也有偏差。

什么是"开明专制"呢？世界史上的"开明专制"是一个与 18 世纪启蒙时代相关的特定现象，又称启蒙专制、开明绝对主义或仁慈专制主义。梁启超对开明专制的定义并不考虑它与 18 世纪启蒙时代的共生，而是用"良"和"恶"、"开明"和"野蛮"的区别来确立。这个区别可以运用于历史上任何时期的君主统治。他是这样从制度上来解释的："发表其权力于形式，以束缚人一部分之自由，谓之制。据此定义，更进一步研究其所发表之形式，则良焉者谓之开明制，不良焉者谓之野蛮制；由专断而以不良的形式发表其权力，谓之野蛮专制，由专断而以良的形式发表其权力，谓之开明专制。"他又说："凡专制者，以能专制之主体的利益为标准，谓之野蛮专制；以所专制之客体的利益为标准，谓之开明专制。"①

要对开明专制做一个实用的定义，就需要看一看那些经常被视为开明专制楷模的国家。梁启超在说明什么是开明专制时，也是这么做的。他在《开明专制》中说："吾欲申言野蛮专制与开明专制之异同，吾得古人两语焉以为之证：法王路易十四曰'朕即国家也'，此语也，有代表野蛮专制之精神者也；普王腓力特列曰'国王者，国家公仆之首长也'，此语也，则代表开明专制之精神者也。"普王腓力特列就是普鲁士的腓特烈二世。

腓特烈二世是一个18世纪的例子，但梁启超并不是拿他来特指18世纪的开明专制，而是用作超越时代限制的、普遍可行的统治模式。对"良政"与"恶政"、或者"朕即国家"与"爱国爱民"的区分并不是18世纪启蒙和开明专制时代才有的，因此没有理由专门用"开明"（启蒙）来称谓良政。刘向《说苑》"采传记百家所载行事之迹"，因此相当能代表中国古人的想法，其中《君道》就有君王把"民"放在第一位的议论。比如邾文公卜徙于绎，史曰："利于民不利于君。"君曰："苟利于民，寡人之利也，天生烝民而树之君，以利之也，民既利矣，孤必与焉！"侍者曰："命可长也，君胡不为？"君曰："命在牧民，死之短长，时也；民苟利矣，吉孰大焉。"这样的"君道"与启蒙并没有什么关系。再说，腓特烈二世说自己是国家的第一仆人，由此又可推导为他是国家人民的第一仆人，在今天看来，这样的专制说辞并不能代表它的本质就是如此。

腓特烈二世是一个怎样的开明专制君主呢？就个人的启蒙来说，

---

① 转引自邓丽兰：《清末民初"梁启超之问"的提出及其论争》，原刊《南开学报：哲学社会科学版》2011年6期，第73-85页。http://www.iqh.net.cn/info.asp? column_id=6344.

他被称为最接近柏拉图"哲人王"的开明君主，他不仅谙熟政治权术，而且还是一位历史学家、思想家、诗人和音乐家。他的个人兴趣和修养恐怕会让任何现代政治家都难以望其项背。腓特烈二世还和伏尔泰有书信来往，并与伏尔泰在波茨坦会面过。他自己写有大量法文著作，是18世纪颇有影响的一位作家。

腓特烈二世把启蒙的理性最大程度地运用到他的治国政策上，这种理性治国政策源自德国特有的"官房学"，包括加强国家对财政经济活动的管理和控制，扩大财政收入以利于先军和强军，促进经济发展和国家富强，造就以德才兼备人才为主体的吏治，对民众进行公德教育（服从权威、遵纪守法、文明礼貌、诚实守信）。腓特烈二世重视官僚队伍建设，但他的专制决定了他并不能信任这支官僚队伍。他居住在波斯坦，而政府则在柏林，连他的大臣若不被召集也是见不到他的。他只给他们下达书面指示，通过一个五人秘书班子，对外传达他的最高指示。① 他依靠高级官员的汇报，但又不信任他们的汇报，所以设置了密探的情报系统，供他了解每一级政府工作的情况，"报告书直接呈递给他，只有他才能决定对官员的惩戒或去职，如果有功，也只有他有权行赏"。②

因为腓特烈二世的励精图治，特别是1742年从奥地利赢得了西里西亚大部分地区之后，普鲁士国力大增。西里西亚是纺织工业中心，德意志最为富庶的省份之一，每年的税收要占整个普鲁士税入的四分之一。腓特烈二世时期的国家强大首先在于他有钱来维持一支19.5万规模的强大军队，但军费开支是惊人的。1786年，普鲁士

---

① M. Beloff, *The Age of Absolutism*. London: Arrow Books, 1963, p. 112.
② Eric Carlton, *Faces of Despotism*. Aldershot, England: Scolar Press, 1995, p. 141.

政府的收入是2亿2千万至3千万塔勒（thalers），而军费是1亿2千万至3千万。这是专制国家盛世典型的国富民穷、国强民弱的局面。到了腓特烈二世的晚年，虽然国家强大，但是人民却失去了对国王的爱戴。人民尊敬、畏惧这位战场英雄，却背地里嘲笑他是个"终日磨麦"的老头。人民承受极端的重税而苦闷不已（连卖艺讨生活的街头艺人也被抽税），重税让腓特烈二世保有强大的常备军，同时也使他大失民心。一位英国大使曾对腓特烈晚年的新税评论说："新的抽税方法不只抽走了人民的钱，实际上更抽走了人民对国王的感情。"①

腓特烈二世时期的普鲁士高度稳定，他的专制是最适合德国国情的。这位国王的权力是无限的，"有限君权在英国也许能行得通，但谁都不会梦想这会发生在德国，德国是一个服从的国家"。② 美国历史学家，研究法国革命的权威学者里欧·格什（Leo Gershoy）提醒道："不要忘记德国为腓特烈的伟业所付出的代价，也不应该因为他为国家获取的特权、力量和安全，就不对被牺牲掉的整体利益默不作声"。③ 与所有的专制独裁者一样，开明或不开明的，腓特烈大帝决不能容忍任何人违背他的意志。他允许甚至鼓励人们说话，但这种鸣放是有条件的，"只要我能为所欲为，就让他们畅所欲言吧"。1769年，莱辛在给朋友的信里写道："不要跟我说你在普鲁士享受的思想和言论自由，你能批评的只是宗教，至于臣民无权、无度榨取、专制独裁，批评这些试试看，你就会知道哪里是欧洲奴役最残酷的

---

① 威尔·杜兰：《世界文明史：第十卷：卢梭与大革命》，幼狮文化公司译，东方出版社，1998，第447页。
② G. P. Gooch，"Frederick the Philosophe"，in Roger Wines，ed.，*Enlightened Despotism*，p. 34.
③ Leo Gershoy，"A Royal Reactionary"，in Roger Wines，ed.，*Enlightened Despotism*，p. 36.

国家了。"歌德在访问了斯特拉斯堡后写道:"我们对帝国的宪法没有什么好话可说,我们承认,(普鲁士)宪法里到处是合法的滥用权力,但它因此超过了那个在非法滥用权力的迷宫中摸索的法国宪法。普鲁士政府把精力花费在错误的地方,因此不得不面对有人预言国家事务必须彻底改变的挑战。而我们却把目光……投向腓特烈,仿佛他真的就是德国、欧洲,甚至全世界的指北星似的。"①

腓特烈二世统治时期延续其父的教育政策,普鲁士兴建了数以百计的学校。但乡村学校是为普鲁士军事扩张服务的,其师资来源多为退伍军人,素质良莠不齐,只能培养出一些仅具有读写能力的国民。但无论如何,普鲁士成为人类历史上第一个普及全民教育的国家(1763 年)。可是,学校里实行的是臣民教育,腓特烈二世根本不相信贱民有可能被启蒙,他说:"启蒙是从高空投给那些站在高处之人的光亮,是毁灭民众的燃木。"里欧·格什对此评论道,对习惯于服从的德国人他当然有理由这么说:"但却是带着一种继父般的鄙视,他们只是勃兰登堡人,不是英国人。"②

受洛克启蒙的英国人懂得珍惜自己的自由,自由的人民认为自己有权利在政府变成压迫者时改变政府,必要的时候可以运用革命的手段。但开明君主腓特烈大帝的臣民没有这种权利意识,当然也不被允许拥有这个权利。梁启超所设想的中国开明专制也排除了人民的这个基本权利,他在《开明专制》中承认人民有要求政治改变("政治革命")的权利,但是,"正当的政治革命"不必通过暴动的形式。舆论上,对于统治者,只需有时像子女劝谏父母,有时像父母督责子女

---

① H. W. *Koch*,*A History of Prussia*. New York:*Barnes & Noble Books*,1978,p. 138。

② Leo Gershoy,"A Royal Reactionary",in Roger Wines,ed.,*Enlightened Despotism*,p. 36.

那样以言语劝导；行动上，"对于彼而要索焉，如债权者之于债务者，不得，则尽吾力所能及，加相当之惩罚以使之警"。① 人民向专制统治者要求政治变革，而统治者对人民的这个要求从善如流，顺应民意，这种水中捞月式的愿望在专制统治下是不可能实现的，即使在开明君主模范腓特烈二世那里也是没有成功先例的。

5. 梁启超的国家主义启蒙

梁启超希望人民能得到公德的启蒙，为开明专制向君主立宪过渡转变创造条件。民国建立以后，他不再谈君主立宪，而是希望民众启蒙能够为民主宪治创造良序的条件。但是，他的启蒙始终是国家主义的。他的自白是："我的中心思想是什么呢？就是爱国。我的一贯主张是什么呢？就是救国。"国家主义的启蒙是相对于自由个体的启蒙而言的，爱国主义与自由个体之间的关系已经是18世纪启蒙思想家，甚至一些政治家思考的问题。法国总理大臣亨利·弗朗索瓦·德·阿居瑟（Henri François d'Aguesseau）——伏尔泰称他为"法国有过的最有学问的行政长官"——在他关于"爱国"的演说中表明，爱国不是指爱君主，而是爱公共之善，爱"由完美平等和博爱形成的公民共同体"，也就是人们所说的那种共和主义。德·阿居瑟说，在爱国共同体里，"公民从幼年，实际上从一出生就学会为自己的国家服务。这种完美的平等，这种公民博爱，让所有的公民都

---

① 参见邓丽兰：《清末民初"梁启超之问"的提出及其论争》，《南开学报：哲学社会科学版》2011年第6期，第73—85页。

成为同一家庭的成员"。①

　　绝对专制经常使用 patria（爱国）这个词，因为这个词的本义是"父亲"，爱国也就是像爱父亲那样爱君主。但是，共和主义将这个词的本义解释为"家庭"而非"父亲"。德若古（Chevalier Louis de Jaucourt）在为《百科全书》写的 patria 一文中说："哲学家知道，patria 这个字是从拉丁文 pater 来的，意指一个父亲及其子女，因此表达的是我们依恋家庭、社会和自由国家的意思。我们是其中的平等成员，它的法律是我们自由和福祉的保障。"② 共和主义的爱国是国家主义的，它虽不同于要爱国必须先忠君，但在专制制度下，极容易被后者绑架，因此才有像德若古那样试图从学理上把爱国与忠君分离开来的。

　　梁启超"新民论"提倡的那种国家主义的公德教育也是共和主义的，同样很容易被专制所绑架，爱国变成了忠于君王、元首、领袖或每一个政党。不管什么时代或国家的民众启蒙，问题都不单纯是让民众认字读书、学习文化知识、学会守法守纪（当然这是基本的，因此也是重要的），而在于要把他们启蒙成什么样国家共同体的成员。民众启蒙并不是像腓特烈二世那样多办学校就可以解决的。启蒙的根本问题是它的目标和途径。启蒙与国家政治之间并不存在自然和谐的关系，相反，这二者之间还会存在不和谐的冲突关系。国家主义教育很容易为国家政治凌驾于个人公民权利之上提供便利的早期洗脑。

　　启蒙的根本目标是为了强国还是为了智民？提出这个问题，不

---

① Anthony Pagden, *The Enlightenment and Why It Still Matters*, p. 306.
② Anthony Pagden, *The Enlightenment and Why It Still Matters*, p. 307.

是为了选择一个放弃另一个，而是要决定把哪一个放在第一位。如果强国是启蒙的最终目标，那么强国便是第一位的，而开启民智只能是第二位的。开启民智本身不是目的，只是强国的手段，是为强国服务的。梁启超提出"新民说"在倡导"开明专制"之前，这个次序不是因为新民比强国重要，而是因为新民是强国的有利条件，有了条件才能达到最终目标。梁启超倡导开明专制，对共和裹足不前，是因为他担心这届民众不行，再好的政治制度也会被他们搞得一团糟，伤及国家。事后证明，他的忧虑不是没有道理的。然而，他也许还应该担心，像专制这种不好的政治制度（不管它是否开明），一旦实施，会对民众造成怎样的伤害。

这是梁启超不如 18 世纪启蒙哲人的地方，一些启蒙哲人虽主张开明专制，但同时也担心开明专制会窒息人的自由，因而成为一种最可怕的蒙昧力量和最危险的不开明。狄德罗就是一个例子，他与俄国女王叶卡捷琳娜二世关系甚好，曾希望她能成为一位开明君主，但后来发现事情并不是他期待和想象的那样，他也因此成为开明专制最严厉的批评者之一。美国历史学家伦纳德·克里格（Leonard Krieger）指出，"许多对开明专制的公开批评正是来自那些曾经一度赞成过开明专制的人们"。这就像许多对斯大林主义的公开批判正是来自那些曾经相信过它或与它是同路人的知识分子。克里格指出："1770 年之前，狄德罗在通讯和个人接触中称他那个时代的'哲人王'人数多，有力量。但是，到了 1774 年，他已经与叶卡捷琳娜女王不合，有一次他这样公开地说，'二三代连续的正义、开明专制''会成为自由国家的最大不幸'，因为任何专制者，'即使是最好的好人……也不过是将臣民沦为动物的牧主'。专制使人民'盲目服从'，

'给他们十年的幸福，却让他们用许多世纪的苦难来偿还'。"①

　　基廉姆-汤玛斯·雷纳尔（Guillaume Thomas Raynal）是一位启蒙时代的作家，1770 年他有条件地赞同开明专制。他认为，对"未开化的人民"（uncivilized people），开明专制可以成为一个过渡。他写道："由于他们缺乏经验，而经验是唯一可以造就理性的，由于他们没有自治的能力……政府应该开明，用政府的权威来引导他们过渡到启蒙时代。因此，未开化的人民自然需要专制的缰辔和鞭子，直到社会进步教会他们怎样根据自己的利益来行事。"后来雷纳尔对专制的看法越来越负面，1773 年他讥讽道："据说最好的政府是正义、开明的专制，是真的吗？"1780 年，他说得更明确："第一代正义、开明的专制是一大罪恶；第二代这样的专制是更大的罪恶；第三代这样的专制那就简直是国家最可怕的灾祸。"这不仅是因为一代又一代的专制会将人民的权利剥夺殆尽，而且是因为"专制者……无论他多么开明或关怀人民的福祉"，都不可能实现"人的解放"。也就是说，专制的本质就是与人的自由和权利敌对的，而"个人权利正是启蒙信念最本质的部分"。②

　　克里格指出，另外两位曾经支持开明专制的启蒙哲人也经历了相似的思想变化，一位是伏尔泰，另一位是康德。他们都曾经赞扬腓特烈二世的开明专制，"康德甚至把'腓特烈时期'称为'启蒙时代'，让开明专制得到了好名声"。但是，这两位思想家"后来都纠正了自己，公开（用康德的说法）用'代表性制度'（representative

---

① Leonard Krieger, *An Essay on the Theory of Enlightened Despotism*. The University of Chicago Press，1975，p. 20.
② Ibid.，pp. 21 - 22.

system）代替'开明君主'（enlightenment prince）。^① 这是因为，"专制"已经成为一个有道德恶名的指称，与"作为启蒙信条重要部分的个人权利格格不入"。^② 专制的道德恶名迫使后来的主张者把它悄悄改换成"新威权主义""贤能政治"或其他遮人耳目的名号。

18 世纪启蒙哲人对开明专制的态度由热到冷的转变原因可能是复杂的，但专制终究无法转化为与启蒙关于人的价值理念相一致（哪怕是比较一致）的政治实践是一个重要的原因。专制不可能因为开明就转变为一个与专制在统治理念和手段上不同的政治制度。梁启超对开明能转变专制曾抱有与一些 18 世纪启蒙哲人相似的幻想。他说，开明专制是君主宪治转折的准备阶段。但是，在没有革命压力的情况下，这样的转折从来没有因为专制君主的开明而发生过，连自称"国家第一公仆"的模范开明君主腓特烈二世也不例外。

开明专制的法律虽然名义上高于任何个人，也规定不得侵犯公民的自然自由和权利，但是，事实上，正如德国历史和宪制史学家弗里兹·哈同所说，"专制统治者服从国家并不等于削弱王位的权力。即便是在 1794 年的普鲁士普通法（Allgemeines Landrech）里，一切国家的权力和责任都集中在君主一人的身上。君主的立法权和征税权是不受国会限制的。君主以动用警察国家的方式来运用其权力，他监管这个国家，也保留他一人为了国家目的而监管公民所有外部行为的权利"。^③ 被冠以"启蒙"之名的开明专制，它的最终目的是加强专制，而不是开启自由，不管它显得多么"仁慈""开通"，

---

① Ibid. , p. 21.

② Ibid. , p. 23.

③ Fritz Hartung, "The Typical Enlightenment Despot", in Roger Wines, ed. , *Enlightened Despotism*, pp. 39 - 40.

它都不会为了被统治者的自由和权利而优雅地自动消灭它自己。

专制是个人自由和权利的敌对压迫力量。今天人们反对任何形式的专制，是因为，在道德和实用上自由都是不能放弃的。自由既是一种人道的价值，也是一种追求幸福的方式。就后一种意义而言，自由不只是有益于个人（带来自我实现或获得自主权），而且有益于整体国家社会。这是因为，没有自由，国家社会里就不可能有新思想和新观念，而社会进步是通过新思想和新观念的引入而得以实现的。

启蒙开启民智的宗旨是摆脱迷信和偏见，惟有如此，人才可能对事物进行理性的创新思考。人的理性以自由为其本质，自由的理性并不总是能导向正确结果，这是理性的局限，不是自由的原罪。自由不能没有限制，对自由的限制（法治和规范）是人自由选择的结果，也是自由的体现。公德的教育应当是自由的教育，不是服从的教育。公民确实有责任履行纳税、守法、守纪律、爱国、服兵役、在法庭上作证的义务，但局限于此的公德教育是一柄双刃剑。它能使多数人因为学会自我约束和义务而增进自由，但也能使他们因为接受同样观点的熏陶，接受流俗的意见，因习惯于从众而丧失自由。

以我们今天的后见之明来看，梁启超选择开明专制，后来又出于类似的强人治国理念，与袁世凯或段祺瑞合作，是一个错误。虽然造成这种错误的有凡人所不能预见的外力和政治变化偶然因素，但理念的错误选择终究是一个不容回避的原因。

第十章

新文化运动与陈独秀的革命启蒙

在现代世界的观念变革范围内，启蒙不仅是一种思想变革，而且更是一种贯穿着某些现代价值观、以其为核心、并对民众形成号召力的思想解放。因此，并不是所有的思想变更都能合适地称为"启蒙"。称历史上某次思想为启蒙，需要考虑到它的核心原则是否与今天普遍公认的，来自启蒙传统的现代价值观相一致。这些启蒙价值观包括人的本真性（authenticity）和理性、人的自我成熟、个人的自由和权利、排除迷信和偏见的桎梏、抵抗政治和宗教的压迫、法治和权力限制，等等。启蒙价值的考量可以帮助我们把"启蒙"将跟其他一些有关改变思想的"教育"、"提高觉悟"、"思想改造"、"观念更新"区分开来。

在中国的近现代史上，这样的启蒙只发生过一次，那就是发生在 19 世纪末至 20 世纪初期的大规模思想和观念变更。这个持续了大约二十年的中国启蒙大致可以从戊戌变法算起，到新文化运动结束。新文化运动应该算是中国启蒙的尾声，它之后的五四运动已经从一场新知识人的文化运动转变为一场群众性的社会运动。催生社会运动的已经不是观念缓慢转变、远水解不了近渴的启蒙，而是登高一呼、一呼百应的宣传和动员。这是两种完全不同的"说服"（persuasion）机制，会产生全然不同的观念改变效果。

五四运动之后，中国进入了政党意识形态从竞争到斗争的时代，陈独秀是其中的一位风云人物。这是一个启蒙不可避免要被消灭的时代，不仅因为组织严密的政党力量可以彻底压垮松散的启蒙"文人共同体"，而且因为政党意识形态的"主义"具有"启蒙"无可相比的认知优势——主义对一切皆有现成的答案，而启蒙只是对所有事物都还没有最终答案的知识追求。群众社会要求的是"告诉我们怎么去做",而不是"启发我们怎么思考"。在意识形态这个打扮成普遍真理的反智力量崛起之时,启蒙之路已经走到了尽头。

1. 新文化运动是怎样的后发启蒙

无论是从多种思想观念的革新,还是从开启民智以改造社会和政治的目标来看,新文化运动都是一场启蒙。陈独秀积极参与其中,并发挥了领袖的作用。然而,这是怎样的一种启蒙呢?公元2世纪,古罗马帝国皇帝和哲人马可·奥勒留·安东尼·奥古斯都(Marcus Aurelius Antoninus Augustus)在《沉思录》里说:"一个人从不在意邻人说什么、做什么或想什么,只是在意他自己怎么做,自以为正确和神圣,如果这样,他还有多少时间来得到新的收获呢?"陈独秀很在意中国的西方"邻人"说过什么、做过什么、想过或在想什么。新文化运动是一种比西方后发的启蒙,绝大多数的思想启发都来自西方,在陈独秀那里可以特别清楚地看到,他的许多启蒙思想灵感都来自18世纪的法国。他身处一个启蒙的时代,也是一个革命的时代,法国革命对他的影响超过了法国启蒙,法国启蒙对他的影响是通过法国革命的"人权时代"(1789—1792)起作用的,而在其中起关键作用的则是对专制的反抗。

传统汉语语义的"专制"是独断的意思,《韩非子·亡征》:"种类不寿,主数即世,婴儿为君,大臣专制,树羁旅以为党,数割地以待交者,可亡也。"《淮南子·氾论》训:"周公事文王也,行无专制。"高透注："专，独；制，断。"①但是，20世纪初，当用在家长专制、家族专制、封建专制、思想专制这样的说法中时，"专制"一词已经有了新的启蒙意味，专制是自由的对立面，专制就是凭借现成的体制或个人权威，强制要求服从。一切都得由权威说了算，理解的要服从，不理解的也要服从，既无需诉诸服从者自己的理性和判断，也不需要他有独立的思考。这样的愚昧和迷信正是18世纪法国启蒙哲人在其宗教批判中所要清算和扫除的。因此，新文化运动反对封建专制，是指与人的自由理性格格不入的封建思想、规范、纲常、礼教的专制。它反对传统专制，不一定是传统本身，关键在于专制而不是传统，因为有人拿传统或以传统的名义来实行专制。这就像柏克主张尊重和守护传统，他要守护的不是传统本身，而是英国传统中的自由。

反专制的自由思想贯穿于陈独秀的政治观点变化，那就是，争取自由就需要摆脱专制。陈独秀反专制的自由思想与他所欣赏的欧洲启蒙精神是一致的。用斯蒂芬·布鲁勒（Stephen E. Bronner）的话来说，欧洲启蒙思想家"既不想废除国家，也不想代之以乌托邦。他们要的是限制制度性的武断权力，让人能运用自由的主体性和自由追求科学知识"。②专制是制度性的武断权力（institutional use of arbitrary power），制度可以是政治的，也可以是社会或文化的，或是不同制度的结合。陈独秀的反专制同时针对了不同的制度性专制。

陈独秀在青少年时代，目睹清廷腐败，列强侵略而国势危殆，

---

① 《辞海》，上海辞书出版社，1980年，第29页。
② Stephen Eric Bronner，*Reclaiming the Enlightenment：Toward a Politics of Radical Engagement*. New York：Columbia University Press，2004，p. 152.

便追随康梁维新运动，可是运动仅百余天，便彻底失败。他反思康梁维新和辛亥革命之所以相继失败，认为是因为仅少数人举事，非群众参与行动，而几千年封建专制制度"陈腐朽败之细胞充塞人身"，[1] 即世代积累下来的愚昧落后的国民劣根性使然，非进行国民性改造不可。他投身新文化运动就是为了将这样的想法付诸行动。五四运动前他崇拜资产阶级民主：法兰西的平等人权、英国的宪制、美国的民主自由。他尤其钟情法兰西近代文明，在《法兰西与近代文明》一文中说："此近世三大文明皆法兰西人之赐。世界而无法兰西，今日之黑暗不识仍居何等。"[2] 因而他毅然创办《新青年》杂志，期待高举法兰西近世文明的"德谟克拉西"和"赛因斯"（民主和科学）的大旗，横扫封建专制。

1919 年以后，他开始认为西方帝国主义和殖民主义才是中国必须扫除的头号专制，在《两个和会都无用》《山东问题与国民觉悟》《新青年宣言》等文中他指责的便是这种西方的专制，这促使他最后抛弃此前信仰的资产阶级共和，急剧转变为信仰马克思主义，向往社会主义。郑超麟曾分析说："我们知道从庐骚到罗伯斯庇尔和巴贝夫相隔半个世纪，从罗巴诸人经过傅立叶到马克思也相隔半个世纪，从马克思恩格斯到列宁托洛茨基又相隔半个世纪。欧洲这个漫长的过程，中国于半个世纪之间就可过尽了。俄国从车尔尼雪夫斯基到托洛茨基的发展，也不是一代人就能完成的；但中国这个发展缩短在一个人身上，而且相隔不到几年。由此可知陈独秀象征着中国资产阶级革命运动到无产阶级革命运动间之接近，接近到一代人可以

---

① 任建树、张统模编：《陈独秀著作选》，上海人民出版社，1993 年，第一卷，第 129 页。
② 任建树、张统模编：《陈独秀著作选》，第二卷，第 135 页。

参加的程度了。"① 1929 年 11 月 5 日，陈独秀被开除党籍，是因为他接受了托洛茨基的观点，对共产国际的独裁专制颇为不满。

在陈独秀成为一个社会主义者之前，他承认欧洲启蒙应该是中国启蒙的先生，并以此引领当时的中国启蒙。胡适在《陈独秀与文学革命》一文中说，陈独秀"受法国文化的影响很大，他的英文法文都可以看书"，"他做过一篇《法兰西人与近代文明》表示他极端崇拜法国的文化，他说法国人发明了三个大东西"，即人权说、进化论与社会主义。在这三者中，人权是法国启蒙在法国革命时期结出的一枚果实，《人权和公民权宣言》（*Déclaration des Droits de l'Homme et du Citoyen*，简称《人权宣言》，1789 年 8 月 26 日颁布）是在法国大革命时期颁布的纲领性文件。《人权宣言》受到美国的《独立宣言》和各州权利法案的影响，采用 18 世纪的启蒙学说和自然权论，宣布自由、财产、安全和反抗压迫是天赋不可剥夺的人权；肯定了言论、信仰、著作和出版自由；阐明了三权分立、法律面前人人平等、私有财产神圣不可侵犯等原则。关于人权宣言的思想渊源，学术界仍存在争论，德国学者耶利内克（Georg Jellinek）认为它抄袭北美的权利法案，而法国学者布特米（Emile Boutmy）则认为它的文本是法国原创的，观念则是 18 世纪精神的体现。不管是不是法国的发明，陈独秀都是从法国获得人权观念的。

胡适还认为，陈独秀受法国影响"另外还有一点"，那就是"陈先生受自然主义（文学）的影响最大"，"把法国文学上各种主义详细地介绍到中国，陈先生算是最早的一个"。胡适没有详谈的是陈独秀受了法国的什么影响，而陈独秀的启蒙观念又与 18 世纪的法国启

---

① 《郑超麟回忆录》（下册），东方出版社，2004 年，第 415 页。

蒙有什么不同，这也是陈独秀本人在关注法兰西的时候，没有特别仔细去想清楚的事情。

陈独秀在《法兰西人与近代文明》中强调的"人权说"和"平等、博爱、自由"价值观都是18世纪法国启蒙的产物。但是，相比起法国启蒙来，他似乎对法国革命更加心仪。以他为代表的新文化运动本身就是一种以"革命"来想象和自我建构的启蒙，这与18世纪以"哲学"来发动的观念启蒙是不同的。哲学启蒙和革命启蒙之间虽然可以形成联系，但却在启蒙者、启蒙知识和启蒙方式等方面存在重要的区别。

第一是启蒙者。任何启蒙都离不开启蒙者，启蒙者是些什么样的人，他们如何看待自己和自己的使命与目标会直接影响到他们的实际作为。与18世纪的启蒙哲人不同，陈独秀是一个"革命者"。胡适就说过，"陈先生是一位革命家"，我们留美学生"只谈文学，不谈革命，但陈先生已经参加政治革命，实行家庭革命"，"在袁世凯要实现帝制时，陈先生知道政治革命失败是因为没有文化思想这些革命，他就参加伦理革命、宗教革命、道德的革命"。胡适提出的是新文学主张，陈独秀将之提升为"革命理论"，胡适说，陈独秀的《文学革命论》"有可注意的两点：一、改我的主张进而为文学革命；二、成为由北京大学学长领导，成了全国的东西，成了一个严重的问题。他说庄严灿烂的欧洲是从革命来的，他高张文学革命军大旗，为中国文学开辟一个新局面"，"他愿意拖了四十二生的大炮为之前驱，打倒十八妖魔：明之前后七子和归、方、姚、刘！这就是变成整个思想革命！"（《陈独秀与文学革命》，1932）

陈独秀在《本志罪案之答辩书》里说，宣扬德先生和赛先生的启蒙是会"断头流血"的，他自己也做好了这样的准备。18世纪的启蒙哲人中，伏尔泰和狄德罗都因为犯了书禁而坐过牢，但都不是舍生取义的志士，也绝对没有陈独秀那样的烈士精神，因为"烈士"和"舍生取义"本身就是一种由革命话语构建的身份和价值观。相比之下，18世纪的启蒙哲人要平凡得多，他们是"文人"，或者更确切地说，是"文字共和国"（Republic of Letters）的普通成员。文字共和国是一个远距离的跨国界的知识群体，17和18世纪活跃于欧洲和美洲，促进了启蒙时代知识人士的交流。他们虽然有许多共同关心的问题，但相互尊重彼此的语言和文化。① 以当时的传媒条件，这些知识人士不仅借助通信、交换文章和小册子来相互交流，而且把扩展交流圈、把更多的人引介进这个圈子当作自己的责任。② 这就是他们最早的启蒙作为。这样的启蒙者只是"知识者"，或按法国的说法，"哲人"，不是中国新文化时期启蒙者那样的"战士"、"斗士"、"先知先觉"。

第二是启蒙知识。新文化时期的启蒙以传播民主和科学知识为主要的诉求和任务，由于特别强调，几乎成了唯一的诉求和任务。这与18世纪法国和欧洲文人对启蒙的理解有相当的距离。《百科全书》总编辑达朗贝尔称18世纪是一个思想观念发生全面改变的时代。他写道："新哲学方法的发现和运用，每一项发明带来的热烈震撼、世界景象为我们带来的兴奋，所有这一切使我们的心灵充满激动与快乐。这本身就是一种力量，把以前的障碍扫除干净，就像河流冲垮堤坝，怒吼着前进，冲刷一切挡道的东西……人们越是缓慢

① Susan Dalton, *Engendering the Republic of Letters*: *Reconnecting Public and Private Spheres*, McGill-Queen's University Press, 2003, p. 7.
② Dena *Goodman*, *The Republic of Letters*: *A Cultural History of the French Enlightenment*, Cornell University Press, 1994, p. 17.

地挣脱俗见的缰轭，一旦挣脱一些束缚，就会把其余的束缚挣脱个干净……当他们回望走过的历程，就会把新思想当作自己勇气和劳动的奖品，满心喜欢地接受它。因此，从自然科学原理到神的启示原则，从形而上思辨到志趣品味，从音乐到道德，从神学争辩到商贸目标，从君主权力到人民权利，从自然法则到国际的强制法规——一句话，从与我们直接相关到与我们很少有关的问题，一切都在被讨论、被分析、被重估。"达朗贝尔对启蒙的结果并不像中国新文化运动的大多数启蒙者那么乐观，他已经预见，启蒙思想激荡的产物会泥沙俱下、良莠不齐，"有的或显出新的光泽，有的会晦暗不明"，成为"一般思想泡沫的产物，就像大海来回冲刷，把一些东西抛上海岸，又把另一些东西卷入大海"。但是，不管怎么说，这个"哲学的世纪"最后会给后世留下一些具有永恒价值的东西，哲学启蒙的得失短长"后世会比我们知道得更加清楚"。而《百科全书》的任务只是将"我们（现在）所知道的，前人没有做到，而我们却能做到的"留下一个记录。①

　　第三是启蒙方式。与18世纪欧洲启蒙的从容文雅、充满哲理的知识好奇相比，中国新文化启蒙充满了一种危机处境下的急迫感，不仅追求急用先学、立竿见影的效果，而且有一种一战决生死的错觉（"这是最后的斗争"）。陈独秀在《吾人最后之觉悟》里把新文化运动看成是一场必须有胜负结果，关乎生死的决战："今兹之役，可谓为新旧思潮之大激战。浅见者咸以吾人最后之觉悟期之，而不知尚难实现也"。他对启蒙环境的判断是，"当今之中国，各种事业败坏以极"（陈独秀：《近代西洋教育》）。因此，顾不得思量新文化

---

① Quoted in Pagden, *Enlightenment and Why It Still Matters*, pp. 26–27.

是否会有泥沙俱下、良莠不齐的可能，而是必须"决计改革"，"一切都应该采用西洋的新法子，不必拿什么国粹，什么国情的鬼话来捣乱。譬如既然想改用立宪共和制度，就应该尊重民权、法治、平等的精神；什么大权政治，什么天神，什么圣王，都应该抛弃。若觉得神权君权为无上治术，那共和立宪，便不值一文。又如相信世界万事有神灵主宰，那西洋科学，便根本破坏，无一足取。若相信科学是发明真理的指南针，像那和科学相反的鬼神、灵魂、炼丹、符咒、算命、卜卦、扶乩、风水、阴阳五行，都是一派妖言胡说，万万不足相信的"。（陈独秀：《今日中国之政治问题》）

新文化运动启蒙者的革命使命感和战士身份意识给这个时期的启蒙话语打上了鲜明的立场站队印记，受新文化猛烈冲击的保守文化一方（被当作"反革命"）有强烈的"受困心态"（siege mentality），猛烈冲击保守文化的革命一方也同样有受困心态。例如，陈独秀在《今日中国之政治问题》里以饱满的战斗激情疾呼："新旧两种法子，好像水火冰炭，断然不能相容；要想两样并行，必至弄得非牛非马，一样不成。中国目下一方面既采用立宪共和政体，一方面又采倡尊君的孔教，梦想大权政治，反对民权；一方面设立科学的教育，一方面又提倡非科学的祀天、信鬼、修仙、扶乩的邪说；一方面提倡西洋实验的医学，一方面又相信三焦、丹田、静坐、运气的卫生。我国民的神经颠倒错乱，怎样到了这等地步！我敢说：守旧或革新的国是，倘不早早决定，政治上社会上的矛盾、紊乱、退化，终究不可挽回！"新文化运动时期争论双方的受困心态使每一方都觉得是被敌对的势力所包围，并因为情绪性地夸大各自面临的危险和敌意，而完全排斥对方观点可能具有的合理性。这对启蒙的一方危害尤其严重，因为启蒙所需要的恰恰是一种哪怕对敌对意见也能持开放和理解心态的理性认知。

2. 新文化启蒙的"科学精神"

1919 年 1 月，陈独秀在《新青年》第 6 卷第 1 号的《本志罪案之答辩书》一文里热情地为《新青年》杂志辩护道："本志同人本来无罪，只因为拥护那德莫克拉西（Democracy）和赛因斯（Science）两位先生，才犯了这几条滔天的大罪，要拥护那德先生，便不得不反对孔教、礼法、贞节、旧伦理、旧政治；要拥护那赛先生，便不得不反对旧艺术、旧宗教；要拥护德先生又要拥护赛先生，便不得不反对国粹和旧文学。大家平心细想，本志除了拥护德、赛两先生之外，还有别项罪案没有呢？若是没有，请你们不用专门非难本志，要有气力有胆量来反对德、赛两先生，才算是好汉，才算是根本的办法。"

今天，人们普遍把"德先生""赛先生"当作新文化运动的两面大旗，但是，我们知道，如果说新文化运动是一个启蒙的学堂，这个学堂里还有"费先生"（Philosophy）、"穆小姐"（Morality），把陈独秀提倡的"伦理革命"算上，说不定还再多一个"艾先生"（Ethics）。任何一场具有广大社会影响的启蒙都必需是多方位的，把与人有关的不同领域连接起来，并在这种连接中产生新的思想和新的意义，从 18 世纪启蒙运动开始，这就一直是启蒙的一个重要特征。新文化运动虽然以德、赛两先生为标志，它所产生的新思想和新意义其实不只是在民主和科学两个领域，而是贯通了这两个领域以及别的领域。

金观涛和刘青峰用计量研究的方法，系统统计了《新青年》"民主""科学"这两个关键词的用法，发现："第一，《新青年》很少使用'民主'这个词，用于批判儒家伦理的大多是'人权'和'个人独立'。第二，'科学'除了用来和迷信对立外，主要用来表示物质、进步、伦理建设等含义，很少直接用于批判儒家伦理。那么，《新青年》批判、否定传统文化伦理最常用的是甚么词呢？我们发现，用得最多的是'常识'一词。"他们认为，"'民主'和'科学'只不过是现代常识和个人独立的代名词而已"。用于贯通民主与科学的"常识"（连同社会伦理的"人之常情"）成为一个普通民众可以接受的，类似于西方哲学传统的"自然合理"观念，代表的是"天然合理、不能怀疑的东西，而且常识和人之常情一直是判别意识形态是否合理的最终根据"。①

　　科学和民主的"常识"并没有改变中国文化结构中"天理""自然"的超验权威，但改变了这一超验权威的内容。每个人都能感知和理解的常识取代了圣贤之言，成为另一种能用于相互说服和形成必要共识的超验权威。常识和人之常情是由人们生活中最经常、最司空见惯的东西决定的。只要人所生活的环境基本不变，它就不会被怀疑。新文化运动的科学和民主成为常识，就会变得更有力量。但是，也有可能因为不再被怀疑而成为违背启蒙初衷的东西。任何事物，一旦被当作常识，便被自然接受为认知上真的、道德上对的、判断上正确的东西。值得一提的是，胡适似乎并不同意这样来看待常识化的科学，他在《实验主义》（1919）中说："从前崇拜科学的

---

① 金观涛、刘青峰：《新文化运动与常识理性的变迁》，《二十一世纪》一九九九年四月号第五十二期。

人，大概有一种迷信，他们以为科学的律例都是一定不变的天经地义。他们以为天地万物都有永久不变的'天理'，哲学'天理'发现之后，便成了科学的律例。但是这种'天经地义'的态度，近几十年来渐渐变更了，科学家逐渐认识到这种'天经地义'的迷信态度，很可能阻碍了科学的进步。况且他们研究科学的历史，知道科学上许多发明都是运用'假设'的效果，因此他们渐渐的觉悟，知道现在所有的科学律例不过是一些最适用的假设。……这就是'科学试验室的态度'。"①胡适更在意的是，科学本身可能变成一种堵塞人积极、主动思想的崇拜或迷信，更不用说是假借科学之名的伪科学了。

以科学打造国民常识，形成一种新的认知伦理，这似乎类似于18世纪欧洲启蒙中"自然"的作用，但却有着根本的不同。自然和自然法则在18世纪的启蒙观念中发挥了重要的作用：人的权利是人所自然拥有的，不是君主恩赐的，人天生就是自由和平等的，正如美国《独立宣言》所说："我们认为下面这些真理是不言而喻的：人人天生被造平等，造物者赋予他们若干不可剥夺的权利，其中包括生命权、自由权和追求幸福的权利"。正是为了保障这些权利，"人类才在他们之间建立政府，而政府之正当权力，是经被治理者的同意而产生的。当任何形式的政府对这些目标具破坏作用时，人民便有权利改变或废除它，以建立一个新的政府"。伏尔泰的《哲学通讯》（*Lettres philosophiques sur les Anglais*，1720-1729）——被法国学者居斯塔夫·朗松（Gustav Lanson）称为投向旧制度的第一颗炸弹——第一次提出，要把人的自由理性同旧制度区分开来，并用

---

① 胡适：《实验主义》，胡明主编：《胡适精品集（一）》北京：光明日报出版社，1998年，第278—281页。

作对付旧制度的利器。1729 年之后，他又提出建立新秩序的要求，他和许多启蒙者认为，法国的制度是违背自然的，必须用理性去寻找以自然为依据的正义和理念。罗伯特·安库对此指出："在所有的启蒙者那里，自然'体现所有一切真理，这种真理具有纯粹本质的合理性，无需借助超验的启示，其本身就已经确定无疑'。然而，将这样的看法转变为意识形态，资产阶级意识形态的，没有其他人超过伏尔泰。"①

自然法在 18 世纪启蒙思想中占有重要的地位，自然法用自由的信仰代替了天启的信仰，把道德及其各种制度形式（从家庭、经济到国家）视为自然人的创造或表达。西方的启蒙所包含的"民权"和"理性"也是从自然法——"自然正当"和"自然权利"——的哲学思考开始的。但是，新文化启蒙者缺乏这样的哲学根据——因此有人呼吁德先生和赛先生要有费先生（philosophy）的辅佐。由于缺乏哲学的背景，新文化运动的"民主"和"科学"不仅不当地人格化了（变成了"先生"），而且简化为一种内涵不清的战斗口号。

在陈独秀那里，科学似乎只是一种归纳方法，他曾这样说："今欲学术兴、真理明，归纳论理之术，科学实证之法，其必代圣教而兴欤?"（陈独秀:《随感录第十九·圣言与学术》,《新青年》第 5 卷第 2 号）他居然把本来在科学方法上与归纳并重的演绎法判为非科学，认为它是中国学术不能进步的一大原因。他又似乎把科学等同为"事实就是"，这样看待科学，是一种远比启蒙理性狭隘的"求是精神"。18 世纪启蒙理性的科学不只是为了求事实，而且也是为了用

---

① Robert Anchor，*The Enlightenment Tradition*. Berkeley，CA：University of California Press，1967，pp. 58 - 59.

来明辨是非，白的不能谎称为黑的，恶的不能冒充为善的。

陈独秀特别强调的是"科学实证"的精神，主要是一种认知启蒙，一种类似于 17 世纪科学革命时所强调的"方法"，在当时的中国已经是一个了不起的思想进步。他在《近代西洋教育》中提出三项科学启蒙方针：第一是自动的而非被动的，是启发的而非灌输的；第二是世俗的而非神圣的，是直观的而非幻想的；第三，是全身的，而非单独脑部的。关于第二项，他说："一切政治道德教育文学，无一不含着科学实证的精神……一切宗教的迷信，虚幻的理想，更是抛在九霄云外。"事情的对与不对，全凭"道理"来判断，"中国教育必须取法西洋的缘故，不是（中西文化）势力的大小问题，正是道理的是非问题"。（《近代西洋教育》，《新青年》第 3 卷第问号，1917）他又说，批判学术，"只当论其是与不是，不当论其古不古；只当论其粹不粹，不当论其国不国。以其无中外古今之别也"。为学必须实事求是，有"三戒"：勿尊圣、勿尊古、勿尊国。（《随感录第一》，《新青年》第 4 卷第 4 号）这对今天的文化民族主义和恐惧性排外学术仍然是当头棒喝。

陈独秀对科学的这个理解在新文化时期是有相当共识的。例如，参加新文化论战的毛之水在《国故和科学的精神》中说："'科学的精神'这个名词，包括许多意义，大旨就是从前人所说的'求是'。凡立一说，须有证据，证据完备，才可以下判断。对于一个事实，有一个精确的公平的解析；不盲从他人的说话，不固守自己的意思，择善而从。这都是'科学的精神'。"[①] 直到 1920 年代，中国知识界

---

① 《新潮》第 1 卷第 5 号，1919 年 5 月。收入陈崧编《五四前后东西文化问题论战文选》，增订本，中国社会科学出版社，1989 年，第 127—141 页。毛之水五四时期为北京大学学生，新潮社成员，1940 年代后期任北大图书馆馆长。

对科学的认识才得到进一步的深入和细化，但那已经是新文化运动以后的事了。①

3. 新文化运动的民主启蒙

任何一种启蒙，最重要的特征就是它在社会进步上发挥着先行一步、扫除障碍的作用。18世纪启蒙扫除的是宗教和传统偏见的障碍。同样，新文化运动也是像陈独秀所说，以"反对"来打出它的启蒙大旗。德、赛两先生虽然并提并列，但却是主次有别的，陈独秀在《本志罪案之答辩书》中说，"西洋人因为拥护德、赛两先生，闹了多少事，流了多少血，德、赛两先生才渐渐从黑暗中把他们救出，引到光明世界。我们现在认定，只有这两位先生可以救治中国政治上、道德上、学术上、思想上一切的黑暗。若因为拥护这两位先生，一切政府的压迫，社会的攻击笑骂，就是断头流血，都不推辞"。我们知道，历史上，德先生造成的"断头流血"之事，要比赛先生多多了。几乎在所有的启蒙改革道路上，都是赛先生走在头里，为的就是尽量减少德先生断头流血的危险。一直到今天，德先生的政治启蒙不也还是需要"文化启蒙"来掩护吗？

新文化运动期间，虽然有东西文化异同、优劣、能否调和的争论，但启蒙必须借助西方文明力量的观念却是占着上风。这是因为，中国的启蒙是后发的，后发的启蒙需要思想和观念的资源，而这只

---

① 参见，秦英君：《近代中国的科学与哲学之辨》，《北京大学学报：哲社版》，2007年第3期，第92—100页。

能来自现代启蒙已经先行一步的西方。法国是 18 世纪欧洲启蒙最活跃、也是对后来启蒙影响最为深远的国家。丹·艾德斯坦认为，这是因为"启蒙时期传播思想的主要媒介是书籍。法国文化在 18 世纪享有一种霸主地位，巴黎出来的理论和概念可以传向全欧洲大陆。……而且，法语是大多数外国宫廷使用的语言，也是大多数欧洲国家贵族（甚至资产阶级）使用的语言"。① 陈独秀特别推崇法兰西对"近世文明"的贡献，可见他对法国启蒙运动的重视。

早在 1915 年 10 月发表在《青年杂志》第一卷第一号的《法兰西人与近世文明》一文中，陈独秀就特别赞扬了法国启蒙反对"君主与贵族特权"的人权观念。他写道："法兰西革命以前，欧洲之国家与社会，无不建设于君主与贵族特权之上，视人类之有独立自由人格者，唯少数之君主与贵族而已；其余大多数人民，皆附属于特权者之奴隶，无自由权利之可言也。自千七百八十九年，法兰西拉飞耶特之'人权宣言'刊布中外，欧罗巴之人心，若梦之觉，若醉之醒，晓然于人权之可贵，群起而抗其君主，仆其贵族，列国宪章，赖以成立。……人类之得以为人，不至永沦奴籍者，非法兰西之赐而谁耶？"人权不是一个空洞的观念，而是必须由宪制法治来确立，陈独秀引用法国历史学家薛纽伯（查尔斯·塞尼奥博斯，Charles Seignobos，1854－1942）的话说："古之法律，贵族的法律也，区别人类以不平等之阶级，使各人固守其分位。然近时之社会，民主的社会也。人人于法律之前，一切平等，不平等者虽非全然消灭，所存者关于财产之私不平等而已，公平等固已成立矣。"这种公平主要

---

① Dan Edelstein, *The Enlightenment*: *A Genealogy*, The University of Chicago Press, 2010, p. 104.

是指政治和社会权利的平等，这也是人权观念最关键的部分。

　　陈独秀的启蒙思想并不局限于 18 世纪的法国启蒙，而且也受到 19 世纪自然科学和社会科学的影响，他把来自 19 世纪的生物进化论（达尔文、拉马尔克）和社会主义（圣西蒙和傅立叶）与 18 世纪的人权说一起，确定为"近世文明"的三项特征。在进化论和社会主义这两项中，他也是特别看重法国的贡献——进化论的拉马尔克（Lamarck）和社会主义的圣西蒙和傅立叶。他认为，德国虽然"也属近代文明之产物"，但"爱自由爱平等之心为爱强国爱强种所排而去"，"不若法兰西人之嗜平等博爱自由根于天性，成为风俗也"。（陈独秀：《法兰西人与近世文明》《青年杂志》第 1 卷第 1 号，1915 年）陈独秀首选的是自由和平等的人道价值观，而不是"爱强国爱强种"的国家主义，这本身就是一种具有启蒙意义的价值判断和选择。在这一点上他比梁启超要高明。

　　陈独秀推崇西方文明，强调的是启蒙的积极现代观念，以今天的认识来看，他所归纳的西方文化特征未必都体现为积极的现代观念，但是其中相当一部分仍然是今天启蒙的重要内容。他在《东西民族根本思想之差异》（《青年杂志》第 1 卷第 4 号，1915）一文中总结了西方文明的三个强项：力争、个人本位、法治。

　　第一，陈独秀认为，人们要学会力争，而不是一味忍让。懦弱的国民性于己于国皆为不利。他说："西洋民族以战争为本位，东洋民族以安息为本位。儒者不尚力争，何况于战；老氏之教，不尚贤，使民不争。"以今天的眼光来看，这样的文化对比未必准确，因为中国历史上并不少战争，而且是残酷的战争。况且，争自己与善于战争也不是同一回事。不过陈独秀文化比较的用意是明确的：不力争就只配当奴才，"以小抗大，以鲜血争自由，吾料其人之国终不沦亡。……西洋民族性恶侮辱，宁斗死；东洋民族性恶斗死，宁忍辱。民族而具如斯卑劣无耻之根性，尚有何等颜面高谈礼教文明而不羞愧！"

第二，陈独秀认为西方的个人本位主义有利于开启国人的自由和权利意识。他写道："举一切伦理道德政治法律，社会之所向往，国家之所祈求，拥护个人之自由权利与幸福而已。思想言论之自由，谋个性之发展也。法律之前，个人平等也。个人之自由权利，载诸宪章，国法不得而剥夺之，所谓人权是也。人权者，成人以往，自非奴隶，悉享此权，无有差别，此纯粹个人主义之大精神也。"只有自由的人才是"性灵之主体"，而"自由者性灵之活动力也"。陈独秀虽然没有直接运用自然权利的观点，但他认为"所谓权利，皆非个人以外之物"，也就是说，权利是人之为人的基本条件，"国家利益，社会利益，名与个人主义相冲突，实以巩固个人利益为本因也"。因此，不存在超乎个人之上的国家利益。这是英、美的政治观念，不同于德国式国家主义。

第三，陈独秀强调法治的重要性，"西洋民族以法治为本位，以实利为本位；东洋民族以感情为本位，以虚文为本位。西洋民族之重视法治，不独国政为然，社会、家庭无不如是。商业往还，对法信用者多，对人信用者寡。些微授受，恒依法立据，浅见者每讥其俗薄而不惮烦也。父子昆季之间，称贷责偿，锱铢必较，违之者不惜诉诸法律，亲戚交游，更无以感情违法损利之事"。

这三条的共同核心是"个人本位主义"（individualism），陈独秀希望以此来开启民智，也正是这个"个人本位"让他所代表的新文化启蒙在世界历史的启蒙传统中找到了适应它的位置。陈独秀是法国文化的热烈崇尚者，但是，他所崇尚的"个人本位"的故乡却是英国，而它最杰出的代表人物就是洛克。洛克是启蒙的奠基者，也是伏尔泰在《英国书简》中最敬佩的伟大智慧之人。洛克的政治主张传播到法国，然后又在陈独秀这里部分地传播到新文化运动时期的中国，这是梁启超没有去做的政治启蒙。洛克的政治思想在今天仍然是一种启蒙：社会契约存在的唯一目的是提升公民共同体中的个人自我利益和安全；如果公民们选举的代表能保护他们的权利，尤其是财产权利，那么政府便是合法的，而政府的作用也就应该在此止步；政府应该鼓励个人和平地追求自我利益，只要他不伤害他人，就不应该去过问他的事情；国家不应该立法规定公共道德或任何宗教的或世俗的信仰；非议会通过，政府无征税权，非人民同意，政府无权立法；人民只服从自己参与制定的法律，这样的法律高于任何形式的国家政治权威。

陈独秀对英国式民主的好感一直维持到他的晚年，他承认那是一种"资产阶级的民主"，但却是一种有关"真实价值"的民主。

4. "伦理觉悟"和"伦理革命"

新文化运动的启蒙，它的使命是提升民众的"觉悟"，陈独秀在1916年2月的《吾人最后之觉悟》一文中，把这个时期的启蒙放在历史过程中的七个变化时期中来进行思考，得出了"这是最后之觉悟"的结论，它的两个关键部分是"政治觉悟"与"伦理觉悟"。

这七个"觉悟"变化时期的前三个与民众启蒙没有什么关系，"第一期在有明之中叶。西教西器初入中国，知之者，乃极少数之人"；"第二期在清之初世。火器历法，见纳于清帝，朝野旧儒，群起非之。是为中国新旧相争之始";"第三期在清之中世。鸦片战争以还，西洋武力，震惊中土"。觉悟的"第四期在清之末季"，"甲午之役，军破国削，举国上中社会，大梦初觉……康、梁诸人，乘时进以变法之说……新思想渐拓领土，遂由行政制度问题一折而入政治根本问题";"第五期在民国初元。甲午以还，新旧之所争论，康、梁之所提倡，皆不越行政制度良否问题之范围，而于政治根本问题去之尚远"。

其实，如果放在中国近现代的启蒙史中来看，陈独秀所说的第四期应该是以梁启超为代表的第一波启蒙，它一直延伸到新文化运动开始之前的 1916 年。而第五期则已经进入了新文化运动，民国的建立为新文化运动提供了制度的条件。共和既已经建立，从此，启蒙无需再纠缠于共和与君主立宪之争，而是可以专注于共和和民主的建设了。

陈独秀说的第六期可以理解为新文化运动之前的一个过渡期："第六期则今兹之战役也。三年以来，吾人于共和国体之下，备受专制政治之痛苦。"也就是说，在 1913 到 1916 的这三年里，共和虽然建立，专制依然存在，因此才有"今兹之觉悟"问题，才需要有第七期的"最后觉悟"："共和国体果能巩固无虞乎？立宪制治果能施行无阻乎？以予观之，此等政治根本解决问题，犹待吾人最后之觉悟。此谓之第七期民国宪法实行时代。"

陈独秀对以梁启超为代表的那一代人的启蒙不满意，认为他们所提倡的"皆不越行政制度良否问题之范围，而于政治根本问题去之尚远。当世所说为新奇者，其实至为肤浅"。这话搁在梁启超身上其实并不公平。梁启超在搁置"国体"（名称上叫"王国"还是"共和国"都不是实质性的）前提下的政体改革其实并不是那么肤浅的。

政体关乎政府形式，用亚里士多德的话来说，是"对城邦中各种官职的一种设置，以某种方式对官职进行安排，确定该体制中的权力所在和每一个城邦共同体的目的所在"。（*Politics*，IV，1289a）换句话说，设置职位或政治机构，通过规则和程序向这些职位或机构分派职能，以及决定最高权力的归宿，这些工作多以城邦的目的，也就是一个民族关于善的观念为基础，"在最好的城邦里，这种善被转化为对所有人都有约束力，对统治者和被统治者一视同仁"。[①] 王国可能有这样的善，而共和国却事实上经常没有。

而且，梁启超的启蒙虽然是十分关注政府和行政改革问题，但也同样关注"民权"和国民素质教育（"新民论"）的问题，在观念和问题意识上都与陈独秀自己提出的"政治觉悟"与"伦理的觉悟"颇为相似。梁启超启蒙与陈独秀启蒙的差别其实不在于是否关注政治和伦理，而在于以什么为目标和关注怎样的政治和伦理。作为启蒙者，梁启超的政治和伦理是国家主义的，而陈独秀的则是民主主义的。这才是新文化运动中的陈独秀启蒙与之前的梁启超启蒙的主要区别。

陈独秀所说的"政治觉悟"基本上就是他一再强调的民主觉悟，其核心是他一生所坚持的反专制。他所说的"伦理觉悟"，以及后来在 1917 年 2 月的《文学革命论》予以加强的"伦理道德革命"又是什么呢？这恐怕是一个很难回答的问题了，有研究者统计，1983 至 2004 年"中国学术期刊网"上直接论及陈独秀伦理革命的文章一共只有 7 篇。[②] 但问题还不只是在于论文的多寡，而是在于，凡讨论陈

---

① 《观念的发明者》，北京大学出版社，2008 年，第 72 页。
② 徐国利：《陈独秀'伦理革命'思想的再认识》，《安徽史学》，2005 年第 4 期。

独秀伦理革命观的文章，基本上都只是在复述他自己的一些言论，或加上一些时代背景的议论，主要强调所谓打倒孔家店旧礼教的意义，如此而已，鲜有新意。

陈独秀对伦理革命多有强调，但这部分的论述恰恰又是他革命理论中最模糊不清的，也是最弱的部分，因此才特别需要借助像"打到孔家店""废除旧礼教"这样的战斗口号。他在《吾人最后之觉悟》中论及"伦理之觉悟"时所说的"伦理"，其实针对两个主要方面：儒家道德和专制价值观。问题是，无论是"道德"还是"价值观"都不等于是"伦理"。新文化运动是一个拿起武器去战斗，而不是一个探究武器原理的时代，概念模糊、论证粗糙、结论简单是新文化运动理论建设的通病，陈独秀也不例外。这正是我们今天需要深化、细化新启蒙的一个原因。

陈独秀在文中写道："伦理思想，影响于政治，各国皆然，吾华尤甚。儒者三纲之说，为吾伦理政治之大原。"其实，儒者三纲之说首先是社会的，其次才是政治的行为规范。但更关键的问题是，"儒者三纲"是不是伦理呢？这首先得问，什么是伦理？德国哲学家和心理学家石里克（Friedrich A. M. Schlick）在《伦理学问题》指出，伦理学问题"关涉道德（moral）、关涉风尚（Sittliche）、关涉有道德'价值'的东西、关涉被视为人的行为'准则'（Richtschnur）和规范（Norm）的东西"，但归根到底，伦理关乎的是"善"。[1] 容易与"伦理"混淆的两个说法是"道德"和"价值观"。陈独秀在攻击儒家文化时就是错误地把道德当成了伦理。

从社会规范来说，道德是关于一件具体事情的是与非，对或不

---

[1] 莫里茨·石里克：《伦理学问题》，孙美堂译，华夏出版社，2001年，第5页。

对。是和对就是道德的，否则就是不道德的。伦理是指导道德的原则，伦理要回答的问题不是对还是错，而是为什么是对的或错的。不同的道德观可以有完全一致的伦理。例如，在堕胎问题上，不赞同者认为堕胎是错的（不道德的），赞同者反之，他们做出的是不同的道德判断，但伦理原则却是同一个，那就是，不得取无辜的生命（戒杀）。不赞同者会说，堕胎杀死一个小生命，但赞同者并不会以"该杀"来主张堕胎，而是会说，初期怀孕的还不能算是一个生命。同样，圣经时代的一夫多妻是道德的，今天则是不道德的，道德观变了，但伦理并没有变：应该保护女性。圣经时代的妇女难以自立，生存得靠嫁汉，组成家庭是一种男性为女性提供保护的方式。今天不同了，以前道德的已经变为不道德的，但伦理原则并没有大的变化。

在历史中形成的儒家伦理也是"从善"，不是叫人去"作恶"，儒家的基本伦理原则是珍惜生命、爱、尊敬父母、诚实、勤劳、避免极端，与《圣经》十诫里的当尊敬父母、不可谋杀、不可奸淫、不可偷盗、不可陷害人、不可贪恋别人的房屋、也不可贪恋别人的妻子仆婢牛驴有着相似的伦理原则。不管有什么民族、文化、传统的差异，人类还是有一些共同珍视的伦理原则，这就是我们今天相信世界范围内有普世价值的根本原因。新文化运动要改变的其实不是人类的普遍伦理原则，而只是一些普遍伦理在中国传统儒家社会文化中的道德表现。

陈独秀"伦理觉悟"或"伦理革命"的另外一个方面是政治价值观，这是一种政治的规范。陈独秀写道："盖共和立宪制，以独立、平等、自由为原则，与纲常阶级制为绝对不可相容之物，存其一必废其一。倘于政治否认专制，于家族社会仍保守旧有之特权，则法律上权利平等、经济上独立生产之原则，破坏无余，焉有并行之余地?"(《吾人最后之觉悟》) 他所涉及的其实是我们今天所说的"价值"或"核心价值"，而价值观也不等于伦理。政治的基本伦理也是普世的：生命与财产、和平、稳定和发展、幸福。但是，不同的政治制度——如专制独裁与民主宪制——在这些伦理原则应该体现为什么价值观(其实也就是如何实现普世性伦理目标)上会有深刻的相互敌对的分歧。例如，希特勒的独裁意味着纳粹德国的稳定和发展，而民主宪制所要的是与此完全不同的稳定和发展。

因此，诚如陈独秀所说，任何国家都不可能既要专制独裁，又要民主宪制。陈独秀选择的是民主宪制，因此也必然同时选择了民主宪制的核心价值："盖共和立宪制，以独立、平等、自由为原则"。(《吾人之最后觉悟》) 玛丽·斯劳特的《这才是美国：如何在一个危险的世界中坚守我们的价值》一书中总结了七项美国价值：自由、民主、平等、公正、宽容、谦逊、信仰。[1] 这些都是美国这个民主宪制制度必然会选择，也必然包含的价值。陈独秀的伦理启蒙目的是为了中国人都能像他一样选择反对专制的独立、平等、自由政治原则。可惜的是，他没有能告诉国人，民主与专制的政治制度的区别不在于它们有不同的伦理，而在于它有不同的价值观，反专制的民主政治不需要重新创造伦理，但必须改变专制的反民主价值和以此为依据的反民主政策。民主反对专制的根本理由是，专制制度的价值观和相应政策使得专制不可能实现普遍政治伦理的目标：生命与财产、和平、稳定和发展、幸福。因此，除非专制改弦易辙(如梁

---

① 玛丽·斯劳特:《这才是美国：如何在一个危险的世界中坚守我们的价值》，马占斌、田洁等译，新星出版社，2009 年。

启超所希望的开明专制最终会向民主转化），否则，它在口头上承诺普遍政治伦理不过是伪善和欺骗。民主制度并不是完美的制度，但却肯定是比专制要更符合现代政治伦理的制度。

5. 启蒙时代的文学与政治

政治启蒙，尤其是专制国家里的政治启蒙，有它深刻的局限。和所有乐观的启蒙者一样，陈独秀容易低估专制对民主进程的顽固阻力。单从开启民智的启蒙来说，民主政治道理并不难懂，知识也不深奥，普通人从道义或自身利益来理解和接受民主的核心价值观更不是问题。问题是，他们受到了民主政治的启蒙，向专制者要求民主，无异于与虎谋皮。专制者不仅不同意，而且为了防止人民提出民主要求，会加倍凶狠地加强专制，那又该怎么办？陈独秀本人后来选择了"革命"的道路，可以理解为他对这个问题的回答。这在很大程度上等于宣告，他已经放弃了启蒙的温和改革之路。

在陈独秀设想并尝试的所有启蒙工作中，惟有一项似乎是取得实际成功的，那就是文学革命。不过，陈独秀只是呼吁和倡导而已。继胡适提出《文学改良刍议》后，陈独秀在 1917 年 2 月号的《新青年》杂志上发表《文学革命论》，主要提倡内容上的改革，提出"三大主义"："推倒雕琢的阿谀的贵族文学，建设平易的抒情的国民文学；推倒陈腐的铺张的古典文学，建设新鲜的立诚的写实文学；推倒迂晦的艰涩的山林文学，建设明了的通俗的社会文学。"1918 年，他在《建设的文学革命论》里又提出"八不主义"，以"不"来宣传新文学主张，是典型的"用反对"来说话的方式。新文化运动本来就是以"反对"来打出它的启蒙大旗的。按陈独秀的说法，德先生反对孔教、礼法、贞节、旧伦理、旧政治；赛先生反对旧艺术、旧宗教；德先生和赛先生一起反对国粹和旧文学。这样的说法虽能制造激情檄文所需要的修辞感染效果，但未必准确，至少对"文学"来说如此。

德先生和赛先生一起反对国粹和旧文学，由此推理，它们也会一同成就新学术和新文学。初看起来，这可能让今天的人们起疑：这是说学术或文学必须为政治服务吗？其实，陈独秀未必是这个意思，他的"八不主义"涉及的不过是文学要有充实内容和真情实感、要创新不要俗套、要讲文法，等等。放到今天，也就是小学生和中学生的基本作文要求罢了，不足以产生伟大的文学。不过，在民主启蒙者陈独秀那里，普通人的写作，为普通人的写作，有一种民主的精神。这样的新写作也便于向普通民众传播新思想。

利用文学开启民智和推行启蒙的想法在梁启超那里就已经有了，1902 年他开办《新小说》月刊，就是因为相信小说是一种对普通民众有效的启蒙手段。他在《论小说与群治之关系》中说："欲新一国之民，不可不先新一国之小说。故欲新道德，必新小说；欲新宗教，必新小说；欲新政治，必新小说；欲新风俗，必新小说；欲新学艺，必新小说；乃至欲新人心，欲新人格，必新小说。何以故？小说有不可思议之力支配人道故。"《新小说》是中国近代新体小说的最早者。它的作品大部分用白话写成，它所包括的内容，有论说，有历史小说，有政治小说，有科学小说，有哲理小说，有传奇小说，有地方戏本，有札记体小说，有世界名人轶事，开创了中国小说的新体例。诸种小说，"似说部，非说部；似稗史，非稗史；似论著，非论著"，都能如梁启超的要求，运用小说的"熏"、"浸"、"刺"、

"提"的功能，促使中国国民的群治改进，只许向上，不许堕落。

陈独秀的新文学革命的主要作用是一个宣言，大凡文学变革的宣言，都不是像许多人想象的那样，从无到有地开创新风，而都是因为在这之前已经有了一些成功的有影响的实践。例如，18世纪、19世纪交汇时的英国诗歌从新古典主义向浪漫主义转化时，诗人威廉·华兹华斯（William Wordsworth）给《抒情歌谣集》（Lyrical Ballads）写的序言就是这种性质的新文学宣言。他倡导诗歌要写普通人的情感，运用普通人的语言，强调自然和想象，缩小诗和散文的差别、变说教为感化。在做这番宣言之前他已经在这样写诗了。文学变革的原因总是很复杂的，不能把革命倡导当作其最重要的原因，没有革命的倡导，该发生的变革还是会发生。中国的新文学在新文化运动时期并未出现，而是出现在这之后的二三十年间。我们在把时间中的前后关系理解为因果关系时，应该格外谨慎。

就新文化运动的启蒙意义而言，文学与社会之间的相互影响和建构作用似乎更值得我们重视。从18世纪法国社会与文学的类似关系来看，自由——新觉醒的自由意识和民主政治的自由观念（以及基于此的人道主义）——是新文化运动的核心启蒙价值。1800年，法国作家斯坦尔夫人（Germaine de Staël）也把"自由"当作18世纪启蒙和文学留给后世的主要思想遗产。她指出："文学的发展——也就是思维和表达艺术的完善对确立和维护自由都是必需的"。她推崇的是"哲理文学"，认为哲理文学同"雄辩和说理一样，是自由的真正保障"。① 新文化运动之后，在1920年代和1930年代出现的新文

① Germaine de Staël, *De la littérature considérée dans ses rapports avec les institutions sociales*. Paris：Bibliothèque Charpentier，1800，p. 23.

学作品中，道德思考是主要的文学哲理因素，个性解放、人格独立、爱情自由等等成为新人道主义的主调，而且，作品基本上都是现实主义的。崇尚这些价值的读者群形成了志同道合的、有共同审美趣味和政治诉求的人群。就他们而言，文学的社会作用是，审美因为哲理的探究，观念由于审美的表达，而让文字在普通公民们之间传播和流传，在这个积累的过程中，文字的观念内涵变得越加扎实、细腻和丰富。这样的文学作品受到普通读者喜爱并产生影响，作者与读者之间的互动体现了新观念内涵的民主分享。

在启蒙时代，自由而人道的文学有科学不能代替的功能，在今天科技快速发展的时代尤其如此。正如斯塔尔夫人所指出的，单靠科学不足以维护自由，因为科学很少像文学那样深入地认识人的激情和道德。如果只是满足于科学的理性分析，那么人就会在智识和政治上受到极大限制，也会疏离和轻蔑日常生活中的事件和人文问题。她还特别指出，专制权力最喜欢的就是"一心只关心世界物理定律（physical law），但对谁运用这种定律漠不关心的人"。① 实验和科学不足以产生自由，也维护不了自由。因此，文学维护自由的作用才更重要，只有文学才能与人的世界和自然世界都保持联系，而启蒙的一个作用也正是要探求如何在这两个世界之间建立一些对人有意义的联系。不同领域中的法国启蒙哲人们共同完成的《百科全书》正是这样的启蒙典范，像孟德斯鸠、伏尔泰、狄德罗、卢梭这样的启蒙哲人也都是了不起的文学家，并不是偶然的。

自由、启蒙的文学是一种公民们建立关系的社会机制，读者们

---

① Germaine de Staël, *De la littérature considérée dans ses rapports avec les institutions sociales*，p. 26.

通过文学，一起使许多复杂而且模糊相联的观念和思想变得清晰起来。这不仅是一种共同拥有的知识，而且也是一种建立共同理性和情感的纽带。因此，从17到18世纪的英国启蒙是一种"道德社会学"，其核心价值就是"同情"和"怜悯"这种具有群体纽带意义的"社会情感"（social affections）。而同情、怜悯、恻隐之心正是人道主义文学所推崇的伟大情感和人性教育。

在阶级等级依然分明、贫富悬殊依然巨大的启蒙时期的英国，是人类不分贵贱贫富、皆有与生俱来的同情和怜悯为英国人提供了共同体的基础，也因此促进了英国的社会慈善和福祉改革。中国新文化以后的新文学作品，许多也正是以同情穷苦人、反抗社会不公、打破贵贱贫富桎梏为其理性和情感诉求，这种人道主义后来被当作与"阶级性"相对抗的"人性论"而受到毁灭性的批判。把反人道的阶级批判与新文化运动的自由和人道理念放在一起，孰优孰劣，自有公论。为了阶级解放而创作出来的阶级斗争学术走向了它自己的反面，不再是一种解放的理想，而成为一种现实的限制。

今天，100年前的新文化运动对我们已经不再是一种合时的启蒙，而只是一段可能有启发意义的历史。今天的理性、民主、道德和其他方面的启蒙已经有了更全面、细致的内容。但是，新文化运动的反专制目标却仍然没有过时，陈独秀的启蒙思想与他的民主思想是一致的，贯通于其间的是反专制，一直到他1942年5月去世都是如此。

第十一章

书籍、阅读和启蒙的社会影响

思考 18 世纪思想观念和变革实践的历史遗产，必然要涉及如何评估启蒙哲人及其启蒙思想对当时社会的影响，法国大革命经常被视为这种思想对现实的一项影响结果。今天，我们之所以呼唤和倡导新启蒙，也是出于期盼启蒙能对现实发挥积极的影响，进而推动良性的社会和政治变革。今天的启蒙能在现实社会中产生怎样的实际影响作用呢？这是一个没有简单答案的问题。

思想如何影响社会变革，这是一个长期以来引发启蒙研究者们思考的问题，至今仍然富有争议。大致而言，可以分为思想史和社会史的不同研究进路。从思想史来考虑这个问题，得出的结论偏向于肯定思想和观念影响的作用；而从社会史（或文化史）——文化史可以理解为文化领域里的社会史——来考虑这个问题，则倾向于淡化思想和观念的作用，而强调社会或文化因素的影响。社会史更关注的是民众心理、传统和习俗、经济或其他利益的分化对立、统治者与被统治者的关系、民众看待权贵的方式，等等。文化史则会关注书籍（或其他文字产品）的出版和销售、文化商品机制、阅读史、书籍史、禁书和禁言、报刊审查及其变化形式、言论自由状况，等等。

兼顾思想史和社会史或文化史的启蒙研究有利于提出更为具体的思想影响问题：启蒙运动对社会的渗透到底有多深入？激进思想究竟在多大程度上造成了旧制度的灭亡？对这类问题的回答也关系到我们对今天的新启蒙可以有何种期待的评估。启蒙的影响力能在什么程度上深入社会？影响可能发生在怎样的社会层面或人群？如何看待今天启蒙与大众或网络文化的关系？启蒙必须通过社会的信息和知识传媒机制发生作用，也就是说，启蒙离不开阅读与知识。现有的阅读史研究，尤其是 18 世纪前后的阅读史研究为回答当时的启蒙影响问题提供了可贵的社会史依据。同样，对网络时代阅读和知识特征的研究也可以有助于我们今天认识和展望新启蒙的社会影响。①

1. 旧制度下的书籍出版

1789 年 7 月 14 日，当巴黎的乱民冲击巴士底狱时，还在监狱里等待解放的囚犯一共只剩下 7 个人，而在君权时期查禁没收的"不法书籍"却是成百上千。与所有的专制思想审查和书报管制一样，法国大革命前的书籍审查是维持专制权力的重中之重，但是，与所有的专制思想控制一样，法国书籍审查的效能却未必像它的施行者所希望的那样完美。自从 1970 年代法国启蒙运动研究朝社会史方向转变后，书籍审查和大众阅读研究取得了丰硕的成果，让我们对这些问题有了更具体、清晰的认识。这也有助于我们在虽不同，但相似的新情境下为思考类似的问题拓展思路。

思考和研究启蒙的社会影响，往往会局限于观念或理念分析，变成一种纯粹的观念发生学或思想史。思想史的启蒙运动研究经常把启蒙运动的新观念（针对宗教的破除迷信、世俗理性、个人主义、自然权利、人类大同，等等）当作法国社会变革的动力。这样的史学分析倒是与法国革命的敌人对启蒙思想的指责不谋而合。反对

---

① 参见徐贲：《人文的互联网：数码时代的读写与知识》，北京大学出版社。2019 年。

启蒙和法国大革命的人们说，启蒙是颠覆传统宗教和君主权威的知识阴谋，而血腥暴力的大革命就是这棵知识之树结出的毒果。

许多历史学家支持这样的看法，他们从法国大革命来回观 18 世纪启蒙，这个启蒙就成了由大革命追溯构建的启蒙，而未必就是历史上真实的启蒙。革命选择了自己的思想和知识先驱，把他们供奉在革命的历史博物馆和圣殿里，就像法国大革命对待伏尔泰和卢梭那样。但是，正如美国历史学家罗伯特·达恩顿在对启蒙时期法国的社会史研究中揭示的那样，不管启蒙哲人的思想成就多么了不起，我们都需要特别当心认为他们的思想直接造成社会变革的说法。我们应该尽量用社会史研究的可靠结果来验证思想的实际影响（这经常是一件难事），不可轻信泛泛之言。例如，说到伏尔泰对当时法国社会的影响，就不应该忘记，那时候，两位成年的法国男子中，能阅读的不过一位。因此，研究特定历史时期一般人的阅读也就特别重要。

法国书籍和阅读史学家罗杰·夏蒂埃（Roger Chartier）问："书籍造成革命吗？"[①] 尽管现在已经有了不少关于书籍和阅读的社会史著作，这仍然是一个很难回答的问题。专制制度的保卫者们，18 世纪或 20、21 世纪的，也许都会毫不犹豫地回答说"是"。这是因为，如果说"不"或"不一定"，那么，他们为禁书而想方设法、百般忙活还有什么必要，还有什么意义呢？18 世纪虽然被称为"开明专制"的时代，但法国的书籍审查和查禁制度却发展到了一个前所未有的程度。1740 年，法国有 41 名皇家书籍审查官，大革命前已经增加到

---

① Roger Chartier，Cultural Origins of the French Revolution. Trans. Lydia G. Cochrane. Duke University Press，1991，ch. 4.

178 名。① 加强对书籍出版的管制，与书籍行业的扩展有关，但更显示了专制权力钳控自由思想及其传播的意愿和决心。当时的审查制度规定，所有的书籍在出版前必须经过审查程序，不仅如此，在出版后还必须由警察检查并管理发行。

参与书籍审查的不仅有官吏，还有各种各样与"知识"有关的内行人士：作家、律师、图书馆人员。他们与被审查的作家保持密切的关系，有的作家，如丰特奈尔（B. Le Bovierde *Fontenelle*，1657－1757）、孔狄亚克（Étienne Bonnot de *Condillac*，1715－1780），自己就是负责审查的。有的作者认识审查官，他们还会与审查官讨论自己的作品，了解该如何避免误踩红线，其中最要紧的是不能冒犯宗教、君主，或有伤风化。② 政府不光设置书籍出版前的预防性审查，还派出许多检查员督察书籍的印刷和发售，他们在书店或印刷所巡查，监督或收缴任何可疑的出版材料。

与所有的专制管控一样，惩罚和恐惧是最主要的手段，不仅要惩罚违法者，而且要起杀一儆百、以儆效尤的震慑作用。违反书籍禁令者会被捕入狱，一般服刑数月。伏尔泰曾两次被投入巴士底狱，这后来成为他的政治资本。1749 年，狄德罗因为《百科全书》被送进监狱。因违反书禁而坐牢的不仅有写书的，而且还有印书和卖书的。从 1720 年算起，每 10 年就有 100 名因违禁书籍罪而坐牢的，其中大部分是印书和卖书的。1750 至 1780 年，政府禁书达到高潮，巴士底狱里 40% 的囚犯都与违反禁书令沾边。1780 年代，随着皇家警察

---

① Nicole Herrmann-Mascard, *La Censure des livres a Paris à la fin de I'Ancien Régime*, 1750－1789, Paris: PUF, 1968, p. 42.

② Madeleine Cerf, "La Censure royale à la fin du 18e siècle", *Communications* 9,1967, p. 23.

军心动摇，书籍审查力不从心，效果日下，波旁王朝的专制权力摇摇欲坠，终于走到了尽头。

在专制时代的法国，任何出版物都需要得到皇家特许，也就是需要有官方授予的"特许"（privilege）。特许代表着出版商能够从政府权力得到种种好处：免税、市场专营权、有效期内出了事情不受官方起诉。一本书的特许经常是 10 年或 20 年，逾期可以再续。通过颁发特许，政府恩威并施地控制了出版商。这被证明是一种有效的市场化思想钳制方法，一直到今天，世界各地的禁书仍然主要是从出版社下手。专制时代的法国书籍市场完全看国王的脸色，但也受到国王的充分保护。国家权力对作者同样实行恩威并加的手段，伏尔泰享受"皇家历史学家"的年俸，达朗贝尔和让-弗朗索瓦·马蒙泰尔（Jean-François Marmontel，1723－1799）担任的法兰西学院终身秘书之职，也是领薪水的。①

旧制度下的书籍市场集中在巴黎，巴黎的出版商结识作者、巴结官僚都是近水楼台先得月的事，大多数的特许都归他们所得。外省的出版商只能得些残羹剩饭，他们心有怨恨，但却无计可施。他们只能等到巴黎的特许到期之后，有特许的书籍变成大家都可以用的公共物品。如果等来的是特许续期，那就只能白等。但是，外省不在国王的眼皮子底下，天高皇帝远，所以更会做出巴黎出版商不敢的事情。在里昂或鲁昂这样的外省城市里，出版商经常铤而走险，靠印刷非法或盗版书籍发财。

在严格控制书籍出版的法国，书籍有三个来源。第一是走特许

———————

① Martyn Lyons, *A History of Reading and Writing in the Western World*. New York: Palgrave Macmillan, 2010, p. 107.

路子的巴黎书籍；第二是能通过审查的外国书籍；第三是来自外省的违禁或盗版书籍。① 1777 年，政府颁发的新规定，特许有效期为 10 年，或者直到作者死亡。这有利于安抚外省的出版商和主张经济自由化的人士。而且，按照新规定，特许不再颁发给出版商，而是颁发给作者（类似于今天的作者版权），这就大大改变了出版商与作者的关系，威胁到了出版商的专营权。书籍手稿不再属于出版商所有，10 年之后，手稿就成为对谁都开放的公共物品。

2. 书籍出版与商业利益

专制政府的图书审查和禁书是出于维护自己权力的根本政治利益，但却会想方设法掩盖这一利益的实质。一方面，它会用公共利益（纯净道德风化、扫黄或杜绝不实谣言）来做借口，故意把禁止的思想类书籍（18 世纪称为"哲学书籍"）和道德不良的书籍捆绑在一起。另一方面，它会利用书籍出版业内部的一些既得利益力量，以特殊好处为诱饵，招募他们合作，争取他们在行业内部进行比外部强制更有效的自我检视和审查。书籍是一个心理过程的中介，是作者和读者之间的交流，同时也作为商品在物品生产、分配和消费的体制内流通。这种商品的利益就是经济利益。对专制政府来说，为了保证至高无上的政治利益，可能会选择牺牲一些经济利

① Jean-dominique Mellot, "Counterfeit Printing as an Agent of Diffusion and Change: The French Book Privilege System and its Contradictions, 1498 - 1790", in Sabrina Alcorn Baron et al, eds. , *Agent of Change: Print Culture Studies After Elizabeth L. Eisenstein*. Amherst, MA: Massachusetts University Press, 2007, pp. 42 - 66.

益,但是,对于唯利是图的出版商来说,经济利益则永远是首要的。

自从印刷术的发展让书籍能够方便地进入千家万户之后,书籍审查作为一种统治行为和手段,不仅显示了政府的公开强制及民众的顺从,而且体现出一种以管教和征服为目的、细致入微的压制机制。书籍审查的巧妙之处不在于实行可见的压制,而在于使一些被压制者心甘情愿地加入这种压制,成为它的共谋,让审查变成自我审查。当然,这也会使许多阅读变成秘密阅读。如《民主德国的秘密读者:禁书的审查与传播》一书中所揭示的,图书审查不是统治集团的独角戏,而是一个全社会的工程,像是一场众人参与的礼拜仪式,形成一种"秘密阅读的技艺","因为先进的图书复制方法已经被国家垄断,(秘密读书)从手抄、背诵到手工印刷、艺术家手制书,各种各样的办法犹如剧场的保留节目一样,令人不由得发出赞叹"。[①] 这些参与者当然不可能是社会里的每一个人,而是与书籍有关的人们。

在 18 世纪的法国,那些与书籍有关的人们当中,最有组织和实力的就是书籍出版行会,他们是罗伯特·达恩顿所说的"合法出版世界"的主角。达恩顿在书里描述道:"巴黎三十六个主要的印刷商和一百个左右主要的书商住处富丽堂皇,出外仆役如云,在礼典的场合穿着华丽的镶着金百合花式丝绒;在马萨林教堂,在他们的守护神福音传教士圣约翰的银雕像前,隆重地举行弥撒,在行会举办的豪华宴会上大快朵颐;通过宣誓和考试仪式接纳新成员加入行会;

---

① 齐格弗里德·洛卡蒂斯(Slegfried Lokatis)、英格里德·宗塔格(Ingrid Sonntag):《民主德国的秘密读者:禁书的审查与传播》,吴雪莲译,社会科学文献出版社,2013年,第 18—19 页。

参加星期二和星期五的合法进口书籍检查"。① 书籍出版行会的入行，条件相当严格：学徒必须是天主教徒，粗通拉丁语和希腊语，人数受到严格限制，这样在晋升时才不至于竞争太激烈。大多数的出版商都把生意保持在家族范围内。政府要求限制印刷工的人数，这符合工头们的利益，因此得到他们的积极配合。印刷行会有自己的公会（chambre syndicale），在行会里有负责人检查所有进口书籍，剔除盗版和违法书籍。他们这么做的公开理由是保证书籍的排版质量。正如马丁·莱恩斯所说："行会不仅阻挠自由竞争，而且自愿成为君主压迫性政策的工具。他们排外的组织引起一些要求自由的作者和出版商的反感，在旧制度行将灭亡的那些年月里，这些作者和出版商是巴黎的知识界无产阶级。正如达恩顿所说，这个挣扎的无产阶级群体欢迎革命和出版自由，革命带来自由和等待已久的解放。"②

在不同的形势下，专制统治的利益观——什么是利益，什么是最大的政治利益——的内涵是会发生改变的。一些"开明措施"的出台，经常是统治者关于利益的观念和利弊权衡发生了变化，而不是因为一下子对思想自由或解放发生了兴趣或同情。达恩顿指出："1535 年，发行书籍可以用来进行煽动，政府的反应是绞死任何出版这种书籍的人。在这之前，1521 年，政府曾试图驯服新兴的书籍产业，将其置于中世纪机构——大学——的监管之下。1618 年，政府又一次尝试将出版商局限在行会——另一个更为古老的组织——之中。此外，政府试图使书籍受到控制，方法是通过发展自己的机

---

① 罗伯特·达恩顿：《高贵的启蒙，卑下的文学》，达恩顿：《旧制度时期的地下文学》，刘军译，中国人民大学出版社，2012 年，第 175—176 页。以下出自本书的引文直接在括号里注明页数。

② Martyn Lyons, *A History of Reading and Writing*, p. 108.

构——首先是掌玺大臣官署，然后是巴黎警察总监，再后来是出版管理局——和开办自己的企业来对抗自己的对手。"印刷行会是最积极配合的，直到大革命时期，它还在"搜查不道德的书籍"。①

组织和宣传是任何专制政权的两大要害部门，这两个部门所有官员的任命权都牢牢掌握在国王自己手里，管理书籍的事情则直接交给国王最信任的大臣。马勒泽布（Malesherbes）便是这样一位大臣，他与王室关系密切，后来还担任路易十六的辩护律师。1750—1763年，马勒泽布任书籍管理局局长（Directeur de la Librairie）期内，书籍管理发生了一些被视为"自由化"的变化。与专制统治下几乎所有的"自由化"变化一样，法国书籍控制的变化是从专制统治的根本利益出发的，不是因为接受了思想自由或解放的新观念，而是一种具有旧制度特色的压迫性宽松。以前，思想管制主要靠强行压制和残酷迫害。后来统治者发现，这种高压政策不仅不能如愿奏效，而且统治成本也太高。他们于是调整策略，改用相对温和的手段，一面用展现开明来收买和笼络人心，一面维持书籍审查和严控思想的政策。

马勒泽布对《百科全书》能在法国出版发挥了关键的作用，耶稣会教士指责《百科全书》，但他对启蒙哲人藐视教会的指控采取睁一只眼闭一只眼的态度。1759年1月，巴黎高等法院谴责《百科全书》，5月，国王政务会决定收回国王的出版特许，但马勒泽布成功地挽救了这部著作，他还确保随后各卷的出版能在默许下进行。马勒泽布是被法国出版商说服的，并争取到国王的许可。如果《百科全书》在国外出版，那么法国政府和这部著作所涉及的许多人就会遭

① 达恩顿：《高贵的启蒙，卑下的文学》，第 177、178 页。

受巨大的经济损失。纸张制造商、印刷工、装订工、书商以及那些从事与印刷这一新兴行业有关的无数熟练工人都会失业，这会不利于社会稳定。而且，出版和印刷行业的工作会外流到国外，许多其他国家的工厂会迫不及待地抢走这些工作，而在那里生产的禁书或盗版书照样会涌入法国市场。

马勒泽布从经济角度来考虑问题，并不意味着他对政治问题掉以轻心，他网开一面的只是可禁可不禁的，而不是非禁不可的书籍，因此只是尺度而不是原则的变更。专制的言论控制从来就有时松时紧的特点，总会有一些空隙可钻，有一些擦边球可打。《百科全书》打的也正是这样的擦边球，它的观点是相当温和的，并不威胁到维稳。神学和王权是当时最敏感的问题，而"《百科全书》中那些神学主题的词条，与培尔，尤其与伏尔泰的相比，温和了许多，它的哲学和政治词条即便不是完全单调乏味，常常也是相当节制"，"《百科全书》撰稿人偶尔对君主制度做出的批评也一直是温和的，在语气上很少超出词条'压迫'。这个词条的匿名作者根本没有论及当时的任何制度。他们所批评的，与其说是当时盛行于法国的宗教和政治制度，不如说是妨碍知识进步和思想自由交流的一切思想体系的外部标识，百科全书派向往特殊利益与普遍利益相协调的和谐社会意象，致力于为社会和政治问题提供哲学的、科学的以及技术的解决方法，因此设法赢得了欧洲许多传统精英的关注"。[1] 在共创和谐社会这一原则目标上，他们与国王的利益并不违背。

马勒泽布对《百科全书》的处理本身具有启蒙时代的理性和务实特征，他承认以前的书籍审查没有成功，甚至是无效的。第一，

---

[1]《剑桥十八世纪政治思想史》，第177、189页。

不管审查官如何尽力剿灭不法书籍，这样的书籍迟早都会出现于法国的市场。因为书籍有利可图，禁书不得人心，所以禁书往往是表面文章，阳奉阴违，难以收到实质性的效果。第二，书籍在法国国内禁止了，都一定会在别处印刷出来，通过地下渠道回到法国，得利的是外国出版商，尤其是便宜了英国、荷兰和瑞士的出版商。查禁书籍危害到了国家的经济，在财政状况不佳的时候，尤其对巩固政权不利。第三，承认法国的政治文化已经发生了变化是明智之举，审时度势地应对新形势有利于国王争取作者，也可以使出版商多出版对国王有利的作品。

马勒泽布对书籍管理做出的开明调整体现了启蒙运动时期一些大臣向开明策略的转变，这也是开明专制的显示。他从书籍审查的实际功效，而不是一贯的不信任和压制需要来考虑君主政治和经济利益的最大化和最优化。作者使用匿名，以此逃避法网的追究，警察执行禁书任务不力，黑市盛行，滋生腐败，这些都是现实，也都是马勒泽布在书籍审查之外必须面对的相关问题。他一直在维持控制言论的基本原则，并没有对审查制度作任何伤筋动骨的改变，他坚持大力禁止反宗教、反国王、有伤风化的有害书籍。但是，他发觉书籍出版的皇家特许制度并不合理，所以他利用了一些可以绕过这一制度的变通办法。

灵活运用"默认许可"就是他运用的一种变通办法。于是便有了两类不同的出版书籍。第一类书籍是正式通过政府审查的，拥有官僚机构颁发的特许证和加玺特许（permissions de Sceau）；第二类书籍是审查官认为对宗教、政府、道德无害的，所以给予"默认许可"（permissions tacites）。默认许可与特许的区别在于，默认许可出版的书籍不享有法律保护，出了盗版是出版商自己的事，但政府也不会对它问罪。默认许可成为一种承诺，就算书以后被禁，作者、出版商和书商不会被法律追究。在这些多少"合法"的书籍之外，"法国人把不知多少完全非常的'不良书籍'（mauvais livres）或'哲学书籍'（Libres philosophiques）塞在裤子底下、箱子的夹层里，甚至是巴黎警察总监的马车里，偷偷带进法国"。[①]

马勒泽布担任书籍管理局局长时，并没有发明默认许可或灵活许可，但他确实给了这些许可更宽松运用的可能。宽松政策给法国出版业带来的直接利益就是出版繁荣，出版的书籍，尤其是历史、政治和小说多了起来。1760年代，默认许可书籍的数量甚至超过了有特许的书籍，到了1780年代，超过70%的书籍都是默认许可的。即使没有默认许可的书籍也可以用"警方许可"（permissions de police）、"简单许可"（permissions simples），以及"宽容"（tolerance）来出版和流通。

在只有特许才能出版书籍的时代，能出版的书籍几乎都是技术类、商业类、教科书类图书，这很像中国20世纪六七十年代。但是，法国人的阅读兴趣却要广泛得多，书籍出版的实际情况根本不能反映他们的实际兴趣。法国人阅读最多的书籍之一是历史，历史有叙事性，有很强的可读性和故事性，历史中的事件总是在提供与现实的某种相似或相异的对比，自然而然成为对现实的某种评价。这让历史无可避免地带有政治的意涵。随着18世纪的进展，法国人的阅读变得越来越政治化，这是那个时代多种文化因素潜移默化作用的后果。随着时间的流逝，"法国人阅读的宗教作品越来越少……

---

① 达恩顿：《高贵的启蒙，卑下的文学》，第164页。

非神圣化的作品抓住了广大读者"。[①] 这与革命思想退潮后正能量书籍的读者越来越少，其他书籍越来越抓住广大读者是一样的道理。这是形成新书籍市场的重要条件，而新的书籍市场又加速了读者兴趣的转变。这样的趋势当然是不会被允许一直发展下去的，官方一时的宽松政策随时都可能逆转。书籍有经济价值，又包含社会生活内容。书籍包含的多方面内容——文学的、知识的、社会的、经济的、政治的——会以互动的形式相互渗透和彼此汇集，出其不意地对正统思想造成冲击。在专制制度下，这是犯大忌的，因为专制最害怕的就是它的权力被自由的思想所颠覆。

3. 思想史与社会史

　　就对 18 世纪君权专制的颠覆而言，书籍市场的作用更甚于自由思想本身。虽然维护专制权力是统治者压倒一切的政治利益所在，但只要市场存在，它就可能成为对专制严控臣民思想和思想传播的一个侵蚀力量。虽然市场的本意在于牟利，但实际效果却还是会对限制自由市场的政治控制形成某种抵抗。在这个意义上说，资本主义的自由市场对专制统治至少永远是一个潜在的危险，在 18 世纪的法国如此，在后来的许多专制国家也是如此。书籍市场里有专制权力可以引诱或利用的因素，但也有它难以驯化或驾驭的力量。在专制制度下，普通读者对什么样的书籍感兴趣，渴望读到什么书籍，在市场上的表现都要比他们公开说出的更加真实。至于他们为了阅

---

① 达恩顿：《高贵的启蒙，卑下的文学》，第 171 页。

读会如何铤而走险，有何行动，会不惜付出多高的代价——不只是金钱，而且甚至是人身安全的代价——更不是自由社会中人能够想象的。《民主德国的秘密读者——禁书的审查与传播》一书里就有许多这样的例子。

对于阅读史的研究者来说，要确切知道人们偷藏在裤子或厕所水箱里的是些什么书籍，或者普通人平时阅读怎样的书籍，并不是一件容易的事情。对 18 世纪法国人阅读什么，达恩顿根据现有的研究材料提出了三个假设，这也可以为我们思考今天读者阅读什么，以及他们的阅读与现实政治之间的可能关系提供有用的参考。他提出的三个假设是：一、法国人阅读什么书籍部分取决于书籍生产和发行的方式；二、18 世纪，基本上有两种图书在生产和发行——公开的和秘密的；三、这两种书籍之间的差异，对旧制度时期的文化和政治来说至关紧要。① 在这三个假设中，最值得我们重视的是第三个，因为它向我们揭示，那些看上去不严肃——发生在民间或网络上——的阅读，可能在无意间成为对统治权力的一种可怕的颠覆。

历史学家罗歇·夏蒂耶（Roger Chartier）问"书籍造成了法国大革命吗"的时候，他暗含的回答是否定的。1989 年，东欧发生变天，德意志联邦电视台在讨论这个历史事件时，提出了同样的问题，是书籍造成了东德的革命吗？这个问题实质上问的是，信息传媒真的拥有人们想象的那种政治力量吗？如果有，那么是什么样的信息对谁产生了什么样的影响？对这样的问题从来没有简单的答案，但任何有意义的答案则一定不能忽视大众读者。

达恩顿在《思想观念的社会史》一文中指出，研究 18 世纪启蒙

---

① 达恩顿：《高贵的启蒙，卑下的文学》，第 172 页。

运动有"两个要害问题，一个是启蒙运动与社会政治的关系，一个是启蒙运动与大众文化水平之间的关系"。[①] 说起 18 世纪启蒙运动与法国社会的关系，人们马上会想到伏尔泰、狄德罗、卢梭、孟德斯鸠这样的启蒙哲人。法国历史学家达尼埃尔·莫尔内（Daniel Mornet）的《法国革命的思想起源》（1933）是一部研究思想观念影响社会政治的名著，他强调伟大思想家推动历史变革的作用，他把大革命的根源追溯到启蒙运动，也就是启蒙哲人著作中的那种"批判精神"。他认为，伏尔泰和《百科全书》派作者 1760 年代已经在时代风气上占了上风，而在 1770、1780 年代，他们的思想进一步激进化，也传播得更加广泛。在对大革命的解释中，莫尔内考虑到复杂的社会和政治因素，这是从文化史和社会史来看的。但是，在思想领域里，他认为在启蒙哲人的著作与革命者之间存在着直接的关系，这是从思想史来看的。

在对法国革命的思想影响研究中有两种不同的趋向，它们之间存在着紧张的关系，但不是不能调和的。第一种是思想史的趋向，它强调启蒙思想中的自由、平等、民主观念对法国革命的影响。乔纳森·伊斯雷尔的《心灵的革命》（*A Revolution of the Mind*）便是一个代表，他认为，启蒙运动中有一股来自少数思想家的共和-民主激进思潮，直到 1770 年代都是隐藏着的，但在革命前夕终于成为有影响的思想力量。第二种是文化史的趋向，以达恩登为代表，他认为，启蒙思想家在政治上是保守的，他们对革命的思想影响可以忽略不计。他代表的是 1970 年代后兴起的对法国革命的文化史研究

---

① 罗伯特·达恩顿：《拉莫莱特之吻》，萧知纬译，华东师范大学出版社，2011 年，第 206 页。

（其实是社会史研究的一个部分）。

文化史研究大大扩展了资料的来源，丰富了研究的对象，它关注的不是著名思想家的著作，而是被思想史排除在外的历史材料，不仅包括各种"不入流"的历史资料，小册子、毁谤作品、漫画、流言八卦等，还包括书籍史、阅读史、出版史、书报审查史等。这样的研究也有它自己的缺陷，用批评家丹尼尔·戈登（Daniel Gordon）的话来说，在它所描绘的启蒙运动中，那个时期"最伟大的心灵"（the greatest minds）几乎被完全切除了。[①] 那些重要的启蒙哲人都不见了，代替他们的是一些落魄文人和三流以下作者的小册子和政治毁谤。

在思想史和文化史这二者之间，莫尔内的《法国革命的思想起源》是偏重于思想史的。因此，他成为 1970 年代后文化史研究者们的驳斥对象，他们认为在启蒙哲人与大革命之间并无直接联系。理由是，反对革命的一方和主张革命的一方都用孟德斯鸠和卢梭的观点来支持自己的立场。而狄德罗的许多著作是在大革命后出版的，根本不可能影响大革命。启蒙哲人的同时代读者许多并不把他们当作思想伟人来阅读，例如，读者们喜欢伏尔泰的戏剧，却未必对他的《哲学辞典》有多少兴趣。卢梭的粉丝们阅读的不是他的《社会契约论》，而是他的情感小说《新爱洛伊斯》。

我们关注文化史研究的成果不是为了要否定思想史研究的成果，而是要看到一些在思想史研究之外的发现，文化史的研究有助于我们认识今天网络时代民众接受思想影响的特征和方式。在这方面，

---

① Daniel Gordon，"Postmodernism and the French Enlightenment"，in *Postmodernism and the Enlightenment：New Perspectives in Eighteenth-Century French Intellectual History*. Ed. Daniel Gordon. New York：Routledge，2001，p. 2.

达恩顿对 18 世纪法国民众阅读的研究富有启发的价值。他的关注点不是启蒙名著，而是一些名不见经传，甚至已经被遗忘的作者。他在研究中揭示，许多不知名的作者，以及一大帮以写小册子为生的作者，他们所发挥的社会影响也许远远超过了启蒙哲人。他结合思想史和文化史的研究方法对我们今天思考写作的社会影响，以及与大众读者，尤其是网络读者的关系有很大的现实启发意义。论述民主、宪制法治、公民社会理论和人权观念的专门著作只有很小的读者群，这些著作的影响力局限在很小的专业范围内（专家、学者、教授和一些大学生、研究生）；涉及社会政治问题，又浅显明白的时论时评或思想评论（单篇的或合集的）拥有远比专著众多的一般知识读者（职业人士、教师、学生、一些基层官员或体制内工作人员）。

还有一些不被视为严肃作品，而只是当作"粗俗读物"的文字——网络上流传的笑话、政治传闻、小道消息、八卦新闻、内部秘闻、政要丑闻或轶事、色情故事等，它们的受众是无数粗通文字、以阅读浏览为消遣或娱乐的"群众"或"草民"读者。达恩顿对 18 世纪启蒙的研究揭示得最多的就是这种粗俗读物。他指出，旧制度的权威在这些下层民众眼里失去了神圣的光环，变得丑陋、肮脏和令人恶心，这时候就连那些卑贱的草民都敢于公然鄙视旧制度的权势人物，拿权贵开低俗的玩笑，使劲糟践他们。不管专制权力如何想方设法禁止，老百姓还是在传播那些被禁止的诽谤、讽刺和谩骂，肆无忌惮，乐此不疲。只是在这样的时候，历史学者们才能确言，旧制度的末日已经不远了。

4. 粗俗读物的颠覆力量

政治腐败、世道不公、人心浮动，但民众的普遍不满和愤怒却找不到公开的言论表达渠道，在这样的社会里，老百姓最感兴趣的是政治诽谤而不是哲学和理论。这在任何一个国家里都是普遍的现象。文化史家正是从这样的现象来研究 18 世纪后期法国民众的阅读。达恩顿在《旧制度时期的地下文学》一书里就此写道："人们很容易低估 18 世纪法国政治中人身毁谤的重要性，因为人们很难理解当时的政治发生在宫廷里，在那里人格比政策要重要得多。"所谓的"人格"也就是"政治威信"。毁谤是通过"新闻"（小道消息）和小册子流传的，小册子起的是"手写新闻"的作用，18 世纪的纸媒与今天的大众传媒一样，起着"口头记者"的作用，"'普通公众'靠传言生活；并且，他们将政治看做一种未参与的体育运动，包括恶棍和英雄，但没有结果……普通人阅读毁谤作品可能就像现代读者阅读杂志或漫画书，但他并没有一笑了之；因为恶棍和英雄对他来说都是真实的"。[1]

就像今天的网络文字一样，18 世纪的小册子是最大众的传媒，小册子轻薄便携，老百姓喜闻乐见。就像今天的网上文章一样，小册子不仅是老百姓唯一买得起的书籍，而且也是他们自己觉得能读懂的书籍。这样的书籍不是长期地被放置在读书人或图书馆的书架上，而是读完后便随手丢弃的。要了解大众阅读与大革命的关系，关键正在于了解那些在革命前夕的巴黎书市上卖得特红火的小册子，他

---

[1] 达恩顿：《高贵的启蒙，卑下的文学》，第 194 页。

们有故事，有漫画，廉价易得，朝生暮死，打一枪换个地方。它们擅长的是诽谤、抹黑、煽情、八卦。它们很低俗，但老百姓喜欢。

政治毁谤成为普通人日常的文化消费品，无形中宣传了对政府的不满。它本应该是政府首先要禁绝的东西，但是，政府虽然有能力禁止出版它不喜欢的书籍，却经常对民间的政治毁谤束手无策。这是因为，民间流传的政治毁谤犹如地下游击队，不断变换攻击的方式，又行无定踪，"警方对于毁谤作品是如临大敌，因为它们对公众舆论有着严重的影响"。但是，事与愿违，"在大革命前的那些年里，当局在努力遏制反政府毁谤作品时，尤其束手无策"。① 对专制统治来说，这其实已经是舆论失控，民心丧失的末世景象了。当毁谤作品屡禁不绝、全民传播的时候，专制统治的末日也就不远了。

18 世纪小册子的市场主要是为最平凡的读者而存在的。法国革命前夕，法国 47% 的男子和 27% 的女子能用法语阅读。巴黎人的识字率高于外省，能签署遗嘱的男子占 90%，女子占 80%。1792 年，在圣马塞尔（St. Marcel）工人区有三分之二的人能够阅读。② 从推理上说，能够阅读的人越多，可能接受革命小册子的人也就越多。但是，能阅读不一定就读书，更不要说家里有书了。18 世纪末，马恩河畔沙隆（*Châlons-sur-Marne*）区的家产清单显示，拥有书籍的家庭只有十分之一，可见不宜夸大肯花钱买书的公众人数。今天的富裕人口也未必是最喜欢阅读的读者。在外省里昂，拥有书籍的工匠约为 20%，而自由职业者（教授、医生、律师）则高达四分之三，

---

① 达恩顿：《高贵的启蒙，卑下的文学》，第 194,192 页。
② Daniel Roche, *Le Peuple de Paris*, *essai sur la culture populaire au* 18*e siècle*. Paris：Aubier，1981，pp. 206 - 11.

他们的书也是工匠家的十倍。① 巴黎的书籍占有率高于外省，1780年，35％的巴黎较下层家庭遗产清单中包括书籍，个人藏书量在18世纪也增加了五倍。② 像这类对阅读大众的社会学研究，虽然未必能完全说明18世纪书籍对特定读者的影响，但有助于勾画阅读人群的某种轮廓。今天，新启蒙所需要的这方面信息应该比18世纪远为具体、充分，在思考阅读群体区分和社会政治影响时，也应该更充分地考虑这些。

官方对正式出版渠道的控制有相当成熟的体制化经验，但是，大众的读品经常来自不同的渠道。达恩顿指出："从出版到毁谤，这一步在行会的封闭圈子之外很容易实现，因为行会之外的出版商只能是非法生存。……上层代理人可能永远不会接触到毁谤作品，而底层的人则只是处理垃圾作品。"粗俗的垃圾作品与危险的哲学著作一样被统治者视为极具破坏性的洪水猛兽，"因为它们对于公众舆论有着严重的影响，而公众舆论在旧制度衰落的岁月里是一种强大的力量"。对这样的小册子，政府除了强行压制和禁绝，还努力增强抵消其影响的软实力，"它雇用了布里索和米拉波之流的小册子作者来为自己制造点好名声，甚至企图操纵谣言"。③

可能具有颠覆性的粗俗作品和严肃哲学著作在统治者眼里是没有什么区别的，这在政府禁书的方式和语言中可窥一斑。禁书使用的是一种故意误导舆论，利用民间传统道德感的语言，"旧制度把（粗俗作品）《夏尔洛和托瓦内特的爱情》、《修道院的维纳斯》跟霍

① Roger Chartier Daniel Roche，"Le Livre：un changement de perspective'，in P. Nora & J. Le Goff，eds.，*Faire l'histoire*，3 vols. Paris：Gallimard，1974，vol. 3，p. 127.
② Daniel Roche，*Le Peuple de Paris*，pp. 217 – 20.
③ 达恩顿：《高贵的启蒙，卑下的文学》，第196、192页。

尔巴赫和卢梭放在一个盒子里,使用同一个名称"。重要的不是这两种书籍的内容区别,而是"它们共有的秘密性。在非法性上它们是平等的,夏尔洛与卢梭都是越轨的兄弟"。[①]

其实,大众读者阅读粗俗作品受影响的方式具有其自身的特点,是不能与严肃读者的阅读和思考简单类比的。例如,大众感兴趣的首先不是"自由"(他们对自由既不了解,也因为从来没有得到过自由,而并不太觉得需要自由),他们要求的是"平等"——不是抽象的平等理念,而是事实上的平等。这使得他们妒嫉和憎恨某些别人有的而他们自己没有的特权,别人有的而他们自己没有的享受。权贵们灯红酒绿、吃喝玩乐、声色犬马、豪宅美女的放荡生活故事不仅特别让他们感兴趣,而且特别让他们愤怒和渴望报复。

挪威政治和社会学家乔恩·埃尔斯特(Jon Elster)指出,在托克维尔的《旧制度与大革命》中,"妒嫉、平等和与(身份地位)流动性等密切相关的思想(对大革命)构成了重要的解释词汇"。托克维尔研究了法国大革命前社会阶级和群体之间的关系(农民、城市手工业者、城市资产阶级、贵族、知识分子、教士、皇室管理部门人员),这些关系在很大程度上是从"利益"角度来描述的。这些利益冲突导致强烈的情感反应(妒嫉、恶意、仇恨等等),对托克维尔来说,这些情感为旧政权的脆弱性及其最终崩溃提供了主要的解释途径。[②]

托克维尔的朋友,法国经济学家杰罗姆-阿道夫·布朗基(Jérôme-Adolphe Blanqui,1798–1854)告诉他一个故事,是在

① 达恩顿:《高贵的启蒙,卑下的文学》,第197页。
② 乔恩·埃尔斯特:《心灵的炼金术:理性与情感》,郭忠华、潘华凌译,中国人民大学出版社2009年,第214页。

1848 年革命期间发生在布朗基家中的。这个故事给托克维尔留下了深刻的印象，让他思考大众欢迎革命的原因，"虽然那是件很琐碎的小事，但却巧妙地显示出那个革命时代的特点"。故事是这样的，布朗基从乡下带来一个青年人到他家里做仆人，那是一个贫穷人的儿子，他家遭遇的贫困让布朗基心软了。起义爆发的那天晚上，小伙子在主人家吃完晚饭后清理时说了一句话，被布朗基听到："下周日（当时是周四）就轮到我们吃鸡翅膀了。"而另一个在他家服侍的姑娘听到以后又说了一句："也要轮到我们穿漂亮的丝质裙子了。"

布朗基的这两个仆人为革命感到兴奋，不是为了自由，而是因为至少在吃鸡翅膀和穿丝裙子这样的事情上他们可以跟主人平等了。对这个故事，托克维尔加了一段他自己的评论，他认为更重要的一点是，布朗基非常小心地不让别人知道他听见了这些"猴子们"的议论，他们让他感到恐惧。他一直等到镇压结束后，才敢把这两个年轻人送回他们的老家去。托克维尔似乎在提醒，革命来到之时，千万不能得罪革命群众，哪怕是那些只是贪图鸡翅膀和丝裙子的群众。①

那些利用人的妒嫉、贪欲、幸灾乐祸心理，攻击和诽谤权贵和富人的小册子会悄悄播下革命情绪的种子，大众读物诉诸情绪和情感，而不是分析和理解。达恩顿因此指出："我们可以认为，公众发行淫秽书籍不过是逗乐，除此之外什么都不是。毁谤小册子作者经年累月地制造成堆的垃圾，但没能埋葬任何人。但它也可能具有累

---

① 里查德·斯威德伯格：《托克维尔的政治经济学》，李晋、马丽译，上海三联书店，2011年，第 353 页。

积的效应，在路易十五之后造成滔滔洪水。"普通大众的阅读首先是为了消遣，不是思想启蒙，是为了娱乐，不是政治觉醒。如果有某种政治启蒙和觉醒的效果，那也只是一种可能的"副产品"。正如达恩顿所说："'普通公众'将政治看成一种自己不参与其中的体育运动，包括恶棍和英雄，但没有结果——除了好人与恶棍之间或法国与奥地利之间的赤裸裸的斗争。他阅读毁谤作品可能就像现代读者阅读杂志或漫画书，但他并没有一笑了之，因为恶棍和英雄对他来说都是真实的……政治是活生生的神话。因此，在享受了《黑色日报》上关于法国上流社会的性病、肛交、通奸、私生子和阳痿的刺激叙述之后，他可能已经相信（对权贵的）描述，并为之激怒。……相信那是直接从妓院通往王位。"[1] 普通民众对政治或革命的理解能力有限，他们的政治观局限于恶棍和英雄的对立两分，但他们对这种对立却异常执着和认真。

对大众读者来说，权贵人物的情妇或小三的故事不只是性丑闻，而且是政权败坏和政治黑暗的表现。大众读物对旧制度所起的是一种积怨成仇的破坏作用，它让民众更明白不要什么，而非让他们更知道要什么；使他们积聚起怨愤的激情，拒绝自己是谁（国王的顺民），而不是得到爱的力量去发现自己是谁（自由共和的公民）。正是那些对统治者"去神圣"的作品，国王的权威褪去神圣的光环，让"国王失去他与人民的神秘联系，这是多大的损失，我们很难说。……但是，这类作品使得波旁王室看起来完全失去了合法性。政府害怕这些作品，因为它理解这些作品嘲弄君主制的力量"。就像参加暴动和起义的农民不需要读过马克思的著作一样，被裹挟到大

---

① 达恩顿：《高贵的启蒙，卑下的文学》，第193—194页。

革命风暴和洪流中的民众也无需读过伏尔泰和卢梭的政治著作。但他们一定是因为有了某种阅读，或以别的方式得到某种信息，对造反的对象有了恶感和仇恨，"而这是比（卢梭的）《社会契约论》更危险的宣传。它切断了将大众与其统治者联系起来的体面感"。统治者的道德说教不再能取信于人，而且还暴露出它的虚伪和无耻。相比之下，"尽管淫秽不堪，但毁谤作品却富于强烈的道德感。……这种道德感在大革命时期成熟起来"。[①]

在任何一个特定的现代社会里，都会存在不同的阅读人群，可以把他们区分为不同的层次，但也可以区分为不同的阅读习惯。在统治权力严格管制读物生产和流通的社会里，一些阅读习惯比另外一些阅读习惯更受制于这个权力环境，因此更可以说是这个环境中主要受打击和压迫的对象，坚持这样的阅读习惯也会成为一种对现实环境的抵抗，并影响这个环境的改变。统治权力在感受到精英或民众阅读习惯的威胁时，最能显露出它衰弱和恐慌的就是丧失了对不同阅读的区别能力，压制一切自由言论。这样的政权是一个逼良为娼又自我削弱的政权，它鼓励哲学堕落为吹捧或毁谤，逼迫说理蜕化为谩骂，也逼迫公民沦变为语言暴众。当哲学被书报审查扼杀的时候，毁谤的粗俗文字便会更有市场，如果一个国家不允许优秀、干净的哲学来提升公众的精神境界和智识水准，也就怪不得它的国民普遍变得粗俗、猥琐、愚昧和道德低下。当这样的刁蛮国民在政治野心家的蛊惑下，把仇恨的怒火尽情喷发出来时，这个世界看到的就是1793年的恐怖景象。

---

① 达恩顿：《高贵的启蒙，卑下的文学》，第195、194页。

5. 阅读与言论

18 世纪是一个阅读的时代，当时的法国从地理位置上和思想影响上来说都位于欧洲启蒙的中心。当时到法国访问的人们都对法国人的阅读热情留下了深刻的印象，一位到巴黎观光的德国游客这样写道："巴黎人人都在读书……尤其是女性，每个人走到哪里，口袋里都揣着一本书，坐车、散步都在阅读，戏院演出间隙、咖啡馆里都有人看书……女人、孩子，连雇工、学徒……坐在马车后面的跟班、马车顶上的车夫、站岗的士兵都在读书。"①

人一旦开始阅读，就没有学不会或不能知道的。纵观古今，专制统治者无法阻止人们识字阅读，因而只能从他们不喜欢的书籍来下手。史蒂文·罗杰·费希尔（Steven R. Fisher）在《阅读的历史》里写道："正如美索不达米亚和埃及一样，欧洲最早的文学作品，不论是批评性的，还是颠覆性的，不论是反省性的，还是纯粹哲理性的，都会让统治者怒火中烧。公元前 411 年，雅典人烧毁了早已亡故的希腊哲学家和数学家毕达哥拉斯（公元前 580 年—前 500年）的著作。罗马大帝奥古斯都封杀了政治家兼诗人盖厄斯·科尔内留斯·加卢斯（公元前 69 年—前 26 年）和诗人奥维德（公元前 43 年—公元 17 年）的作品。加卢斯是罗马爱情挽歌的创始人，他宁肯自杀身亡也不愿离开罗马。奥维德是古罗马继贺拉斯之后备受推崇的诗人，曾被流放到托密（今天罗马尼亚的康斯坦萨），终身未获赦免。由于惧怕这些人名高盖主，卡利古拉大帝在位时期（公元

---

① Quoted in Martyn Lyons，*A History of Reading and Writing*，p. 119.

37—41 年在位）颁布焚书令，将荷马的《伊利亚特》和《奥德赛》（是西方抄本最多的两本书）以及同时代的诗人维吉尔（公元前 70 年—前 19 年）和历史学家李维（公元前 59 年—公元 12 年）这两位已故文学传奇人物的所有著作一焚而烬。"①

在欧洲，书报检查制度的形成与印刷技术的发明和传播直接有关。在书籍还是手抄本的时代，禁书和焚书是主要的压制手段。1450 年古腾堡发明印刷术后，印刷技术广泛传播，禁书和焚书的效用降低了，于是 1501 年罗马教皇亚历山大六世下令不得刊印一切未经教会检查的书。1512 年第 5 届拉特兰宗教会议批准了对印刷品的事先检查制度，发布禁书目录成为教会统一禁书的主要手段。检查机构在 1571 年前由宗教裁判所承担，在 1571 年后主要由教廷禁书目录部进行。在神权专制时代，书籍查禁不需要任何法律，教皇的敕令就是法律，禁书事件就是一个个案例，检查官就是法官，评判一本书的标准在于是否对教会统治构成威胁，并非真正维护教义的纯洁。宗教改革后教会力量削弱，欧洲民族国家君主势力增大，以英国都铎王朝和法国瓦卢瓦王朝法兰西斯一世进入君主专制为标志，近代意义上的书报检查制度也随之产生。

专制统治一直把禁书和毁书当作它不容置疑的应该拥有的权力，而自由意识是对抗这一专制权力的唯一具有持久意义的力量。这种自由的抵抗最早发生在英国，比法国足足要早一个多世纪。那是一个专制与自由反复较量的过程，从争取信仰自由渐渐转变为争取言论自由。

16 世纪末期，英国清教徒通过剑桥大学出版社，轰轰烈烈地为

---

① 史蒂文·罗杰·费希尔：《阅读的历史》，李瑞林等译，商务印书馆，2009 年，第 42 页。

自由而战，反对国家干涉任何信仰自由。然而，在伊丽莎白一世执政期间（1558—1603），星室法院（the Star Chamber，成立于1487年，因其位于西敏宫的一个屋顶有星形装饰的大厅而得名。它与英国枢密院、英国高等法院等构成英国史上最重要的专制机器，特别是在惩治出版商上充当了打手的角色，在英国报纸出现前很长一段历史时期起到禁止自由言论的作用）于1586年颁布法令，规定所有书籍必须提交坎特伯雷大主教或伦敦主教审核，并在皇家特许的"出版公司"（Stationer's Company）注册后方可出版。结果导致伦敦地下黑印刷所空前活跃，来自苏格兰的长老会宣传册及荷兰的新教著作充斥英国市场。1637年，查理一世统治时期，英国星室法院再次颁布法令，规定书籍出版发行应事先获得批准，但其印刷及销售依然处于开放状态。1640年革命爆发，审核和登记制度也随之停止，星室法院也于次年解散，但法规的真空造成了混乱局面。1643年，长老会及清教徒控制的下议院再次出台出版核查制度以限制反对派宣传品的印刷。

1644年，英国诗人约翰·弥尔顿（1608—1674）发表了《论出版自由》（Areopagitica），这是出版史上的划时代事件，是世界言论出版史上的里程碑，也是报刊出版自由理论的经典文献。弥尔顿第一次从理论上阐述了言论自由是人的一种基本权利。

当时正是英国内战最激烈的时候。1642年至1651年在英国议会派与保皇派之间发生了一系列武装冲突及政治斗争。在这场冲突中，国王查理一世及其支持者是一派，而由长老会控制的议会则是另一派。弥尔顿是一位清教徒，是长老派的支持者，但他强烈反对由长老会主持的议会颁布的1643年"印刷管理条例"。这项条例规定，任何著作在出版前必须获得政府颁发的许可证。

弥尔顿在《论出版自由》中反对的就是这种审查，在这篇文章里他提出了出版自由的两个经典观点，第一个是"观点的自由市场"，那就是，应该让言论在这世界上自由流通，就像货物在市场上自由流通，优质的自然会被接受，劣质的自然会被淘汰。第二个是"真理的自我修正"，那就是，真理是在不同意见的交锋过程中浮现出来的，好的和真实的观点总会战胜谎言和欺骗。一直到18世纪法国启蒙运动的时候，包括伏尔泰在内的启蒙哲人对言论自由的认识都因为不得不与法国强大的专制现实妥协，而无法达到弥尔顿的高度。在英国，废除书报检查制度与废除专制制度基本上是同步的，弥尔顿1644年的《论出版自由》并未能改变英国的审查制度，要等到1688年光荣革命后，议会才于1689年通过《权利法案》，其第9条规定："国会内之演说自由、辩论或议事之自由，不应在国会以外之任何法院或任何地方，受到弹劾或讯问。"这里规定的议员的言论虽然还只属于少数人的特权而非所有人的自由权利，但是由于这种议员特权是对国王专权的重要限制，所以这一规定不仅成为英国法治和议会民主发展的重要基础，而且也是推进英国臣民言论自由的先声。英国议会1695年2月决定中止许可证法，使英国成为第一个废除出版前检查制度的国家。19世纪初法国、荷兰、挪威等国也废除了出版前检查制度。

伊斯雷尔在《激进的启蒙》一书里论述了启蒙运动与言论审查的关系，他写道："激进启蒙之所以兴起，关键原因便在于世俗和神学的思想审查造成的压迫，连温和启蒙的兴起也是这个原因，只是方式不同而已。在这个早期现代阶段，欧洲思想审查是不成系统的，经常是无效的。在政治和司法之间只有最低程度的合作，表现出旧制度那种混乱、模糊、政出多门和程序不一。但是，不应该因此低估它对人们思想的广泛压制，也不应该忽视它结合了多种体制性审查来遏制激进思想。"①

专制下是没有自由言论的，无怪乎，要求宽容和言论自由成为18世纪启蒙的一个主要诉求，这一诉求经常策略性地以宽容来代替言论自由。直到今天，专制对社会的最大危害仍然是剥夺人民的言论自由，这是公众（尤其是知识分子）感受最深的一种奴役，但他们的自由诉求也是经常打扮成更温和的宽容诉求。

在18世纪专制时代，一个根本的思想转变便是对言论自由有了更多的思考，并不断在启蒙运动的过程中得到扩展。② 18世纪启蒙对言论自由的要求包括两个方面："言论自由"（freedom of speech）和"新闻自由"（freedom of press）。荷兰乌得勒支大学（Utrecht University）历史学教授乔利斯·艾那顿（Joris van Eijnatten）在研究中发现，18世纪启蒙哲人通常不区分这两种自由，而且运用类似的论证来捍卫这两种自由。③ 当时的言论审查已经从教会转移到国家，但严格的审查依然如故，内容包括"政治上不受欢迎的文本、情色、非正统的边缘神学以及倡导自然主义、宿命论和斯宾诺斯主义的激进哲学"。④ 尽管从教会到世俗审查的转变被视为"自由化"的迹象，但这实际上并没有带来更大的思想自由，甚至恰恰相反，因为国家的审查要比教会更有效率。⑤

---

① Israel，*Radical Enlightenment*，p. 97.

② Israel，*Democratic Enlightenment*，p. 6.

③ Joris van Eijnatten，"In Praise of Moderate Enlightenment：A Taxonomy of Early Modern Arguments in Favor of Freedom of Expression，" in *Freedom of Speech：The History of an Idea*，ed. Elizabeth Powers（Lewisburg：Bucknell University Press，2011），p. 40.

④ Israel，*Radical Enlightenment*，p. 106.

⑤ Israel，*Radical Enlightenment*，p. 104.

许多启蒙哲人都主张更大的宽容和言论自由，但他们的意见有"温和"和"激进"的分别。温和的态度希望改变目前的审查制度，但赞成对言论自由加以一定限制。它要求给知识精英更多宽容和自由，但并不认为普通民众有同样的需要，由于民众缺乏理性和思考能力，给他们自由只会导致庸俗、粗鄙、有伤风化的劣质言论到处泛滥。

与温和态度不同，激进态度希望每个人都有完全的言论自由，主张把维持秩序的言论管制维持在最小限度。它把言论自由视为一种权利，而非特许；一种权益，而非待遇。乔纳森·伊斯雷尔赞扬激进启蒙，是因为它把自由当成理性的条件，人没有自由，就不可能有真正的理性。他说："激进启蒙运动毫无保留地支持言论自由、思想和新闻自由，认为这对于每个人来说都是最有助于讨论和调查的，通过辩论，立法和社会得以改善。德国外交家和东方学家海因里希·弗里德里希·凡·迪茨（Heinrich Friedrich von Diez，1751–1817）是第一位要求充分新闻自由的德国思想家，他于1781年明确指出：'如果限制或者甚至完全不允许思想自由，那我们就永远不可能知道理性在探索真理时到底可以走多远。'"①

从根本上说，激进态度要求对当时存在的审查制度进行彻底改革，而温和态度则只是要求适度的调整。这两种态度对言论自由应该允许什么，应该对谁允许言论自由，都有许多不同的想法。这意味着这两种态度有时候会相互排斥。尽管如此，这两种态度都是审查制度的对立面，也都必须在专制体制允许的限度内要求宽容和自由，因为"整个欧洲大陆，尽管程度不同，违禁的观点都会遭到压

① Israel，*Democratic Enlightenment*，pp. 19–20.

制，而触犯禁令的出版商、印刷商、书商，以及非法观点的书籍作者都会受到惩罚"。①

在专制制度下，不管是激进地还是温和地要求言论自由，都必须小心翼翼地陈述君主专制可能接受的理由。最安全的办法就是诉诸君主专制自身的利益，绝不触犯政权本身，绝不攻击君主及其制度。这经常是一种委婉的恳求，而非理直气壮的坚持。这一点在以敢言批评著称的"斗士"伏尔泰那里也表现得非常明显。他积极倡导宗教宽容和思想自由，有一句以他之名流传的名言：我不同意你的观点，但我誓死捍卫你说话的权利！不管这话是不是伏尔泰说的，他对自由言论的坚持是有口皆碑的。法国政府禁止狄德罗《百科全书》之时，他公开表达了不满和愤怒。当丹麦和挪威成为世界上最早废除书籍审查的国家时，他感到欢欣鼓舞。②

但是，伏尔泰在向法国的专制制度要求思想自由时却表现得相当小心谨慎。他在《哲学通讯》（《英国通讯》）里一开始就介绍英国的贵格教派，他当然没有兴趣成为贵格派教徒，但对他们的行为规则颇感兴趣。他访问了贵格教的会议室，看到每个人都被允许说话，说话的人有时候喋喋不休，但没有人会禁止他发言。当被问到为什么的时候，贵格派人士回答说："我们有义务……要忍受这样的说话，因为当一个人站起来说话的时候，旁人不知道他是被圣灵感动，还是仅仅因为愚蠢。在这种怀疑和不确定中，我们需要耐心地听取每个人的意见。我们甚至允许女人也发表讲话。"③ 此外，"上帝

---

① Israel，*Radical Enlightenment*，p. 97.

② Israel，*Democratic Enlightenment*，p. 125.

③ Voltaire，*Letters on England*，ed. Henry Morley. Project Gutenburg Ebook，2005，p. 5.

让你的情感完全自由……在此之后，你只需要睁开你的眼睛，看那个启发全人类的光，你就能感知到真相并让别人看到它"。① 虽然伏尔泰认为贵格会是一个奇怪的群体，但他钦佩他们愿意允许所有人说话。

伏尔泰认为，政府也应该效仿贵格派的这种言说自由。在一部作品被写出来和出版之前，没有人会知道那是一部好书还是坏书，在编写和发表作品之前，人们也无法知道它的优点或缺点。上帝赋予人们推理和思考的能力，所以必须允许人们运用这些能力。一旦人们运用他们的理性，辩论本身就会让真相得到揭示。他说，人的"真正的伟大在于从上天那里接受了一种强大的才能，并用它来启发我们自己和其他人的思想"。② 理性来自上帝，所以应该允许人们运用理性。当他们运用理性时，所有人都会知道真相。伏尔泰认为，在言论自由方面，英国的经验值得法国借鉴，英国在为人民提供自由和开创启蒙方法上处于领先地位。正因为如此，"每个人都能自由发表他对公共事务的看法，这表明，所有人都必须培养他们的理解能力"。也就是说，一个国家的新闻自由能造就更有教养和更理性的公众，而这对国家是有益的。③

以这样的理由要求言论自由在政治上是安全的，不仅因为它借用了上帝的名义，而且是因为它在为法国的国家利益（也就是国王的利益）着想。这看上去并不是在为自由本身的价值辩护，而是在为自由对国王及其专制的效用辩护。它诉诸专制统治者的自我利益和理性：请不要做跟您自己和您的利益过不去的事情。直到今天，

---

① Ibid. , p. 6.

② Ibid. , p. 23.

③ Ibid. , p. 51.

这仍然是专制制度下人们要求言论自由的主要理由，当然还有一些由此演化而成的其他理由，如"真理越辩越明"（好像专制很在乎"真理"似的），"自由和独立思想有助于启迪民智，扫除愚昧"（好像专制不喜欢愚民似的），"人民的素质关乎国家的强大"，"自由思想有助于提高科学创造力"，等等。

18 世纪启蒙时代对自由言论意义的认识已经不再适合于 21 世纪对自由言论的认识需要。今天，人们对"言论""自由"和"言论自由"有了更周全的认识，与时俱进的启蒙必须把这样的新认识结合到对 18 世纪启蒙的介绍中去。例如，今天的言论自由不再是国王允许或恩准的东西，而是由宪法来保证的公民权利。在一个法治的国家里，仅仅有宪法条文保证言论自由是不够的，因为人们，包括法官，对具体情况下的某些"自由言论"实例会有不同的看法。因此，是否要保护言论自由的问题往往会转化为如何保护的问题。以美国为例，该国最高法院对如何保护言论自由的认识是伴随着 200 多年来整个社会的自我认识进程而发展起来的，这个过程仍在继续，成为民主发展的一个重要部分。

6. 启蒙时代的知识人

18 世纪启蒙哲人是启蒙时代的知识人。那时候还没有"知识分子"这个说法，但是，正如斯蒂芬·布鲁勒在《重申启蒙》一书里所说的，"启蒙运动礼赞知识者和他们的代表，让我们对知识分子有了新的认识"。启蒙运动史无前例地显示了知识者的社会作用，它的代表人物也开始担当一种全新的社会角色作用，那就是以自由对抗专制。① 在启蒙运动之前，就已经有知识者质疑宗教和政治的压制，有的甚至还扮演了时代良心的角色。但是，知识者把自己视为自由价值的传播者，并以此成为社会现状的批评者和改造者，这样的知识者自我意识和公共责任感是在18世纪启蒙时代形成的，也成为这个时代留给我们的一份特殊遗产。

18世纪启蒙哲人皮埃尔·培尔（Pierre Bayle）首先提出"文字共和国"（Republic of letters）的说法，我们今天似乎仍然在消化这个共和国里的公民留给我们的思想遗产，它包括两个看似分离、实际上是互为表里的方面：一、知识公共性，二、知识专业性。直到今天，如何协调这两个方面仍然是知识分子如何为自己定位的关键问题。知识分子的社会作用是仅仅局限在他的专业知识贡献呢？还是需要突破专业知识小圈子的局限，诉诸更为广大的公众？

先看知识的公共性。启蒙运动时期的文字共和国，它的公民虽然是知识者，但他们的写作对象却并不只是他们彼此，也包括社会中更多普通的有教养的人们。这一取向影响了他们的知识习性、行为方式和话语特征。他们相信，"最重要的思想应该是可以致用的，可以传递给他人，能有效果，并与社会有关"。② 拉塞尔·雅各比在《最后的知识分子》一书里认为今天继承了启蒙公共性的知识分子，把"普通的或是有教养的人们当作听众……显然，这就排除那些作品太专业或太深奥而无法被公众接受的知识分子"。③ 启蒙运动的象征性代表《百科全书》要传播的就是这种性质的公共性知识。

---

① Stephen Eric Bronner, *Reclaiming the Enlightenment*, p. 61.
② Leonard Krieger, *Kings and Philosophers*, 1689－1789. New York: Norton, 1970, p. 153. Stephen Eric Bronner, *Reclaiming the Enlightenment*, p. 61.
③ 雅各比:《最后的知识分子》，洪洁译，江苏人民出版社,2002年，第3页。

公共性知识的对立面不是私人性知识，而是根本就不在乎社会功能的知识，对此，雅各比写道："有人认为，当公共文化衰退时，那些不被公众接受的知识分子——'私人知识分子'就会茁壮成长。在我看来这是一个神话。'私人的'和'公共的'脑力劳动之间的关系是复杂的。至少可以说，它们之间有一种共生的关系。那些伟大的人物，从伽利略到弗洛伊德，他们并不满足于'私人的'发现；他们寻找并发现了公众。"① 公共性是一种知识分子有意识为自己构建的社会责任和功能。知识分子之所以有公共性，是因为他们积极介入和参与讨论一些公共生活的基本问题，如正义和公正、真相和事实、政府的权力和责任、民众的权利和义务。这些都是公共问题，也是广大民众需要关心的问题。但是，一般人由于忙于日常生计，没有时间和精力，或缺乏深入思考问题的能力，事实上无法真正关心这些问题。在这种情况下，把这些问题提出来，并给予讨论，便成为知识分子的责任和功能。他们对民众的影响是以民众是否理解他们，在什么程度上信任他们，在什么情况下同意他们的看法来衡量的。

在历史的不同阶段，特别关注和善于讨论这些问题的主要职业人群并不相同。从 19 世纪 90 年代到 20 世纪 40 年代的典型知识分子，大多是文学家，"无论你想到的是萧伯纳，还是埃米尔·左拉、安德烈·纪德、让保罗·萨特或斯蒂芬·茨威格，这些人无不是成功地将他们的文学造诣转化为大众影响力"。从 20 世纪 40 年代到 70 年代，具有公共性的知识分子中更多的是"各种社会科学家：历史学家、人类学家或社会学家，有时是哲学家"。由于这个时期大学的

---

① 雅各比：《最后的知识分子》，第 3 页。

规模变得更大了，所以他们当中不少是大学教授，"更可能是那些以学院教学而非以写小说为正职的人。"①

　　再看知识的专业性。专业性不只是指知识的专门领域，而且更是指知识价值的评价和认可依赖于有资格这么做的独立群体来评判。文字共和国就是启蒙运动时期起这种作用的群体。17世纪科学革命的先锋和启蒙先驱已经开始把知识者从天主教的教条和神学统治体制中解放出来，他们逐渐形成了世俗取向的独立机构，如伦敦的皇家协会、巴黎的科学院、那不勒斯的科学院、德国的 Collegium Curosive，这些学会或协会的主要功能是促进自由的思想交流，参与者不仅是学术圈中人，而且也是社会中人。渐渐的，沙龙、咖啡馆、市镇议会、公共演说、剧场、初具规模的图书馆把思想交流从学术圈带进了社会，形成了哈贝马斯所说的资产阶级公共空间，它形成并依赖于一种平等、宽容和尊重常识理性的规则。这样的公共空间后来成为民主革命的社会基础。

　　现代社会的私人化倾向是公共生活衰微的一个重要原因，或者也可以反过来说，公共生活衰微诱导社会中人把他们的生活越来越朝私人化的方向发展。知识分子生活的私人化除了与普通人的私人化有共同的特征之外，还表现在他们知识的私人化上，也就是一种狭隘的专业主义。美国社会学家理查德·桑内特（Richard Sennett）在《公共人的衰落》一书里指出，对大多数人来说，公共生活至多不过是一种形式上的义务，表现为"随大流"。他们"对国家事务漠然处之固不待言，而且他们的冷漠也体现在对待政治事件上。在他们看来，对待陌生人的礼仪以及与陌生人礼仪性的交往，往好里说

---

① 朱特：《思虑20世纪》，苏光恩译，中信出版社，2016年，第363页。

是做做样子，乏味无趣；往坏里说是虚情假意。陌生人本身就是危险的"。① 发生在陌生人身上的事情根本就与他们无关，在知识分子身上，这种事不关己是以知识的限度为借口的。不幸的是，现在流行的那种对公共知识分子缺乏专业精神的攻击正在帮助这种借口成为正当的理由。

美国历史学家斯托芬·平克把启蒙运动时期传播知识的那个范围称为"博客圈"和"全球校园"。用博客圈这个比喻是为了便利今天互联网时代读者的理解。平克说，理解思想史的读者"都不可能不为 18 世纪的'博客圈'所惊叹。每一本书刚出印刷厂，立即被销售一空，旋即再版印刷，接着就是被翻译成数种文字，评论的小册子和单张接踵而至，学者们通信交流，最后是又一本新书火热出炉。洛克和牛顿这样的思想家们通了上万封信。伏尔泰一个人就写了18000 多封信，足足编纂了 15 卷书。当然，按照今天的标准，这种对话的进行速度过于缓慢，需要数周甚至数月才有一次交流，但它的速度已经足以引发讨论、批评、融会、提炼，并引起当权者们的关注。最著名的事例是贝卡里亚的《论犯罪与刑罚》，此书一出，即在欧洲思想界引起轩然大波，推动了在全欧洲废除酷刑惩罚"。

以新的方式将前人的知识重新打包，以此传递新的观念。传播本身就有改变思想的作用，没有任何思想能够原封不动地传播，思想传播者再聪明，也不可能一开始就知道什么观点最有价值，最会让他人感兴趣或接受。平克对此写道："人类的头脑擅长将一个复杂的思想打包，并将它与其他的思想一起装配成更复杂的组合，再将这个组合打包，做成更大的装置，然后再结合更多的其他思想，层

---

① 理查德·桑内特：《公共人的衰落》，李继宏译，上海译文出版社，2008 年，第 3 页。

出不穷。为了做到这一点，需要稳定的源源不断的组件供给，而这必须依靠各种思想交流的网络。"①

今天，我们的知识传播有了18世纪所没有的数码交流网络，但是，这并不能自动成为一个自由的交流网络。相比之下，18世纪反倒有一个因为相对自由而更为称职的交流网络，虽然那只是一个靠纸媒通讯维持的网络，但范围广阔，无远弗届，成为平克所说的"全球校园"。他对此写道："一个全球校园不仅提高了思想的复杂性，也提高了思想的质量。在蜗居的隔绝中，难免会滋生各式各样怪异和有害的思想。阳光是最好的消毒剂，一个有害的观点暴露后，其他思想家的批评至少让这个观点有了枯萎和死亡的机会。在'文字共和国'中，迷信、教条和野史的寿命都不长，那些就控制犯罪和管理国家冒出来的馊主意也得意不了几时。将一个人点着火，观察他是否会被烧死，以此来判断他是否有罪，这种手法是十分愚昧的。为了一位女子与魔鬼交配并将魔鬼变成猫而处死她，同样愚蠢至极。除非你自己就是世袭的专制君主，否则你不可能认同世袭专制君主是最佳政体这样的奇谈怪论。"②

这个超国界的博客圈或全球校园并不是文人的俱乐部，而是文字共和国，是一个言论的公共空间。斯蒂芬·布鲁勒指出，在这个公共空间中活跃的是"进步活动分子和知识分子。没有电子邮件，也没有电脑，旅行和通讯也比今天要困难得多。由于审查、书价昂贵、图书馆稀少、不容易得到书籍，'文字共和国'只是一个理想，但是，它也在一定程度上成为现实，它的精神就是康德所说的

---

① 平克：《人性中的善良天使》，第213页．
② 同上，第214页。

'Sapere audel'！或'勇于运用你自己的理性'"。斯蒂芬·布鲁勒称这个"勇于运用你自己的理性"的公共空间为"国际民间社会"。[1]

18世纪的知识人没有组织体系，也不是一个严格的思想学派。如果说他们组成了什么，那也只是一种松散的知识者组合，历史学家彼得·盖伊称之为"启蒙家族"。他写道："如果说启蒙哲人是一个家族的话，那么这是一个喧闹的家族。他们是战友，而且常常有深厚的私人友谊，但是，除了以推动共同的事业为最大乐事外，其次就是以批判战友为乐事了。他们彼此展开无休止的论战，有些交往完全是唇枪舌剑，毫不客气。后人对启蒙运动的许多指责——天真的乐观主义、傲慢的理性主义、非哲学的哲学化——最初都是出自他们彼此之间的攻讦。甚至有些从那时就开始流传的误解也是出自启蒙哲人：伏尔泰制造了所谓卢梭崇拜原始生活的谣言，狄德罗和维兰德重复了这种说法；休谟和另外一些人最早把伏尔泰的优雅机智误解为玩世不恭。"[2]

今天，有人把启蒙时代的学人划分成"启蒙"和"反启蒙"两个阵营，但是，启蒙家族并不是我们今天司空见惯的那种党同伐异的"党人同盟"，也没有"我们-他们"的敌对阵营意识。盖伊生动地描绘了启蒙哲人之间的争争吵吵，"让他们的敌人幸灾乐祸的是，启蒙哲人把他们自己的氛围搞得极其紧张：朋友关系都很情绪化，争吵时惊天动地，和解时涕泗横流，私事炒得沸沸扬扬。狄德罗除了对卢梭外，对其他人的缺点都很大度，但是他很难原谅达朗贝尔在与他合编《百科全书》时因谨慎而临阵逃脱。伏尔泰最喜欢那些

---

[1] Stephen Eric Bronner, *Reclaiming the Enlightenment*, p. 64.
[2] 彼得·盖伊：《启蒙时代》（上），第2页。

才能不如他的人，却对狄德罗表示了让人不舒服的、莫名其妙的敬意，还参与他本人其实不以为然的《百科全书》"。伏尔泰嫉妒狄德罗，而狄德罗对伏尔泰也不乐意高抬，他在给友人的信中虽然称赞伏尔泰，但是说他行为古怪。狄德罗欣赏伏尔泰的作品和仁慈大度，但不知为何绝不信任他。直到1778年，他们两人才见面，当时伏尔泰返回巴黎，不久就故去了。至于德意志启蒙人士，例如莱辛，"他们与法国人保持一种疏远的、得体的、有点让人不太愉快的关系：他们崇拜法国人，但心怀嫉妒。""卢梭最初受到所有人的追捧，然后他拒斥所有的人，也遭到所有人的拒斥，甚至遭到大卫·休谟的拒斥。胖乎乎的休谟毫无嫉妒之心，善于交际，快乐宽厚。似乎只有他广受欢迎，是启蒙哲人家族中受宠爱的小舅舅"。①

把意见纷争的启蒙哲人联系为同一种人的是一些共同的理念和世界观，这些共同的东西超越了他们彼此之间的激烈争吵。盖伊评论道："启蒙哲人没有一个政党纲领，但他们确实结成一党。有些最难听的指责发生在家庭内部，一旦变得公开，通常会用大量的客套言辞来加以粉饰。此外，外界的骚扰或对骚扰的担心也驱使启蒙哲人们想到他们的共同之处，忘掉他们之间的分歧。只要得知一本书被查禁焚毁、一个激进作者被投入监狱、一段异端文字被审查删除，那就够了。他们就会聚集队伍，爱挑事的官员就得面对一场突然的战斗：与伏尔泰歇斯底里地号召团结相比，1758年爱尔维修发表《论精神》引发的风暴，翌年对狄德罗主编的《百科全书》的查禁，更能把启蒙哲人变成一党。那些试图摧毁这一运动的批评者反而起了推波助澜的作用。1757年，报人弗雷隆向书报检查主管马勒泽布指控

----

① 彼得·盖伊：《启蒙时代》（上），第3页。

狄德罗是'一个大团伙的头目，他掌管着一个人数众多的社团。这伙人每天都在用阴谋诡计来发展壮大自己'。但是马勒泽布依然尽其所能地保护启蒙哲人。"当时还有人认为，"尽人皆知，这些哲学大腕有一个攻守同盟"①。其实，说启蒙哲人们是一个社团或结成一伙，那只是一种无法证实的印象。

对18世纪知识者群体的种种称谓——博客圈、全球校园、国际民间社会、启蒙家族——都指向一个范围有限的群体，在这个以自由和平等为原则的学人群体中，启蒙的意义在于自我启蒙，并且以此带动更大范围内的启蒙：让尽量多的人尽快地成熟起来，摆脱不成熟的状态。并非任何什么人都是启蒙的对象，启蒙只对那些做好了启蒙的准备，有启蒙的条件和意愿的人才有意义。启蒙只是一种有限期待和有限敞开性的知识努力，尽管"有限"的范围发生了变化，但这种有限性从18世纪启蒙时代到今天并没有太大的变化。

启蒙不是一场裹挟民众的群体运动，启蒙必定是改良而非革命性质的。启蒙时代的启蒙对象是有读写能力的人，他们的人数正在增加，但毕竟是少数。启蒙人群虽不在群众之中，但却在学院之外。今天这仍然应该是启蒙者的位置。休谟说，以前所有的知识学问都"被关在学院和修道院内，与世隔绝"，所以他立志要把知识解放出来，使所有"能够改变的人"都能知晓。康德不是一个易懂的哲学家，但他也希望自己给公众月刊写的文章不只是在大学里才有读者。但是，这样的读者群不会很大，康德认为，至少在开始的时候，启蒙只适宜于"有知识的人对阅读公众说话"。假以时日，等到能够劝

---

① 彼得·盖伊：《启蒙时代》（上），第4页。

说统治者采纳知识者的意见，有了好政府之后，这才有可能让其他的民众也进行自我启蒙。[①] 启蒙本身并不能建立一个好政府，启蒙顶多只能为好政府培养它所需要的，或适宜于帮助政府变得更好的那种人才，以及希望政府能变得更好，并知道什么样的政府更好的那种民众。在这个意义上可以说，启蒙是一个长远的社会改良过程。18世纪是如此，今天也没有什么改变。

---

① Anthony Pagden，*Why is Enlightenment still Important*，p. xvi.

第十二章

与时俱进的启蒙：真相、认知、观念

中国的启蒙是一种后发启蒙，后发的一个表现是，虽然有西方的启蒙研究重要著作被翻译介绍进来，但经常是在原著出版十多年后，甚至是几十年之后。比如，彼得·盖伊的《启蒙时代》第一卷和第二卷分别是 1966 和 1968 年出版的，中文本是 2015 年才出版的，但仍被知识界视为引入最新知识的盛事。这种信息滞后造成了中国的启蒙研究与国外学术发展的严重脱节。自 20 世纪 70 年代后，有不少质疑和唱衰 18 世纪启蒙的西方著作进入中国，其中的一些观点随着 20 世纪 90 年代至 21 世纪头 10 年的"后学"理论（"后现代"、"后殖民"、"后结构"）大为扩散。然而也就在这个时候，国外的启蒙研究却已经发生了从唱衰到重申的重要变化。

由于研究信息的滞后，虽然国外从 21 世纪初就已经有许多对启蒙的积极认识，但国内却直到今天仍然没能消除"后学"理论带来的针对启蒙运动的怀疑主义、虚无主义和犬儒主义。2011 年，一位著名学者在题为《启蒙与迷信》的文章里声称："我很怀疑，除了陈辞滥调以外，关于启蒙还能谈出什么新东西？"并断言，在中国谈启蒙不过是对西方的一种"迷信"。① 2018 年，另一位著名学者在《知识分子唱主角的时代已经过去了》的访谈中表示："我现在越来越不太愿意用启蒙这个词了。因为，启蒙预设了先知先觉和后知后觉两种人，而今天是一个互动和分享的时代，是通过公共讨论来澄清问题。启蒙是一个印刷时代的产物，网络时代已经不能用传统意义来谈启

---

① 甘阳：《启蒙与迷信》，http：//m. chinaelections. net/wap/article. aspx？id＝218949。

蒙了。"①

　　是否要用"启蒙"一词来谈我们今天需要的启蒙，并不是个别学人的主观意志能决定得了的。除了"启蒙"，我们还有别的词可以用来谈启蒙吗？即使有人不喜欢启蒙这个词，那也不构成我们放弃这个词的理由，这就像即使有人对民主反感或不信任，那也不构成我们今天应该回避或放弃"民主"一词的理由。

　　康德说："启蒙无需他物，只要自由，而且是所有可称为'自由'者中最纯真的那一种：即在所有事务中公开运用个人理性的自由。如今我听到各方面都在叫嚷：'不要争辩！'军官说：'不要争辩！去操练！'税吏说：'不要争辩！去纳税！'牧师说：'不要争辩，去信仰！'……我们发现每个地方都有对自由的限制。……人必须在任何时候都有公开运用自己理性的自由，只此一点便可将启蒙带给人类。"② 今天还有太多人因为不自由而生活在各种形态的愚昧之中——偏执型脑残、识字的弱智、上过学的愚昧、有知识的愚蠢、上当受骗、洗脑型低能，等等。面对这些令人触目惊心的理性匮缺，我们有什么理由不重申自由和理性，有什么理由自动放弃启蒙呢？

1. 持灯和摆渡：没有启蒙的世界会更好吗

　　重申启蒙是为了让人们对不了解的事物有所了解，对不明白的事情变得明白和明理，对尚未能认识的问题有所认识，并在此基础

---

① 许纪霖：《知识分子唱主角的时代已经过去了》，http：//www. aisixiang. com/data/111880. html。
② 康德：《什么是启蒙》，王麓译，https：//www. douban. com/group/topic/68853825。

上有意识地摆脱自己加于自己的愚昧束缚。启蒙帮助世人知愚识智，抵御和消除愚昧比提升和造就智慧更为优先。知愚识智的策略是先知愚，后识智。愚蠢是智慧的反面，但这不等于说，不愚蠢就是智慧。在愚蠢与智慧之间有一大片灰色地带，既不是完全的愚蠢，也不能都称为智慧。学识（learning）可以成为愚蠢与智慧之间的一个转折点。"学"就是思考，学识就是通过思考而验证和确定的知识。学识不是一个结果，而是一个过程。知识只是了解，学识是进一步的理解，而智慧则是穷理。学识是以特定的方式（如批判思维或怀疑性思考）将了解到的事情确定为真实或真相。穷理则是在这个基础上追索事物和现象的根本道理，化繁为简，有所彻悟。启蒙的基本目标不是让尽量多的人成为智者，而是让尽量多的人脱离愚蠢的状态。

启蒙的知和觉其实都是脱愚，脱愚有先有后，这不是厌弃启蒙的理由。在现实世界里，人的知觉本来就有先后的差别。不然，学生为什么还要进学校学习呢？教授和学生还有什么区别呢？教授一般比学生先觉，这又有什么不好意思承认的呢？启蒙可能有"先知先觉"和"后知后觉"的差别，那又怎么样呢？知觉的前后并不注定知觉的高下和优劣，古人云："弟子不必不如师，师不必贤于弟子"，既然如此，又何必斤斤计较知觉的谁先谁后呢？

顾虑先知先觉和后知后觉的区别，在背后作祟的是知识人士自以为是的一种政治正确，那就是所谓的"认知平等"。他们以为，先和后意味着认知不平等，所以必须小心翼翼地避免。其实，这种对平等的理解不仅很教条，而且很肤浅。

在知识和认知问题上，有两种平等，一种是机会平等，另一种是结果平等。这与许多其他事情上的平等是相同的，例如，经济平等主张的是机会平等（公平竞争），不是结果平等（人人一样富有）。同样，认知平等主张的是，只要不是智障或白痴，人获得知识的条件（理性、智力、就学机会和条件、获得网络信息的机会等）应该是平等的。但这不等于最后人人在知识程度、分析和思考能力、政治和社会认识、道德和审美辨析能力等方面一定就有同等程度的发展。

先觉和后觉不过是在某一时刻的认知结果不等而已，没有什么好大惊小怪的。今天学生不如老师，明天学生可以胜过老师，这就是人们所说的青出于蓝而胜于蓝。老师在课堂上不用满堂灌或填鸭式教育，而是与学生双向讨论，这是因为相信学生的理性求知能力（认知机会平等），不是因为学生事实上已经在知识上不需要老师的帮助（结果平等）。

在传递和分享知识的过程中，群体的知识、认知和观念应该变得越来越真实、可靠、正义，这个过程就是启蒙。启蒙是以两个根本的价值为基础的：真实和自由。首先，启蒙所传递的知识必须是真实的，传递虚假的知识不是启蒙。第二，启蒙的目标是提升人的自由和自主意识。既然如此，启蒙诉诸人的自由意志和自由理性，启蒙不是变相的知识宰制或认识强迫，不是做思想工作，也不是搞宣传教育。

出于对知识分子居高临下训导民众的怀疑和不满，有的学者连带着也怀疑和否定启蒙本身的社会意义，所以反过来强调民众习惯的重要性，提出"习惯大于启蒙"。有一位学者写道："我虽然是个读书人，但我不愿做一个启蒙民众的知识分子。因为我认为知识分子的使命不是启蒙大众，而是顺从大众、引导大众，是为大众服务的，而不是大众的主人。大众在社会生活中，有一套自发形成的行为规则，这些行为规则可能有些问题，但知识分子要做的仅是在他们既有的活动规范体系内做一些调整。这当然需要理性的帮助，但是大多数情况下还是应当保留人们的习惯。"①

习惯和启蒙是没有直接可比性的，不能笼统地断定哪个"大"，哪个"优"。任何一个国家都有好的习惯，也有不好的习惯。不同国家之间的习惯更是有很大的差别。自由传统国家的民众与几千年专制传统国家的民众，他们的习惯能一样吗？他们"自发形成的行为规则"能一样吗？今天的启蒙针对的不是传统，而是传统中普遍存在的不良或恶劣习惯——奴性、官贵民贱、不诚实、不讲规则、不遵守契约、人治而不是法治、权力可以不说理、满足于假面和犬儒的得过且过。这样的启蒙又怎么可能总是"顺从大众"呢？告诉民众，他们的这些坏习惯是不好的，为什么不好，可以代之以怎样的好习惯，这样开启他们对人的自由、自主、自治意识，怎么就不是"引导"，而成了"当大众的主人"呢？

今天的启蒙者即便是"知识分子"，也只是零散存在于民间社会中间。他们除了自己的一支笔和很有限的言论机会，没有任何思想传播资源。夸大这种启蒙对民众思想可能的强制影响根本就是无的放矢。在今天的世界里，强制性思想影响都是在体制中发生作用的：政府宣传、电视和广播、学校的思想辅导、严格审查的报纸和刊物，等等。有哪一样是与民间的自由思想启蒙沾边的呢？启蒙只不过是思想的摆渡，想要过河的人踏上摆渡船，摆渡人便载他过河。摆渡人不会上岸去强拉不想过河的人。摆渡人必须有可以载人过河的船

---

① 冯克利：《我们学习西方的时机非常不幸》，https://mp. weixin. qq. com/s/X8FGS15 _ 4LZKK08l7QFWOw。

只和划船技艺，那就是他的知识和见解。

民间的启蒙者所表达的不过是他们自己的看法和观点，他们不是思想辅导员，不是精神导师，也不是灵魂工程师。启蒙者与他人在认知上是平等的，是同样自由的。任何人都有自行决定如何对待启蒙的权利，但必须为自己的决定负责。因此，启蒙无需为不成功的启蒙结果负责。

18 世纪启蒙时代，伏尔泰一辈子致力于倡导理性和破除迷信的启蒙事业，但是，他在临终前表示，他所处的时代是一个文化衰败的时代。另外一些启蒙哲人则认为，他们本来是民众的恩人，但民众却一直在抵制他们，这让他们感到心寒。德国科学家利希滕贝格（Christoph G. Lichtenberg）在他的《格言，1793—1799》里写道："人们大谈启蒙运动，还要求有更多的光。但是，我的老天，如果人们不长眼睛，如果有眼睛却死死闭着，再多的光又有什么用啊？"狄德罗有一次情绪低落，他对哲学家休谟抱怨道："哦，我亲爱的哲学家！让我们为哲学的命运哭泣吧。我们对聋子讲智慧，我们确实离理性的时代还很遥远。"休谟认为，在启蒙运动及有教养的支持者的世界之外，有一大片黑暗的荒漠，那里的人们麻木不仁，到处是文盲和迷信，是一片愚蠢和无知的王国。[①] 无法启蒙的人们不是因为天生或注定要永远缺乏理性，而是因为习惯于浑浑噩噩，而对理性根本就没有兴趣。

在今天的假面和犬儒社会里还有另一种情形，那就是即便心里明白，也会装作糊涂和愚蠢的样子。无论是用真相，认知还是观念，

---

① 彼得·盖伊：《启蒙时代（上）：现代异教精神的兴起》，刘北成译，上海人民出版社，2016 年，第 17 页。

都无法唤醒那些假装糊涂的人们。他们用这种方式对待启蒙，当然应该由他们自己承担后果和责任。但是，启蒙不应该对装糊涂的、戴假面的人不理不睬、心存鄙夷或敌视。启蒙会把他们的行为本身视为有待揭示和解释的社会现象。

不要忘记帕斯卡尔的至理名言："不要责怪我们糊涂，我们是假装的。"启蒙面对的不只是如何让糊涂人不再糊涂的问题，启蒙的问题要比与谁辩论和如何辩论，能说服谁和不能说服谁复杂得多。启蒙的意义并不在于一时一刻能说服多少自愿的糊涂人，唤醒多少装睡者、劝说多少人脱掉假面，更不在于一下子能成就什么人心改换或思想变化。对启蒙"不成功"的批评几乎总是暗含一个不可靠的前提，那就是成功的启蒙可以毕其功于一役。我们需要换一个角度来看问题：如果没有那些坚持至今的启蒙，我们今天会生活在一个更明白、更讲理、更道德、更有自由意识的世界里吗？因为不很成功而完全放弃启蒙，这会给这个世界带来更好的进步机会吗？

2. 启蒙的三个部分：真相、认知、观念

我们今天需要的启蒙可以分为三部分，它们互有联系，但又可以单独产生不同的明智效应。第一个部分是"真相"，它的明智效应是"了解"和"知晓"。例如，学生读报纸读到一篇文章《最新研究表明：长期不看电视和新闻联播容易患上忧郁症》（《广电传媒》2018 年 8 月 14 日），如果他问老师是不是这么回事，那么，老师就有责任告诉学生，那是不真实的错误信息，因为在患忧郁症和看电视或新闻联播之间没有必然的逻辑关系。老师纠正报纸的说法对学

生具有启蒙意义，让他明白以前不明白或被误导欺骗了的事情。事实关乎真相和真实，它的反面是掩盖真相、制造假象、散播谎言和迷信。在不自由的情况下，真相经常是用暗指或旁敲侧击的方法来揭示的，能接受暗示的其实已经是明白人，不明白的人经常并不能接受暗示，这样的启蒙因此也就不起作用。

历史学家沈志华在《我们的教科书忽视基本史实》一文中说，认识历史需要从"发现历史"开始。① 这个"发现"就是从不了解真相到了解真相，从不知晓事实到知晓事实。"发现"指的是发现真实，破除谎言、欺骗、迷信、盲信、神话等等。不仅是历史事件的真相有启蒙作用，苦难的真相也是一样。苦难真相不一定是纪实的，也可以用文学的形式。阅读这样的作品给人带来强烈的震撼，感动情绪中被唤醒的同情、悲愤、良知和良心，就是启蒙的效应。

启蒙的第二个部分是认知，它的明智效应是"理解"和"认识"。这是一个比了解事实真相要高的层次，它不仅要了解事情的真相，而且还要知道那是什么性质的真相，因此对它的本质和发生原因有所理解和认知。认知的启蒙把重点放在可靠的方法和合适的概念上。

如果说事实真相的启蒙是授人以鱼的话，那么认知的启蒙则是授人以渔。谁都不可能指望别人来告知他所需要的所有真实知识，他必须自己学会如何辨别知识的真伪。这就需要有可靠的认知方法，如准确的概念、逻辑论证程序、检验说理谬误的训练、辨析真假的能力等等。我们将此统称为"批判性思考"。批判性思考可以帮助我们有效地抵御强制灌输、宣传洗脑、歪理骗术，也可以帮助我们抵

① https：//mp. weixin. qq. com/s/3qLOl0BQuTBMjSrqIYOSTw.

御愚弄、操纵和轻信自欺，明白人为什么会有错误的认知，为什么会上当受骗。批判性的文学也能对认识现实世界起到启发认知的作用，不仅让人们看到发生了什么，而且认识到如何发生和为何发生，这就是一种认知的启蒙明智效应。

认知不仅需要方法，而且还需要用合适和准确的概念来思考。例如，心理学家揭示了这样一个事实现象：被害者对加害者产生同情和好感，甚至认同加害者的某些观点和想法，反过来帮助加害者。心理学为此抽取出"斯德哥尔摩综合征"的概念，用它来认识和解释这种普遍存在的受害者情结，那就是非理性的、病态的认贼作父。我们可以用这个概念来认识人的一种自我防卫机制，那就是，当受害者相信加害者的想法时，他们会觉得自己不再受到威胁。鲁迅也非常善于从事件中抽取和提炼概念，因为他总是能勇敢直面真实事件，并对之有独立、深入的思考。有次他与上海党组织起了冲突，有个党员说："你这是要破坏统一战线！如果你不听从指挥，我们要对你'实际解决'。"鲁迅一听勃然大怒，问他："什么是实际解决？是要充军呢？还是要杀头呢！"鲁迅从这样的事件中形成概念，称这些颐指气使、自以为是的要人是"奴隶总管""革命工头"。鲁迅认为，这些人一旦掌权，就可能反过来奴役别人。

这样的概念不是现成的，而是深刻思考的结果。18世纪启蒙哲人的问题思考很多是在概念层次上进行的。17世纪科学革命之后，科学家和哲学家日益强烈的需要是，"要求对已经能够用精确的语言明晰描述的知识加以系统整理。牛顿把词语描绘成对现实不可化约的概述，洛克专注于思想和词语之间的基本关系，这些都证明了一点，即人类精神的进步是如何与表达一般观点的具体术语的使用联系在一起的"。①

概念是对已有词语的更专门更精确的运用。例如，苏格兰启蒙代表人物之一的亚当·斯密坐在自家楼上的窗口，看到窗底下人来人往，买卖货物，他从自己的实际观察中形成了"交易"（exchange）的概念，这是英语中已有的字词，不是斯密发明的专用词。他用"交易"这个概念来分析交易行为中包含的"信任"。你拿一块钱换取别人的东西，这里面有"说服"的机制在起作用。你被说服了，就觉得值；不被说服，就觉得不值。许许多多非常复杂的交易如果都是自由的，都是说服而非强制在起作用，那便是推动自由市场经济的"无形之手"。这个市场的关键是自由，自上而下的国家计划破坏的就是这种自由。

斯密解释说，从经济交易价值观（值与不值，自由与不自由）可以发展出社会道德价值观（好与不好，自主与不自主）。这两种价值观是互相联系的，其中的纽带就是"公正"。一个良序社会必须是公正的，一定少不了"信任"和"道德"。良序社会不只关乎国家社会财富，而且关乎人的道德情操。在斯密那里，所有这些概念都是环环相扣的，互相起到解说和支持作用。

概念有助于解释事实的本质，把个别的认识提升到一般的层次，这是一个从具体到抽象的过程。例如，社会心理学的一些概念揭示了胁迫或不自由状态下具有普遍意义的种种人性晦暗："沉默的螺旋"、"斯德哥尔摩综合征"、"认知失调"（cognitive dissonance）、"服从权威"（米尔格拉姆实验）、"霍桑效应"（Hawthorne Effect，当被观察者知道自己成为观察对象，而改变行为倾向的效应）、"无

---

① 《剑桥十八世纪政治思想史》，第 171 页。

助心态"、"温水煮青蛙"，等等。

有的概念并不具有明显的专业特色，例如，新闻传媒有许多关于有毒食品和环境污染的报道，让公众知道有害食品及其与环境污染关系的真相。有些报道还揭露，许多人明明知道有毒食品的危害，但还是照样在生产有毒食品，结果是，种稻米的不吃自己种的稻米，种大蒜的不吃自己种的大蒜，自己生产的有害食品都是给别人"享用"的。在分析这种真实现象时，"互害社会"和"易粪而食"便成为很有用的概念，这样的概念有启蒙的意义，因为它们可以让人们对食品之外的人际互害现象（如互相揭发、互相监督、互相出卖）能有举一反三的认识和思考。

概念经常是在观念的作用下发生作用的。例如，18世纪启蒙思想的"世界主义"（cosmopolitanism）催生了特定意义的"世界"、"全球"、"人类共同体"概念。启蒙思想的世界主义至今仍然是狭隘民族主义和以及种族之间的排外、仇视、敌意的解毒剂。在18世纪，世界主义是一个全新的概念和观念，它不同于历史上那种超国界哲人的无根人生观（如公元前五世纪的第欧根尼的犬儒主义），不同于伟大君王的帝国想象（如罗马皇帝奥勒留的世界帝国），不同于基督教或伊斯兰教的那种宗教一统天下。启蒙思想的世界主义是一种包括所有人类的普世存在（ecumenism），只要遵守某些最基本的法律和道德准则，任何人都是这一人类共同体的可贵成员。

人类的普世存在要求限制和消除形形色色的部落主义、种族主义、民族对抗、仇恨、歧视和暴力冲突，也要求警惕现代民族主义和国家主义可能带来的祸害。正如康德在《永久和平论》中所说："既然大地上各个民族之间普遍已占上风的共同性现在已经到了这样的地步，以致在地球上的一个地方的侵犯权利就会在所有的地方都被感觉到：所以世界公民权利的观念就不是什么幻想的或夸张的权利表现方式。"康德认为，个人可以把自己看作超越感性世界的公民，个人是理性存在者，也是世界公民。今天，启蒙的世界主义理想还远未实现，但是，人类至少可以从这个理想汲取普遍价值、普遍规则、国际法和普遍人权的合理性，而这正是拜启蒙思想所赐。由于概念与观念的衔接，在概念和观念层次上的启蒙也经常是衔接的。

启蒙的第三个部分是观念，它的明智效应是"判断"，识别善恶、正邪、是非、对错等。判断所涉及的观念是具有普遍性的，不是局部的知识或学理。例如，一个人虽然可以在学理上明白康德的普世主义，但仍然会由于某种需要而鼓吹狭隘的民族主义。这是因为，他并不觉得自己需要在这二者之间做出对错和是非的判断和选择。对错不辨、是非不分、善恶不明，这些是康德所说的那种自己加于自己的愚昧和不成熟。一个人要打破这种愚昧和不成熟，只能靠他自己的观念转变。这是一种自我启蒙。

康德在《什么是启蒙？》里对此写道："启蒙运动就是人类脱离自己所加之于自己的不成熟状态，不成熟状态就是不经别人的引导，就对运用自己的理智无能为力。当其原因不在于缺乏理智，而在于不经别人的引导就缺乏勇气与决心去加以运用时，那么这种不成熟状态就是自己所加之于自己的了。Sapere aude！要有勇气运用你自己的理智！这就是启蒙运动的口号。"

康德所说的启蒙不是在先知先觉与后知后觉之间对比出来的，而是在"懒惰"与"勤思"，"怯懦"与"勇气"之间对比出来的。康德写道："懒惰和怯懦乃是何以有如此大量的人，当大自然早已把他们从外界的引导之下释放出来以后，却仍然愿意终身处于不成熟状态之中，以及别人何以那么轻而易举地就俨然以他们的保护人自居的原因所在。处于不成熟状态是那么安逸。"我们不能靠书本得到理解，不能靠牧师变得有良心，不能指望医生替我们规定食谱，同样，我们不能依靠别人来获得自己思想上的解放，观念的启蒙尤其是这样。

"观念"（ideas）是指那些对重大问题（历史、人性、社会、政治）的观点，这种观点经常成为有价值观支撑的信念。18世纪启蒙思想之所以与我们今天的世界有关，是因为它为我们提供了一些仍然在影响我们现代生活的基本观念——由自由价值支撑的对人的信念。18世纪的观念包括，人可以运用理智来认识世界和人自己、人的独立思想具有不可替代的价值、人类是一个整体性存在、自我完足是人的存在价值、永久和平和普世价值是人类共同向往的、人类应本着世界同胞之精神互相团结共同协谋发展。这样的观念是信念与价值的结合。启蒙的信念包括，人类文明是在历史发展中好不容易形成的、只应该前进而不应该倒退、宪制和法治优于专制和独裁、政教应该分离、民主是人民做主而不是代替人民做主，等等。启蒙的价值包括自由、平等、博爱、尊严、宽容、仁爱、同情。这些观念、信念和价值构成了今天世界的正义观，一方面倡导自由和宪制、民主和法治；一方面反对权力垄断和专制独裁。这些构成了18世纪启蒙最重要的政治遗产，那就是以自由对抗专制。

这样的信念和价值在18世纪启蒙运动时期前后发展起来，对此有所贡献的思想家包括孟德斯鸠、亚当·斯密、休谟、卢梭、康德等。他们对这些观念的见解是否正确是可以争论的，但是否正确或具有真理性并不重要，重要的是，即使他们在这些观念上某些看法或结论遭到推翻，其表述和论辩本身的有效性依然存在。真正留存下来的是一种开创性的经验、探索的勇气、理性思考的方式和新型的知识。他们的作品之所以重要，是由于传达出这种经验、勇气、思考和知识。我们称之为启蒙精神，它至今仍然是启蒙运动对当今世界的重要遗产。

对判断是非和区分善恶来说，观念不仅是道理，而且是根本、基本的道理，在这个意义上称之为"大道理"也无不可。启蒙不需要总是说大道理，但决不能没有基本的道理。没有基本的道理，就会说不清具体的道理。知识分子应该是善于用基本道理来对具体的事情说道理的人，因此应该懂得基本的道德是非，能分辨善恶和正邪，这是当一个知识分子的条件。可以说，没有观念就没有知识分子，没有对观念的运用也没有知识分子。美国芝加哥经济学派的代表人物之一的托马斯·索维尔（Thomas Sowell）在《知识分子与社会》一书里，把知识分子定义为"那些工作始于观念也终于观念的人"。①

当然，知识分子本身并不都是这样的，他们并非已经充分启蒙、不再需要启蒙的一群人。恰恰相反，由于他们与观念的特殊关系，他们可能是一个最容易用伪观念禁锢和束缚自己和他人的人群，因此特别需要康德所说的那种启蒙：从加于自己的愚昧和不成熟中解放出来。

英国政治学家欧克肖特（Michael Oakeshott）指出，知识分子形成了一个特定的阶层。他们的启蒙不同于一般的"群众"（公众）。知识人士受过良好的教育，可能有丰富的专门知识，但这并不能改

---

① 托马斯·索维尔：《知识分子与社会》，张亚月、梁兴国译文，中信出版社，2013 年，第342，369—370 页。

变他们"群众人"的特征。一个人充当群众人，与他是否受过学校教育或者学历有多高并没有特别的联系；如果说有，那也是受的教育越多，也就越容易成为群众人。欧克肖特还指出："群众人并不一定'无知'，他常常是所谓的知识分子的一员，他所属的那个阶级恰恰是与其他阶级最不常联系的。"知识分子其实是这样一种人，"他们生活在一个受保护的社会领地里，在这个领地里他们无须担负自决自治的重负"。①

欧克肖特认为，知识分子最容易成为"群众人"。这个看法与许多人头脑中的那种自由、理性知识人士形象大相径庭。但是，现代极权，比如纳粹德国的残酷现实却证明，至少对极权社会中的知识分子，欧克肖特的评估是正确的。任何极权统治，它的意识形态都是由知识分子帮助营造，也是由他们加以美化并协助散播的。作家、教授、学者、专家，没有他们的参与和加入，极权统治是不可能成功的。而且，正如社会学家埃吕（J. Ellul）指出的，知识分子是最容易接受极权意识形态和宣传的一个人群。他们是极权统治最希望培养，也最需要依靠的政治正确而又专业的人才。② 知识分子担任"知识保镖"和"教育者"的双重身份，前一种身份往往是一些头面知识分子专门拥有的，而后一种身份则是作为广大"教育工作者"和"灵魂工程师"的知识分子们共同拥有的。无论扮演的是知识保镖还是教育者，他们都是自由民主观念启蒙的阻挠和破坏力量。

① Michael Oakeshott, "The Masses in Representative Democracy," in William Buckley, ed., *American Conservative Thought in the Twentieth Century*. New York: Bobbs-Merrill, 1970, pp. 118,121.
② Jacques Ellul, *Propaganda: The Formation of Men's Attitudes*. New York: Alfred A. Knopf, 1965, pp. 31,155.

3. 传承怎样的启蒙

回顾 18 世纪的启蒙，不难发现，那个时候的启蒙是在真相、认知和观念这三个部分同时发生的，其中最值得我们今天传承的是它的认知和观念启蒙。18 世纪最有系统、最雄心勃勃的知识传播可以说是法国启蒙哲人狄德罗等人编写的《百科全书》。然而，在这部以提供真相知识为目的的百科全书里，我们同样也能看到认知启蒙和观念启蒙在起作用。

《百科全书》的知识顶多只能到编撰时刻为止，所以需要不断更新。由于法国《百科全书》后来再没有知识更新的机会，我们今天只是把它当做一部历史文献，而不是真正的百科知识来阅读，所以它的知识价值不如它的认知和观念价值来得重要。

一般而言，百科全书提供的是一种客观中立的知识。但是，启蒙运动中的法国《百科全书》却是一个例外。马丁·莱恩斯（Martyn Lyons）在《西方世界的阅读与写作史》一书中写道："达朗贝尔和狄德罗的《百科全书》是欧洲启蒙运动的重要著作。与今天众多的百科全书不同，它的目的并不是立场中立地描述当时的知识状态。它当然包括讨论当时最新科学方法的文章，但它也是在以理性改革的精神，对旧制度社会和政治体制提出批评。当时的主要知识分子都参与了这部百科全书的工作。"[1] 这部《百科全书》贡献者人数将近 200 人，其中有姓名可考的约 140 人。他们的政治立场并不相同，但在启蒙知识问题上却有着一个重要的共识，那就是，

---

[1] Martyn Lyons, *A History of Reading and Writing*, p. 113.

百科全书的目标不是要汇总过去或现有的所有知识，而是要开创一种面向未来的新知识。既然它的目的是要与过去的知识模式决裂，既然是要对支持现有体制的知识基础提出批判，它的立场当然也就不可能是中立客观的了。

我们从这部以启蒙为目标的百科全书可以看到启蒙知识或真相知识启蒙的四个重要特征。第一，这种启蒙提供的不是简单的事实真相，而是以某种可靠方式来确定的事实真相。17世纪科学革命之后，"方法"成为寻求新型知识的关键，笛卡尔和培根倡导的方法虽有不同，但共同奠定了现代知识认识论的基础。《百科全书》所提供的知识本身就是对经院哲学的批判，"批判它幼稚的诡辩伎俩、空洞做作的赘词，以及摧毁一切理性、扰乱人的常识的推理方式。……针对各种陈旧思想，他们以胜利的热情提出一种真正的哲学作为对抗，这就是批判考察的精神，观察实验的精神"。[①] 这就像倡导公共说理和批判性思维一样，它们虽然没有直接针对谁具体制造的谎言歪理，也没有直接批判某个不讲理的环境，但由于它们坚持摆事实、讲道理，说理行为本身所包含的诉求就已经是对不讲理和讲歪理的现状的一种批判。以行为示范代替说教是一种审时度势的批判策略。

提供真实的知识是有启蒙目的的，这个启蒙的目的也决定了在无数可能的真实知识中，对某些真实知识有优先的选择。它首先要针对的就是在当下环境里阻碍或限制自由意识和思考的种种愚昧机制。因此，它需要确定什么知识在此时此地比较重要，应该优先对待。知识者的问题意识决定了什么是最为迫切的知识，"每当一种全面性偏见应受重视时，那么这种偏见就应该在百科全书的条目中郑

---

① 莫尔内：《法国革命的思想起源》，第65—66页。

重其事地加以阐述，且须带有所有似是而非、颇有诱惑力的点缀物；但另一些条目则以可靠的原则论证相反的真理，参阅这些条目则可以推翻这座烂泥堆起来的大厦，使其化为齑粉"。① 今天的启蒙和 18 世纪的法国启蒙虽然不同，但这项确定优先知识的工作却是同样重要的。

第二，《百科全书》提供了许多在当时被认可的真实和可靠知识（今天人们可能对它有了新的不同认识）。狄德罗在"百科全书"（Encyclopédie）词条中说，百科全书的目标是"改变民众的思维方式"。② 他和同道者们要提倡的是一种与天主教神学不同的世俗学说。《百科全书》要包含世界上所有的知识，并向公众和后代传播这些知识。③ 从一开始起，这部著作的构想就已经包含了批判和改变现有知识结构与性质的目的。那就是倡导理性，要求以理性来客观检验任何形式的知识，而不是盲目地依赖神意或意识形态。任何理性的知识都具有驱除愚昧和迷信的作用。

提供理性和真实的知识不等于直接破除特定的愚昧，直接戳穿某个谎言或某个具体的神话。例如，提供关于农业生产和粮食作物产量的知识，不需要直接针对"亩产万斤粮"的谎言和神话，提供关于金属冶炼的知识也不需要直接针对"小高炉炼钢"的愚昧。真实知识具有普遍的启蒙意义，一个人掌握的知识越可靠、越广泛——其中相当一部分都可以成为普通常识——就越不容易轻信上

---

① 莫尔内：《法国革命的思想起源》，第 66—67 页。

② Denis Diderot as quoted in Lynn Hunt, *The Making of the West*：*Peoples and Cultures*：*A Concise History*：*Volume II*：*Since* 1340. Second Edition，Boston：Bedford & St. Martin's，2007，p. 611.

③ Denis Diderot as quoted in Isaac Kramnick，"Encyclopédie"，in Isaac Kramnick，ed，*The Portable Enlightenment Reader*. Toronto：Penguin Books，1995，p. 17.

当，就越能独立思想和判断，克服愚昧。在这个意义上我们说，普通的知识教育对每一个人在认知和判断上成熟起来是绝对必要的，也是一种最基础的启蒙。

第三，真实的知识会不符合权力的利益，权力对真实的知识不会坐视不管。因此，提供真实知识是一件有风险、甚至有危险的事情，会有障碍，也会受到权力的限制。《百科全书》的坎坷出版经历充分显示了18世纪专制制度下传播真实知识时所遭遇的权力限制。莫尔内在《法国革命的思想起源》中指出，启蒙哲人在原则问题和实际问题上的表现是不同的，他们在原则问题上——以理性取代迷信和反对一切非理性或排斥理性的权威，必须用启蒙来改变民众的愚昧思维方式——是大胆而明确的，但是，"当原则问题转向实际问题时表现得畏畏缩缩，甚至自相矛盾"。①

《百科全书》的贡献者们尽量让他们提供的知识显得中立客观和学术专业，对权力没有丝毫冒犯的意思。与其他许多百科全书贡献者们的"学者"身份不同，"法国《百科全书》的撰稿人是些'哲人'。众所周知，他们对过去的哲学思想毫无敬意"。但是，"公开署名的文章……完全是一种毫无冒犯意味的学术；甚至论述的问题（除了狄德罗的几篇文章之外）也是不容许大胆讽刺的课题。如果我们浏览一下阐述政治和宗教问题的文章，比如说，随便看10篇或100篇，我们看到的无一例外都是中立的、谨慎的，甚至包含敬意的言辞"。②

这样的中立和敬意可以理解为在专制审查制度下传播不安全知

① 达尼埃尔·莫尔内：《法国革命的思想起源》，黄艳红译，上海三联书店，2011年，第68页。
② 达尼埃尔·莫尔内：《法国革命的思想起源》，第65页。

识时的自我保护手段，"无论是狄德罗还是达朗贝尔，都不能把事情说得那么明了；他们不能直接控诉信仰和遁世，不过他们以咄咄逼人的嘲讽笔调进行的谴责已经暗示着这种控诉"。狄德罗等人利用介绍知识的机会，巧妙地暗示自己的自由思想和批评意见，但并不把这样的批评推到前台。这种试探专制统治对自由思想容忍尺度的策略也就是今人所熟悉的"打擦边球"。这是一种必要的夹缝中求生存的手段，"正是因为他们对大胆观点采用了巧加掩饰的办法，大胆观点才能以文字的形式面世。例如，他们把大胆的想法暗暗藏进看似无害的文章里；他们避免言及一些敏感作家的名字，却悄悄地采用他们的观点；他们运用交叉引证的办法来引导有倾向性的联想"。①

第四，《百科全书》看似提供客观中立的真实知识——这是事实真相的启蒙，但是，在对知识的介绍和阐述中会出现相关的，具有普遍意义的概念和观念——这是认知启蒙的部分，最有效的认知启蒙恰恰是与事实真相启蒙同时进行和发生的。今天，出现在网络或纸媒上的时事评论或具体事件评论经常以澄清某个事实或真相为目的，这是真相的启蒙，这些评论经常需要运用一般性概念，包含普遍性观念，这些概念和观念就是认知启蒙。这个时候的真相启蒙和认知启蒙结合经常是非常自然而有效的。

路易·德若古（Louis de Jaucourt）是《百科全书》的主要撰稿人之一（他撰写了《百科全书》四分之一的词条），他写的主要是经济、政治、医学和文学方法的条目，他写的"祖国"（patrie）词条就是一个真相知识和认知启蒙结合的例子。他介绍了从希腊、罗马

① Ann M. Blair, *Too Much to Know: Managing Scholarly Information before the Modern Age*. New Haven, CT: Yale University Press, 2010, p. 260.

以来的"祖国"观念，以及与此有关的"爱国"理解。他介绍说，爱祖国是一种美德，爱国"表达了家庭、社会、自由国家，我们所属成员的意义，表达了以……法律保证我们的自由和幸福"。因此，爱国的前提是公民所享有的自由和幸福。他因此强调，"专制缧绁下不可能有祖国"，"祖国"只有在公民将国家利益放置于个人利益之上的国家里才有可能。一旦君王本人被视为对国人自由的威胁，君王便不能等同为国家，这时候，"祖国"也就意味着反对君王。

德若古批判了 17 世纪法国政治家让-巴普蒂斯特·柯尔贝尔（Jean-Baptiste Colbert，1683 - 1683）混淆了"王国"（royaume）和"祖国"（patrie），也就是"政权"与"国家"的概念。路易十五的王国不等于法国，就像清廷或北洋政府不等于中国一样，明白了这个道理，也就是接受了一种认知启蒙。

对后来的启蒙来说，18 世纪启蒙里一些真相知识虽然可能已经过时，但许多认知和观念并没有过时，在很大程度上仍然具有相当的现实意义。这是我们重申这一启蒙的根本理由。当然，对不同的国家社会来说，重申启蒙的问题意识和当下性会有所不同。例如，美国政治学家拉塞尔·柯克（Russell Kirk）的《美国秩序的根基》（*The Roots of American Order*）就是一部重申启蒙的著作，它初版于 1974 年，正值 20 世纪 70 和 80 年代美国保守主义崛起时（里根就是 1981 年当选美国总统的），柯克对保守主义的支持决定了他选择要从启蒙时代传承什么。他选择了四位启蒙人物：孟德斯鸠、休谟、威廉·布莱克斯通（William Blackstone）和埃德蒙·柏克。

从那么多 18 世纪启蒙思想家里挑选四位，而没有包括像卢梭这样的民主思想前驱，这是柯克出于他自己当下问题意识的选择，别的历史学家或政治学家未必会同意。但是，这样一种目的明确的选择却正是我们今天所需要的。柯克说，任何一个时代，公共舆论都会特别注意那些与他们的当代需要特别有关的重要作家。18 世纪启蒙的总体特点是一股"要求进步、理性、世俗和政治改革的思想潮流"，这与建国时期美国人的要求是一致的，但美国人务实，对抽象的理论抱有怀疑。柯克选择的四位启蒙时代思想家也都因为务实而特别符合美国人的需要。[①]

按照柯克的理解，孟德斯鸠重视"习俗"的作用，而不是像洛克或卢梭那样强调"社会契约"，这符合美国人的政治实践，在有美国之前，美洲殖民地的人民已经有施行自主自治的习俗了。休谟鄙视对"理性"的崇拜，强调的也是习俗与经验，认为教育无非就是一个种族的习俗的积累。所以，休谟强调的是常识，反对口号式的社会动员，把政治视为一种"善用可能性的艺术"。布莱克斯通的法学强调先例和以往经验，他的《英国法释义》（Commentaries on the Law of England）在美国的影响力远超英国本土。早期的美国"没有全国性的完整法典，各州也没有完整的法典（除了路易斯安那州有改写的'法国民法典'）"，所以实际的法律操作需要的正是布莱克斯通那样的法理支持。柏克倡导政治谨慎和妥协，这是他在"（美国）13 个殖民地最为人知晓的"。柏克反对法国革命，但支持美国革命，美国革命没有废弃以前的社会秩序，"柏克拒绝卢梭的'社会契约'描述的那种让文明社会能得以产生的'永久的社会契约'"，[②] 这也与美国的实际政治和社会秩序相契合。柯克是从美国真实的政治文化历史和现实条件来思考 18 世纪欧洲启蒙的相关性

---

① 拉塞尔·柯克：《美国秩序的根基》，张大军译，江苏凤凰文艺出版社，2018 年，第 348、347 页。

② 柯克：《美国秩序的根基》，第 367、369、374、390 页。

的，并以此作出了他认为必要的选择。

柯克从他所理解的美国政治需要出发，强调的是保守主义的政治观念，他的目的是肯定和维护美国现有的自由与共和、民主与法治。对他来说，这就是18世纪启蒙的相关性。今天，我们也同样向往自由与共和、民主与法治，但我们的政治文化历史和现实条件都与美国不同，因此，我们不能仿效美国的保守主义，而是必须从现实出发，建立与18世纪启蒙的一些优先对待的相关联系，其中之一便是在社会里提高个人的自由意识。

4. 自由是启蒙的灵魂

狄德罗说："每一个时代都有其典型精神，而我们这个时代的精神就是自由的精神。"[1] 从本质上说，启蒙理性体现的是人的自由认知。启蒙运动与文艺复兴的不同在于，它是一个面向未来而不是面向过去的新知识时代。这两个历史性的文化转型之间存在着内在的精神联系。文艺复兴是向过去要自由的正当性，启蒙运动是向未来要自由的正当性。在基本精神上，两个运动并无二致。文艺复兴砸碎了中世纪思想专制锁链的最后环节。启蒙运动则为新的思想大厦打下了基础并不断添砖加瓦。这是一个为自由人建立的思想大厦。

自由是启蒙的灵魂，启蒙是自由的事业。只有在自由思想和自由言论有切实保障的国家里，普通民众才有自我启蒙的条件。19世纪

---

[1] 引自彼得·盖伊：《启蒙时代（下）：自由的科学》，王皖强译，上海人民出版社，2016年，第442页。

伟大的思想家约翰·密尔坚持"理性民主制"理念，指的"不是人民亲自进行统治，而是可以保证他们拥有优良政治。这种保证只有靠保留在自己手中的最终控制器"，那就是公民的政治权利，"如果他们放弃这一权利，就是把自己拱手送给了暴政"。他同意托克维尔的观点：坚持民众启蒙，但同时要看到，启蒙终究是有限的，"我们不可能随心所欲地将人们的知识提高到某一个水平之上，你徒然地推动人们学习知识，改良教育方法，普及科学，但如果人们不投入时间，你绝不能使他们提高自我，发展智慧"。好政府的民主法治给民众以参与公共事务的机会，"不可否认，人民对待公共事务常常很糟糕。但是，人们不干预公共事务，就不能扩大自己的思想境界，就不能把自己的头脑从日常琐事中解脱出来，下层阶级的人在参与社会管理时，就获得了某种自尊。这样他拥有权力，具有高等教育水平的智者就会致力于提高他的知识水平。他看到周围的人向他致意，寻求他的支持，即使他们在以不同方式试图欺骗他的同时，也使他受到了启蒙"。①

今天的知识分子已经在很大程度上失去了18、19世纪知识人士对社会的那种关怀和影响力，他们也成为蜗居在学院或研究所里的专业人士。他们不再像以往的知识分子那样需要一个广大的公众了："他们几乎无一例外地都是教授，校园就是他们的家；同事就是他们的听众；专题讨论和专业性期刊就是他们的媒体。不像过去的知识分子面对公众，现在，他们置身于某些学科领域中——有很好的理由。他们的工作、晋级以及薪水都依赖于专家们的评估，这种依赖

---

① 约翰·密尔：《密尔论民主与社会主义》，胡勇译，吉林出版集团有限责任公司，2008年，第29、33、50页。

对他们谈论的课题和使用的语言毫无疑问要产生相当的影响。"①

今天对知识分子的种种攻击包含着对知识分子启蒙作用的否定，有着明显的反启蒙色彩。这可能令人联想到柏林所说的那种启蒙时代的"反启蒙"。

18世纪的"反启蒙"也是一种"启蒙"，因为它同启蒙一样，也是在专业知识之外的知识传播，也是以社会公众，而不只是学术小圈子同侪为对象的说服性知识工作。启蒙时代的"反启蒙"是一种保守主义的启蒙。它强调有机整体的传统和民族文化，并在这一点上与启蒙的普遍性主张针锋相对，其代表包括德国哲学家约翰·格奥尔格·哈曼（Johann Georg Hamann）——他的学生赫尔德（J. G. Herder）用他的作品作为狂飙突进运动的主要理论支持，和约瑟夫·德·迈斯特（Joseph de Maistre）——君主制的坚定辩护者。启蒙知识分子把具有普遍性的设想放置在民族习惯和偏见之上，强调的是普遍性，这是他们知识批判的原则；而反启蒙者则强调特殊性、价值相对论和具有某国特色的文化。直到今天，这仍然是启蒙与反启蒙的根本分歧。

自由是启蒙的核心价值，因此也应该成为我们辨别启蒙与反启蒙的尺度。柏克就是一个很好的例子。柏克是一个自由价值普遍论者，他被错误地当成反启蒙者而与他们站在同一条战线上。事实上，他虽然是法国启蒙的对手，但未必是一位反启蒙者，因为正如他在对美洲殖民地人民的支持中所表明的那样，他把自由看做是超越国家利益的最高价值。把柏克归入反启蒙的有反对和攻击他的敌人，也有赞同和欣赏他的朋友，后者欣赏柏克是因为赞同他对法国大革

① 雅各比：《最后的知识分子》，洪洁译，江苏人民出版社，2002年，第4页。

命的猛烈批评，并把这一批评理所当然地解释为反对启蒙，至少是反对法国启蒙。其实柏克并不反对启蒙，历史学家约翰·波考克（John Pocock）说，柏克"是一位启蒙者，他认为自己的任务就是捍卫启蒙的欧洲，不让启蒙被文人（gens de lettres）和他们的革命后继者绑架"。① 学者和作家康纳·奥布赖恩（Conor Cruise O'Brien）也持相同的看法，他指出，柏克从来没有全盘否定启蒙，他反对的是法国革命，而其出发点正是启蒙的自由与多元价值，"在思想上，他自己就是早期启蒙者洛克和孟德斯鸠的启蒙的孩子"。他反对的是反基督教启蒙和卢梭那种"暧昧又激情的新宗教"。② 何兆武指出，柏克并不是反对一切革命，"他写《法国革命沉思录》的时候，美国已经独立，美国的根本大法是规定没有君王或王权，没有贵族，没有国家，总之是没有大部分柏克所认为理应受到历代尊重的那一切传统宝藏的。但他并没有因此同样去抨击美国革命"。③

不管 18 世纪知识人士的政治立场有什么不同，他们都是 18 世纪文字共和国的公民。文字共和国的公共空间既容纳启蒙的知识者，也容纳他们的反对者。正如斯蒂芬·布鲁勒所指出的，双方都不是"学术白痴"，也都不是被知识专业弄傻了的书呆子。双方都对最基本的哲学观念抱有热情和兴趣，对自然世界充满了好奇，都是准备改变世界的"文人"（知识分子）。双方都为自己的主张提供一贯的、有意义的、逻辑的证明，而不只是嘲讽和丑化。这是值得我们今天

---

① J. G. A. Pocock, *Barbarism and Religion*, Vol. I: *The Enlightenment of Edward Gibbon*, *1737-1764*. Cambridge University Press, 1999, p. 7.
② Conor Cruise O'Brien, *The Great Melody*: *A Thematic Biography and Commented Anthology of Edmund Burke*. Chicago University Press, 1992, pp. 608,595.
③ 柏克：《法国革命论》，何兆武、彭刚译，商务印书馆，1999 年，第 xiv 页。

在知识争论中学习和传承的。①

18世纪启蒙时代的思想讨论和争论是人类文化遗产的一部分，也是我们今天应该珍惜的宝贵思想资源，我们可以至少在四个方面追溯这一早期的启蒙资源。它们分别是：一、普遍性的观念；二、相信世界能变得更好；三、坚持现实批判的立场；四、走出书斋或学院的小圈子。

第一，18世纪启蒙开启的知识分子传统中最重要的是对普遍性价值观念的发展：人类应该共同拥有自由、平等、权利、尊严。这是一个人道主义的传统，它把人类视为一个整体。这样的观念一开始并不普及于所有的人，但是，作为普遍性价值观，这些观念可以从开始只是少数的人群向越来越大的范围扩展。在这个扩展的过程中，"人道主义"的内涵也变得越来越丰富和具体。几个世纪以来，这样的普遍观念鼓舞了一代又一代的知识分子，而且还会不断产生这样的影响。

普遍性观念是人道主义的观念。没有人道主义就不可能有知识分子，没有人道坚持又何必需要知识分子？知识分子反对杀戮、反对虐待、反对奴隶制、反对专制暴政、反对政治暴君和宗教暴君、反对把女性当宠物来对待，并不因为人种、民族、文化传统或风俗习惯不同而有所差别。正是因为这些人道主义的理念，大多数知识分子都是"自由主义者"或古典自由主义的"保守主义者"而不是既得利益的"保守派"或"守旧主义者"。雅各比称此为知识分子的"古典姿态"，这种姿态的知识分子"挑战压迫的政府或教会。在这个世界的某些地方，知识分子的这一自我形象反映了现实"。在那

---

① Stephen Eric Bronner，*Reclaiming the Enlightenment*，pp. 62 - 63

里，做一个知识分子是有危险的，可能意味着遭受迫害或者甚至丢掉性命。[1]

第二，"古典姿态"的知识分子相信世界可以变得更好，相信值得为此去做自己力所能及的事情。这经常被犬儒主义者嘲讽为"进步主义"或"乌托邦理想"。其实，进步理想并不需要凭空构筑一幅未来世界的完美景象。坚持历史终究会进步，是不放弃对更好的未来有所希望和期待。世界会变好——这一信念能让人在丑陋的现实环境中有较强的抵抗意愿：现实再怎么丑恶，再怎么诱惑你与之妥协和合作，你也可以拒绝与它同流合污；再怎么荒诞和腐败，你也还可以在心里有个美好世界的模样。正是因为如此，你才会对眼见耳闻的不公不义之事发出不平之声。

今天，世界会变好的信念受到犬儒主义和怀疑主义的各种诋毁，与启蒙运动本身受到的种种攻击是同时发生的。平克指出，今天，人们提到启蒙运动时经常带着嘲讽的口气。反对左派的思想家认为"启蒙运动要对 20 世纪的灾难负责；梵蒂冈的基督教保守派（theoconservatives）和美国精英右派坚信中世纪的天主教才具有明晰的道德标准，他们迫不及待地要以此取代宽容的世俗主义。甚至很多中间派的非宗教作家也将启蒙运动贬低为书呆子们的复仇，笑话这些书呆子们竟然天真地相信人类是一个具备理性的物种"。为此，平克提醒这些肆意糟蹋启蒙运动的批评者"不要忘记被启蒙运动所终结的是一个什么样的时代"。当然，没有一个历史变迁能够功毕一役，启蒙运动的影响前后绵延数百年，遍及西方之外的世界各个角落。《人权的发明》（*Inventing Human Rights*）一书中，历史学

---

[1] 雅各比：《乌托邦之死》，姚建彬译，新星出版社，2007 年，第 172—173 页。

家林·亨特（Lynn Hunt）指出，历史上曾经有两个时刻，人类大张旗鼓地申明了人的权利，一次是在 18 世纪末，1776 年的美国《独立宣言》和 1789 年法国的《人权和公民权宣言》；另一次是 20 世纪中叶，1948 年的《世界人权宣言》。《世界人权宣言》后的几十年间，发生了一系列的权利革命事件。历史的发展会充满曲折，但是，没有理由相信，人类会倒退到启蒙运动之前的那种蒙昧状态。[①]

世界是不是在进步呢？这是一个充满争论的问题，平克 2018 年的《当下的启蒙》一书引起了新一波的争论。平克认为，理性、科学、世俗人道主义为三大标志的启蒙已经为人类带来了长足的进步。[②] 许多批评者认为这个观点太乐观了，因为功利和工具理性造就了 20 世纪的专制和极权，科学可以把摄像头送进我们的卧室，监视我们的一举一动，人道主义可以成为干涉别国内政的借口，等等。当今美国总统特朗普和他的特朗普主义更是让许多人有历史倒退和倒行逆施的感觉。18 世纪以后，人们对启蒙寄予了无限的进步主义希望，由于希望经常落空，人们开始怀疑启蒙本身的作用与价值。平克的书是对反启蒙的反驳，因此被称为"反反启蒙"。

对我们今天重申启蒙来说，重要的也许并不是这种"反反启蒙"立场本身，而是平克为历史进步所提供的长镜头视角。这个历史进步观不应该狭隘地理解为"启蒙已经让当下有了进步"、"当下已经很好"或者"当下什么都比过去更好"。这会与许多人的生活经验或体验严重不符。历史发展会出现倒退或倒行逆施，但是，这并不意味着启蒙没有改变过这个世界。人们感觉到倒退，感觉到倒行逆施，

---

① 平克：《人性中的善良天使》，第 162 页。

② Steven Pinker, *Enlightenment Now：The Case for Reason，Science，Humanism，and Progress*. New York：Viking, 2018.

就是因为他们已经被启蒙了，在心里是明白的，也是明理的，否则他们不可能有关于倒退的感觉或判断。若不是因为心里明白，他们会轻信易骗，还会以为倒行逆施就是进步呢！

启蒙是启智的方式和人明白的状态，是会积累的，虽然不一定表现出来，但会在人的心里产生变化。人即便是在不得已的状况下"揣着明白装糊涂"，那也是一种可贵的明白。启蒙不是没用，而是还不够，或是作用还没有显现出来，或是不能对某些人和事发生作用，或是尚未产生足够的力量阻挡某些人的倒退和倒行逆施。启蒙不是万能的，我们需要更多地了解启蒙能做什么，不能做什么。这是我们今天需要的对启蒙的启蒙。

第三，启蒙知识分子坚持对现实的理性批判立场，启蒙思想者成为超越种族和国界的世界主义者。他们将自己献身于追击一切隐秘的偏见——教士、学校、政府和所有建立了很久的体制都在那里聚集，保护着这些偏见。这些具有献身精神的知识者们的口号是理性、宽容、博爱，也是具有普遍意义的道义价值。在 20 世纪，这些道义价值受到前所未有的怀疑，这种怀疑经常带有犬儒主义的色彩——完全否定知识分子个人良知的价值。怀疑者认为，知识分子的批判不可能是因为社会里存在的邪恶引发了他们内在的道德愤怒和批判，因为人不可能以利他心替别人"多管闲事"，一定有暗藏的利己动机。

其实，站在理性的立场上批评地审视人们习以为常的传统和自动接受的权威，这正是启蒙的传统，它表现为知识分子的独立思想和判断，也构成了他们的批判精神。今天我们继承这样的启蒙精神，把批判性思考作为学校教育的核心项目，并以此针锋相对地反对洗脑和规训式教育。

批判精神的公共话语运作需要有能保证基本言论自由和公民权利的制度，否则便只能停留在个人内心坚持的逼仄空间里，但即便如此，也是值得坚持和守护的。依附任何一种权力体制必然削弱或消除这样的批判精神，而成为雅各比所说的"保守派"知识人士，他们"珍视宗教、或珍视传统、或珍视政府，认为它们是植根于某种比理性更深层的东西的创造者。他们去掉了知识分子和理性的标识，表现出教会或政府或国家的特征"。① 启蒙知识分子的批判立场体现在他们对待日常现象和事件的理性说理方式上，这是一种坚持真实和真相的理性。他们是关注"小真相"，而不是迷醉于宏大话语的知识分子，对小真相的说理能对公众产生温和而持续的启蒙作用。②

第四，对公共事务发言的知识分子必定不可能把自己圈禁在书斋或学术小圈子里。在敌视知识分子对政治和社会事务"多管闲事"的制度里，走出书斋本身就是一件危险的事情。启蒙运动时代便是如此，伏尔泰指出，真正有社会影响的文学家既不会"坐在大学课堂里纠缠不休地争论，也不会在学术机构里说半截子话，而这些作家几乎都遭到了迫害"。他继续补充道，"如果你为君主唱些赞歌，你就会大受欢迎；假如你启发民众，你就会被碾成碎片"。③

知识分子是社会群体中智识能力（阅读、写作、分析、思考）最强的那一部分人，因此担负更多的道义责任，这是一种不应该转换为特权（包括话语特权）的责任。在公共言说中知识分子有责任以一般人能懂的方式说话，表述清晰、尊重常识、逻辑合理，不囿

---

① 雅各比：《乌托邦之死》，第 171 页。
② 朱特：《思虑 20 世纪》，第 323 页。
③ Voltaire，"Letters" in *Philosophical Dictionary*. Ed. T. Besterman. New York：Penguin，1972，p. 274.

于术语的堆叠。关心公共事务的知识分子是以明达具体、条理清晰和合乎逻辑地说理来要求自己的写作者，他们是认真对待语言的人。过度抽象化的语言，是政治欺骗的手段。健全的民主离不开清晰明了的公共语言，如果一个国家或社会的价值观被腐蚀或败坏，那是从公共语言的败坏（谎言、欺骗、暴力、非理性）开始的。公共语言的变质和败坏是因为大多数人对此缺乏察觉或漠不关心，要引起公众对这个问题的警觉并让他们学习辨别和分析的一些基本技能，是一件非常艰巨的社会和文化启蒙工作。启蒙必须更多地发挥抵抗语言腐蚀的作用。启蒙的消失会导致社会的停滞状态，社会中人会对愚昧、偏见、偏执习以为常。启蒙是一些知识分子为自己创造的社会使命，不可能要求所有人，包括其他知识分子，对启蒙有同样的认识。但是，不管发生怎样的变化，不断地启蒙都是一个健康社会所需要的，如果一个社会普遍存在着各种愚昧、迷信和错误观念，那么对启蒙的需要也就更加迫切。

在知识分子影响式微的今天，他们对公共事务的介入经常遭受"不务正业"、"不懂装懂"或甚至"臭公知"的非议或攻击。其实，正如朱特在总结自己的经验时所说的，关心公共事务的知识人只参与他知识所及的话题的对话，他们清楚有哪些问题是自己能够介入的，对哪些问题应该保持沉默，"有一些类型的对话局外人可从中获得自在感，并可能有所作为，但其他的对话他最好保持沉默"。如果说他对公众有启蒙的作用，那也只是他智识活动的"副产品"，"智识活动跟诱惑有点儿相像。如果你直奔目标，几乎肯定不会成功。你若想成为一个对世界历史论争有所贡献的人，假如你一开始便是奔着对世界历史论争做贡献去的，那你几乎肯定不会成功"。关心公共事务的知识人作用在于揭示真相而不是指示真理，"我们的主要任务不是设想更好的世界，而是考虑如何避免更糟的世界。这是一种略为不同的处境，在这里面，那些勾勒理想化的、进步的宏伟蓝图的那一类知识分子可能并不是最值得我们倾听的"。① 中国对启蒙并不陌生，百多年来断断续续的充满曲折的启蒙给中国带来了巨大的改变。

启蒙是与时俱进的，时代变了，启蒙的知识条件、传播手段、主要对象、遭遇的障碍和阻力等都会发生变化。但启蒙的三个主要部分仍然是真相、认知和观念。真相让人了解和明白事实；认知改善人的理解和认识能力；观念让人能判断是非和辨别善恶。缺少了这三个部分中的任何一个，启蒙就不可能真正帮助我们认识人性、提升良知、优化社会和改良政治。我们需要发现真相、优化认知和明确观念，为的是能确立与人的自由相一致的长远目标。启蒙是自由的，因为它源自人的自由思考，对启蒙和受启蒙者都是一样。如果启蒙不能提升人的自由意识，至多不过是肤浅和无目的知识供给，而不会有实质的解放意义。启蒙的这一自由目的赋予它一种永不过时的使命，奠定了人类历史上保护个人权利和尊严的传统，让大多数人能够成熟起来，有能力抵抗各种专制思想。单纯的知识只有最低程度的启蒙作用，知识能培养人形成观点的习惯和表达观点的技能，从而成为一种潜在的民众力量。但是，只有当知识运用于建设更正义和更优秀的制度，实现更自由和更理性的秩序，潜在的民众力量才有可能转变为促进现实变化的进步动力，这时候，知识也才会成为真正的启蒙。

2018 年 11 月 12 日初稿,2019 年 2 月 6 日定稿,2 月 22 日校阅完毕

---

① 朱特:《思虑 20 世纪》,第 340 页。

图书在版编目（CIP）数据

与时俱进的启蒙/徐贲著. —上海：上海三联书店，2021.1（2024.9重印）
ISBN 978-7-5426-7021-2

Ⅰ.①与… Ⅱ.①徐… Ⅲ.①启蒙主义-哲学思想-思想史
-研究-西方国家 Ⅳ.①B089

中国版本图书馆 CIP 数据核字（2020）第 061955 号

与时俱进的启蒙

著　　者 / 徐　贲

责任编辑 / 徐建新
特约编辑 / 姚冰淳
装帧设计 / 一本好书
监　　制 / 姚　军
责任校对 / 张大伟　王凌霄　邓　珩　林志鸿

出版发行 / 上海三联书店
　　　　　（200041）中国上海市静安区威海路 755 号 30 楼
邮　　箱 / sdxsanlian@sina.com
联系电话 / 编辑部：021-22895517
　　　　　　发行部：021-22895559
印　　刷 / 山东新华印务有限公司

版　　次 / 2021 年 1 月第 1 版
印　　次 / 2024 年 9 月第 8 次印刷
开　　本 / 655mm×960mm　1/16
字　　数 / 400 千字
印　　张 / 34
书　　号 / ISBN 978-7-5426-7021-2/B·676
定　　价 / 98.00 元

敬启读者，如发现本书有印装质量问题，请与印刷厂联系 0538-6119360